地方档案与文献研究（第三辑）

主编◎吴佩林
本辑特邀主编◎申　斌

国家图书馆出版社

图书在版编目（CIP）数据

地方档案与文献研究．第三辑 / 吴佩林主编．-- 北京：国家图书馆出版社，2017.11

ISBN 978-7-5013-6319-3

Ⅰ．①地…　Ⅱ．①吴…　Ⅲ．①地方档案－研究－中国 ②地方文献－研究－中国　Ⅳ．① G279.27 ② G256

中国版本图书馆 CIP 数据核字 (2017) 第 299669 号

书　　名　地方档案与文献研究（第三辑）
著　　者　吴佩林　主编
　　　　　　申　斌　本辑特邀主编
责任编辑　王亚宏
封面设计　程　言

出　　版　国家图书馆出版社（100034 北京市西城区文津街 7 号）
　　　　　　（原书目文献出版社 北京图书馆出版社）
发　　行　010-66114536　66126153　66151313　66175620
　　　　　　66121706（传真）　66126156（门市部）
E-mail　nlcpress@nlc.cn（邮购）
Website　www.nlcpress.com →投稿中心
经　　销　新华书店
印　　装　北京市通州兴龙印刷厂
版　　次　2017 年 11 月第 1 版　2017 年 11 月第 1 次印刷

开　　本　710 × 1000（毫米）　1/16
印　　张　22.5
字　　数　370 千字

书　　号　ISBN 978-7-5013-6319-3
定　　价　58.00 元

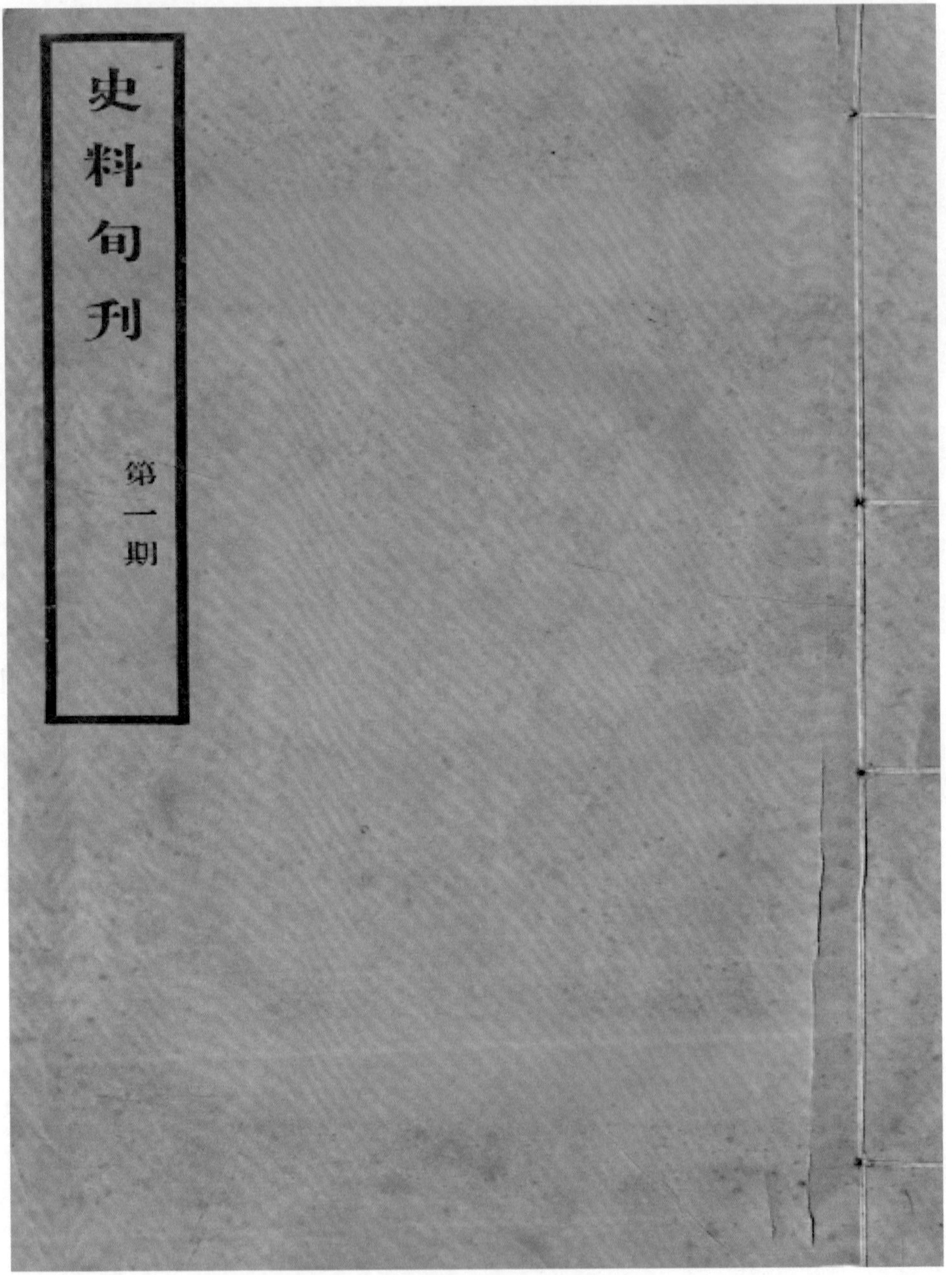

《史料旬刊》第一期封面

《台湾公私藏古文书汇编》（第一辑目录）封面

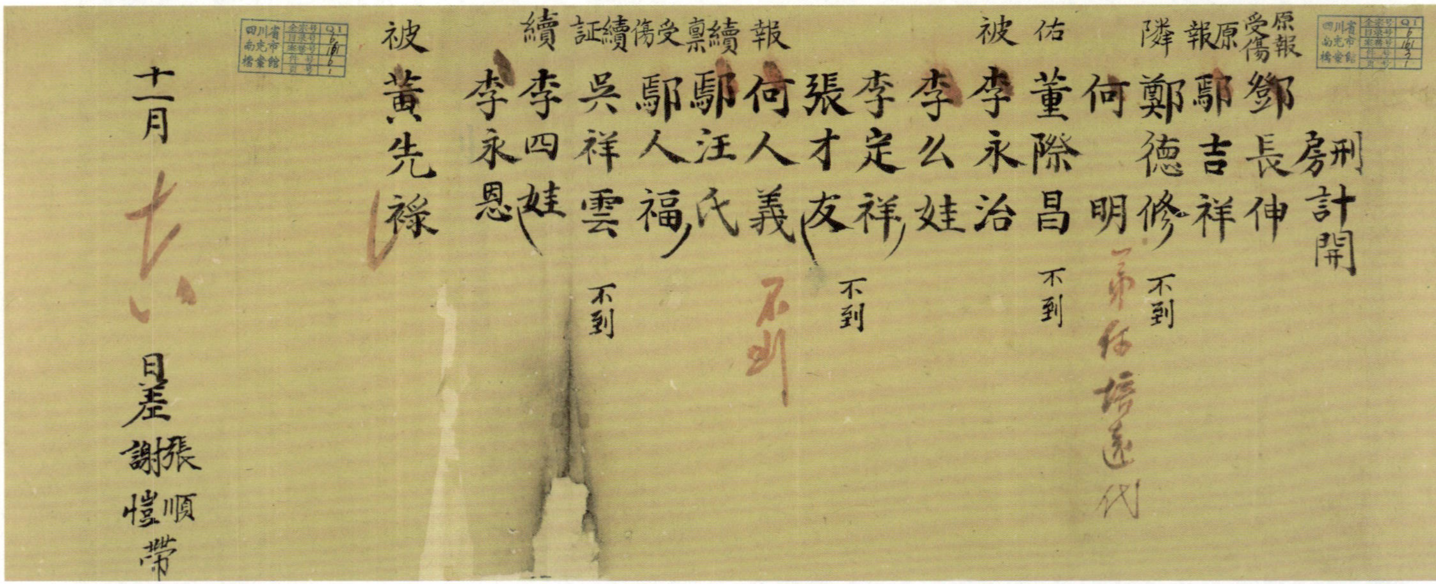

经考证重新缀合的点名单（《南部档案》6-161）

目录

CONTENTS

三、典范工作的理论总结

四、回顾与展望

附 录

导　言

申　斌　吴佩林

一、缘起

本辑《地方档案与文献研究》为“学术史与方法论”专号。收集、整理地方档案文献是目前学界和地方政府极为关注的课题，已经产生了很多重要的文献整理和研究成果，并且有继续繁荣扩大的趋势。如果从 1947 年戴炎辉先生着手整理淡新档案开始算起，我国地方档案文献的收集整理已经走过了七十年；如果从 19 世纪末日本殖民者在台湾为进行土地调查和私法调查而收集民间契字开始计算，则已将近一百二十年；如果不局限于档案文书，广义的地方文献收集则更是我国一个悠久的传统，仅以汇集刊刻地方文献而论，就已经有四百余年的历史了。值此地方档案文献整理蓬勃开展之际，为了促进我国地方档案文献整理水平及规范化的整体性提高，我们认为很有必要系统地回顾我国档案文献收集、整理的学术历程，从问题意识层面重温开创性工作的学术关怀，从方法论层面探究典范性成果的经验教训。

因此，在本专辑中我们汇集若干篇在档案文献整理学术史上具有里程碑意义的专论（有的是典范性整理成果的前言或凡例）以及当下关于档案文献整理方法与学术史的论文，希望借此引起学界同仁兴趣，超越具体区域，在方法论层面思考地方档案整理中的共性问题。

二、地方文献的概念与收集地方文献的传统

文献一词出于《论语》，根据朱熹的解释，“文，典籍也。献，贤者也”。马端临《文献通考》对其意涵作了引申，“文”是经史、历代会要及百家传记之书，而“献”是臣僚奏疏、诸儒评论、名流燕谈、稗官记录。自此，文献被限定为文字记载。地方文献这一概念，有几种不同的界定，一是指本地人的著述，如《江苏艺文志》；二是指以本地为记载对象的著作，如《江苏地方文献书目》，三是兼括前两者，并将地方出版物甚至地方藏书也囊括其中，如《山西文献总目提要》①。

南宋以降，地方志修纂的传统绵延不绝，为修志而收集资料可以说是收集地方文献传统中最悠久的②，而地方志中的艺文志、金石志则是地方文献书目和地方文献汇刊的雏形。晚明时期开始，汇集刊刻本地士人著述的地方性丛书开始出现。叶德辉认为“会萃乡邦郡邑之书，都为丛刻，自明人《梓吴》一书始，樊维城《盐邑志林》继之”③。《梓吴》今佚，明海盐知县樊维城主持编纂的《盐邑志林》刊刻于天启三年（1623），汇集三国至明代海盐历代人士著述，“用张兹邑著记之盛”，是我国现存最早的地方文献丛书。此后经清、民国至今，各地编纂地方文献目录、刊印乡邦文献丛书的活动延绵不绝。在这个传统下，地方文献收集整理的主要目的在于保存本地历史文化典籍。

随着现代史学、社会科学的建立，另一个收集、整理地方文献的传统开始了。与前面的地方文献目录、丛书的编纂不同，这是基于明确研究目的开展的史料收集活动，地方文献的收集在保存史料的意义上获得了新的展开，最重要的一点就是地方档案越来越受到重视。

---

① 本文的三种界定主要着眼于实践，图书馆学界对地方文献概念有诸多理论性讨论，参见骆伟：《地方文献学概论》，澳门：澳门文献信息学会，2008 年，第 43—47 页。

② 总志的历史更为悠久，隋唐北宋时期就编有大量图经，但这些书籍修撰工作基本与地方文献收集整理无关。来新夏：《方志学概论》，福州：福建人民出版社，1983 年；仓修良：《方志学通论》，济南：齐鲁书社，1990 年；黄苇：《方志学》，上海：复旦大学出版社，1993 年；刘纬毅：《中国方志史》，太原：三晋出版社，2010 年。

③ 叶德辉：《书林清话》卷九，上海：上海古籍出版社，2008 年，第 190 页。

三、地方档案的概念与我国地方档案的形成概况

档案是人们在各项社会活动中直接形成的原始记录，原始记录性是其本质属性。档案的性质与其形成主体情况密切相关。从 16 世纪到 19 世纪初，只有官府衙门系统称得上大型复杂组织，非政府的档案形成主体除了个人，主要组织形式有家庭、宗族、村落、会社、店铺商号、书院、戏班、寺庙等。因而保存下来的最大宗档案自然是官府档案，譬如宫中档案、内阁大库档案、淡新档案、宝坻档案、巴县档案、南部县档案等。其他个人或组织的档案若按照同一形成主体划分，则较大宗只有孔府档案等极少数几种，多数表现为同一地域的众多不同形成主体（个人、民间组织）留下的档案，如台湾文书、徽州文书、石仓文书、清水江文书等[①]。19 世纪末开始，随着政治、经济、社会、文化的全面变迁，政府部门愈益庞大，政府之外的大型复杂组织大量涌现。就政治领域而言，不但清政府系统中多出了海关总税务司这种半殖民地色彩的新型机构，还出现了上海公共租界工部局这样带有殖民政权色彩的行政机构，而且政党作为新的政治组织形式登上历史舞台。就经济领域而言，不但钱庄、银号、票号等传统组织业务更加复杂，更重要的是出现了银行、洋行、大型工矿企业、商会商团等新型组织。在文化领域，天主教及基督教教会、大学、医院、图书馆、博物馆、报社、文化教育宗教社团等文化机构层出不穷。相应地，这也带来了档案文献形成主体的多样化和档案文书类型、内容的复杂化，而电报、打字、印刷等技术变迁改变着档案的物质形态。地方档案主要指在本地形成的一切档

---

① 在档案学上，档案指过去和现在的国家机构、社会组织以及个人从事政治、军事、经济、科学、技术、文化、宗教等活动直接形成的对国家和社会有保存价值的各种文字、图表、声像等不同形式的历史记录。原始记录性是档案的本质属性。据此，无论是国家机构还是私人形成的，无论存于公藏机构还是存于私人家中，凡符合上述定义均属于档案范畴，本文正是在此意义上使用档案一词的。而文书一词在档案学上侧重强调其现行性质，故此有“文书是档案的前身、档案是文书的归宿”的说法；但古文书学（diplomatics）中，古文书指一切原始记录性文件。不过，史学界习惯将非政府机构、非近代企业、社会组织（如商会、医院）形成的原始记录，尤其是传统乡村社会形成的契约文书、账簿、书信等按照其形成地域称作某某文书，徽州文书等皆因此得名。鉴于徽州文书等称呼已成为约定俗成的说法，所以本文仍采取这一称呼。

案，其形成主体是本地居民个人或驻本地组织；广义上还可以包括不在本地形成，但是内容涉及本地的档案。地域和档案形成主体直接地影响着档案群涉及的内容与包含的文书类型，所以一方面需要综合同一地域不同主体所形成的档案来相互参证，探究地方历史脉络并进而开展比较研究；另一方面需要超越地域，探讨不同地方同类形成主体的档案整体性质及其整理方法和技术。

四、选目简介

本专号所选文章约略可以分为以下几类。

20 世纪初，随着史学观念转化，档案的价值被重新定位，成为具有独立保存和研究价值的文献。历史档案整理的经验主要是 20 世纪上半叶北京大学文科研究所、故宫博物院文献馆、中央研究院历史语言研究所这三家在整理内阁大库档案和大内档案的过程中积累起来的。中华人民共和国成立后第一历史档案馆的经验则为规范明清历史档案整理方法奠定了基础。地方衙门档案自四五十年代淡新档案、吴煦档案发现以来，整理工作陆续展开。地方衙门档案与中央衙门档案的共性远大于差异，其实可以用同一套整理方法。但遗憾的是地方衙门档案整理在相当长的时间内似乎并没有吸收 20 世纪上半叶中央衙门档案整理中所产生的经验教训，结果重走弯路的情况不在少数。所以，我们首先选取了三篇概述 20 世纪上半叶中央衙门档案整理方法的文章和两篇分别代表 60 年代与 80 年代档案整理方针的文章，因为他们是档案整理工作的先行者，其取得的经验教训也理应成为地方衙门档案整理的他山之石[①]。

陈垣先生（1880—1971）曾主持故宫博物院图书馆文献部，也是史语所明清史料编刊会成员，他提出的档案整理中“秤不离砣”原则是从实践中得出的宝贵经验。1925 年 5 月 27 日，他在燕京大学的演讲（后刊于 1929 年《史学年

① 目前搜集相关论文的汇编有《中国近代经济史研究集刊》第 2 卷第 2 期《明清档案专号》（1934 年）、《国立北平故宫博物院文献特刊、论丛、专刊合集》（台北：台联国风出版社，1967 年影印）、《明清档案论文选编》（北京：档案出版社，1985 年），概述整理经过的有张会超的《民国时期明清档案整理研究》（上海：世界图书出版公司，2011 年），但相对于该课题的复杂程度，还远远不够。

报》)《中国史料的整理》提出了八种整理档案的方法：分类、分年、分部、分省、分人、分事、摘由、编目，这不仅代表了故宫博物院文献馆的整理方式，而且对我国明清档案整理工作影响深远。

郑天挺先生（1899—1981）曾主持北京大学的内阁大库档案整理工作，他在《明末农民起义史料》序中，征引了多份工作方针、规章，较为详细地概括了北京大学文科所“整理清代内阁档案会”（1922—1924）“明清史料整理会”（1924—1949）在档案整理方法上的探索经过。从最初的太重形式而忽略档案的内容，只知注意档案本身而忽略对衙署职司文书手续的研究，重搜求珍奇史料而忽略对多数平凡材料的普遍整理；到全面清点，按照内容分类摘由；再到从“全按内容分类”变为“按机关的职掌从新分类”，几经曲折。其面临的困难与问题、走过的弯路与地方衙门档案整理的历程如出一辙。若地方衙门档案整理之初就能了解到郑先生对北大整理经验教训的总结，或许今天我们取得的成绩会更大些。

徐中舒先生（1898—1991）的《再述内阁大库档案之由来及其整理》是应北平社会调查所之约撰写的，最早刊于《中央研究院历史语言研究所集刊》第三本第四分（1933 年），后刊于《中国近代经济史研究集刊》第 2 卷第 2 期《明清档案专号》（1934 年）。该文总结了中研院史语所的档案整理方法。与陈文偏重文件级整理方法、郑文偏重整理原则不同，该文所述方法更多偏重去尘、铺平、分类、捆扎、剩余碎档之处置、裱褙、钞录副本等接近文献保护意义上的工序，这是由史语所整理的乃是再三转手的零碎档案这一性质决定的。

张德泽先生（1905—1998）的《清代历史档案分类立卷问题》集中反映了中华人民共和国成立之后到“文革”之前这段时间以中国第一历史档案馆为代表的我国历史档案工作者对档案整理方法的探索与思考。该文反映了当时“迅速赶上”、勇于尝试的氛围，有助于我们理解对中华人民共和国成立后历史档案整理工作影响至深的“分类立卷”整理方式产生的时代背景。该文还概括了当时对分类立卷的不同意见并且作了回应，这些都为我们认识、反思我国历史档案整理经验教训提供了宝贵信息。

秦国经先生（1936— ）的《清代档案的特点和整理原则》发表于 1982 年，实际上是对此前第一历史档案馆整理经验教训的一次总结，反思了中华人民共和国成立初期“片面强调整理工作应根据利用工作的要求去做”导致的问题，明确提出清代档案整理三原则：保持历史档案的原貌、充分利用原整理的基础、档案整理要与研究工作相结合。这些原则看似简单，实则是过去近六十年历史档案整理者反复摸索，总结正反两方面体会得出的宝贵经验。遗憾的是，秦先生的正确意见在第一历史档案馆虽然得到相当程度的贯彻，但也尚存缺憾；在绝大多数地方档案馆的整理工作中，甚至尚未得到足够的重视，切实实践秦先生提出的原则是今后档案整理工作中特别值得注意的。

第二类选录的是在地方档案文献收集、整理方面具有开创性的文章。有的是单篇论文，有的是档案文献整理成果的前言、凡例，都是既建基于扎扎实实的收集整理工作，同时又在方法论层面具有学理深度、代表某种学术取向的作品。

杜定友先生（1898—1967）是我国图书馆界较早提倡收集地方文献并付诸实践的图书馆学家，我们选录的《地方文献的搜集整理与使用》即其代表作之一，原作于1957年。在图书馆领域，顾颉刚先生早在1927年为中山大学《购求中国图书计划书》中就力主突破局限于经史子集的正统藏书观念，以“搜集材料”为宗旨，方志、家谱、日记、账簿、档案、科举书、迷信书、唱本、戏本、报纸等均在材料之列。杜先生曾为该计划书立跋言，进一步提出“图书馆收藏应以‘人类的记载’为范围，非但收藏历代文献，而且对于最琐屑、最新近的材料，尤为特别注意”。在本文中，在借鉴苏联经验的基础上，他提出地方文献指有关本地方的、各种记载形式的一切资料，包括三部分：史料、人物、出版。他还从图书馆实务角度出发，对收集方法、内容分类法、编目、内容服务提出具体意见。这篇文章可以帮助我们理解目前各地公共图书馆地方文献部门所代表的地方文献收集的理念源流。

淡新档案是最早为学界发现、整理和利用的具有一定规模的地方衙门档案，戴炎辉先生（1909—1992）是其整理工作的开创者。我们选录的《清代淡新档案整理序说》发表于1953年，在该文中，戴先生不但略述整理经过，展示了工作方法，而且给出了详细的内容分类表。即便我们今天认为档案整理的原始编号应当保持既有状态，但作为揭示文件内容的重要手段，内容分类表仍是必不可少的，因此戴先生此文不仅具有开创性，还具有现实参考价值。

台湾民间所藏契字文书自20世纪初日本殖民者私法惯行调查时即被收集，是最早进入学界视野的民间文书，但其大规模收集整理却是从王世庆主持的《台湾公私藏古文书汇编》项目开始的。这一项目的开创之处在于其收集方法，即不从文书收藏者手上取走原件，而是复制副本，这不但保证了文书在民间继续发挥文化传承作用，而且客观上还为学者追踪调查提供了可能。我们选录的张伟仁先生（1935— ）1977年给《台湾公私藏古文书汇编》撰写的序言较详细地叙述了其工作方法，可资借鉴。

中国科学院（后为中国社会科学院）历史研究所自20世纪60年代起就对其购藏的徽州文书进行编目整理，在编目体例、分类法、时代考证、属县考证等方面积累了丰富的经验。我们选录的王钰欣等编《徽州文书类目》前言的第三部分概述了如何通过官印、避讳、重要事件、历史人物、地名、都图字号、上下手契关系等考订时间与地点，实开探索民间文书考据方法的先河。周绍泉先生的《徽州文书的分类》在界定文书含义的基础上，以内容为主、兼顾类型，给出了一套完整的徽州文书档案分类法，这套办法也被后世徽州文书及其他地方文书整理者所接受，影响深远。

随着实践的深入，按照文书群整理的优势日益明显，有取代内容分类与时间排序之势。早在20世纪50年代，严中平就已经提出要保持徽州文书的完整性，而70年代东京大学东洋文化研究所在进行中国土地文书整理中具体实践了这一做法，其成果即1983年和1986年刊行的《东洋文化研究所所藏中国土地文书目录·解说》。而杨国桢在《闽南契约文书综录》的《编者的话》中比较了“以文书体系为原则”和“以保留原文书群面貌为原则”这两种整理方法，在综合变通基础上提出了新的整理思路，如按照契约对象物所处地点分类，设立文书群索引和人名索引等。这些整理方法或许尚有未尽完善之处，但其中体现的在纸本整理环境下学者对兼顾文书脉络与研究需要的设想仍是我们今天需要汲取的思想资源。

第三类选取的是以若干典范性整理工作为基础，带有理论性、反思性或总结性的论文。

吴密察先生曾长期从事淡新档案整理，他的《清末台湾之“淡新档案”及其整理》一文系统回顾了淡新档案的整理历程，与戴炎辉前揭文相呼应。

他首先分析了戴炎辉先生整理所确立的“以案为单位，依照其内容之性质加以分类”的原则对后续整理研究的重要影响，其次探析了70年代淡新档案选编出版所面临的完整性丧失、原件信息丧失等种种难题，以及90年代前期借鉴图书馆目录卡片，编制十二字段表时面对的困难。最后，吴先生指出档案整理、出版每一个环节必须作出妥协性决策，并且论述了数据库给档案研究带来的新契机。淡新档案是迄今整理时间最长、工作最细致的一个地方衙门档案群，也是各种整理理念、技术方法的练兵场，其中遭遇的问题与困境具有相当的代表性，吴先生的反思性回顾对其他地方档案整理无疑将有深刻的启示。

相对于有着较为清晰流传脉络的衙门档案，民间保存的档案文书情况更为复杂。一类民间文书是研究者进村入户收集得来的，另一类则是通过市场收购而来的。中山大学历史人类学研究中心主持的“清水江文书”整理和上海交通大学历史系主持的“石仓契约”整理，可以作为入户收集文书整理的典范。张应强先生的《民间文献与田野调查：“清水江文书”整理研究的问题与方法论》强调了田野调查与文献解读相互结合的历史人类学路径的重要性，蒋勤先生的《清代石仓文书的“在地”与“有机”分析》指出在地分析可以将史料放回其产生的社会情境，而有机分析则可实现以人物为中心重构文书网络。无论何种来源渠道，在整理中有若干共性原则。刘伯山先生的《文书整理的“两尊重”原则》提出尊重民间文书档案的历史形成与历史留存，并且结合所见举例说明。赵思渊先生、汤萌先生的《上海交通大学馆藏地方历史文献的整理与数字化》则给出了数据库环境下文书档案编目的一个可资参考的范本。

第四类选取的是近年对地方档案文献整理方法的学术回顾文章与揭示未来整理工作可能方向的展望性文章。

杨培娜、申斌的《明清民间文书收集整理的变迁、现状与展望》系统回顾了20世纪中国大陆、中国台湾、日本整理明清民间档案文书理念与方法的变迁，对目前的文书收集整理方法作了具有操作性的介绍，最后从法制保障、人员队伍、辅助工具、理论前景、数字技术五个角度展望了未来民间文书档案整理研究的方向。

涂丰恩先生的《台湾契约文书的搜集与分类（1898—2008）》细致地梳理

了台湾契约文书收集整理的历史，并对分类法这一纸本时代档案文书整理的主要课题给予特别关注。他指出多数契约文书的分类只是针对手中所握有的数据而非着眼于分类的普遍法则，这种由下而上的分类具有务实性的同时也在文书量倍增的状态下面临困境，“台湾契约的分类学，尚待集思广益”。涂先生提出的课题，恰好是我们编纂这期专号的旨趣——引起关注、集思广益。

吴佩林根据其长期整理南部县衙档案的经验，在《地方档案整理向何处去——基于清代地方档案整理现状的反思》中明确提出若干原则：档案初次整理必须保持原貌，在数字化环境下后期再作分类；采取原件原色影印并对少数难以辨识的文字、图像、难解词句、制度附加考证说明；通过纸本与数据库结合方式出版全部档案。

那么未来地方档案文献整理有哪些可以深化的进路呢？目前逐渐明朗的至少有三：郑振满先生提倡的民间历史文献学、黄正建先生提倡的古文书学以及项洁先生提倡的数字人文。

近二十年来，民间历史文献研究在我国历史学中的角色越来越突出，而郑振满先生主持的厦门大学民间历史文献中心正是其主要基地。郑振满先生在文中指出在民间的日常生活中形成的民间历史文献，反映了民间的实际生活形态和思想观念。通过研究民间历史文献，从中国本土的经验事实中提取切合实际的基本概念，是中国本土人文社会科学发展的突破点所在，更关系到民族文化传承。他认为构建民间历史文献学，需要掌握三个要点：系统、源流和语境。即需要对不同文献类型、文本形式作出科学分类，并找出内在联系以建立文献系统；梳理每一类文献的历史源流以分析其文本传统演变；与田野调查结合，“找到文献的主人”，将文献放回当时当地的历史语境，探讨民间历史文献与日常生活的关系，看不同的人（包括不识字的人）如何看待和使用文献。做这一切的目的是为了挖掘文献背后人的关系，揭示社会文化变迁的逻辑，更好地理解历史与现实。

在欧洲中古史和日本史研究中，古文书学是一门极为重要的辅助学科，可以说是入门钥匙。我国史学中虽然有敦煌文书研究、明清档案研究等专门之学，但尚缺乏统一的理论性把握，古文书研究自身的学术价值尚未得到足够重视。以黄正建先生为代表，包括阿风等先生在内的中国社科院历史研究所学人自

2010年以来努力推动中国古文书学研究。黄正建先生《中国古文书学的历史与现状》一文回顾了日本“中国古文书学”的发展状况，以及中国“中国古文书学”的建立与最近几年的发展。文中指出的中国古文书学研究的二分类（基础研究与应用研究）、四模式（样式、形态、机能、传承），加上文书内容研究，对我们今天开展地方档案研究都具有重要的借鉴意义。

20世纪90年代以前的档案整理工作是在纸本环境下展开的，90年代以来，档案数字化日趋成为主流。数字化环境解决了很多纸本时代的难题，而且展示出档案整理利用的诸多新可能性。项洁先生主持的台湾大学数位人文研究中心长期以来致力于中文数字人文研究，取得了丰硕成果。项洁、翁稷安两先生的《多重脉络——数位档案之问题与挑战》不但回答了数字化档案可否保存档案既有脉络的质疑，而且指出数字档案使得挖掘档案的多重脉络成为可能。此文对大陆同行展开数据库工作无疑具有重要的指导性意义。

本专辑没有收录关于19世纪末以来新型组织所产生档案的整理方法的文章。除了篇幅因素，更因为海关档案、近代企业档案、商会档案、外债档案、盐务档案以及司法审判档案等的整理有相对独立的另外一条学术脉络，需要另文专门总结。

五、基本共识

在编纂本次专号过程中，我们认为，在总结前人经验教训基础上，目前学界对明清档案文书的收集整理方法，似可达成如下几点共识。首先，档案文献收集、整理中必须重视对来源信息的记录，注意记录并保持所发现档案文献的完整性和既有系统性，并据此给定文献的原始馆藏编号。这是因为档案文献的流传史和保存信息对我们判断档案的完整性、决定档案整理使用方法至关重要，而地方档案的既有系统性很有可能与档案形成、流传过程中所形成的结构分类有关，蕴含着丰富的信息，必须得到尊重。其次，辅助工具学科的完善是提高档案文书整理研究精细化水平的根本保障。如果说传统古籍整理需要版本、目录、校勘等古文献辅助学科的帮助，那么档案文献整理水平的提高同样有待古文书学、印章学、手写体字（草字、俗字）等一系列辅助学科的进步与完善。

再次，数字技术的进步不但可以解决老困难，还能提供新的学术增长点。数据库环境解决了很多文献整理的传统两难困境。现在既可以保持文献既有系统性，整理者又可以根据研究对文献进行归户、内容、形式等多种分类，以更全面揭示文献特性；既可以通过全彩原色扫描反映文献原貌，又有能对应的文字标点版以方便使用①。这给数据库也带来了新的挑战，有学者提出需要建立数据库的文献学②。最后但却最重要的，是必须放开视野，在更广阔和深刻的时代背景下认识地方档案文献的价值，开掘其学术潜力和社会效益③。

六、其他说明

本辑编纂始于2014年，那年6月上海交通大学历史系举办了“明清契约文书国际暑期学校”。在吴佩林的课堂讨论环节，师生意识到目前的地方文献整理虽方兴未艾，但各地做法不一，亟须对过去的经验与教训进行总结。课后申斌积极响应。双方随即分工，由申斌提供拟选篇目，并撰写引言初稿。吴佩林负责组织录入及出版工作。期间以申斌为主，两人分别与拟选篇目作者取得版权。文字录入由西华师范大学中国近现代史专业的白莎莎、李增增、仲雨婷、王楚强、张加培、罗林军完成。为确保录入的准确性，且系统学习、消化这些文献，2017年2月开始，在西华师范大学《地方文献解读与研究》课上，师生一起阅读、讨论这些文献，每篇论文又安排两位研究生校对，最后再由吴佩林核校、统稿。

本辑所选篇目，除赵思渊、汤萌与杨培娜、申斌的两篇文章为首次发表外，其他均为既刊论文（其中郑振满先生的访谈为网络发表）。因此，我们在对原论文进行整理时遵循以下原则：（一）除错别字、繁体字、异体字予以处理外，均原文照录。（二）已刊论文有重新修订的，尊重作者意愿。（三）在征得作者同意前提下，对格式进行了统一，如删除文后参考文献，统一改为页下脚注；

① 吴佩林：《对清代地方档案整理现状的检讨与反思》，《光明日报》2016年4月9日第11版。

② 赵思渊：《地方历史文献的数字化、数据化与文本挖掘：以〈中国地方历史文献数据库〉为例》，《清史研究》2016年第4期。

③ 郑振满：《民间历史文献与文化传承研究》，《东南学术》2004年增刊。

对原发表于期刊的论文，删除了中英文摘要、关键词等内容。但对已逝作者的早期专论，其注释格式尊重原文，不按新标准处理。（四）作者的供职单位和职衔以文章发表时情况为准。

非常感谢所选篇目作者或其后人对我们这次工作的支持，谨致谢意。虽然我们在联系作者或著作权持有人上花了不少功夫，但仍有几位老先生的著作权持有人未联系到。我们考虑到他们的文章在我国档案文献整理学术史上的重要地位，不忍割爱，故冒昧地直接刊出。敬请著作权持有人看到本书后与我们联系，我们会及时奉上刊物。

一、先行者与他山石

中国史料的整理

陈　垣*

引　言

为什么我们的史料要整理呢？理由是很简单的：人类的寿命有限，史料的增加却是无穷，举一个很浅显的例，唐宋人研究历史只须研究到唐宋为止，我们现在就要研究唐宋以后的历史了；不止这样，唐宋人研究历史的范围只局于中国及中国附近，我们现在因为交通便利东西文化接触的结果，就要把范围扩大到全世界去；这么一来，我们若是不想法子先把中国的史料整理起来，就不免要兴庄子的“吾生也有涯，而知也无涯，以有涯随无涯殆已”之叹了。

中国史料这么多，使人感觉到无从整理的困难，就有人主张索性把这些史料统通烧了。但是这种焚书的办法到底不是根本的解决。我以为我们若是肯大家来想法子，把这些史料都弄成整个有用的东西，或很容易运用的史料，那自然也不用烧了。反之，我们若是自己不来整理，恐怕不久以后，烧又烧不成，而外人却越俎代庖来替我们整理了，那才是我们的大耻辱呢！

近代西洋机械的发达可算达于极点了，什么东西都可以用机器代替人工，印书打字的机器早就发明了，惟有替代读书的机器现在还没有听到。但是我们虽然不能以机器代替我们读书，我们尽可以改良读书的方法，整理研究的材料，使以最经济的时间得最高的效能，正如我们中国现在虽然不能全筑起铁路来，

---

* 陈垣，著名史学家、教育家。发表本文时任辅仁大学副校长，教授。

尽可以先修成公路马路一样。今天我所要说的便是这种修成公路马路的方法。

中国史料整理的方法

今天我所要说的中国史料是单就文字记录方面来说的，至于那些考古发掘遗迹遗物等等尚谈不到。关于文字记录方面，我把它们分做两大类：一是已成书册的史籍，一是未成书册的档案。

（甲）史籍的整理

一、书籍翻印的改良——中国的书籍多半是不分句，不分段，不分章节的，至于标点符号更是绝少了，越是有名的著作，越是没有点句；不特古书是这样，就是最近出版的《王静安先生文集》也是没有点句的；这样使研究的人事倍功半，浪耗精力时光。所以现在我们要整理史料，第一步的工作便是在翻印旧书的时候，最低限度，要将旧书点句，能分段分节，加以标点符号更佳。从前由天津到北平要三日，有了铁路以后，三小时可就到了；《史记》著成已二千年，前人要三个月读完，我们今日仍要三个月才能读完，岂不是因为没有缩短的方法吗？点句分段，就是使人节省精力时光的一种方法。原来这种需要章句标点的感觉并不是最近才有的，八九百年前宋代的学者，便已经整理出一部现在我们所见到的章节句读非常明白的《四子书》了；就是旧刻的佛家的经典，也是有圈点的。

二、类书工具书的改良——中国工具书虽然比较的不多，但也并非完全没有；不过旧式的工具书缺点顶多，若不加以改良，其利用恐亦有限。现在随便举出几个例来：（1）《历代地理志韵编》，这一部书成于百年前，内容系将各史地理志所有的地名按韵编成，然后在每个地名之下注以当时系郡系县与历朝沿革。这部书算是研究地理历史很好的工具书，但是却有不少缺点，最明显的，第一，本书是按韵编的，要检查本书须先了解检韵的大概，要不然，就很难利用了。其次是排列不得法，往往是几个地名一行行地连下去，使检查的人不能一目了然。（2）《纪元编》，这部书也是成于百年前，是专门讲年号的，譬如我们要检查某个年号系属于某朝某帝，只须按那年号的末一字音韵检去便可检出；

但是这部书也犯了同样的毛病，排列并不整齐，而且年表内每页年数又并无一定，是很不方便的。(3)《说文通检》，这部书成于五十年前，自从这部书出现以后，检查《说文》简便了许多；但也有一个大毛病，就是检查的人须先知道他所要查的字是属于哪一部，而后才能查出，这又是不便于普通学者了，且此书排列法亦不整齐，不便寻检。(4)《读书纪数略》，是一部专门汇集有数字关系典故的参考书，例如：十八罗汉，三纲，五常这一类的典故都可以从那里检出。不过这部书也有一个缺点，就是未分数光分类，其分类又非常繁琐，每每遇一名词，不知其应归何类，即须检阅数卷而后得。总而言之，中国的工具书无论在编制方面，排列方面都是应加改良的，要做到小学生都能利用才行。

三、书籍装订的改良——中国书籍的装订往往是只顾形式不问内容，只求每函每套册数厚薄的均等，而不问每函每套的内容是否相关联的；并且于目录的编置更无一定；有时使检阅的人感到无限麻烦。例如《全唐文》这一部书，一共有一千卷，里面收集所有唐代的文章，以人为单位依次编成。这部书虽然有总目和每卷的详细目录，但是因为目录是配置在每卷之首的，使检查的人要检某人的某篇文章在某卷，非花了许多时间从头到尾慢慢查过，总是检不出。此外中国书的装套也是非常的不讲求，往往是把一人一类的文章不装在一套内，而随意归入上套或下套。这些都是装订方面的缺点。倘若能够把总目录和每卷的目录统通集合起来另订成册，并且装套时无连上连下之弊，那么检查《全唐文》的人不是要便利了许多吗?

四、笔记的整理——唐宋以来，笔记的著作日多一日，因为笔记是杂志性质，内容非常复杂，篇章不拘短长，所以较易写作。这种笔记看来好似无关重要，其实是绝好的社会史风俗史的资料，有许多的东西在正史里寻不到，在笔记里却可以寻到。但是笔记是非常难读的：一来笔记的份量多，内容复杂；二来笔记的编制非常不经济，除了极少数的每段有目录外，其余的不是完全无题目，便是有题目而无总目。要想从笔记里寻材料的，除了以披沙沥金的法子慢慢地去找寻以外，着实没有办法。所以笔记题目的整理是非常必需的；要把所有的笔记，无目录的加上目录，有目录的加上总目，有总目的编为索引，使后来要从笔记里找寻任何材料的都可以一目了然。

五、文集的整理——中国文集在所有书籍中占最多数，《四库全书》亦以集部为最多，便可以看出中国文集的多了。但是中国文集虽然每篇必有目录，而常没有总目录，就是《四库全书》里的文集也全是没有总目录的。这的确是一个大缺点。从前我感到检查文集手续的麻烦，曾将《四库全书》集部中外间传本稀罕的，抄了一部总目录，虽只一小部分，但已便利许多矣。所以我以为倘若我们有了一部完整的所有文集的总目录或索引，对于我们研究学问一定大有帮助。

六、群书篇目汇纂——群书篇目汇纂是想把所有重要书籍的篇目按类编成一部总目，使人一检即知某书的内容。这一类的书中国已经有过，清代朱彝尊撰的《经义考》便是一个好例：这一部书把所有关于经义书籍的序跋统通录下，并且还注其存佚，附以诸家论断，的确是一部研究经学很好的工具书。不过其范围只限于序跋方面；若是将各书的篇目，都汇集起来，更方便了。普通所谓目录学，多只注重书目，我以为篇目也是要紧的，就如《诗经》里的篇目，如“卷耳”，如“葛覃”，两个字的最多，但有三个字的，如“麟之趾”，如“殷其雷”，又有一个字的，如“氓”，如“绵”，如“板”，有四个字的，如“匏有苦叶”，有五个字的，如“昊天有成命”，若是没有一种经验，如何知得“氓”是个篇名。又如《吕氏春秋》里的什么“览”，《淮南子》里的什么“训”，有经验的一望便知为某书的篇目，无经验的便不容易明白了。若是有一部群书篇目汇纂或索引，岂不是帮助人容易明白许多吗？

七、重要书籍索引——上面所讲的是限于目录的索引，此处所谓索引，是以书做单位，把每一部重要书籍的内容凡是有名可治的，都编成索引，使检查者欲知某事某物系在某书之某卷某篇，皆能由索引内一索即得。西洋近出的书籍差不多都有索引，故学者研究学问时间极省而效能极高。我以前听宣道师的说经，见他们每举一经节，皆能将所有同意义的经节散见于《新旧约》者征引无遗，心中颇佩其记性之强，到后来一问，才知道他们所靠的是一部《圣经索引》。这样看起来，索引的功用是何等的大啊！倘若我们能够把我们的重要史籍，如《左传》，如《史》《汉》，如《资治通鉴》等都编出索引来，那么除了专门研究历史的以外，什么人都可以不读《左传》《史》《汉》《通鉴》而能利用它们了。

八、分类专题编集——分类专题编集是以题做单位，然后将群书中所有有关系的材料统通都编集在一起，使后来研究的人不用再费时去搜集。例如：以运河或长城做专题，然后将所有书籍中有关于运河或长城的材料都编集在一块便是。去年北平学术界不是有个古代铁器先用于南方的论战吗？倘若我们已经有了关于铁字专题的编集，那岂不是要省事得多吗？这种分类专题的编集中国以前并非没有，类书中如《艺文类聚》《北堂书钞》《太平御览》《古今图书集成》都有这种意思，就如《文献通考》之类也是这种意思；不过从前搜集的目的，多注重供给人作诗文的词料，我们今日的目的，在注重便利人的检寻，其目的不同，其方法之疏密自异。

以上八点是整理史籍的方法，现在再谈谈整理档案的方法。

（乙）档案的整理

什么是档案呢？档案，简单点说，便是未成书册的史料。现在北平所谓档案，多数是前清政府的文件，有些也是明末的，里面有很多重要史料。从前本来是存在内阁大库或军机处的，到了民国，经教育部会同各部派人整理过一次，然而到底没有做成功。有八千麻袋已作废纸卖丢，有一部分归到北京大学研究所国学门稍为整理上架。现在这些档案大部分是分存在故宫博物院内的南三所，东华门内的实录大库，南池子的皇史宬和景山西的大高殿各处。档案既然是很重要的史料并且份量又是这样多，尘土又是这样厚，收拾又是这样零乱，那么要如何整理呢？我以为整理档案亦有八种方法，现在简略地说一说。

一、分类——分类是按照档案的种类，或由形式分，如纸样格式，长短大小，颜色红白，与乎成本的，散页的，都把它们汇别起来；或由文字分，如汉文的满文的蒙文的，都分在一起，这是最初步的工作。

二、分年——分年是分类之后，以年做单位，把同一年份的同类文件都集在一起。例如，先分明清，清又分康熙乾隆，乾隆又分开六十年，同年的按月日先后集在一起。

三、分部——档案有属于各部署的，例如：兵部的文件归于兵部，礼部的文件归于礼部，这样类推下去。

四、分省——例如，报销册一项，有浙江省来的归在浙江省，福建省来的归在福建省。

五、分人——把一省一省的督抚所来的文件按人分在一起。雍正朱批谕旨，即是这样分法。

六、分事——分事是整理档案的较为细密的工作，把所有与某一事情有关系的文件，如乾隆时纂修《四库全书》的文件，接待英国使臣的文件，凡同一事的，都按年月集在一块，这样便理出头绪来，可以检阅了。

七、摘由——完成了分析的工作以后，再把每一文件的事由摘出来，使研究的人一看摘由便能了解内容的大概。此种工作，非常重要。

八、编目——编目是最末一步的工作，就是把所有整理成功的档案编成几个总目，或分部，或分省，或分人，或分事，使后来检查档案的人只须将总目一查，便能依类检出。

以上是整理档案的方法，前五项若是有人指挥，稍认得字的，便能做的，后三项则非有相当程度的人，不能干了。至于装置储藏的方法，又是另一问题，今日尚谈不到。

小 结

我已经简略地把中国史料整理的方法说过了；倘若能够依着这种方法整理下去，那么中国的史料虽多也不用烧了，我们的寿命虽不加长，也不难窥见中国史料的全豹了。从前人们所谓“博闻强记”“一目十行”“过目不忘”等等也不过脑中有一部索引，假如我们各书的索引能告成功，就人人都可以有过目不忘的本领了。我们有广阔的土地，而无普遍的铁路；有繁盛的人口，而无精密的户口册；有丰富的物产，而无详细的调查；有长远的历史，丰富的史料，而无详细的索引；可算是中国的四大怪事。我们若是肯从此努力，把我们的史料整理起来，多做机械的工夫，笨的工夫，那就可以一人劳而万人逸，一时劳而多时逸了。

[本篇系一九二九年五月二十七日在燕京大学现代文化班的讲演，原题《中国史料急待整理》，翁独健笔述。记录稿经作者修改补充后，发表于燕京大学《史学年报》第一期（一九二九年七月）。此次据作者的修改稿及演讲提纲作了校订。]

（原载吴泽主编，陈乐素、陈智超编校：《陈垣史学论著选》，上海：上海人民出版社，1981 年，第 244—252 页）

《明末农民起义史料》序（节选）

郑天挺*

大库是清代内阁庋藏档案、书籍的处所，在北京故宫东华门内，文华殿之南，协和门之东，是两座上下各五间向北开窗的旧式楼房，它的西邻就是内阁。两楼平列一排，分为东西，中隔走道，所以又称为东库、西库，一共二十大间。东库贮存实录、圣训、起居注、史书、书籍、表章及档册等，又称实录库，由内阁之满本房掌管；西库贮存红本，由内阁之典籍厅掌管。但这种分存的情况，时常小有变动，如乾隆十三年（一七四八年）以后的红本因为西库已满改存东库，就是一个例子。（关于大库情况，参看方甦生《清内阁库贮存旧档辑刊叙录》、徐中舒《内阁大库档案之由来及其整理》《再述大库档案之由来及其整理》。）

大库所藏，以红本为最多。清朝以内阁总理全国政务，所谓“掌宣纶綍，赞理庶政”（《康熙大清会典》卷二，页一），因此全国的公文都要经过内阁。雍正七年（一七二九年）设军机房，后改军机处（一七三二年），内阁的职掌稍分，事权渐小，但“票拟本章”，“钞发谕旨”，还在内阁（清孔宪彝《内阁汉票签中书舍人题名序》），这一部分工作并没有变更，所以所谓“红本”仍由内阁存贮大库。

清制，各行政机关为公务给皇帝的公文称为题本，为个人事给皇帝的公文称为奏本，通称为“本”。（清朝还有所谓奏折，是另外一种给皇帝的公文，与奏本不同。）在公文手续上，中央机关——六部及各院、府、寺、监的本，直

---

* 郑天挺，著名史学家、教育家。发表本文时任北京大学副校长，教授。

接送达，称为部本；地方机关——各省将军、督抚、提（提督）镇（总兵）、学政、盐政、顺天奉天府尹、盛京五部的本，要先经过通政司，然后送到内阁，称为通本（《嘉庆会典》卷二，页一）。无论部本、通本，都由内阁签票处拟具批答，这就是所谓票拟，又叫票本，又叫票签。票签经皇帝核定以后，由批本处用朱笔誊写于“本”的右上角，因为批字是红的所以称为“红本”。红本每天由六科给事中到内阁收发红本处领出，然后传抄于各机关，年终由六科再送还内阁，贮存大库西库（《嘉庆会典》卷二，页六、页八、页二一），因此西库又称红本库。

每年存入大库的红本，大约总有一万四五千件（清查红本数目档，康熙十九年份共一万五千八百零二件，康熙二十年份共一万四千三百八十五件），累年堆积，数字异常之大。加以大库没有专门负责的员工，满本房与典籍厅只是管稽查和锁匙（《嘉庆会典》卷二，页十七至十八）；建筑又不完善，潮湿霉烂，雨淋虫蚀（《北厅清查光绪年红本档》光绪二十五年三月二十五日堂谕），无人过问。历年既久，残缺不全者，清末遂检出焚化。现在所存清代档案所以不很完整，年代不衔接，都由于此。

清光绪二十四五年（一八九八—九九年），大库因年久失修，雨后墙倒（《天咫偶闻》一卷，十七页），光绪二十五年兴工修缮，（故宫藏光绪二十五年《北厅清查光绪年红本档》称将实在残缺……者一并运出焚化，以免堆积，而便开工，又光绪二十七年李鸿章等《奏报皇史宬尊藏实录圣训遗失折》称“实录向存内阁大库，前于光绪二十五年因库内渗漏，奏请兴修，当将实录、圣训移置文华殿东庑”，可见兴工在二十五年。）大库的贮藏情况才为大众所知。宣统元年（一九〇九年）库墙又坏，倾倒更多，特别是西库的墙，于是将实录、圣训暂移于西库南面的银库（《列朝实录圣训函数档》），档案原要检查焚毁，一部分暂移文华殿两庑，大部分仍堆库内，后来罗振玉告之张之洞，装袋移出，暂存学部，又移国子监。其中所藏书籍由张之洞建议筹设京师图书馆（《宣统政纪》卷十八，页二〇，宣统元年七月二十五日）。宣统二年六月库房修齐，实录、圣训仍送还大库，而档案与书籍因有张之洞建议之故，始终没有送还。一九一三年，教育部设立历史博物馆于国子监，将大库移出尚未送还之档案交其保藏（沈兼士《文献馆整理档案报告》）。一九一六年历史博物馆移设午门，此项档案也移至午门。（金梁《瓜圃丛刊叙录》二十页《内阁大库档案访求记叙》作天安门，又系于一九二一年，误。）一九二一年，教育部与历史博物馆因经费困难，将档案之完整者保存一部，其余约八千麻袋（这不过举成数而言，据金梁所记卖出后情形，“堆置彰义门货栈三十屋，连前后五院露积均满，高与檐齐”，当然无从计算，也无法计算。）卖给了西单大街同懋增纸店，代价四千元。纸店打算将这些档案送到定兴县纸坊重造粗纸（金梁《访求记叙》）。罗振玉听到，于一九二二年二月，用一万二千元把它买了回来。大部分寄存北京商品陈列所，后移善果寺庙中，小部分运到天津博爱工厂，从事整理，印行了《史料丛刊初编》。一九二四年，罗氏选择一部分自存，其余的卖给李盛铎。一九二八年十二月前中央研究院历史语言研究所又从李氏购得此项档案，一九二九年八月将这批档案集中在北京午门西翼楼上开始整理，整理后，一部分重要的在一九三三年一度装箱南运，不久复运回，改在北海蚕坛整理，一九三六年又迁运南京一百箱，先后印行了《明清史料》甲、乙、丙三集，丁集付印尚未出版；此外还有其他数种。其未经南运部分，大半是三法司案卷及碎烂档案，始终存在午门及端门（徐中舒《再述大库档案之由来及其整理》，即《中央研究院历史语言研究所所藏档案的分析》，见《中国近代经济史研究集刊》），后来交由北京大学管理。

罗振玉自己留存的一部分档案，后来迁运旅顺，于一九三四年成立大库旧档整理处，从事整理，一九三六年移送奉天图书馆储藏，后并入沈阳博物院（详见罗福颐《清内阁大库明清旧档之历史及其整理》，《岭南学报》九卷一期），今称东北图书馆。罗氏又印行了《大库史料目录》六编（一九三四年）、《明季史料零拾》六种（一九三四年）、《清史料零拾》二十六种（一九三四年）、《史料丛编》二集（一九三五年）、《清太祖实录稿》三种。一九四九年十月东北图书馆印行了《明清内阁大库史料第一辑》。

当一九二二年罗振玉收购大库档案的时候，北京大学研究所国学门（一九三二年改研究院文史部，一九三四年又改文科研究所）知道历史博物馆还保留有一部分，因此于五月十二日呈请当时的政府命历史博物馆将这些没有卖掉的档案拨归北京大学，交研究所国学门同史学系组织委员会代为整理。五月二十二日得到允许，几经交涉，七月这批档案才由历史博物馆陆续移运到校，共计六十二箱又一千五百零二麻袋。但这并不是馆存的全部，历史博物馆他们还留下极小一部分。

一九二四年十一月，溥仪离开故宫，清宫物品开始清点。一九二五年十月北京故宫博物院成立，设文献部，后改掌故部（一九二七年），又改文献馆（一九二九年），最近又改档案馆（一九五一年）。先后接收了清内务府档案（一九二五年），军机处档案（一九二六年），清史馆档案（一九二八年），刑部档案（一九二九年）。而内阁大库因地址在东华门内，属古物陈列所管辖，不在故宫范围之内，直到一九三〇年才正式点查，中间经过很多周折。一九三一年一月文献馆开始整理内阁大库档案，先后印行《掌故丛编》《文献丛编》《史料旬刊》及其他许多专编。

就上面所述，我们知道大库档案主要地分散在下列五部门：

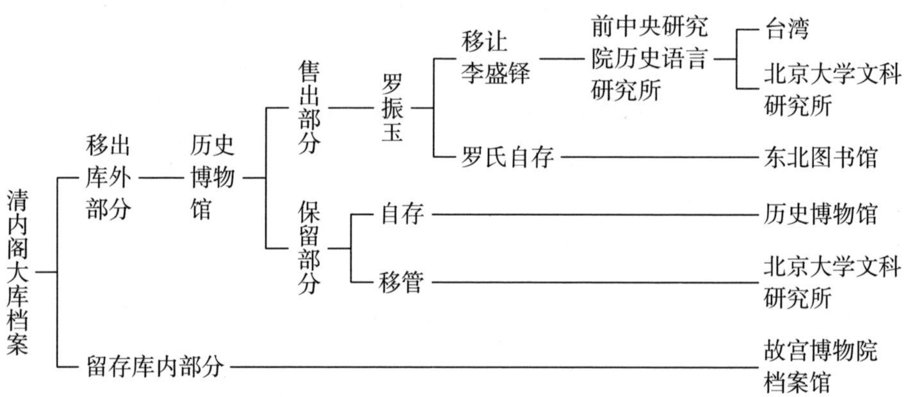

此外流入私家的还有不少，近年各部门也陆续买回一些。

北大呈准将历史博物馆这批档案移运来校（一九二二年），随即由研究所国学门、史学系、中国文学系的教职员、研究生、毕业生、在校学生和校外专家，组织了一个清代内阁大库档案整理会（后改明清史料整理会）。因为这是一件开创的工作，没有较多的经验和方法可以借鉴，而且数量太大，内容复杂凌乱，经过几次讨论，于七月二日公布了下列的整理计划：

第一步　形式分类及区别年代。形式分类则分誊黄、敕谕、诰命、实录、试卷、表、题本、报销册……等类。年代则分天启、崇祯、顺治、康熙、雍正、乾隆等朝。

第二步　编号摘由。如题本、报销册两项，为档案之大宗，并多系重要史料，故先着手。题本则就内容摘录年月、机关或区域，及事实因果情形。再以事实性质，归纳成若干总类（如命案、盗案、钱粮、俸饷、建筑、财政、军政、学政、国际事件等）；总类之下又分细目（如命案中分因奸谋杀、因仇谋杀、因戏误杀等目）。然后编号上架。报销册则摘录年月、机关或区域及名目。大别之有地丁、漕米、旗营、军饷、垦牧、建筑、浚治、清丈、盐引、课税、织造、鼓铸、物价、给发勘合火牌、内府食品、支用柴炭煤斤案件汇总，及大进大出黄册各类。至于各项档案中之特别重要者，随时提出公布。

第三步　报告整理成绩，研究考证各重要事件，及分别编制统计表。凡各项已编号摘由之档案，分别编目或录全文登载本校日刊公布。其他如大政变、文字狱及一切史乘不详之事件，则加以考证，编为报告。题本、报销册分类后，即编成各地风俗状况、犯罪行为、历朝对于人民之待遇、物价之比较等统计表。即无甚重要之贺表、会试卷……等，将来亦拟利用之以编成历朝职官人名表，地方文风统计表。其余如公文程式及文字递变之调查，历朝官印之编谱，皆拟酌量缓急，分别进行。（稿本《北大明清史料整理会纪事》）

这个计划公布以后，就从七月四日开始在北大第三院着手整理。整理手续：先将木箱或麻袋一个一个地打开，其中档案全部出晒，去垢，铺平，抑直；再按照第一步办法分别种类、年代，然后编号、填表、摘由；手续既完，再按字号装架。如遇有事由比较特别的，另行提出。当时每开一箱或一袋，要等分类摘由完毕，才再开旁的。这样的做法不免迂缓。因此在第二年（一九二三年）六月二日讨论工作时，就根据过去经验决定将所有的麻袋、木箱逐渐开拆，按照案件的原名，分为题本、报销册、揭帖、贺表、誊黄等类，再区别朝代先后，插架陈列；摘由工作则俟此项手续完了后，再行着手。并决定利用暑假期间教室、人力的空暇，作一次大规模的整理。如清理题本时，将第三院大礼堂之桌椅分为二十多组，每组列成门形，桌面分贴清代九朝年号，和满文、杂件、残件等标签，随解袋随去上，随分形式随按年代搁置桌上，至于摘由留待另外去作。这样，从七月十八日起，至十月三日止，整理结果，总计分完七百多麻袋，所剩只有五分之一了。过去整理时，凡各种无类可分的文件，全存在一起，称为杂件，不再仔细分，这次也先分为刑事案件、考功簿记及行文档册等类。再将考功类中分为考核、履历、议叙、画到簿、名册等；行文类中分为行文底账目、画行簿、移会、知会、杂项账目、缴奏清册、注销册、挂号簿、丝纶簿等。全按照原件标目，登记，编号。

第一步的整理手续——分朝代，分种类，装架陈列——直到一九二三年十一月才完成。因为从前没有过这样的集体整理工作，又因为大库档案问题曾轰动一时，所以国内学术界很注意这件事。有的来参观，有的托为搜查资料（如托查天主教案件、江宁织造案件、贵州考试及其他政务案件），但是当时的工作缺点太多，自己实在不能满意。后来沈兼士主任曾作过一次自我检讨，说：

> 我们从前在北大初整理档案的时候，大部分精力和工夫，均耗费在初步的形式整理上面。因为要将数十万件乱七八糟的东西，一一依据名目，排比时代，这是多么令人望而生畏的一桩工作。加之整理时的尘垢太多，眯目塞鼻，竟致同人中胡鸣盛君病眼，魏建功君伤肺。当时辛劳的情形也就可以想象。但那时候的经验太少，所以方法上仍有不少的缺点：
>
> 一、太重形式，只知区别名称，排比时代，而忽略档案的内容。
>
> 二、只知注意档案本身，而忽略衙署职司文书手续之研究，遂使各类档案，均失掉它们的联络性。
>
> 三、过于注重搜求珍奇之史料，以资宣传，而忽略多数平凡材料之普遍整理。
>
> 这些错误，都由于没有把各种档案综合地研究，深刻地观察，所以结果仅知其形式而不知内容，仅知其区别而不知贯通，仅知有若干不相连属之珍异史料，而不知统计多量平凡之材料，令人得一种整个的概念。（《文献特刊》:《文献馆整理档案报告》四页）

这些话全是实在的。我们在一九二四年五月二十一日从新拟订了今后继续整理档案办法，于是工作方向就转到：一、摘录明题行稿（最初是摘录，后改全抄），二、编报销册目录和各种档案目录，三、整理清代题本内容，分类摘由，四、校订旧编书籍。因为北大所藏的档案，以这几方面比较多而且重要，所以先从这些着手。我们先后印行了：《整理清代内阁档案报告》（要件）三册（一九二四年）、《整理清代内阁档案报告》（题本）一册（一九二四年）、《整理明清史料要件报告》一册（一九二四年）、《清九朝京省报销册目录》第一册（一九二五年）、《嘉庆三年太上皇起居注》四卷（一九三〇年）、《顺治元年内外官署奏疏》（一九三一年）、《明南京车驾司职掌》一册（一九三四年）、《崇祯存实疏钞》八卷十六册（一九三四年）、《洪承畴章奏文册汇辑》一册（一九三五年），与故宫博物院合编《清内阁旧藏汉文黄册联合目录》一册（一九四七年）。

关于题本的内容分类，区分了下列几类：

贪污，叛逆，屯垦，刑罚，漕粮，灾荒，河工，纠参，贼匪，敷陈，田赋，盐务，隐匿，粮饷，例行，铨叙，兵马，奏销，鼓铸，茶马，俸银，遗民，仓谷，科举，考核，差派，驿递，征伐，赈恤，明藩，贡进，通商，采买，杂课，边防，关税，户口，钱法，蓄发，库藏，抚绥，印信，推荐，织造，圈地。

关于报销册的内容，区分了下列几类：

文职汉官领过俸米俸银册，京察官员册，京察笔帖式册，大进大出黄册，户部用过缎匹颜料数目册，盛京户部考成黄册，地丁本折钱粮册，江苏省城各衙门地亩项下钱粮册，奉天退圈地亩钱粮册，漕白钱粮册，南秋米粮册，各仓库收放钱粮数目册，盐务课数目册，盐课销引册，钱粮事迹册，编审过盐丁数目册，盐务笔帖式银两册，灶丁应征银两册，各省滋生增益屯丁数目册，各卫所屯粮屯丁册，屯亩起存小粮考成职名册，额征民屯地丁钱粮册，丁口数目册，各省编审过人丁数目册，各省编审过军丁数目册，额征学租并应扣空缺银两册，文武官役俸工银两数目册，各官应扣空缺银两数目册，匠役口粮收放数目册，蜡茶颜料油麻缎纱等项钱粮册，杂项钱粮册，礼部用过钱粮数目册，礼部坛庙祀册，兵马钱粮册，朋桩皮脏银两册，截旷小建银米册，买马数目册，勘合火牌册，各标营官员品级及增设案由册，重囚招册，刑事案件册，工部用过钱粮数目册，太常寺用过钱粮数目册，光禄寺用过钱粮数目册，条奏事件册。

这样的整理，较之最初所定第二步计划已加推广，已从形式的分类进入内容的分类，从搜寻珍异史料进入普遍的整理。直到解放前，我们大体是向这方面努力的。

北京解放以后，文科研究所罗常培所长深深感到，我们所藏这些已整理出来的宝贵档案必须赶快公开，没有整理出来的档案必须加紧整理，以供大家利用，要使它从满足少数人的研究愿望，进入公开的随意广泛利用。因此我们工作集中到下列几项：

一、已清缮的明题行稿，分类整理印行，没有抄齐的补抄。

二、整理题本的摘由，凡不明确、不详细的加以补充，并尽可能地指出每件内容的特点。

三、过去整理题本，全按内容分类，有许多混淆不清，现在改按机关的职掌从新分类。

四、系统的整理研究本所所藏黄册——报销册及其他档案。

在一九二三年九月三十日研究所（当时称为国学门）同人在城南龙树寺抱冰堂开第一次恳亲会席上，我们曾经宣布：

"国学门搜集及整理所得之各种材料——当然不限于档案，完全系公开的，供献于全校、全国，以至于全世界的学者，可以随意地作各种的研究，绝对无畛域之限制，这是应该请大家特别注意的。"（稿本《北京大学研究所国学门一览》——一九二二年至一九二七年，第五章第十一页。）

现在我们不但还维持着这个传统，而且更加强向这方面去作。

一九五〇年五月四日，我们将所中收存的档案举行了一次小型的明末农民起义史料展览，承观众给我们很多的宝贵意见和鼓励，并且建议我们将展览的史料全部印行。我们接受这个提议，更搜集了一些别处所藏的大库档案，辑成这本《明末农民起义史料》。其中一百零三篇是明末兵部的题行稿。题行稿是明代公文的习用名称，但《明会典》里没有见过。题指题本，行指各机关互相通知的行文，如咨、札、手本、揭帖之类（各部给部院和督抚的公文用咨，给总兵及属下用札，给太监用手本，给司礼监用揭帖）。同一事件，一方面先要拟题稿报告皇帝，一方面在得到皇帝批示后，再拟行稿通知有关部门和个人，内容既然相同，为了节省时间人力，在拟稿时将行稿粘在题稿后面，只写案由和批示，其详细内容即照题稿所叙抄录。本来是题稿行稿两个文件，但两者合在一起分不开，因此称为题行稿。六部对于政务执行，全要经过这样的程序，所以题行稿数量比较多。本书所收的这些题行稿，本属明代兵部的档案，其所以在清代内阁大库中发现，是因为清初纂修《明史》时，缺少天启四年（一六二四年）七年（一六二七年）实录，及崇祯以后（一六二八—四四年）事迹，曾下令全国查送，这就是兵部查送来的材料（事在康熙四年，一六六五年，十一月十一日）。正由于此，这一批原始材料才保持至今。

一九五一年五月四日郑天挺识于北京大学文科研究所明清史料整理室

（原载郑天挺:《探微集》，北京：中华书局，1980 年，第 289—298 页）

再述内阁大库档案之由来及其整理

徐中舒*

国立中央研究院历史语言研究所（以下省称史言所）所藏明清残余档案，原为清代内阁大库物。民国十七年，史言所刚成立时，就很想利用我们可逢着的直接史料，做一点研究的工作，于是就将这一批档案买下。

我们从民国十八年八月，将这一批档案买过来以后，立即开始整理。同时并组织一个明清史料编刊委员会，将整理出来的材料，择要刊布。因为我们的兴趣，偏于历史方面，所以我们选择刊布，也仅限于这一方面的材料。我们鉴于向来史迹保存的不易，例如冶金刻石，总算可以垂诸久远了；然而这一类史迹，正跟着逝去的时代，一天一天地摧毁，犹如巨浪淘沙，着实可惊！以彼例此，只有使我们惶惑，使我们怀疑这些档案究竟能保存几时？我们对于档案的刊布，固然是供给一般不易接近此等史料的学者，使我们的同志多增加几个；在别一方面讲，也未始不想借此流传广远，以为一种保存的方法。

我们因为兴趣的关系，有许多贵重材料，为我们注意不到的，我们总想如何使别方面的学者来参加这个工作；使这些被忽略的材料，也得有一批一批的刊布出来的机会。

社会调查所在两年前，就注意到清代档案里关于经济的材料。他们曾经用简要的表格，将故宫博物院文献馆（以下省称文献馆）与北京大学研究院（以下省称北京大学）所藏档案中关于这一类的材料，陆续抄出。他们预备将这一

---

* 徐中舒，著名史学家，发表本文时任中央研究院历史语言研究所研究员。

类材料，做一次总结算。他们因为参加这一部分档案的整理工作，他们很想先出一本关于档案的专号。他们想在这本专号里，把各机关所藏的档案的内容，调查一个明白。

史言所所藏档案的内容，我曾经写了一篇《内阁档案之由来及其整理》载在《明清史料》首本中。现在他们要我再写一篇介绍的文章，我很高兴有这样一个机会，把我从前所未说到的，加以补充，或依后来发见的新材料，改正从前的错误。我们更希望因此引起各方面学者的注意，使这里面各方面的材料，都有一个流传的机会。我打算把从前已说过的，在这里都省略了不说，让出一些篇幅，说从前所没有说的。不过以我的浅学，来叙说这广泛的内容，总不免有畸重畸轻的毛病，还望读者加以原谅！

让我谢谢我们的同事方甦先生，和李光涛先生，他们替我在档案中，寻出了许多重要的材料！谢谢文献馆沈兼士先生，他允许我参考他们还未印行的《清内阁库贮旧档辑刊叙录》的原稿！

一、大库未移动以前的库储

清内阁库在故宫东南隅，文华殿之南，今属文献馆。有大库二。史言所及北京大学所藏内阁档案，都是从这里面移出来的。

大库的建筑，当在十五六世纪以前，其一疑即明代文渊阁之遗（说详后）。两库建筑的形制全同。其中所藏，在清代分掌于内阁典籍厅及满本房（后来又称满本堂）两处，王正功《中书典故汇记》（卷六·叶十五—十五背）说：

> 大库在内阁后门外之东，文华殿之南。其北面有围墙一带，开门二。其西为典籍厅请送关防及查取红本出入之门，其东为满本堂请送实录出入之门。库坐南向北，共二十间，开门四。每间深四丈，重之以楼。背面有窗，窗中用铁柱，柱内有罘罳，外有铁板窗，窗开而不阖。……西二门共库十间，可通往来，楼上楼下皆贮红本，典籍关防亦贮其中。东二门内库各五间，一为满本堂存贮实录、史书、录疏、起居注及前代帝王功臣画像等物；一为存贮书籍及三节表文、表匣，

及外藩表文之所。近因西二库红本已贮满，乾隆十三年以后红本，亦贮于此。

王氏自雍正十三年以乙科应内阁中书试，自中书转典籍，先后几二十年。其所述虽为雍乾时事，然与现今库中情形，仍可相互印证。方甦《内阁大库书档旧目叙录》说：

内阁大库是两座库房的总名。《日下旧闻考》卷六十二说："内阁后门东为红本库，又东为尊藏实录库，及书籍表章库，俱北向；"红本库即俗所谓西库，实录库即俗所谓东库，都是上下各十楹的大楼。两库合起来，名为内阁大库。

据此知现今大库建筑仍保存雍乾之旧，所不同者，即东库储藏情形略有改变。东库原分实录库及书籍表章库。王氏所说："西二门共库十间，可通往来……东二门内库各五间"；其意似谓东库内二库，中间当有阻隔，不通往来。《书档旧目》目十一注明库储情形如左：

东库楼下第一间（又注"东库楼下东第一间"当指此）
东库楼下第二间（又注"东库西第四间"疑即指此）
东库正中间
东库楼下（疑省"西首第一间"）
东库楼下西首第二间
东库楼第一间
东库楼上第二间
东库楼上第三间
东库楼上（疑省"西首第一间"）
东库楼上西首第二间

此所谓东库楼上下十间当指东库之书籍表章库言，而东库之实录库，则称西库。

《书档旧目》目十五注明：

> 西库靠西第二柜存储
> 西库靠西第三柜存储

此时实录库亦杂储书籍（方氏《叙录》谓此西库即红本库，误）。据此知当时东库中之东西两库，界划厘然。但此种界划，到文献馆清理时，已不复存在。民国二十年《文献馆一览》内阁大库档案项下说：

> 实录库楼上贮实录、圣训，楼下贮起居注及书籍、表章、档册之属。

此所谓实录库，乃通指全座东库言。盖此时东库内已无实录库及书籍表章库之分。此两库之合并，当肇端于嘉庆十一年。文献馆藏《顺康雍乾库贮史书档》载有堂谕一则说：

> 嘉庆十一年奉各位中堂谕，清查大库，匀出空所，以备尊藏实录。

自此以后，东库储藏情形必有多少变更。《书档旧目》目十六，即嘉庆年间清查大库所编之目。其中载有清查东大库及覆查东大库人名。又文献馆藏有光绪二年清查东大库档，都直称此库为东大库，而不复有实录库及书籍表章库之别。此时东库储藏情形，可依文献馆清理时陈列的次第，为推定的标准。《玉简斋丛书》本《大库档册》，文献馆发见有同样的，应是同光间物。其中分礼乐射御书数六库，编号次第，与《书档旧目》中目十一全然不同。我们如果不晓得后来东库陈列状况，则这六库的所在，真不易解决。据《书档旧目叙录》说：

> 当故宫文献馆开始整理此项档案时……楼上除实录、圣训外，尚有以元亨利贞编号而已经凌乱的四柜书籍档案，楼下西偏四间，

> 排着收贮起居注的红箱，及一部分六科史书，东偏六间则有满箱的揭帖，满柜的远年来文，南北厅的档案，凌乱的大记事，日记档，清汉字黄册，乡会试录，及光绪写本《大清会典》的正副本等。后来经过整理，在这六间库的架旁柜后，又发见许多元明以来的残零书籍，而《大库档册》射字库龙字师字两箱的瑞谷草，也在这里发见；且从东数起第三间库的明柱上，一层薄的红油漆，笼照着“□字库”三字，第一字已不可辨，“字库”两字则甚分明。凡此种种，都可证明此六间库就是书籍表章库，也就是《内阁大库档册》的礼乐射御书数六库。

据此同光间编《大库档册》时，已将书籍表章库楼上五间，并入楼下六间内，而将楼上让出，以为收藏实录、圣训之所。我们看东库所藏的实录、圣训、起居注以及《大库档册》所载的许多根本史料，许多外间失传的秘本书籍，不但我们这些爱好历史的人，要加意爱护，就在从前，保存得也比较还好。像这样迁移，大致还不至有多大的损失。

红本库即西库，为典籍厅所掌。每年岁终六科缴回红本处的红本，都收储于此。其内容比较起来，也没有东库那样复杂。《光绪会典》卷二注：

> 通本部本批写清汉文后，即交红本处，每日六科给事中赴阁领出，岁终仍由六科交回红本处收储。

史言所档案中存有六科缴送红本册，一千五百五十五本，自顺治以迄光绪各朝，存佚不一。每科或每年为册，或半年为册，或按月分册，很不一致，内容系记载每日下科本章件数，及简单事由，这大概就等于红本目录。史言所档案中又有清查红本数目档一册，计康熙十九年份，共本一万五千八百零二件，康熙二十年份，共本一万四千三百八十五件。据此，每年缴回红本之数，多至一万四五千件。清代自入关以后，二百七十余年，则红本件数当在三四百万以上。此种案件，日积月累，方无已时；而大库储存之地位有限，且其中多属例行案件，不关军国大典，欲其保存妥善，传之久远，实不可能。历代以来，此种远年案卷，总不出焚毁之一途。文献馆藏有北厅清查光绪年红本档一册，光绪二十五年三月编定，其中首载奏片一件：

再者库内恭存朱批红本，历年存积，木格已满，……谨拟通盘详查，将所有经过多年潮湿霉烂之副本检出，派员运往空间之处，置炉焚化，以清库贮，……于光绪二十五年二月初六日具奏，奉旨“知道了”；钦此。

又载三月二十五日堂谕一则：

前因修理红本库，奏明将雨浸虫蚀者检出焚化，……除自光绪元年起至二十四年止，正副各本，无论已未霉烂，概行分别存贮，用备将来查考外；其远年新旧各本，及新旧记事档簿，仍著原派各员等水（将）实在残缺，暨雨淋虫蚀者，一并运出焚化，以免堆积，而便开工。

此次焚毁的标准，是以实在残缺，暨雨淋虫蚀为主，其内容如何，则置之不问，其处置之草率如此。现在这一类的档案，还得分存于文献馆、史言所、北京大学各处，实在是侥幸万分了。

以上大库储藏情形既明，则关于稽查扃鐍之事，亦当连带叙及。据《中书典故汇记》（卷六·页十五）所载：“大库……北面有围墙一带，开门二。其西为典籍厅送请关防及查取红本出入之门，其东为满本堂请送实录出入之门”；似以满本房与典籍厅分掌东西二库。但其实际情形，亦不尽如此。如东库中之书籍表章库则例由典籍厅掌管编目，与满本房无关；而六科史书原自红本中录出，以备修史之用者，又归满本房保管编目。其他也还有许多例外的事，如实录蒙文本，虽由满本房保管，而编目则归蒙古房去办，书籍表章库虽由典籍厅清查编目，有时也由满本房覆查，而东库楼上的元亨利贞四柜的书籍物件，性质似应属于典籍厅，实际则由满本房保管编目。似此之类，其权限既难划分，而储存之地，或同在一库中，所以有些书档就不免因此而淆乱，而后来档案移出时的凌杂破损，这也未始不是其中一个最大的原因。

二、由大库移出的史言所档案

清宣统元年大库屋坏，因修理库屋之故，这两座库内的贮藏，就大大地移动了。

东库楼上的实录、圣训，原为满本房所掌。据宣统二年八月所编的列朝实录、圣训函数档，计红绫实录函数档满汉蒙文各一册，黄绫各一册；红绫圣训函数档满汉各一册，黄绫各一册，共十册。每册首面都有同样记事一条：

> 本阁实录、红本大库，因年久失修，坍塌渗漏，奏请兴修；谨将列朝实录、圣训，恭请至内银库暂行尊藏。至宣统二年六月，库房修齐，是年八月，仍将红黄实录圣训移回本库，敬谨尊藏，并将各函本数存失数目，登档注明。特记。

据此知满本房所掌东库之实录、圣训，后来仍移回原处，所有各项实录，今均为文献馆所有。

满本房除收贮实录、圣训外，据文献馆藏满本房所编杂项目录五种：（一）为杂项事件档，嘉庆十一年编，（二）为元亨利贞四柜书籍物件库贮档，不著编定年月，内容大致与杂项事件档同，（三）为元亨利贞四柜库贮总档，为道光二十八年钞录旧档之本，（四）为内阁大库尊藏一切细档，同治六年编，内有实录、圣训总目，及元亨利贞四柜贮藏之目，（五）为满本房各项存贮档，道光四年编，所载为东库楼上东头第一间，后檐记注箱上，存贮纪传志谱之属，及杂项书档九箱。从这五种目录里，我们可以推知满本房所掌档案情形。当修理大库时，这些档案如何处置，现在已无从推考。不过元亨利贞四柜档件，后来文献馆清理时，仍存东库楼上，而纪传志谱之属及杂项书档，在凌乱的档案中，也发见了不少。

起居注、史书也属于满本房所掌，当文献馆清理东库时，楼下西偏四间，排列着贮有起居注的红箱，及一部分六科史书，似乎与未修理大库以前的地位全同。据以前内阁的工人说，当时东库坍塌渗漏要比西库好些，当时属于满本房的都在东库，除实录、圣训曾经迁出仍迁回外，其余或竟未曾搬动，亦未可知。

现在我们试以留存于文献馆的库物，与当时移出的库物，即史言所、北京大学、历史博物馆筹备处各处所藏，比照看来，可以使我们知道这次移出的库物，原则上全是典籍厅典藏之物，满本房典藏的，不在移出之列。

大库之属于典籍厅掌管者有二,一为东库的书籍表章库，一为红本库。这两库所藏，尤以书籍表章库的遗物，为最可珍贵。这里面有许多宋元版珍贵书籍，及外间不易得，或已佚之地志，及其他稿本等。此外还有明代启祯年间的题行稿，有清代开国期及雍乾以前的重要档案，有历朝诏敕、试卷、金榜等。当时学部图书馆接收库中书籍时，大概即由库中捆载而去，并未详细点查；不但这里面许多珍贵的档案，未曾取去，还有许多残本残页的宋元本书籍，也杂在这些凌乱的档案里，而被遗下。这些被遗下的档案，与残本残页的书籍，当时都是预备焚毁的。同时红本库的档案，也经过一次检查。凡远年湿烂的红本，也拣出来了，预备一同焚毁。文献馆有拟焚红本各件总数档，宣统元年八月编制，所载为宣统元年八月初一至二十九日，逐日检出之红本捆数；计乾隆至同治五朝，约万余捆，其末尚有九月初一检出红本一目，未填捆数。知拟焚之数，尚不止此。后来因张之洞的奏请，罢免焚毁之举。及民国二年，设历史博物馆于午门，这些档案就通同移归历史博物馆了，是即现在史言所、北京大学及历史博物馆筹备处各处所藏的档案。

三、史言所档案整理之经过

史言所所藏内阁档案，原为民国十年历史博物馆所售出者。此项档案，自售出后，数经灾厄，最后仍为公家所有；其中虽不免遭遇种种的损失，但在近代学术史上，毕竟是一件差可欣慰的事。

史言所动议购买此项档案，在民国十七年十二月，其时史言所尚在广州。及十八年五月，全所移平，八月始将此项档案移运至午门西翼楼上，开始整理。其工作较之北京大学及文献馆整理工作，繁重数倍。大概北京大学的档案，都是比较整齐的案件，文献馆红本库所存，不但捆扎整齐，且年月次第都没有紊乱；而此项档案，当初由历史博物馆售出时，就是破碎的居多，及展转迁移之后，就更加零乱不堪了。我们最初整理这些档案时，必经过下列许多程序：

（一）去灰　此项档案，积存的年代既久，又数经迁移，其每次迁移之后，其贮存的地方都不甚适宜，故积尘甚厚。整理之先，必须去灰。当时雇有工人十九人，为此项工作，均戴避风用之眼镜罩与口罩。

（二）铺平　史言所档案，大半与字纸篓中字纸无异。初整理时，每件必须逐一铺平，此与去灰系连续之工作，费时最多。

（三）分类　此为整理时最重要之工作。初为外形的分类。盖此项档案，如明题行稿，清红本、揭帖、移会、誊黄、贺表、各项簿册杂稿及残本书叶等，其外形各各不同。在稍有经验之工人，一见即可识别，按其形色，分别处置。同时有书记六七人，同熟练之工人，选档案中最多之红本、揭帖，按其内容，作简单的分类。其手续先将红本中关于刑科之部本、通本，即三法司案卷，与礼工户吏兵各科缴进部本，及各省通本，分别处置，然后再与揭帖等，各按时代分类，即顺治、康熙、雍正、乾隆、嘉庆以下至光绪朝，各为一类。

（四）捆扎　各项档案分类之后，再用麻绳捆扎，分别处置。

（五）剩余碎档之处置　此为整理时最困难的问题。因此次档案，自历史博物馆售出后，经过数次改装迁运，其中碎烂的约占全量档案三分之一强，其比较整齐而前后缺失的，尚未计入。这些碎烂的档案，片纸只字，全无连贯，整理不能，除非有很充分的经费与时间（较之现在的工作，恐要增加数倍），既为我们的财力所不许，而随意弃置，又大不可。凡是这一类的档案，我们只得仍旧装入麻袋中，留待他日环境允许时，再为整理。当我们做这工作时，我们总是很小心，总极力要把这装入麻袋的分量减少，凡是稍微整齐一点的，我们都检出来，捆扎上架。

（六）裱褙　此项档案既破碎居多，有些重要的，或破烂过甚的，必须随时装裱。因此我们就在午门楼下，预备了一件裱褙处，使与整理工作得有联络。凡已经整理出来的史料，无论如何碎烂，我们决不能使其毁在我们手中。有些断卷残件里，很有不少重要的史料，往往因拼接裱褙的结果，而复成一完整之件。我们的同事李光涛先生对于这件事贡献尤大，他在许多碎片当中，按纸质、纸色及纸的裂纹，先行接合，再选取碎片中字体相同，辞意连属者，参以经验，依次拼上，如明稿及誊黄之类，往往有连缀数十碎片而成一整件者。这样工作，在史言所档案中，实在是必要的。我们晓得，我们如果稍一疏忽，就有许多重要的史料，将被永远埋没。这样拼接的，在史言所档案中确是不少，其中有许多明稿及沈阳旧档，都是很可重视的文件。

（七）钞录副本　择重要档件，钞录副本，以便编纂付印。此项工作，自十八年九月起，至十九年九月止，前后一年之间，才粗告一段落。同时我们也组织一个明清史料编刊委员会，那时计审定编印之《史料丛书》一种（《清代官书记明台湾郑氏亡事》）、《明清史料》四本。

此种最艰难的初步整理工作，罗振玉在《史料丛刊初编》的序里写他整理的经验说：

> 检理之事，以近数月为比例，十夫之力，约十年当可竟。

现在我们以仅倍于十夫之力的人力，而居然在一年以内完成了，这真是我们最高兴的事。不过这样初步工作，仅略事分类，仍不便于编号上架，而欲其可以供给史家的利用，实不能不再作一次更精密的更详细的分类。不幸我们此时以人力与财力的关系，不能够放手做去。我们此时工作的人，几乎减少了一大半。我们这时的工作，完全集中在分类方面，即继续从前工作程序中第三项工作。凡从前已分朝代的揭帖与红本，现在更重行按年排列，捆扎上架。从前未分朝代的，如三法司案卷、移会、誊黄、贺表、各项簿册等，现在再一一按朝代分年排列，捆扎上架。此项工作，较之初步整理，费时更多。每一档件常须经过两次以上的手续。即先将朝代分别之后，又须分年排列。其残损之件，年代缺佚，或红本中仅存满文之件（每一红本汉文之外，必附一满文摘要），又须分别提出，另行庋置。因此至二十年年度终了时，此项工作虽未全行整理完毕，然大致均已就绪。同时前项工作程序中的六七两项，在此次整理时，仍继续进行。明清史料编刊委员会又审定编印《史料丛书》一种（《内阁大库书档旧目》）、《明清史料》六本。

当二十一年年度开始时，分类整理的工作，未完者仅十之一二。前此参加工作的人，现在乃减至三人，俾得结束此未完之工作。当二十一年年终时，所有已整理的档案，全已上架，虽未编号登记，然重要档件，已有简明目录可查。至是此项档案已可按年索求，供研究之用。此时我们乃计画开始为档案研究的工作。一方面设明清史参考室，将史言所所藏关于明清史的书籍，全行移置其中，并将档案中重要文件，或录副陈列架上，以供编纂之用。一方面拟向文献馆借钞清太宗、世祖、圣祖三朝实录，连已印行的《太祖实录》，编成清初四朝纪年长编，及四朝纪事本末两种底稿，以为研究清初史的骨干，凡档案中与此中史事有关系的，皆附缀每年每事之末，以为比勘之用。同时并中止《明清史料》之刊行，拟待所有档案编号编目以后，再分类编辑出版。此项计画决定后，我们仅将明清史参考室草草布置就绪，而热河即告陷没，日寇两次攻入长城，进逼平津，因此史言所乃决定将所有历年购置的图书，历次发掘的古物，及刚已整理就绪的档案，全部装箱南运。于是我们所有的计划，乃不得不归于停顿。及塘沽协定以后，华北粗安，史言所因长江流域雨量较多，于档案的贮存，殊不适宜，且关系材料的搜集，南方又远不及北平之易，于是又决定将所有档案仍行迁回。因整理的方便，我们将这些从南方迁回的档案，全行贮存于北海蚕坛内，还有些残缺的三法司案卷，及仅存满文的红本，与装在麻袋里的碎烂档案，从前既没有南运，现在仍堆存于午门西翼楼上。

四、档案之分类

史言所所藏档案，在现在各处所藏档案中，要算是最破烂最不整齐的档案了。这些档案，当初移出时，原是预备焚毁的，所以自离开大库以后，就弄得非常杂乱，其后又经过过分的摧残，其破损湿烂的程度，要超过完整的数倍以上。如以数字计算，史言所接收这些档案时，大约合计得十二万斤。经整理之后，其破烂最甚而装入麻袋的，占三分之一强，约五万斤。其整理上架之件，据未曾南运以前的情形说，共一百架，每架四格，每格约可容红本二百斤，即每架可容八百斤，其他杂件因纸质及大小不等，容量均较此少，以九十架平均计算，可得七万余斤。其中首尾完整之件，共不及二十架，计一万五千斤，约当已上架档案五分之一。即全量档案八分之一。我们仅据数字看，其损失之重大已如此。

现在我们对于这些档案，仅就已上架的档案分别说明，而不论其首尾完整与否。这因为完整的档案实在太少，而有些档案，虽经破损残缺，然其大部分仍可供我们的参考，其历史上的价值，有时或在完整的档案之上，我们决不能弃置不论。不过因有五分之四的大部分不完整的档案在内，我们欲就此为精密的统计，或详尽的叙述，在目前仍不可能。

在《内阁档案之由来及其整理》文中，曾将这些档案内容分析说明，现在为叙述的方便，仍就原拟项目，略加增改，分类如次：

甲　内阁收存的各项档案

（一）制诏诰敕等

（二）题奏表笺启本副本揭帖史书录书塘报等

（三）黄册及其他随本进呈及缴存之件

（四）朝贡诸国表章

乙　内阁本身的各项档案

丙　修书各馆档案

丁　试题试卷及其相关的档案

戊　沈阳旧档

以下当就此各项分述之。

五、内阁收存的各项档案

（一）制诏诰敕等

清代内阁号称为国家一切行政的中枢，据《光绪会典》卷二说："内阁大学士……掌议天下之政，宣布丝纶，厘治宪典，总均衡之任，以赞上理庶务"；从这些记载来看，内阁职掌，似乎是很重要了。但是我们晓得，自军机处成立以后，内阁仅存躯壳，其最大任务，也不过是帮助皇帝举行一切典礼的仪节，承宣意旨，保存例行的档案而已。

内阁所保存的档案，以诏诰之类最为典重。彭缊章《汉票签中书舍人题名序》说："内阁文章之大，以诏诰为先；"诏诰就是皇帝颁发的命令，也就是《光绪会典》所说的"丝纶"。据同书下文说："凡纶音之下达者，曰制，曰诏，曰诰，曰敕；"这四种的分别，据《光绪会典事例》卷十五说：

> 凡大典礼宣示百僚，则有制辞。大政事布告臣民垂示彝宪，则有诏、有诰。覃恩封赠五品以上官及世爵承袭罔替者，曰诰命。敕封外藩，覃恩封赠六品以下官及世爵有袭次者，曰敕命。谕诰外藩及外任官坐名敕、传敕，曰敕谕。

现存殿试金榜、试题、册命、诰命等，其发端有"奉天承运，皇帝制曰，"语，当即制辞之类。虽所施不必限于一事，但均为宣示百僚之用，而不下逮于庶民。诏与诰，在《乾隆会典》里说："布告天下曰诏，昭垂训则曰诰；"这样分别，实际上并不如此。史言所所存诏的名目很多，有各帝登极诏、大赦诏、加上徽号尊谥诏、同光亲政诏、遗诏、哀诏等，诰则仅见昭圣太皇太后遗诰、仁寿皇太后遗诰数件。又史言所所存《清查东大库分类目录》中，有太上皇遗诰一目，盖出于皇帝者，曰诏；出于太上皇、太皇太后、皇太后者，曰诰。其名虽异，其为布告臣民者则同。

诰命敕命，为封赠荣典。《光绪会典事例》卷十五说：

> 颁赐中外文武官诰命敕命，由翰林院撰拟文式，大学士奏定，于内阁侍读学士、侍读内，简委一二人，专司检稽，按品颁给。……承袭蒙古——王、贝勒等爵，及民——公、侯、伯以下世爵，以原领诰敕送内阁，并将该部揭帖察核无讹，发中书科填注承袭人名年月，用宝后，传该衙门官至内阁书押领发。

此项诰敕，非因事追夺，或绝嗣缴还，则不入内阁，故内阁中此类档案很少。

诰命敕命之外，凡恭上尊谥庙号，及册立皇后、皇贵妃、贵妃、妃、嫔，有玉册、金册、绢册、纸册等，大概这些册书，向来都藏于内廷，无缘缴入内阁。又宗室亲王、郡主、公主、福晋等，封爵之册诰，则宗人府所掌，不在内阁职掌之内，故内阁档案中亦无此项遗物。

敕谕为委署官吏及特谕事件之用，其种类形制多不同。《光绪会典事例》卷十五诰敕之式项下说：

> 恭上皇太后尊号徽号，颁礼部敕谕，用香笺墨书。颁发各部院敕谕，用黄纸朱书。各省及外藩诏敕，用黄纸墨书。……颁达赖喇叭敕书，由军机处或由内阁缮写，交该衙门转发。颁给督抚、学政、织造、提督、总兵官等坐名敕书，及布按二司、守巡各道、副将、参将、游击等官传敕，由典籍及该科给发。巡盐御史敕书，学士于午门外给发。离任之后，皆赴内阁恭缴。

敕谕有缴销之例，所以现存的档案中比较还不少。惟外藩敕谕，现在还没有发现过，大约这是不在缴销之列的。

制诏诰敕之类，除诰命敕命用绢轴，形制不同，其余如诏诰敕谕与殿试金榜，都用黄纸墨书，称为誊黄，或称诏黄（其用黄纸朱书者，则称朱谕）。其用刻板刷印者，清初有颁发朝觐官员敕谕，则名为拓黄。又诏诰经礼部刻板刷印颁发者，又称礼部誊黄。以上各项档案，据史言所所藏，以誊黄为最多，合历史博物馆筹备处移来的计共占一木架，诰命敕命仅存数件，拓黄、礼部誊黄亦仅存数件。

（二）题奏表笺及启本副本揭帖史书录书塘报等

臣工进呈皇帝的本章，有题奏表笺之分。清初沿袭明制，凡各衙门一应公事用题本，其虽系公事而循例奏报奏贺，若乞恩、认罪、缴敕、谢恩，并军民人等陈情、建言、申诉等事，俱用奏本。雍正三年对于题奏的形式，并有明文规定，行令各督抚将军提镇，嗣后钱粮刑名兵丁马匹地方民务所关大小公事，皆用题本，用印具题；本身私事，俱用奏本，虽有印之官，不准用印。此项规定，未久又行废止。乾隆十三年上谕说：“着将向来用奏本之处，概用题本，以示行简之意”。这次上谕废止的，乃是例行奏本。至于折奏，原与奏本有别。清初各省督抚大臣，于本章之外，有具折言事之例。折奏的性质，据王本《东华录》

所载雍正八年七月上谕说：

> 天下之患，莫大于耳目锢蔽，民情物理，不能上闻，则虽有图治之心，而措置未必合宜。是以各省督抚大臣，有具折之例。又以督抚一人之耳目有限，于是又有准提镇藩臬具折奏事之旨，即道员武弁等，亦间有之。此无非公听并观，欲周知民间之情形耳，并非以折奏代本章，所奏之事即属可行也。是以奏折进呈时，朕见其确然可行者，即批发该部施行。……凡为督抚者，奉到朱批后，若欲见诸施行，自应另行具本，或咨部定夺。为藩臬者，则应详明督抚，俟督抚具题或咨部之后，而后见诸施行。若但以曾经折奏，遂借口已经得旨，而毅然行之；则凡督抚皆得侵六部之权，藩臬皆得掣督抚之肘，为害甚巨，不可不防其渐。

又《嘉庆会典事例》载乾隆六十年上谕说：

> 国家创立奏折，原为关系民瘼，并一切紧要事宜而设。

据此可见折奏的重要，远在题本之上。军机处有稽察钦奉上谕事件处，即为稽察各部院八旗奉到上谕及折奏事件而设。折奏不经票拟，《光绪会典事例》卷十五载：

> 内外陈奏事件有折奏，有题本。折奏或奉朱笔，或由军机处拟写随旨。

折奏奉朱笔者，由皇帝亲笔批答，雍正初着呈缴之令，后遂为定例。康雍时折奏大概都缴入宫中，乾隆以下则缴入内阁者亦不少。史言所档案中有乾隆时朱批福康安折奏数件。文献馆所存乾隆时折奏最多，嘉道以下，各朝都有。就乾隆朝言，文献馆所存自元年到六十年，按月分包，每包约二三百件，总计不下十数万件。

题本有部本、通本之分，因为都须经过票拟批红，又通称红本。据前述，每年由六科缴进红本之数，约一万四五千本。其数量既巨，而每一红本，部本例附满文，通本则由内阁翻译，不啻又将其数量增多一倍。现存此类档案，就史言所论，关于刑科缴进的红本，即三法司案卷，整本共占五架半，残本共占六架，关于其他各科缴进红本，整本共占七架，残本共占二十二架，其脱去汉文而仅存满文之红本，又共占十八架。总计以上各项红本，共占五十九架半，约占已整理的档案百分之六十以上。此项红本，大致为雍乾以后之物。顺康红本所存尚不及一架。据吴昌绶所编《龚定盦年谱》，嘉庆二十五年下载：

> 嘉庆二十一年，治河方略馆借内阁所度顺治朝及康熙初红本，悉焜于火。

又咸同以降，各省文书，多改题为奏。朱寿朋《东华续录》载光绪二十七年八月刘坤一、张之洞条陈，有“五十年来，各省已多改题为奏之案”语，是年九月，遂废题本。当时上谕说：

> 内外各衙门，一切题本，多属繁复。现在整理庶政，诸事务去浮文，嗣后除贺本仍照常恭进外，所有缺分题本，及向来专系具题之件，均着改题为奏。其余各项本章，即一律删除，以归简易。

据此，咸同以后，红本已渐次减少，今史言所档案中所存亦不多。至光绪朝红本，当内阁库物移出时，因年近档案须备查考之故，仍留存库中。今史言所所存光宣间档案数捆，乃档案存李氏时，李氏由外间收买所得，原非大库所有。总计史言所所存红本，以乾隆朝为最多，嘉道次之。这些红本，记载当时社会种种形相，我们固然不能不认为是社会史上贵重的史料，但其中重复之件，如满文原为汉文译本，通本例有部本覆奏，其他种种琐细叙述，不关军国大典，除非费极大劳力，作大量统计以外，实不能有所收获。所以这些档案虽不失为一种贵重史料，但是我们现在还不能够充分地利用它。

内阁档案，题本之外又有启本，乃顺治初年王大臣巡抚等进呈摄政王者，但未久即行停止。王本《东华录》顺治三年四月条载：

> 摄政王谕内三院："嗣后诸王大臣差遣在外，凡有启奏，具本御前，予处启本，着永行停止"。

此项启本，也有批红，其性质实与题本无异。惟通行时间既暂，故档案中存者亦少，史言所所存约一束，计百余件。史言所又存有康熙时平定三藩，所在用兵各省文武官员进呈领兵王贝勒启本，及各衙门咨文，各百余件，皆方略馆纂修《平定三逆方略》时征集之物。

副本、揭帖，同为题本的复制。副本随题本进呈，由内阁用墨笔照红本批录旨意，另存皇史宬。因为不存大库，故史言所档案中无副本，间存一两件，亦恐当时误入之物。揭帖之入内阁，据《光绪会典事例》卷十四载，系为起居注馆记注之用。我们晓得当时大库所藏红本，有时且因为无处存储而遭焚毁，这些复制的揭帖，当然更不容易保存了。史言所所存揭帖，顺治朝计占木架两格（据《书档旧目》目十所载，此项揭帖均存于东大库楼下书籍表章库内），雍乾两朝整残本，共占一架半，其余各朝则存者寥寥。

史书、录书，也是红本的复本。《光绪会典》卷六十九凡钞本皆副以史书录书注：

> 红本发钞后，由〔六〕科别录二通：供史官记注者，曰史书；储以备编纂者，曰录书，皆校对钤印。史书送内阁，录书存科。

史书明代称六曹章奏，录书又称录疏，此两书内容全同，皆节录红本及所奉谕旨而成，实即红本一种详细目录。史书为满本房收贮之物，不在移出档案之内。录书存科，不在内阁档案之内。今史言所所存，惟顺治元二年，吏户礼工刑各曹章奏、录书、录疏各数本，其名称仍沿用明代之旧。文献馆藏顺康雍乾贮库史书档，有一段记载说："自顺治元年至顺治九年，六科史书全无，顺治十年起，"据此知顺治十年以前，当内阁规制未定时，此项史书、录书即各曹章奏、录疏等，均为典籍所掌。据《书档旧目》目十所载，有工科、兵科录疏各一本，知此项档案，当时皆存书籍表章库内，故今史言所档案中有其物。

塘报为呈报紧急军情之用，原非内阁收贮文件。史言所档案中仅有顺治及康熙朝塘报数件，或后来修书馆征集之物。

表笺之制，据《乾隆会典》卷二所载，凡每岁元旦冬至及帝后诞日，臣工行庆贺礼进皇帝及太后者曰表，皇后曰笺，其文式例由翰林院撰拟，大学士奏定，颁中外遵行，登极大典贺表，则由内阁撰拟，奏定颁行；是此项表笺，仅为一种仪节，其内容全属一律，并无可观。所有应具表之官员，据史言所所存康熙时残册载：

> 表文事关大典，应自五十六年万寿圣诞为始，文官按察使以上，武官副将以上，准其进上，其进上表文，仍照例该督抚汇齐，由驿递交送礼部，转送内阁。

据此知每节应进表文，亦有一定数目。据史言所所存康熙五十九年礼部仪制吏司汇进元旦令节表文，共二百十九通（内有朝鲜表文），是每年三节应进表文当在七百本左右，而皇帝进太上皇或皇太后表文，及登极谢恩表文，犹不在内。其数量既已不少，而每一贺表，又具正副两本。据《乾隆会典》卷二十八所载，进呈表笺，均备正副二分。正表卷而不折，副本则折叠如本章式，函以表匣，裹以黄绢。表笺进呈，陈于表案，行礼后送内阁收贮。是每年应送表笺，合正副本计之，当在一千四百以上。其数量亦不为不多。今史言所所存除朝鲜贺表以外，计贺本三千三百余件，占木架一格，贺折及副表七十五捆，占木架两格，黄绫面残碎表笺，共五麻袋。

（三）黄册及其他随本进呈及缴存之件

内阁于收存题奏表笺各项本章以外，其随本进呈的黄册，也由内阁收贮。王正功《中书典故汇纪》说：

> 凡各部院各督抚等随本进呈黄册，交典籍厅收存大库。

此项黄册，种类至为复杂。《光绪会典卷二》注：

> 河工报销及各项营建工程，例应绘图缮册，随本进呈。各处钱粮报销，又朝审秋审本皆缮册。其乡试会试题名录、钦天监时宪书式及随本奏折如之。

此处所述各项图册、乡会试题名录、钦天监时宪书式，凡属进呈的档册，因为统用黄绫为封面，皆得称为黄册。别有青册，系用青纸或青绫为封面。其青册名称，或写为清册，乃各省于进呈的黄册之外，送致各主管衙门的册籍，也可视为黄册的副本。王本《东华录》顺治八年六月条：

> 给事中魏象枢奏："国家钱粮，部臣掌出，藩臣掌入。入数不清，故出数不明。请自八年为始，各省布政使司，于每岁中会计过省钱粮，分别款项，造册呈送该督抚按查核，恭缮黄册一卷，抚臣会奏总数，随本进呈御览，仍造清册咨送在京各该衙门，互相查考。既可杜藩臣之欺隐，又可核部臣之参差。"

清册缴送各部，不在内阁收贮之列。内阁大库所存，惟乡会试题名录、闱墨等，多用青绫面。其青纸面报销册，仅见数件，或由移会中移来，为数很少，这里可以不论。

黄册中各处钱粮报销册，关系国家财政出纳。凡报销必备列旧管、新收、开除、实在四柱，以备稽核。关于岁入方面，有地丁杂赋之征。据《光绪会典》卷十八户部典说：

> 凡赋有地赋，有丁赋；役有均徭，有支驿，随地丁征焉。不随地丁征者，曰杂赋。杂赋有课，有租，有税，有贡。

清代田赋，承明万历之后，行一条鞭法。地丁两赋，原各分征。地赋有夏税，有秋粮，有军资库钞，有杂征；或征本色，或征折色，或征银。丁赋自康熙五十二年恩诏，以康熙五十年编审册为率，嗣后编审丁数增多者，为盛世滋生人口，永不加赋，各省遂有常额，后渐摊入地粮并征。地丁奏销由藩司造册，呈巡抚转送。杂赋则以盐课为大宗，由盐政奏销，其他或附地丁奏销。岁出方面，据《光绪会典》卷十九户部典说：

> 凡岁出之款十有五：一曰陵寝供应之款，二曰交进之款，三曰祭祀之款，四曰仪宪之款，五曰俸食之款，六曰科场之款，七曰饷乾之款，八曰驿站之款，九曰廪膳之款，十曰赏恤之款，十有一曰修缮之款，十有二曰采办之款，十有三曰织造之款，十有四曰公廉之款，十有五曰杂支之款。

以上动用各款，在各省则并入岁入方面报销，在京各部院衙门则专案报销。

报销册之种类，据《光绪会典》卷六十九都察院典注：

> 在京部院衙门支领户部银物月册、各省……奏销钱粮册、钱粮交盘册……漕运交兑册、各仓收放米豆册、坐粮厅岁报抵通漕白册、盐课奏销册、各户关一年汇报册，皆由户科察核。官兵饷俸册、朋椿奏销册、驿站奏销册，由兵科察核。赃赎银谷册，由刑科察核。工程奏销册、工关一年汇报册，由工科察核。

关于此项黄册，其编造察核之例，备载于《光绪会典事例》卷一千十五及十六两卷都察院六科项下。又史言所档案中存有乾隆十年各处奏销黄册收贮大库目录，所载二百余目，均与此合。

报销册之外，还有些事册、文册，如吏部有三年考成的京察册、大计册；兵部有邮符（即勘合）、火牌奏销册，及五年考察的军政册；礼部有坛庙祀册；刑部有各省招册、汇奏命盗案册、题驳咨驳事件册；给事中有条奏事件册；各部院衙门及各省有已未完结、已未逾限册等，名称繁多，不能备举。

以上各项黄册，大抵以每年编造一册者为常例。惟在京各部院衙门，支领户部银物，则每月造册。京察大计册，则三年一次，军政册则五年一次。兵马奏销，康熙以前，每季造报，后以烦琐难稽，也改为岁报。漕白二粮，向例有隔年奏销者，后来也改为当年奏销。此外各直省藩司或盐政交代，则于交代时或交代后三个月以内造册。凡此各项黄册之编造，时间既不一致，而各省事务又繁简不同，故每年应进黄册迄无一定数字。据乾隆十年各处奏销黄册收贮大库目录所载，仅二百余目，后附有诰敕及十一、十二两年续收者，当然不是完全的目录。史言所存康熙时酌量停减兵马册籍残册说：

> 再查浙闽总督册开送各部科衙门册，共计七百余本。

又据档案中残册说：

> 凡官兵一切银粮岁终奏销，总督应缮兵马册三本，巡抚应缮册三本，一本径送户部，一本送兵部备查，一本兵部核明，转咨户部。康熙年间，将兵部核明转达户部之册，停止造送。

据此浙闽总督实送各部科衙门册七百余本，或即康熙年间未曾将兵部核明转达户部之册停止造送以前之数，每种册除去重复，即每年仅浙闽总督进呈兵马黄册，已有二百余本。有些黄册，后来虽经停减，但合其他各省应进各项黄册计之，每年至少当在二千以上，其数量恐怕也不在红本之下。内阁收贮红本，已经散佚得很多，而这一类的黄册，既不似红本可备修史之用，所以贮存上更为草率。史言所所存典籍厅残稿说：

> 历年进呈黄册，向来存贮草率，职等议按年清查，归红本库内，另架存贮。

据此知黄册在大库情形，向来就不如红本。现存黄册，以北京大学所存为最多，约得六千八百余册。文献馆次之，约三四千册。史言所所存约二千余册，其中又以残碎破烂者居多。总合各处所存，恐怕已不及十分之一二了。

黄册除钱粮报销册、事册、文册之外，其河工工程图、乡会试题名录、试录、闱墨、钦天监时宪书式等，虽同为进呈之物，而其性质实与前者不同。河工工程图，当时仅为备考之用。据《光绪会典事例》卷一千十六都察院六科项下内外工程条载：

> 康熙四年议准，凡河工钱粮，每年限八月内奏销，届期备造清册送科察核，并送河道图式备考。

此项图册，今故宫宫中档案内有之，在内阁档案中尚未发见。依我们的猜想，或许当时奏销册发科察核后，图册因为非察核所需，故得为留中之件。又乡会试题名录、试录等，内阁档案中仅存青绫面者，因此乃内阁本身之物，其进呈用黄绫面者，当时或竟留中，亦未可知。又钦天监进时宪书式，乃照例题请之事。《光绪会典》卷七十七说：

> 仲春之朔，以来岁时宪书式进于上，得旨乃制书，预颁式于各省。孟冬之朔，乃进时宪书于皇帝、皇太后、皇后，遂颁朔。若月五星相距时宪书，中星更录，则各按时以进。

此时宪书式，似仍发下钦天监以备制书颁式于各省，其余各种时宪书，为宫中需用之物，皆不在内阁收贮之列。其大库中所存之时宪书，当为内阁本身之物。

此外随本进呈之件，有名单、缺单、履历单、祭祀点单之类，现在存者多少不等，这些档案实在太零碎了，所以这里也不再多说了。

（四）朝贡诸国表章

清代之管理外藩，与四裔朝贡诸国不同。外藩隶理藩院，如蒙古、新疆、青海、西藏虽自由政教首长，清廷或因其盟长封之王公贝勒，比于八旗，或置办事大臣，使一切均须禀命中国。至四裔朝贡诸国，则自王其国如故，惟朝贡时礼部司其仪节，羁縻而已。《清一统志》于后者称朝贡诸国，于前者或称藩部，或比内地，分别至当。惟档案或《会典》中，有通称为外藩者，似当加以改正为是。外藩表章，史言所档案中存有吐鲁番进贡礼单，《清查东大库分类目录》外藩表章类，有西番达赖喇叭表文一目，此乃藩部朝贡，实与中国臣工所进表章无异。现在此项表章所存既不多，故不复论。

朝贡诸国，据《光绪会典》卷三十九礼部典所载，有朝鲜、琉球、越南、南掌、暹罗、苏禄、缅甸七国。关于这七国朝贡表文或记事，在史言所档案中，也都发见过，所存多寡不等。

朝鲜、安南在汉代都曾隶中国版图之内，被中国文化最深。琉球自明初入贡，屡次遣送其陪臣子弟入国学肄业。故属国中，惟此三国用汉字。而朝鲜事中国尤为恭谨，其朝贡庆贺的次数，也比较他国多。据《清史稿·属国传》载："凡万寿圣节、元旦、冬至，朝鲜皆遣陪臣表贺，贡方物，岁以为常。雍正七年十月谕礼臣，朝鲜国距京三千余里，贡使往来劳费，嗣后凡谢恩章疏，与圣寿、冬至、元旦三大节表，同时赍奏，不必特遣使臣，着为令。"据此雍正七年以后，朝鲜各项章表，虽改为同时赍奏，但其表文数目，仍未减少。故现存朝贡各国表章，仍以朝鲜为最多。史言所计存百余件，皆高丽纸，表里数层，缮写工整。

琉球旧分山南、山北、中山三国，后为中山所并，称中山王。自明以来，世修职贡。顺治十一年来朝，定二年一贡。其表文也很工整，史言所存者约十余件。朝鲜、安南而外，属国表章，存者以此为最多。

安南古交趾地，嘉庆七年阮光缵失国，阮福映遣使赍表进贡，诏改其国号为越南。贡表向例备正副两本，赍进礼部，由礼部另缮满汉文合璧一分进呈。《光绪会典》卷二注：

> 外藩朝贡，呈进金叶蒲叶表文，及各处表笺方物状，另缮清汉文合璧一分，与表文一并呈递。发下后，将原表文交典籍厅存贮。

蒲叶表文档案中尚未见过。《光绪会典事例》卷五百三礼部典朝贡下载雍正八年南掌国奉销金缅字蒲编表文一道，或即此物。金叶表文据档案及他书记载，安南、暹罗、缅甸、廓尔喀都曾进过。史言所存内阁典籍厅钞军机处原奏底说：

> 查从前安南等国所进金叶表文，自乾隆十八年起，至五十一年止，暹罗国共七次，安南国共六次，所进金叶表文，俱交造办处熔化。

又乾隆五十五年二月初二日满票签传抄一件说：

> 本日奉旨，暹罗、缅甸所进金叶表文，存贮内阁库内。即将内存金叶表文，仍交内务府。嗣后挨次递换，永以为例。

据此乾隆时存库金叶表文，仅三国各一份，以备新陈递换之用。又魏源《圣武记》卷五说：

> 廓尔喀本巴勒布国，旧分叶楞部、布颜部、库木部，于雍正九年各奏金叶表文，贡方物。后三部吞并为一，遂与后藏邻。

廓尔喀三部，雍正时所进金叶表文，到乾隆时业已不见。内阁库藏金叶表文，故宫博物院后来在宫内发见两件。安南贡期，据雍正二年正月安南国王黎维祹奏本说："臣国贡期，康熙二年定为三年一次，康熙七年改为六年一来，两贡并进"；嘉庆时诏改安南为越南，贡期并经改定，据《光绪会典》卷三十九礼部典注："二年一贡，四年遣使来朝一次，合两贡并进。"史言所所存安南、越南表文约五十余件，乾隆时内阁移会中，关于安南的文件也不少。

南掌旧称老挝，本缅甸别部，明于其地置老挝军民宣慰使司。雍正八年二月，遣使入贡，并请贡期。命五年一贡。乾隆八年，以南掌道远，改十年一次。南掌、缅甸俱用缅字。史言所今存译进南掌表文三件。

暹罗古分暹与罗斛二国。后罗斛强，并有暹地，遂为暹罗国。明洪武三年国王遣使奉金叶表文朝贡，自后朝贡不绝。康熙四年定贡期，三年一贡，表文用暹字。今史言所存暹罗国自译黄纸表文底一件，表文礼单五件。

苏禄在吕宋群岛西南，接连三小岛，岛俱渺小。其人本巫来由种（即马来），明永乐十五年始来，进金缕表文。清雍正四年，国王遣使奉表，贡方物，五年其贡使至京，定贡期，五年一次。史言所存有乾隆二十七年苏禄国奏疏一件，其王称苏老丹，苏老丹为回教国王之称。疏中有"与吕宋争战，道阻不通"，及"吕宋强悍，去年索取多物，不敢不与"等语。彼时吕宋属西班牙，徐继畬《瀛寰志略》说："吕宋欲以苏禄为属国，苏禄不从，西人以兵攻之，反为所败"或即此时事。苏禄贡使，自此年后，遂不复至。

缅甸古称朱波国，其酋居阿瓦城。明洪武时，入贡方物，置缅中宣慰使。乾隆十六年遣使纳贡。寻其国内乱。五十五年封孟陨为阿瓦缅甸国王，定十年一贡。史言所存译进表文仅一件。

以上诸国，当清代盛时，都次第服属，奉表称臣。今其入贡表文或礼单，犹存于这些残余档案中。这些历史上的陈迹，使我们看了真是不胜今昔之感。此外还有廓尔喀一国，《光绪会典》卷六十七理藩院典，列廓尔喀于西藏之下，直以藩部待之。原文说：

> 凡西藏之贡，以期至，各优其赉予而遣焉。廓尔喀亦如之。

又原文下注：

> 廓尔喀额尔德尼王，五年遣使入贡一次。所贡象、马、孔雀、罽币、象牙、犀角、孔雀尾，无定物。赐廓尔喀额尔德尼王及来使人等，事隶内务部。

据此廓尔喀来使赏赐，不属礼部而隶内务部，是清廷之待廓尔喀，实与其他朝贡国不同。据《清史稿》载，光绪末，廓尔喀犹入贡中国。如以廓尔喀为朝贡国，是朝贡诸国中，最后离开中国的，就要算廓尔喀了。廓尔喀表文，军机处档案中发见过数件，史言所所存仅乾隆时廓尔喀入贡移会三件。

西洋葡萄牙、西班牙、荷兰诸国，当十六世纪之初，次第东来。因为欲得通商的便利，遂不能不与中国政府发生关系。惟在闭关以前，中国政府对于外夷使节，决不以平等礼节待之。乾嘉以前荷兰、葡萄牙、意大利、罗马教皇使臣之来，在清代记载，及当时表文译本，都视为属国朝贡之事。彼时正当中国全盛之时，彼西洋人欲获贸易之利，舍此以外实无他途。乾隆五十八年英国使臣吗嘎尔呢前来北京，欲与中国订立正常使节关系，嘉庆《重修一统志》卷五百五十六英咭唎篇载当时译出表文及谕旨说：

> 译出表文内，有恳请派人留京照管买卖一节。又使臣禀请大臣转奏，该国货船或到浙江，以及天津、广东地方收泊交易。又该国夷商恳求在京城另立一行，收贮货物。又求相近珠山地方小海岛一处，夷商在此停歇，及拨给附近广东省小地方一处，居住夷商，或准令澳门居住之人，出入自便。又该国夷商自广东下澳门，由内河行走，货物或不上税，或少上税。又该国所奉之天主教，欲任听夷人传教。高宗纯皇帝以所请皆系更张定制，命大臣向使臣严加驳斥，复将所驳各条，敕谕该国王，永远遵奉。并令边臣钞录敕谕二道，入于交代，以便遵照妥办。

在这样态度之下，欲中国接受西洋友好态度，实不可能。自鸦片战争以后，英人所得于中国者，远过于此。自是以后，中国与世界各国，始渐次树立正常使节关系。史言所档案中存有顺治年间译进荷兰国表文，及致平南、靖南两王文各一件，乾隆时礼部为西洋波尔都噶尔亚国王遣使献表奏本一件，波尔都噶尔亚，即葡萄牙之异译。这些外交史迹，就是我们近代史的开端的一幕。从前我们政府颟顸到这样地步，真是可笑！

六、内阁本身的各项档案

内阁因为职掌的关系，除收存国家行政上各项档案以外，其本身积存的档案，也很复杂。自军机处设置以后，内阁职权虽分，而阁内一切组织仍如故。据《光绪会典》卷二载内阁大学士之下共设十二处：（一）典籍厅，（二）满本房，（三）汉本房，（四）蒙古房，（五）满票签处，（六）汉票签处，（七）诰敕房，（八）稽察房，（九）收发红本处，（十）饭银库，（十一）副本库，（十二）批本处。以上十二处，每处都自成一小衙门，各存档案多少不等。其中典籍厅满汉蒙古三房、满汉票签、收发红本处、稽察房等处，因为职掌上事务较多，所以积存的档案也比较丰富些。

典籍原分南北二厅，现存档案，凡属典籍厅者，其封面皆分标南北厅字样，惟当时与各衙门往来文移，则通称为典籍厅。《光绪会典》卷二载："典籍厅……

掌章奏文移，治其吏役，收图籍之藏”，也是并合两厅职掌来说的。史言所存有北厅会典事宜清册，详载北厅职掌。原文较长，不备录。《清通典》说：“凡上徽号，进册宝册印，俱由内阁选拟文篆，至皇子、皇孙及王公、公主名号，俱承旨拟奏”；《清会典》卷二所载大学士职掌中的拟上制诏诰敕之式，进呈庆贺表笺，请用御宝，拟上谥法封号等，及典籍厅所掌的收图籍之藏，皆在北厅职掌之内。关于以上各项档册，今文献馆所存最多，计有北厅日记档、收发文件档、收文档、知会档、知照档、行移档、堂行档、档案号薄、转钞上谕档、大行皇帝事宜收文档、康慈皇太后崩逝事宜档、阁学轮流接宝档、调查红本史书送馆档、清查红本档等。史言所所存有册封庆贵妃等事宜档、门片领付档、日记档、行移档等。

南厅职掌，现存档案中虽没有详细的记载，但是我们从典籍厅职掌内，除去北厅应行事宜，其余的当然都属于南厅了。《光绪会典》卷二载典籍厅所掌章奏，属于北厅，而文移则属南厅。原文注：

> 内阁行文各衙门，皆钤用典籍厅关防，其稽查钦奉上谕事件处，及内廷修书各馆文移稿案，亦移付本厅，借用关防。

内阁仅有典籍厅关防一颗，由南厅掌管。因此凡内阁与各衙门往来文移，其不关于内部各处者，皆南厅职掌之事。史言所档案中有咏内阁绝句一首，有“北厅笺奏南厅案”之语，是凡关于皇帝之事，属于北厅，凡关于各衙门之事，属于南厅。又《光绪会典》载典籍厅职掌中的治其吏役，及《清通典》说，内阁参与考试之事，亦属南厅。关于南厅档案，也是文献馆藏得最多。计有南厅日记档、交文档、领照档、销照档、行移档、堂行档、用印档、实录馆用印档、上谕处用印薄（按即钤用典籍厅关防）、印领档（按即各衙门用印向内阁领物）、侍读典籍中书详细履历档、京察履历档、差阜档、招考供事档、供事补缺档、考试中书收文档、殿试行移档、殿试堂行稿等。史言所所存有南厅收文档、日记档、移会档、用印档、行移档及各处咨文、咨呈、移会、移付等。

满汉蒙古三房，满汉票签，共五处，都以掌管本章为其主要职务。据《光绪会典》卷二载，满本房侍读学士等掌校阅清本，中书等掌缮清本；汉本房侍读学士等掌收发通本，定缓急之限，发与中书等翻为清文……蒙古房侍读学士等掌翻译外藩各部文字，中书等掌习竹笔字以供译写；满票签处侍读等掌校阅清文本章，拟写清票签之式，中书等掌缮票签，与其清文档案；汉票签处侍读等掌校阅汉文本章，拟写汉票签之式，中书等掌缮票签，与其汉文档案。以上五处，除掌管本章之外，满本房又与典籍厅分司大库，及皇史宬稽查扃鐍之事。凡列朝实录、记注之收藏，经略大将军、将军印，与图籍红本之验收，皆满本房掌管。又满票签巡幸则发本报，谕旨及折奏下阁后，则传知各衙门钞录遵行，题本则发科，由六科传钞。汉票签有撰文中书，掌撰拟进御文字。以上各项档案，今存文献馆者，满本房有堂稿簿、来文簿、随手日记档、公阅原奏档、大日记档、行移档、堂行档、表本档、领本档、分本档、收发本档、急本档、皇史宬尊藏总档、将军印谱档、进实录帮档、收记注簿、封条档、祝版档、神牌式样档、宝谱档、香册香宝档、领写玉宝玉册文档、办理皇册行移档、考勤簿等；汉本房有收文档、发写档、到本档、放津贴档、通本略节档、各省大计档、考勤簿等；蒙古房有日记档、行文档、实录（蒙文）档、实录收发档、发缮俄罗斯事件档、抖晾实录档、实录（蒙文）编号簿、皇史宬圣训蒙文编号簿、考勤簿等；满票签有通本档、部本档、收发档、随手档、发钞档、交片档、交事档、发报档、上谕档、清折档、清旨档、领红本档、出科红本档、贺本档等；汉票签有谥号簿、撰文官员档、票本档、总覆通本档、总覆部本档、军机档、缴回谕旨数目档。以上各项档册，缺佚的当然很多，不过我们从各方面的职掌，与各项档册对照着看，关于这些档案的内容，也可明了一个大概。史言所关于这一类档案存得很少，这里只好从略了。

收发红本处在内阁档案中又省称收本房。上述通本部本批写清汉文后，即交收本房。每日六科给事中赴阁领出，岁终仍由六科交回收本房转交满本房验明收贮。揭帖也由收本房转交满本房收贮。现存收本房档册，文献馆有收文档、交本档、交汉本堂收本簿、揭帖簿、行移档、移付档、发批档、考勤簿、奏底簿、收饭银档、放款档、收各省饭银档等。

稽察房的设置，由大学士于满汉侍读、中书内派，本为稽察各部院事件。据《光绪会典事例》卷十五内阁职掌项下载：

> 凡各部院遵旨议覆事件，由票签处传钞后，稽察房按日记档，俟各部院移会到时，逐一核对，缮写清汉字合璧奏折，与稽查事件月折一并汇奏。

稽察房档册，现存史言所者较多，有各部院移会，合典籍厅及其他各处移会，共占两架半（内中乾隆时各部院致稽察房移会最多），此外又存有收文档、发钞档、发钞清册、流水档、各部院投文档、不入事件档、应入事件档、已完事件档、未完事件档、注销清册等。文献馆所存较少，有谕旨档、收到各衙门来文档等。

内阁中除上述八处之外，诰敕房隶汉本房，副本库不在大库之内，批本处在乾清门，饭银库仅掌收支内阁饭银，所以现存档案中，关于这四处的档案都很少，或竟没有。文献馆所存有诰敕房考勤簿、饭银库存档、收银簿、饭银档等。史言所存有批本处折本档等。

以上各项档案，大部分仅可视为内阁档案的目录，有时也可备检寻稽查之用。惟汉票签档中，间存有诏敕表笺稿底，如《清查东大库分类目》中载有敕谕稿底、诏底、册文草底、封郡王字样草底、恭请皇帝万寿盛典表底等。稽察房所存各部院移会，为当时重要文件的底本或副本，有些正本亡失之后，也许在这里可以发见。所以这一部分档案，其重要实与前述各项档案无异。

内阁档案向来就没有保存好，所有的正本，后来都不免要遭遇散佚焚毁之患，这一批档案，仅备当时稽核之用，纸质粗劣，缮写草率，虽然还能够保留到现在，但较之其他档案，实在是已经更加零落得不堪了。

七、修书各馆的档案

有清一代，设馆修书，最为盛行。据陶湘《故宫殿本书库现存目清内府撰纂校刊书籍总数表》内所载，除去御制校刊两类书籍，其为官修或钦定之书，不下四百余种。又《光绪会典》卷七十翰林院职掌敕撰书史下注，翰林院参加修撰之书，也有一百六十余种。我们晓得，上述数目，并不能把所有官修诸书，与翰林院参加修撰诸书，尽行叙入。其中漏列的，当然还有的。这许多书籍的修纂，有些都各立专馆，如明史馆、实录馆、国史馆、方略馆等，即为纂修明史、实录、国史及各种方略而设。不过这些专馆，有时也可以纂修他书。或此馆业已裁废，而所修之书，须重加修改者，也可交他馆编订。据《满洲源流考》卷首奏疏说：

> 此项书籍（指《满洲源流考》）拟在方略馆就近办理。……惟查该馆现在赶办《平定两金川方略》，并《大清一统志》《西域图志》《热河志》及《元辽史》《明纪纲目》《明史本纪》等书，各有卯限。

是方略馆于纂修方略之外，同时可以纂修《满洲源流考》《西域图志》《热河志》《元辽史》诸书。而一统志馆、明史纲目馆、明史馆既经裁废之后，其续纂改订之任，也可由方略馆代行。因此修书各馆的设立，也就不至于漫无限制了。据《光绪会典事例》卷一千四十九至五十一翰林院职掌所记，以及见于内阁档案中修书各馆的名称文件等，关于修书各馆，可别为三类。一曰例开之馆，如实录馆、玉牒馆。二曰长开之馆，如内廷三馆，即武英殿、国史馆、方略馆。三曰特开之馆，如会典馆、一统志馆、明史馆、明纪纲目馆、三通馆、三礼馆、奏疏馆、文颖馆、四库全书馆、八旗志书馆。以上修书各馆，有些虽不属于内阁，如玉牒馆属宗人府，方略馆属军机处，武英殿属内务府；然各书修纂，内阁大学士例得派充监修总裁官。其余的有些完全是内阁的附属机关，如我们在内阁档案中，往往看见内阁实录馆、内阁三礼馆、内阁三通馆、内阁一统志馆、内阁明纪纲目馆、内阁八旗满洲氏族通谱馆等称，这都是明白属于内阁的。还有些修书馆，虽未注明属于内阁，如起居注馆、国史馆也都与内阁有关。

内阁修书各馆往往因修书而征集书档，及纂修完竣之后，除正本进呈外，又例将所有的书档稿簿，移交内阁收贮。所以内阁大库中，除收贮修书馆陆续征集的书籍以外，还存有修书馆的各项档案。这一类的档案，可别为两种，（一）修书馆本身的档案，（二）修书馆征集的档案。

修书馆本身的档案，现存者已不多。据《书档旧目》所载，目一至四为明史馆纂修《明史》时征集之书档目录；目五、目十五为明史馆书目；目六、目七、目八为三礼馆征集的书目；目九为奏议馆收贮各省督抚送来奏议文集碑文志书等项目录；目十八，三朝书单，为国史馆编纂目录；目十九，馆内所贮书籍簿，也是国史馆物；目二十为实录馆物；以上各项，俱详《书档旧目叙录》。此外修书各馆，因征集书档；或领用纸张饭银，每借用典籍厅关防行文各处，所有这一类的文移稿簿，在史言所档案中，也还存有一捆。又各书纂修之后，除正本进呈外，其草稿或随其余档案一并移入内阁，如会典稿、一统志稿现在史言所还存有残碎零本一两捆。实录稿因纂修之后例须焚毁，文献馆旧存奏折档载道光四年一月折奏说：

> 所有清字汉字蒙古字恭阅本各项稿本，及红绫黄绫废页，应遵照成案，在蕉园敬谨焚化。臣等行文内务府扫除蕉园地面，并行知钦天监，择吉于本月二十日午时，令提调官等，用彩亭舁送蕉园。臣等俱朝服前往行礼，恭看焚化。

这虽是沿袭明代的旧例，但清代实录稿则未必全毁。文献馆所藏清史馆档案，尚有稿本数种，或于文中分注出处，或有涂改增删之迹，皆属实录馆物，可见实录稿本并非全数焚毁。又康熙以前的三朝实录及圣训，因年代较远，及屡次修改之故，其屡次改稿及零星散叶，在史言所档案中也还发见了十多本。

修书馆征集的档案，在内阁档案中，总以明档为最重要。明档的征集，虽肇始于顺治五年，而实际则一无效果。内阁之有明档当在康熙四年以后，王本《东华录》载康熙四年八月上谕礼部说：

> 前于顺治五年九月内，有旨纂修明史，因缺少天启甲子、丁卯两年实录，及戊辰年以后事迹，令内外衙门速查开送。至今未行查送。两部即行内外各衙门，将彼时所行事迹，及奏疏、谕旨、旧案，俱着查送。在内部院委满汉官员详查，在外委该地方能干官员详查。如委之书吏下役，仍前因循了事，不行详查，被旁人出首，定行治罪。其官民之家，如有开载明季时事之书，亦着送来，虽有忌讳之语，亦不治罪。两部即作速传谕行。

内阁之有明档，实赖此谕严厉执行。北京大学有各衙门交收天启、崇祯事实清单，末署大学士、学士、侍读、典籍等姓，据朱希祖跋，断为康熙三年至五年之物。北京大学后来又发见礼部移送明朝事迹文书挂号簿一册，其中有康熙四年十一月十一日礼部送进之件，其种类数量，与此清单所开礼部项下档案全同。其时恰在前谕颁行之后，可见前谕关系非小。此项明档，多为启祯间各衙门题行稿件。其中以兵部题行稿为最多，有关于辽事、边情及流寇诸端。在正本亡佚之后，其重要当然也不在其他珍贵档案之下。又此项明档，因为纸张脆薄，书写草率，当初历史博物馆检查内阁档案时多杂在碎烂档案中售出，故今史言所所存最多，约四千余件，计占木架一格。

因修书而征集档案，在当时似为例行之事。史言所所存实录馆行文档载乾隆元年致刑部咨文说：

> 本馆恭纂世宗宪皇帝实录，业经行请贵部造送清册，续又屡次行催在案。今准贵部来文内称，山西等十司于雍正十年十一月被火焚烧，江苏等四司于雍正六、九、十一等年被水淹没，雨湿霉烂，自康熙六十一年至雍正十一年止，一切具奏档案事件，无凭稽查，应行该抚查明造册，以便转送等因前来。查贵部经回禄水淹以后，已经通行各该处抄送档案，以备存贮，今本馆编辑实录，专候贵部事件……为此烦请汇齐各处所抄送档案，造具满汉清册，移送本馆。

据此我们晓得内阁档案的来源，这也是其中的一种。不过这些档案混入其他档案之后，除去特殊案卷，如明档外，其余的现在大半已无从为之分别了。

八、试题试卷及其相关之档案

清代考试，有正科、恩科、制科之分。正科每三年一次，以子午卯酉年举行。其非正科年份，由特旨举行者为恩科。清代二百七十年间，据国子监《进士题名碑》所记，正科、恩科约共二百次。制科非常例，奉诏乃举，有清一代计举博学鸿词两次，经学一次。（光绪时举行经济特科，与此无关，故不论。）

清代对于考试制度，非常重视。向例内阁大学士会试充考试官，殿试充读卷官。殿试试题，由皇帝钦定，《光绪会典》卷三十三礼部典殿试试以制策注：

> 殿试前一日，读卷官密拟策问进呈，钦定后，读卷官恭领至内阁，扃门刊板拓黄。

乡会试试题，或覆试试题，也要奏请钦命。同书礼部典乡试会试各分三场注：

> 顺天乡试及会试第一场四书诗题，均钦命。……顺天乡试，直省乡试之各覆试，与会试后之覆试，均由部奏请钦命，四书题一，诗题一。

以上各项试题，名虽出于钦命，实由内阁代拟，并刊板颁发。所以内阁档案中，有殿试、会试、顺天乡试及各省乡试、覆试等试题的印本，或刊板的底本。

考试既毕，顺天乡试榜存府尹库，各省乡试榜存布政司库，会试榜存礼部库，惟殿试榜缴存内阁。同书礼部典传胪则张金榜注：

> 奉榜官奉黄榜……御仗前导，引榜笔帖式十人，至东长安门外张挂。……榜张三日后，恭缴内阁。

因此内阁档案，有殿试金榜因而进呈之小金榜，三传折，状元谢恩折，殿试试卷也同为内阁收贮之物。即乡试会试题名录、试录，也在内阁收贮之列。同书礼部典注：

> 榜发日进呈题名录……进呈试录，考官于闱中抡选，每题一篇，正考官撰前序，副考官撰后序，出闱后交提调刊刻，……咨送礼部，交内阁收存。

殿试金榜题名录，也由内阁收存。同书礼部典注：

> 金榜题名录，由内阁进呈后，交部刊刻，与会试题名录，一并题交内阁收存。

以上所述，皆文试之事。武试事隶兵部，有内外场之分。《光绪会典》卷五十二兵部典说：

> 凡学政三岁一试武，外场会武职而莅焉，武生各取以其额。及乡试，以总督若巡抚主考，会提镇以视外场。顺天外内场考官，则题请简派。会试亦如之。皆定其试期，限其中额，刊试录以进呈。及殿试，皇帝御紫光阁，骑射技勇，分日而试之，亲第其高下，乃御殿传胪，赏赉赐燕各以例。凡武试曰马射，曰步射，曰技勇，皆试于外场；曰武经，则于内场试焉。凡外场不中式者，不得与内场。

武试制度，除外场外大致都模仿文试，惟仪式较简。现存内阁档案中，也有武殿试试卷，大小金榜，三传折，状元谢恩表，乡试会试殿试题名录、试录等。

文武试之外，又有翻译乡会试，此清廷为宗室、八旗、蒙古汉军而设。据《光绪会典》卷三十三礼部典载，翻译乡会试，各于乡会试之年举行，惟会试中进士后，不再殿试，试录亦不发刊。《清查东大库分类目录》考试类，有考试翻译试卷六十一卷一包一项，此项试卷，在现存档案中已不多见。

《清查东人库分类目录》考试类，又有考试中书试卷一项，此项试卷系在文试会试落卷内所录取者，据《光绪会典事例》卷十一内阁建置项说：

> （乾隆）五十五年谕，前经礼部奏内阁中书一项，据吏部咨称，现在候补者仅有七员，自本年至下届癸丑科，三年之内，恐不敷用，请照例于会试落卷内录取三十名等语；向例录取中书，系于会试揭晓后，将未经中式墨卷送入内帘，交主考阅取。朕思……向来定例本未周密，……着将落卷内录取中书及学正、学录之例，即行停止。

此项试卷，既于乾隆五十五年停止录送，所以现存档案中，亦不多见。

文殿试传胪后，又有朝考。《光绪会典》卷七十翰林院典萃礼部之进士以朝考注：

> 每科于殿试传胪后，礼部以进士名册送院，掌院学士奏请御试于保和殿，曰朝考。

朝考以文学优者及善书者为庶吉士，庶吉士于庶常馆学习，三年散馆，惟特开恩科，即于会试之年散馆。散馆又须考试一次。同书注：

> 庶吉士教习，三年期满，由教习庶吉士奏请御试，曰散馆。

朝考及散馆考试以外，翰林院又有大考。同书翰林院典注：

> 大考无定期，逾数年则特旨考试。……詹事府自少詹事以下，与翰林院侍读学士以下，一体与试。

以上关于翰林院各项考试，仅散馆试卷，在内阁档案中还有一点。《清查东大库分类目录》也有散馆类一项，其中备载关于散馆的试题及各种档案，现在大概都已散佚了。

制科之博学鸿词，清代共举行两次。《光绪会典》卷三十三礼部典凡制科曰博学鸿词注：

> 康熙十七年圣祖仁皇帝诏举博学鸿词，凡有学行兼优文词卓越之人，不论已仕未仕，令在京三品以上及科道官员，在外督抚藩臬，各举所知……赴部候试。……十八年御试博学鸿词一百四十三人于体仁阁。……雍正十一年，世宗宪皇帝特诏内外大臣荐举博学鸿词，召试授职。……至乾隆元年，高宗纯皇帝御试博学鸿词一百七十六人于保和殿，……二年，复试被荐续到者于体仁阁。

《清查东大库分类目录》考试类，有乾隆元年保举博学鸿词并奏折，各处来文，共三十件一包。此项档案，今存佚已不可知。关于博学鸿词试卷，历史博物馆筹备处尚存有数本。又制科之经学，仅于乾隆十四年特谕举行一次。当时诏书有“务取名实相符者，确举以闻，如果众所共信，即可不必考试”等语；是此次并无考试之事，故档案中亦无此类试卷。

以上各项考试，皆关国家大典。此外内阁档案中，还有些理藩院四译馆及俄罗斯馆试卷，《光绪会典事例》卷十五载内阁蒙古房掌翻译外藩各部落文字说：

> 内扎萨克及喀尔喀四部落、阿拉善、额济纳、青海、蒙古用蒙古字，科布多、伊犁、杜尔伯特、土尔扈特、和硕特用托忒字，回部用回子字，西藏用唐古特字，俄罗斯用俄罗斯字，缅甸、南掌用缅字，西洋诸国用拉体诺字，遇有陈奏事件及表文，皆由蒙古房译出具奏。其颁发诰敕及敕赐碑文扁额，武英殿蒙古字长方书签，并各体印文，皆翻出缮写。蒙古字以竹笔书之，托忒字、回子字、唐古特字、俄罗斯字、缅字，各传该馆人至蒙古房译写。拉体诺字，传西洋堂人译写。

蒙古房因为须传四译馆、俄罗斯馆译字生翻译，或缮写各种文字，所以四译馆或俄罗斯馆译字生，考试也就由蒙古房举行。《光绪会典事例》卷十五载内阁稽察俄罗斯馆课程说：

> 俄罗斯馆专司翻译俄罗斯文字。选八旗官学生二十四人入馆肄业，五年后考试一次，七年又考，……以蒙古侍读学士，或侍读一人，充提调官，专司稽察课程。再由理藩院委派郎中或员外郎一人兼辖。

因此关系，四译馆与俄罗斯馆试卷，也就成为内阁大库中贮藏物了。

以上各项考试试卷，合计起来实在不少。当宣统元年内阁档案初移出时，档案与试卷分置两处。档案之类置于国子监南学，试卷之类置于学部大堂后楼，其数量之巨，亦可想见。此项试卷历来散佚很多，现存历史博物馆筹备处者，约三十余箱，共一万余件。史言所仅存数捆，而破烂者尚居多数。

九、沈阳旧档

清代内阁，原由沈阳文馆、内三院沿袭而来。《光绪会典事例》卷十一内三院沿革说：

> 天聪三年设文馆于盛京，十年改文馆为内三院。……顺治二年以翰林院官分隶内三院，称内翰林国史院、内翰林秘书院、内翰林宏文院。十五年改内三院为内阁，大学士俱改内阁衔。十八年复改内阁为内国史院、内秘书院、内宏文院，裁翰林院。康熙九年仍改内阁，另设翰林院，如旧制。

内阁档案中沈阳旧档，大概就是随内三院入关时，一并移入。现存沈阳旧档数量固属不多，但其中大部分都是重要的史料，而且大部分都已印行了。

满文老档为开国期惟一的官撰记录。崇谟阁汉文旧档中，有天聪六年杨方兴条陈时事疏说：

> 我金国虽有榜什在书房中，日记皆系金字而无汉字。皇上即［既］为金、汉主，岂所行之事，止可令金人知，不可令汉人知耶。

清初文馆原称书房，崇谟阁《奏疏稿》有书房相公、书房秀才等称，此疏说："榜什在书房中"；盖书房为原名，文馆乃后来的改定。后来清内廷有南书房，大概即沿袭于此。金字即无圈点满文，又称老满文。当时称满文老档为日记，似与后来的起居注相当。王本《东华录》天聪五年十二月载：

> 上（太宗）幸文馆，入库尔缠直房，问所修何书？对曰："记注上所行事。"上曰："如此，朕不宜观。"

据此可见满文老档，出于当时记载，所以还能保存最质实的记录。同时开国期史事，除此以外，又没有别人载笔，所以满文老档实为开国期的根本史料。

满文老档有无圈点满文，即老满文，与有圈点满文，即新满文两种。史言所档案中，有乾隆四十年三月二十日大学士舒赫德等趱办老档奏本说：

> 本年二月十二日，奏明将内阁大库恭藏无圈点老档三十七本，交国史馆纂修等官，加增圈点，照紧赶办，陆续进呈。……查老档原页共计三千余篇，今分页缮录，并另行音出一分；篇页浩繁，未免稽延时日。虽老档卷页，前经裱托，究属年久糟旧，恐日久摸擦，所关甚巨，必须迅速趱办，敬谨尊藏，以昭慎重。

关于满文老档的原本，及乾隆时增加圈点，及另行缮录各本，现在都已陆续发见。据日本内藤虎调查，沈阳故宫崇谟阁共藏有老满文本、新满文本各一部，每部皆二十六套，一百七十九本（按文献馆发见的重钞本老档，每部二十六套，一百八十本，内藤说似有误）。文献馆近来清理东大库档案，也发见了同样的写本。方甦在《读了内阁档案之由来及其整理以后》（见《大公报·文学副刊》一百八十三期）文内说：

> 满文老档，……我们在内阁东大库里发见了两部。一部是纸皮纸套，草写木，式略小；一部是黄绫皮黄绫套，正写本，式略大。黄绫大本的，为无圈点满文，及加圈点满文各一份，每份二十六套，计天命十套，天聪十套，崇德六套。纸套小本的，也是无圈点满文，及加圈点满文各一份，不过每份只有天命十套，天聪十套，尚缺崇德的一部分。（原注现在东大库尚未清查完竣，将来也许要找全。）

据此现存满文老档，合老满文、新满文两种本子计算，已有七种之多，当时对于这种史料的重视，也可以想见了。原本老档三十七本，后来文献馆又在东大库里发现了，都是裱托过的，与乾隆时所见无异。

满文老档之外，汉文《太祖实录图》，又称《满洲实录》，成于天聪九年八月，《太祖武皇帝实录》（太祖，崇德元年谥为武皇帝，后于康熙元年，改谥为高皇帝）成于崇德元年十一月。这两部实录，都成于沈阳朝廷，其质实的程度，当与满文老档相去不远。《太祖实录图》原本，存佚已不可考，乾隆时重绘两部，现在一存文献馆，一存崇谟阁。《太祖武皇帝实录》现在存文献馆。

崇谟阁又存有汉文旧档，据内藤氏调查共有写本六册，其中重一册，实止五册。其内容可分为三种：（一）各项稿簿一册。搜录天聪二年九月至五年十二月各项往来文书。（二）朝鲜国来书簿三册。第一册起自天聪元年至八年十二月，第二册起自天聪九年至崇德四年十二月，第三册仅崇德五年六月份。（三）奏疏一册。自天聪六年正月至九年三月诸臣奏疏。此项旧档，似为当时文馆，或内三院辑录进呈之件。或因当时存贮沈阳宫中之故，遂未能与其他旧档一同移入内阁。因此这些汉文旧档，反得保存于今。其中有些为实录所未采，有些虽为实录所采，而经过一番修饰之后，也与原来面目不同。

沈阳旧档除以上各项档案以外，据《书档旧目》目十二、目十六，及《内阁大库档册》所载开国期的档案，我们晓得其中还有许多天聪、崇德间的文书稿簿等。史言所所藏档案，原是多次选择以后残余的碎烂档案；而这些文书稿簿，因为形式的不整齐，及年代过久的缘故，所以大部分都杂入这些碎烂档案之内。我们现在整理所得，有些可以与上面所举的目录，及崇谟阁汉文旧档中一二两项相互印证，有些还在这些目录与汉文旧档之外。这些档案，多属当时文书的正本，如天命年老满文诰命，天聪、崇德间的奏疏表笺，天聪时致大明皇帝书，致明列公书，袁崇焕来书，毛文龙来书等，都是历史上最重要的文件。内藤氏据光绪二年清查东大库底档，推知内阁大库中关于开国期史料，可以与老档相匹敌，或竟在老档之上；我们现在可以证实他的话是不错的。

以上各种档案，崇谟阁《满洲实录》由辽宁通志馆影印，《太祖武皇帝实录》由文献馆印行，满文老档，清史馆曾译为汉文，由金梁择要辑录为《满洲老档秘录》印行，崇谟阁汉文旧档中各项稿簿，由日本史苑杂志陆续印行，天聪朝奏疏由罗振玉刊入《史料丛刊初编》中，史言所所存各项档案，大部分已刊入《明清史料》第一本及第七本中。这些重要的史料，现在大部分都已刊行，关于这一类的档案，大概已可全部供给学者利用了。

十、内阁所藏书籍及其与文渊阁的关系

史言所在整理档案时，得宋元本书残篇一千余叶，及明清以来省府县志残本残稿多种，其他残编剩简，不可胜计。凡此皆出自内阁大库、书籍表章库，而为学部图书馆接收时所遗之物。

从前我们认为内阁藏书，即明代文渊阁所遗。我们论内阁藏书，总以《文渊阁书目》《内阁书目》《玉简斋丛书》本《大库档册》，及《内阁大库书档旧目》内关于书籍之目，相互比勘。这实是一个错误的观念。

明代文渊阁的所在，在清初著述中，已不能质言其地。乾隆时阮葵生著《茶余客话》说：

> 文渊阁无其地，遍质之先辈博雅诸公，皆无以答。王白斋司马，申笏山光禄，皆以为在大内，亦是臆度之词，予意今之内阁大库，仿佛近之。

阮氏疑内阁大库即明代文渊阁，其说至当。《中书典故汇纪》引《可斋笔记》说：

> 文渊阁在午门之内迤东，文华殿南。砖城凡十间，皆覆以黄瓦。西五间中揭文渊阁牌，牌下置红柜，藏实录副本，尽前楹设凳，东西坐。余五间皆后列书柜，隔前楹，为退休之所。

此为明人旧说。后来孙承泽《春明梦余录》（卷二十三）所记情形，又略有不同。孙氏说：

> 大学士直舍，所谓内阁也，在午门内东南隅。……阁制初甚隘，嘉靖十六年命工相度，以文渊阁中一间奉孔子暨四配像，旁四间各相间隔，开户于南，以为阁臣办事之所。阁东诰敕房装为小楼，以贮书

籍。阁西制敕房，南面隙地添造蓬三间，以处各官书办，而阁制始备。（《中书典故汇纪》引《琐缀录》说，选能书者处以阁之西小房，谓之西制敕房，诸学士则居阁之东五楹，专管诰敕具稿；据此知西制敕房系一小房，仍当在西五间内。）

孙氏崇祯进士，后仕于清，所记当不误。合此数条观之，疑内阁大库之东库，当即明代之文渊阁。《可斋笔记》所称砖城十间，正与今东库同。其时东库东西五间，均未装楼。西五间即文渊阁所在，兼藏实录副本，后来实录库即肇端于此。东五间列书柜，至明末孙氏所见则更装为小楼，以贮书籍，当即后来之书籍表章库。文献馆藏有三礼馆收到书目档，为乾隆元年到四年收到各方面的书籍目录，其中有一条说：

乾隆三年正月取到文渊阁《三礼编绎》九本不全，《唐六典》四本不全，《礼书》十八本不全。

那时还没有庋藏《四库全书》的文渊阁，此所取到各书，当即书籍表章库中物，是乾隆初年还称东库为文渊阁，其渊源明白如此。至文渊阁名称湮没，要亦有故。顺治二年以翰林官分隶内三院，称内翰林国史院、内翰林秘书院、内翰林宏文院，其时内三院衙署，或即设于翰林院内。及顺治八年正月始移紫禁城内。《中书典故汇记》引曹习庵《宰辅拜罢小志》云：“顺治八年正月，移内三院衙署于紫禁城内。”据此知清初阁臣已不居明文渊阁旧地，以致易世之后，遂至不能质言其地之所在。

内阁大库虽上承明文渊阁之旧，然阁中所藏，在明末时已移置内廷中。《中书典故汇记》载梁维枢《内阁藏书目录》题词说：

崇祯十一年，上命尽取阁中书籍，置乾清宫御览。因命维枢校理纂释，照经史子集分部外，复加十四部，仿读书志作题解，以便御览。乃录此目，并录旧书目题稿冠其首。进呈后，拜疏请诏搜求四方书籍，奉旨允行。维枢就除礼部，竟不果行。简策未兴，璧奎无色，请求无力，枢窃追悔溺其职焉。

据此知明末内阁藏书曾移置乾清宫内，乾清宫后为李闯所毁，文渊阁书籍的散佚，这大概是最重要的原因。据赵万里先生说，所见明文渊阁遗书，前有文渊阁朱印，后有万历三十三年孙能传校讫朱阑直行楷书印，今北平图书馆所藏学部图书馆接收内阁之书，均无此两印，知已非明文渊阁物。此说证以《天禄琳琅题记》有文渊阁朱印语，知为可信。然或者因此疑明末文渊阁已毁于火，则又非是。钱谦益《有学集·黄氏千顷斋藏书记》说：

> 自有宋迄今五百余载，馆阁秘书存亡聚散之迹，可按而数也。……大将军中山王之北伐也，尽收奎章内府图籍，徙而之南。北平之鼎既定，则又辇而之北。以二祖之圣学，仁、宣之右文，访求遗书，申命史馆，岁积代累，二百有余载。一旦突如焚如，消沉于闯贼之一炬，内阁之书尽矣，而内府秘殿之藏如故也。

钱氏虽当鼎革之际，但其所居远在江南，所言得之传闻，远不如梁氏题词自述其承命校理之可信。当时“内阁书尽”，当即移藏大内之故。钱氏所说，适得其反。乾隆时钦定的《日下旧闻考》卷六十二案语说：“旧文渊阁……明时已毁于火”，其误似本于钱氏。

据《春明梦余录》（卷十二）说，文渊阁在嘉靖中曾罹火一次：

> 文渊阁系中秘藏书之所，……嘉靖中阁灾，书移通籍库及皇史宬。

此次火灾损失，当不甚重，故万历三十三年孙能传等尚能就阁中所藏，重编为《内阁书目》。至明末文渊阁藏书，虽入大内，疑亦不能尽行取去。其残编零简，留于阁中，亦意中事。此如学部图书馆接收内阁书籍时，其事正复相似。王士祯《古夫于亭杂录》说：

> 国初曹贞吉为内阁典籍，文渊阁书散失殆尽。贞吉检阅，见宋椠

《欧阳修居士集》八部，无一完者。

王氏与钱氏年辈相接，所闻已不同如此。据以上诸证断之，王氏所说，当得其真。

内阁藏书虽以明文渊阁残余书籍做底子，但此类残余，恐已无几。《内阁大库旧档书目》目六、目七著录之书，六千余册，多为《内阁书目》所无。故内阁藏书，大部分都为后来修书各馆征集之物。据前所述清代修书各馆隶内阁的很多，凡此修书各馆于纂修竣事之后，例将所有书籍档案，移交内阁收贮。如《书档旧目》目九，为奏议馆收贮各省督抚送来奏议文集碑文志书等项目录；目十八,三朝书单；目十九，馆中所贮书簿，为清初国史馆的档案；目十一，有余字号柜三礼馆书籍，国史馆交来乱书，会典馆交来书籍等目，文献馆在内阁档案中，也曾发见许多实录馆、会典馆及三礼馆的档案。凡此种种，皆内阁书籍陆续增加的重要原因。此外也有内廷发来的书籍，内阁也有自行采办的书籍。如《书档旧目》目八，有内发出书目一项；目十三，《释道书籍总档》，署检查红本处办，并分列初办第一次，续办第二次，第三次，第四次，第五次诸目；又目十四，有续办第七次部册俱全书目，续办第八次书诸目，据《书档旧目叙录》说，也是检查红本库物，检查红本处官书中无记载，当属内阁。凡此各项书籍之入内阁，在内阁档案中都有明白的记载。

十一、整理档案的意义及将来的计划

史料来源，当然不限于档案，而档案却是一切史料当中，最重要的史料。

一切档案，都可当史料看待。尤其是过去的史家，他们于正史纪传之外，备载礼乐、律历、五行、灾异、经籍、艺文、天文、地理、百官、食货诸志。像这一类的史料，无一不可在档案里搜寻出来。所以过去的史家，对于档案，到也是很注意的。例如清代国史编纂，大部分都以档案为依据。《光绪会典事例》卷一千十四,六科项下载：

（顺治）六年奏准，臣民章奏，天语批答，应分曹编辑，以垂法戒，备章程，为纂修国史之用，令六科每月录送史馆，付翰林官分任编纂。

此项编纂条例，大概都有所沿袭。据《春明梦余录》引明张居正疏说：

> ……宜令讲官日轮一员专记起居，录圣谕、诏敕、册文及内阁题移。其朝廷政事，见诸司章奏者，另选年深、文学素优史官六员编纂。……其诸司章奏，该科奉旨发部，即全钞送阁，转发史馆。……每月终史官编草稿为七册，一起居，六册六曹，于册面记年月，记史官姓名，送阁验讫，即投小柜，用文渊阁印封锁。岁终内阁同各史官开取各月草稿，收入大柜，印封如前，永不开视。

据此知旧史纂修，已经是不能离开档案了。

虽然旧史所录档案，经过选择删减或改窜之后，当然不及原本的可信。现在我们重行整理这些档案，也就是利用原本史料，将旧史重行校对一番。我们晓得清初实录，曾经数次涂改，同时又大兴文字之狱，屡申禁书之令，凡与实录相抵触的史料，无不摧毁殆尽。易世之后，往日违碍禁书，稍稍间出，然存者不过千百之十一。而此数百载严扃之大库秘藏，其中有未经涂改的实录，有两次涂改的实录残稿，有沈阳移来的开国期旧档。我们不但借此可以看实录的底本；我们还可以利用沈阳旧档，来校对这个底本。

因为历史观念的变迁，我们选择史料的标准，也跟着改变了不少。我们现在所需要的史料，乃关于社会全体的多方面的记录。我们不但把历史的范围重行规定了，我们记述的体裁也更为严密了。我们如果叙写一事件，我们决不以这一事件的本身自为起讫。我们要探其发生原因，与其影响所及。我们以为凡是历史，都是具有连续性的，历史上往往以此事件之果，为彼事件之因，因果互嬗，无有已时。我们现在非在旧史料之外，多集史料，参互比观，则不能明其因果互嬗的关系。这些史料，往往存于旧史所刊落的史料当中。我们与其求史料于旧史，我们毋宁求之于旧史所依据的史料，如档案之类，我们决不能任其轻易地逸去。

我们整理档案的意见如此，这总不算是侈想罢。虽然，就我们的实际工作成绩来讲，这又未尝不是一种侈想。当我们走进档案储存的地方，我们对于这些档案的庞大的体积，我们总不免有点惶惑。我们总觉得我们的力量太不够了。我们虽然把我们的范围尽量的收小，对于那些与历史关系较少的三法司案卷，或报销册等，暂且都置之不问。其剩余的一部分档案，我们在短期内，也还不能就整理就绪。我们这几年的工作，仅仅把这些档案粗略地按年分置，而最重要的编号编目的工作，我们一直到现在还没有做。这样的档案，仍然是不便检查，不能供史家充分利用的。

我们对于档案一方面虽觉得材料太多，不易整理，同时又觉得像这同样的材料，现在分置三四处地方，材料不能集中，研究起来又要感觉材料的不够。因而我们很怀疑这些档案，决不是一个机关，或一小部分人所能办得了的。依我的愚见，我很期望这几个收藏档案的机关，把这些档案集中一处，并集中各机关的人力财力，共同整理一番。同时更希望其他方面的学者，也来参加这个工作。我们觉得这样巨量的档案，全都保存，实在不是一件容易的事。而且有许多档案，实在也无须保存的。如果因为要全部保存，使重要档案与不重要档案，一同保存于不完备的设备之下，而任其逐渐淘汰，自然毁灭，不如经过多数学者鉴定一番，选其重要的，存储于完备的库藏中，其较次之复本，或无须保存之件，也不妨分赠与各省县地方图书馆、博物馆，以供各地方学者的参考。我这个提议，虽然陈义不高，但实行起来困难实多，或竟是做不通的一件事。这里我要郑重声明，这仅是我个人的意见，并不代表任何方面，希望读者不要误会。

现在就我们目前的计画讲，我们最近第一步工作，就是要将已经整理上架的整齐的档案，编号编目，同时选择其中重要的，分类编印为《明清史料乙编》。其余破碎的，及首尾残缺的档案，以我们现在的有限的人力财力，当然不能同时举行，这些档案的整理，只好留待以后再说了。

（原载《中央研究院历史语言研究所集刊》1933 年第三本第四分）

清代历史档案分类立卷问题

张德泽*

一、清代历史档案的情况

现在留下来的辛亥革命以前的历史档案，主要是中央档案馆明清档案部所藏的五百余万件。此外中国历史博物馆尚存有数千件。沈阳图书馆原存六万余件，已于一九五八年归并到中央档案馆。（此外因北洋政府时期“八千麻袋”档案之辗转买卖，流入私人手中者不少。）以上几部分，主要是清代档案，虽都有一些明代档案，但为数极少，利用率不大，所以这里只谈清代档案的整理问题。

明清档案部所藏的清代档案，是清朝中央机关的档案，一部分是关于国家庶政的内阁、军机处档案，一部分是关于皇帝家事的宗人府、内务府等处档案。关于皇帝家事的档案，不是当前利用的重点，这里先不谈，现在谈一谈内阁与军机处所存档案情况。

清内阁档案，以京内外官员汇报经办庶政呈给皇帝的“题本”（由阁臣用朱笔把皇帝的意见批在本上，通称“红本”）与随本进呈的“黄册”（是题本所附的清册）为大宗。这种题本，总数有二百余万件，黄册有一万余册。另外还有三类：一类是有关国家典制的黄榜、诏书、诰命、敕谕、表笺等；一类是内阁各房（汉本房、满本房、蒙古堂等）汇编或记录的各项档簿；一类是京内各

* 张德泽，明清档案专家，发表本文时任国家档案局档案学研究室副研究员。

衙门与京外各省给内阁的咨文等。这三类档案，按数量说，仅占内阁全部档案的百分之十左右。

清军机处档案，主要的分两大类：一类是汇编与记录的各项档簿，共有一万余册，一类是录副存查的奏折，按月分包，又称“月折包”，共有六十余万件。另外还有各国来的照会与京内外官员给军机处的咨文、清册、电报等，这些档案，为数无多。

此外，原存宫中的缴回朱批奏折，是军机处录副折的原本，数量较录副折约少一半左右，因为原来有缺佚（有未缴回者）。这一部分，可与录副奏折参照利用，以互为补充。

清代官员向皇帝呈递文书制度，是公事用题本，私事用奏折。后来逐渐演变汇报例行公事，每用题本，汇报机要之事，每用奏折，两种文书，也间有互相重复的，题本较详细，奏折较简略。总之，两种文书，都是反映国家庶政的重要文件。

二、为什么要分类立属

上述内阁、军机处档案，是清朝中央政府办理国家大事形成之文件，其内容，包括清代政治、军事、经济、文化各方面的材料，这是研究清代历史的主要资源。但是原来整理的情况，利用起来，还有很大的不便。因为过去的整理方法，折片之类的档案，一般都是按朝代年月编排，编制分包目录。在这样的目录中，看不出档案的内容来。虽然有一部分摘由目录，但那是极少数，也不过有全部的百分之一二。各方面来利用档案时，须按年月检查，其无明确年月的，要费很多的人力时间逐件翻检。其簿册之类，虽已编目，但那些档案，仅是辅助材料（是经过编纂与随时记录的档案，内容多简略或属片面材料），而必须利用的原始文件，绝大部分没有编出目录来，这样就远远不能适应当前国家经济建设参考的需要。

毛主席曾在一九五六年指示我们：“农业以外的各项工作，都必须迅速赶上，以适应社会主义革命高潮的新形势”。周总理曾在关于知识分子问题报告中指出：“为了实现向科学进军的计划，我们必须为发展科学研究准备一切必要的条件。在这里，具有首要意义的是要使科学家得到必要的图书、档案资料。……”这样就不容许我们再墨守成规地停滞不前了。

在当前国家经济建设与科学研究迫切需要参考档案的新形势，与大批历史档案还不便利用的情况下，这才提出分类立卷问题。

一种工作的改进，自然有许多问题要研究妥善，不能盲目冒进。但是不能怕有问题就不敢进行。国务院习秘书长曾在一次档案整理会议上说：“现在是急需办法的时候，只要是基本正确，就可以实行，因为有总比没有好，百分之七十、百分之八十的工作做对了，以后在总结时，还是说基本上正确，有缺点也不是主要的”。当时就本着这一指示的精神来研究改进而提出分类方案的。方案的原则，是将军机处录副奏折，按年代、问题分类立卷，这一项文件完成后，再推广整理其他各项文件。这一方案，经过多次的研究讨论，决定先以咸丰一朝进行试点。又经过几个月的时间，通过实践，证明历史档案分类立卷，是可行的，有一些困难问题，还是可以解决的。有了这个实践基础以后，到1958年，才大规模地进行。当时正赶上大跃进的形势到来，大家敢想敢做，于是请各大学的同学们，利用假期，协助整理。同时也邀请一些社会人士参加整理。到1959年初，军机处录副奏折与朱批奏折，已整理完成。到1959年9月又将内阁红本，整理完成。这是整理历史档案的一个很大的改革，给开展利用工作，打下了良好基础。虽然由于是突击整理，做得粗糙一些（一般是以类目为卷的标题，在当时的条件与突击形势下，也只能这样做）。但查找各项问题的材料，按有关类目检索，已很便利。即或尚有少数分的不大妥当，那是可左可右的问题，按其有联系的类目检查，还是可以查到的。

凡是做一种新工作，不能吹毛求疵，要看其大的有利方面，即或尚存在一些缺点，以后还可以逐步精进，最后才能做到尽美尽善，不能在一个工作的开端，要求做到完全合乎理想。总之，这一项工作的完成，是在原来基础上跃进了一大步。

三、有哪些不同意见

对于分类立卷问题，当时馆内同志们，看法颇不一致，对于历史档案是否应该分类立卷，尚有怀疑。馆外有关方面人士的意见（当时拟出方案曾送请有关方面提意见）也不一致，所以拟订的分类方案，拖延了六七个月，才决定下来。现在虽然已成事实，恐怕还有同志尚存在一些意见。现在把当时知道的一些不同看法，分别来研究一下。

（1）按问题分类立卷是否破坏了原来体系，现在主张分类立卷，不是把馆藏各个全宗的档案集中分类，也不是把一个全宗的所有文件集中分类，而是把一个全宗的一种文件分类立卷，并且仍是以年为纲，只是把一年的文件另行区分，这样并没有破坏原来的体系。且过去已搜集不少专题史料另行保存，事实上，这一部分已等于分类立卷。又水利科学院在军机处录副奏折中与朱批奏折中，大量地提选水利、农业、自然现象等史料，这些史料，为了利用便利，已不能且不必要归回原包，这样，要完全保持原来的按月分包，事实上已不可能。

（2）历史上的文书处理制度是否需要保留，清代军机处将接到的朱批奏折抄录副本，按年月归档存查，并按日记载于档，这是军机处的文书处理制度。在当时，对于它完成皇帝给它的任务，起了一定的作用，但是到现在结合我们的利用来说，并不便利，且大有困难。凡历史上一种制度，如果到现在还有便利，当然可以保留，如果不便利，就没有保留的必要。旧的社会制度，都要推翻，何况一种为封建统治服务的文书处理制度，更没有留恋的必要了。

（3）清代历史档案与现行档案不同，无须立卷。在旧中国时代，一般机关的档案工作，尽管多有不科学，但一般是按不同的问题分卷保存的，在卷上也标出一些概括的题示来。及国家档案局成立以后，一面吸取苏联的先进经验，一面根据自己积累的实际经验，大力推行文书处理部门立卷工作。进一步档案的编目，也是案卷的编目，不是一件一件的编目，这正是整理档案与整理图书主要不同之点，所以档案分类立卷是档案工作的通则。所谓清代历史档案与现行档案不同的，只是有些原来汇编或当时记录的簿册之类，那自然是不便分类立卷，其折片之类的档案，又有什么不同呢？

（4）历史文件不容易分类，如按摘由编制卡片、将卡片分类是否比分文件妥当，历史文件分类，自然是比较繁难的工作，可是按其共同点集中成卷，给以概括的反映出重点的标题，还不是太难的事。无论做什么工作，都不是太容易的，如果是应该做的，不能因为怕难而不做。如果按件摘由标题，倒不是很容易的事，一件一标题，比数十件（一卷）一标题，这在人力时间上，有多大的悬殊？即有了卡片，到用时还要一件一件地由不同的各包中提取，同时，那样做犹如移山，不知要等何年何月才能成功，那么怎么能适应国家建设参考的需要呢？

（5）一个文件可以入甲类又可以入乙类，或有两种以上的内容应如何分法，一个文件可入两类或三类的，要按它的重点归类，所谓重点，不是它原文的重点，是现在我们利用的重点。像这样情况的，在分类以后，把分的原则一一地说明，就可以便利查找。至于一文有两个以上内容的，可将文件归入主要的一类，另外应入的类，另制索引卡片，以备检查，或记互见签，放入卷内，据以检索原件。如其另外的内容只寥寥数语，不能解决什么问题的，即不制卡片或互见签，以省手续。

（6）军机处录副的折与片是否分家问题，奏折有附片，是当时一种文书制度，有的是正折未叙述详尽再为补述的，有的是另叙他事与正折无关的，与一般的附件不同，前者自然与正折放在一起，后者为利用便利，是应该分开各入其类的。按过去的文书制度，这样分开，是一个缺点，可是既叙述另事，又与正折不接连，我们可以看作是另一个文件，知道它原是与正折在一起是一种文书制度就够了，不必件件都维持它原状，以便利分类工作。

（7）军机处原有的目录“随手登记档”废而不用岂不可惜，军机处将所接奏折，按日记载，并记颁发的上谕事由，名为“随手登记档”，在当时是起过一定作用的。我们曾将此档与折包作过核对，有随手挡有而折包未见的，有折包有而随手档未载明。随手档是按年月登记的，查找某种问题的材料，如不知年月，仍不便查找，且因已抽出若干专题，事实上已失去效用，不去利用它，并没什么可惜。随手登记档是原来档簿之一种，可以看出当时文书处理的一种制度，又可以看出按日收进折件情况。仍可备研究参考，并不是完全废而不用。

（8）军机处录副奏折已经过整理尚能应用是否还要分类立卷，这种录副奏折，它只是按年月归档保存，不是按问题立了卷，内容既很复杂，包括年代又多，虽然经过整理，但是查找材料仍然不方便，所以还应该进一步分类立卷。现在进行分类立卷，主要是解决供应利用问题。这一项录副奏折，内容很重要，是利用的主要对象，可是照原来的整理情况，要按年月查找，浪费人力时间，大有不便。所谓原来经过整理的可先不整理，那指的是立过卷的，与此项文件情况不同，既然是利用不便，自然还应该分类立卷。

此外如考虑质量问题，那不是分类立卷的立法问题，尽管质量差一些，前面已谈过，以后会逐步精进的，是不成问题的。另外或尚有其他不同意见，容以后再作研究。

四、如何分类立卷

档案的分类，分年代，分组织机构，都是很好的原则。但是清朝的内阁，军机处，一个是国家最高行政机关，一个是执掌国家机要的“枢垣”，与一般机关不同，它的职掌，不是单纯的一种性质，都是全国政务之总汇。其主要文件——题本、奏折，是各部门、各省区汇报各种政务之件，内容都包括政治、经济、文化各方面的材料。这样，如内阁按组织机构分典籍厅、汉本堂、满本堂等类，不能解决利用问题。军机处则无机构可分。这些档案的年代，包括二百六十多年，如要利用的材料，无明确时间，或经历时间过长，只按年月编排，查找材料大有困难，因此，为了便于利用，把一种文件，在原来分年的系统下，把一年的文件，按问题分类立卷，也就是按年代与问题相结合的原则，进行立卷。立卷之后，按一卷的标题编写卡片，最后将各年同一问题的卡片，集中起来，按年顺序排列，并编制簿式目录，以便检查。

在分类立卷之前，应首先编写立档单位考证与其档案考证，然后据以编制分类方案。编制方案时，应按文件的内容性质与当时办事规制，并照顾到文件的联系，按年代—问题分类原则，拟定草案。同时也要拟订实施办法，以利进行。拟订的分类方案与实施办法，都要经过有关专家与具体参加工作同志研究讨论，并报请上级审查批准，再为进行。

编制分类方案，是为开始工作便利进行，是一个大致的轮廓，不可能囊括全部内容，也不能完全切合实际，所以在进行工作中，不能受方案的局限，还要根据实际文件情况，作适当的修订或增补。

在急待利用而人力不充裕的情况下，不一定把所有文件都详细的区分，对当前不甚急需的文件，在分大类后，略分属类，即以属类作为卷的标题，这样，把重要文件的分类立卷工作，可以提早完成，而便及时提供利用。

明清档案部基本是照以上原则整理的，同时，还获得利用社会力量整理档案的经验，也达到了预期提早完成的效果。

五、结束语

现在开展的分类立卷工作，这仅是改进的一个开端，自然还有待逐步精进。个人想到有几个问题，希望明清档案部加以考虑尽先进行。

（1）每一项文件的分类应以问题为纲，现在整理的是按年代问题相结合的原则，首先是分年，每一年下再分问题，在整理时，只能这样进行，但是现在如果还是这样，要查找某项问题的材料，须要查若干年。文件数字庞大，年份又多，即以军机处录副奏折来说，就有一百八十多年。这样，不仅是利用者检查不便，即管库者提取亦大有不便。因此应改以问题为纲，一个问题下，再排年份，然后按类目顺序，编列卷号，一边改编目录，一边调整排架。如外交一类，集中起来，也不过占一两架，有人要利用有关某一国的交涉文件，只在此一架上，即可全部查到，不必遍查各架，目录自然也是集中一处，不必遍查各年，这样，查找的效率，就提高得多多了。

（2）重要的案卷再酌加复分，现在一般的案卷标题，是类目名称，还不是案卷标题，也无法运用六个特征，这样就过于笼统概括，应将内容比较重要的案卷，再酌加复分，改以比较具体的能表现必要特征的标题（原来试点的军机处录副奏折咸丰前几年部分可供参考）。其内容不重要的，自然也不必同等对待，那些不常用的文件，有了类目标题，也就可以了。

（3）酌编卷内目录，比较重要的案卷，经过复分，加具标题之后，如卷内文件过多，利用仍感不便时，可看必要与可能，再编制卷内目录，则更便利检查。同时，加编件号，以便检索。

（4）补编卡片目录，在进行试点时所拟实施办法中，虽已列入编制卡片一项，但以后由于突击进行，此项工作，未能实施。如重要案卷，有了明确标题之后，仅有簿式目录，仍感不足，应再编缮卡片，分类排列，用导片指出各级类目名称，这样，就更便检查了（原试点部分，曾缮有分类卡片，可作参考）。

此外，如检查质量问题，兹事体大，不是少数人一朝一夕能解决的，只有在经常提供利用时，注意检查，随时调整，将来有了条件再正规地进行。但是，如果前面所说重要案卷再酌加复分问题能够进行的话，在复分当中，碰到区分不妥当的，自然就随时调整了，那么，检查质量问题，到那时，可以说大部分已解决了，那就不是什么大问题了。

此文本是以前写的旧稿，现在又加以修改发表，文内不妥与主观片面之处，还希望同志们指正！

（原载《档案学研究》1960 年第 3 期）

清代档案的特点和整理原则

秦国经[*]

一、清代档案的特点

清朝是我国最后一个封建王朝，它吸取了历代封建统治的经验，使封建君主专制制度发展到了顶峰。它虽然沿袭明制，设立了内阁及吏、户、礼、兵、刑、工六部并都察院、大理寺等机关，但这只是为了处理日常例行公事，至于军国机密要务，清帝却另设一套枢秘机构去办理。例如清初有满洲贵族组成的议政王大臣会议。“凡军国重务，不由阁臣票发者，皆交议政王大臣会议。”[①] 康熙时又设南书房，一些机要谕旨，多交南书房撰拟。雍正以后，又设立了军机处：“掌书谕旨，综军国之要。”[②] “为军机大臣者，皆亲信重臣，于是承旨出政，皆在于此矣。”[③] 其实议政王大臣和南书房、军机大臣都无决策权，他们只能秉呈皇帝的旨意，“只供传述缮撰，而不能稍有赞画于其间也”[④]。所以清朝皇帝“乾纲独揽”，国家的军、政、财、文大权，都牢牢掌握在皇帝手中，从无“大权旁落”的现象。

这种极端专制主义的统治，反映在文书工作上，就是建立了以皇帝为中心

---

* 秦国经，明清档案专家，发表本文时任中国第一历史档案馆馆员。

① 《啸亭杂录》卷四《议政大臣》。

② 《清朝续文献通考》卷一一八《职官四·军机处》。

③ （清）赵翼:《檐曝杂记》卷一。

④ 同上。

的文书运转和等级森严的文书制度。清朝规定，皇帝下达的诏令文书有制、诏、诰、敕、谕、旨、廷寄等，臣工上奏的文书有题、奏、表、笺，各衙门互相来往的公文有咨、移、札、片、呈、禀、手本、照会等。各级衙署和官员，都必须按规定的程式行文办事，违者严惩。

清朝鉴于明代阁臣弄权和太监批红的弊病，将臣工报告政务的主要文书，逐渐由题本改用奏折。题本文字冗长，处理手续繁杂，各督抚提镇的题本，要先经过通政使司，再转送内阁，经十余道票拟手续后，才能呈报皇帝批阅，这样不能适应皇帝独裁统治的需要。所以自康熙后，臣工上报机要事务，多采用奏折。奏折可密封直达御前，办事既速且密，这样保证了皇帝亲批奏疏独裁政务的权力。嘉庆帝曾说："我朝列圣相承，乾纲独揽，皇考高宗纯皇帝临御六十年，于一切纶音宣布，无非断自宸衷，从不令臣下阻挠国是。即朕亲政以来，办理庶务悉遵皇考遗训。虽虚怀延纳，博采群言，而至用人行政，令出推行，大权从无旁落。"①

皇帝权极至尊，日常处理政务下达的命令，"凡特降者曰内阁奉上谕"，"因奏请而降者，曰奉旨"。通过内阁发出的叫"明发"，通过军机处密发的叫"廷寄"。为防止奸胥猾吏篡改档案，假传圣旨，又以御览朱批的文件为中心，建立了各种副本制度。例如内阁和军机处在发谕旨的同时，分类另录谕旨及题奏事由于册，分别叫《丝纶簿》《纶音》《外纪簿》《上谕档》等。红本经六科发抄后，另录《史书》和《录疏》两种副本档册，《史书》供史官记注，《录疏》存科以备查。军机处在承办朱批奏折时，都另录一份备查，叫录副奏折。皇帝的一言一行，都按日记录于册，叫《起居注》。皇帝的一生事迹和言行，分别整理编撰为《实录》和《圣训》，这样便于总结统治经验，使"祖制家法"历代相传，企图使清王朝能万世一系统治下去。

清朝的专制主义统治又紧紧和民族统治结合起来。清廷为确保满洲贵族在国家政权中的统治地位，实行按民族分配官缺的办法。在中央国家机关中，规定有满洲缺、蒙古缺、汉军缺和汉官缺四种，在各要害部门都是满官掌权，汉官只是"相随画诺"而已。这种民族统治反映在文书制度上，就是清朝规定满

---

① 《清朝续文献通考》卷一一八《职官四・军机处》。

语为国语，满文文书为代表国家的正式文书，如制、诏、诰、敕、题本、表文等，都是以满文为主，满、汉合璧。凡与外国的来往国书签订的条约等，也必须以满文书写，同时也允许蒙、藏、回等民族的王公官员使用本民族文字的文书，这样，满、汉、蒙、藏、回等文字的文书同时并存，是清代档案的另一特点。

清朝由于有完备而严密的文书档案制度，曾形成了大量的档案。这些档案当时分别存于内阁大库、皇史宬、副本库、宫中及各衙署中。清亡后，虽政权屡更，又几经战祸，转卖迁徙，损失不少，但至今保存在我馆的，尚有九百多万件（册）。目前在台湾也保存着一批重要的清代档案，我们希望这些长期分散的清代档案能完璧合一，以便更好地研究和使用这部分珍贵的历史遗产，为繁荣中华民族的文化，做出新的贡献。

二、整理清代档案的原则

（一）要保持历史档案的原貌

档案是历史的记录，档案工作是维护党和国家历史面貌的重大事业。清代档案是清朝历史的真实记录，是研究清史的第一手材料。要维护清朝历史的真实性，必须维护清代档案的真实性。要维护清代档案的真实性，就必须保持清代档案的原貌。我们整理清代档案原则之一，就是要保持历史档案的原貌。

恩格斯曾经指出："每一门科学都是分析某一个别的运动形式或一系列互相关联和互相转化的运动形式的，因此，科学分类就是这些运动形式本身依据其内部所固有的次序的分类和排列，而它的重要性也正是在这里。"[①] 因此，科学的分类，不是臆造的，应是客观的，必须根据各种运动形式本身所固有的次序来分类。那么整理历史档案，也必须以档案本身所固有的次序来分类。档案本身所固有的次序是什么呢？就是文件在处理过程中所形成的自然联系。这种文件之间自然联系，是有一定的规律的，只有依据文书形成的规律去整理档案，才能保持历史档案的原貌，维护历史的真实性。

① 《自然辩证法》，北京：人民出版社，1971 年，第 227 页。

清代档案和古籍图书的分类不同。古籍图书是古代知识的结晶，它是以科学或知识系统进行分类的。而清代档案主要是清王朝的官文书，它是清王朝各国家机关在政务活动中形成的，因而清代档案首先应按原来行政系统分类，以保持历史档案的原貌。否则不按行政机关分类，而是按文件的内容划分，如政治、经济、文化等，这样就破坏了历史档案的联系。各全宗内文件的整理，也应保持原来的次序和面貌。例如录副奏折，原来军机处按年月日排列，每半月一包，形成编年的卷包，并逐件登记于《随手档》上，我们整理时，仍应保持原来的次序。再如红本，每日由六科领去发抄执行，年终各科将原本汇交内阁，内阁按科顺时，贮于红本库，我们整理红本时，仍应保持其分科编年的规律。又如朱批奏折，因雍正时定有缴回朱批的制度，因而形成大批的臣工缴回的朱批奏折，原按人名分类保管的，我们整理时仍应维持其缴回朱批奏折的原貌。再如内务府的事筒，是每日值班官员将所办的文书，装成一筒，这是在办文过程中自然形成的案卷，我们整理时，也不应打乱它。总之，我们整理历史档案，就像古建筑专家恢复一座古代宫殿一样，要照原貌将它恢复起来。荷兰档案学家斯·缪勒等说得好："在整理一个档案全宗时，首先应该把原来的次序尽可能地重建起来。"① 只有保持历史文件的原貌，才便于认识、分析和使用它，从而维护历史的真实性。

（二）要充分利用原整理的基础

整理清代档案，已有五十多年的历史了。解放前二十五年的整理，奠定了管理清代档案工作的基础。它的整理思想和方法，基本上是合理的，适用的。如当时文献馆的《整理档案规则》中曾规定"整理档案，应保持其原件之形式"。"各种档案应保持原来之机关面目，即以原来之行政系统为编目系统。""档案原有包扎或标识者，不可拆散废弃"，"片纸只字不得废弃"。在清理文件时，还提出"秤不离砣"的口号，这就是要保持文件的历史联系，维持历史的面貌。

一九二五年溥仪被驱逐出宫后，文献部初建，档案分散各处，尘土覆盖，散乱不堪。经过各位档案专家和工作人员二十多年的努力，把当时所藏的档案

① ［荷］斯·缪、伊·阿·裴斯、阿·福罗英：《档案的整理与编目手册》（英文版）。

进行了整理编目，这确实是一件不易之事，像陈援庵、沈兼士、方甦生、单士魁、单士元、张德泽、徐中舒、郑天挺等老一辈的档案工作者和专家，都为整理明清档案做出了一定的贡献。

我们伟大的文学家鲁迅先生，也曾参加过八千麻袋档案的整理，并写《谈所谓“大内档案”》一文，深刻揭露和抨击了北洋政府对历史档案的糟蹋和盗窃的行径，对保护我国文化遗产起了一定的作用。

解放前的整理工作，由于历史条件的限制，没有科学的理论指导，因而在整理档案和分析史料时，有不少地方在立场观点和方法上是错误的。另外，这些档案，由于经过不同时期、不同单位和人员整理，因而方法各异，甚至同一文种，同一类别的文件，被分成几部分去整理。例如，内阁红本，有文献馆时整理的，有北京大学整理的，有东北移交的。文献馆整理的红本，仅分朝年，而北京大学整理的题本，则每朝分若干类，竟有四十五类之多。尽管有这些缺点，我们还是要尽量利用原整理的基础，不要打乱重整。

解放以后，党和政府十分重视明清档案的整理和建设。首先将流散各地各机关的清代档案收集起来，实行统一的管理，然后开展了大规模的清理档案工作。到目前为止，各个全宗的档案都进行了整理编目，其中少部分还进行了详细的加工整理。通过解放后三十多年的整理，彻底改变了明清档案的散乱状态，做到有规可循，有目可查，为利用和保管工作提供了方便的条件。

解放后的整理工作，严格遵循了全宗原则。《明清档案部档案整理规则》规定：“整理明清档案，必须以全宗为单位进行。”在调查研究的基础上，对清代全部档案划分为内阁、军机处、宫中、内务府、宗人府、吏部、户部、礼部、兵部、刑部、工部、外务部、邮传部、民政部、农工商部、溥仪、赵尔巽等共七十四个全宗。根据各个全宗档案的不同情况，采用不同的整理方法。在类目设置时，应注意：（1）类列的多少，类系的长短，要以文件的多少和重要程度而定。（2）划分必须以所整档案的共同的基本属性为根据，每一层分类必须采取一个标准。否则，如采取两个或两个以上的标准，就会造成紊乱，使同列类不能互相排斥。文件在进行分类之后，一般按问题、名称、机构、地区等不同的特征，进行了组卷。重要的文件，采用“详细立卷”的方法，一般文件采用“简单立卷”，或以类代卷。也有一部分重要档案，不适宜组卷，如制、诏、诰、敕、谕旨等文件，宜采取逐件登记编目的方法。

解放初期，由于经验不足，曾片面强调整理工作应根据利用工作的要求去做，结果有一部分档案不是根据文件形成的规律来整理的。今天甲学者要求档案按问题分类整理，明天乙教授提出档案按时间排列，后天丙专家又要求档案按地区或人名整理。结果为适应当时利用者的某一方面的要求，就出现不尊重历史档案原貌的现象，甚至打乱原来的体系重整。这样档案经过反复整理，劳民伤财，最后还是满足不了各方面利用的要求。这种把整理工作看成是“万能的东西”，是不切合实际的，也是有害的。档案的整理，只能根据文件的形成规律，通过一定的方法，使文件固定次序，为利用工作创造基础条件。整理工作并不能解决利用工作的各种矛盾。要解决各方面查用档案的要求，必须做好编目索引工作。

（三）整理档案与研究工作结合起来

要做好历史档案的整理工作，必须具有档案学、历史学和古语言文字学三方面的基本知识。要不断提高整理档案的水平，就必须加强研究工作。整理清代档案的研究工作包括两个方面的内容：一是对历史档案整理业务的研究，诸如研究清朝官制、文书档案制度、历史档案整理编目的方法等等；二是结合所整档案的内容，进行印证历史，编研史料等方面的研究工作。整理档案与编纂历史相结合，是我国优良传统之一。古代的史官同时又是档案工作者，整理档案与编纂历史是两位一体的工作。例如，西汉著名史学家和档案家司马迁，身为太史令，“职掌文史星历，故得䌷金匮石室之书而作《史记》”①。中国很多著名的史书，都是利用档案史料编纂成的。在文献馆时期，整理档案的同时又编纂史料。我们在整理档案中，摘编一些史料，进行一些历史印证和研究工作，不仅能提高整理工作的水平，而且对我国的学术研究也是一个贡献。

究之解放前后，在整理工作中出现的一些缺点，就是对清代档案本身及有关历史缺乏深入研究的结果。沈兼士在总结文献馆整理工作缺点时说：“这些错误，都是由于没有把各种档案综合研究的结果。”张德泽同志在总结档案整理

① 金毓黻：《中国史学史》。

“三十年来主要经验教训”时也说：“研究档案构成的历史情况与整理方法是分不开的，不了解档案的来源与作用是很难分类整理的。”有鉴于此，解放后逐步加强了研究工作，在整理档案的同时，对清代国家机关、文书档案制度及与档案内容有关的历史进行了一定的研究，编写了《清代中央国家机关简介》《明清档案介绍》《清代中外使领年表》等专著，并撰写了一批介绍清代档案和考证历史的文章。这对提高档案整理的水平，加强档案馆基础建设方面，起到了很好的作用。

鉴于上述整理历史档案的经验和教训，今后凡已整理的档案，不管是解放前整理或解放后整理的，一律不再重新整理。有些已整过的重要档案，如不便利用的话，可在原基础上进行加工整理；另外要加强编目和各种索引工作，把它提到重要地位，组织人力，认真做好；同时，根据现代科学的发展，考虑到今后电子检索的要求，应把手工检索与电子检索结合起来。要统一编定档案主题词表，填制文件主题词卡。目前我馆正与中国科学院计算技术研究所合作试验电子检索档案的工作，如果实验成功，那将是档案工作一次大的革新。随着我国四化建设的发展，档案工作也将进入现代化的行列。

（原载《档案学通讯》1982 年第 5 期）

二、筚路蓝缕

地方文献的搜集整理与使用

杜定友*

> “我们大家关于爱国主义教育谈得很多了，但是要知道这种教育是应当从加深认识自己乡土这一点做起。”
>
> （苏）米·伊·加里宁

苏联的图书馆对于地方文献是非常重视的，《省（边区、自治共和国）图书馆条例》第一3（8）条规定：“收集、保藏和研究地方文献与本地出版物，并在参考目录中加以介绍，以飨读者”。第9条：“编制地方文献目录”。第三8（5）条：“参考目录部……利用省（边区、自治共和国）图书馆和博物馆的图书，编制地方图书目录、地方文献评价和图书索引，完成科学机关、党、苏维埃与经济组织所需要的地方图书目录和特殊任务，参加地方文献的补充工作……”[①]

地方文献除了由省图书馆收集、保藏和研究外，还有“地志角”的设置。塞来布林尼科夫说：“在每一所文化馆、农村俱乐部或读书屋内，都应该设立一个地志角——陈列本村本区的自然地理、历史文物和社会主义建设各种成就的小型展览会，设立地志角的目的是要提供出一些本乡本土的基本知识。因此，在地志角内应当陈列：全省和全区的地图，有关乡土历史的文献，本乡知名人

---

* 杜定友，著名图书馆学家，发表本文时任广东省文史馆馆员。

① 《苏联图书馆条例》，北京：中央文化事业管理局编印，1955年，第3、7页。

士的照片，民间创作集，矿产收集，土壤，植物标本等等。……收集：关于地方历史事件的资料，关于社会主义劳动英雄的资料等。……研究民间创作：即研究人民口头创作，……采集着革命前，特别是社会主义建设时期所出版的各种地方歌曲、童话、壮士歌、传说、俗语、民谣和神话。”[①]

地方文献是指有关本地方的一切资料，表现于各种记载形式的，如：图书、杂志、报纸、图片、照片、影片、画片、唱片、拓本、表格、传单、票据、文告、手稿、印模、簿籍等等。凡有历史价值的，即“断简另篇”“片纸只字”，也在收集之列。对于这些材料，应在图书馆内专设“地方文献”部（组、室、架）负责管理，管理的方式方法和普通图书也有所区别，这些材料，除了图书的总括登记外，应有分部登记。

一、地方文献的范围

根据苏联的先进经验，地方文献应包括三部分：史料、人物、出版。

（一）史料：关于本地方的一切情况的记载，包括过去和现在的，如：史地、文教、经济、政治、语言、文学、风俗、生产、建设等等，特别是当时当地的新鲜事物，政治上经济上的最新成就，党和政府的指示和决议，关于邻地材料以两地并提者为限。

广东省图书馆的广东文献室，以广东史料为最主要部分，省内外各机关、图书馆、博物馆、学术团体、出版部门等经常借阅、参考、托抄、交换等，亦以这一部分的材料为最多，这部分现有图书约二万册，其中比较突出的有广东地方志、广东各姓族谱、东西南沙群岛资料及鸦片战争以来史料。

广东地方志现有省志 8 种、府志 13 种，州县志 96 县 195 种，合计 216 种，除了防城、白沙、保亭、乐东四县没有志书之外，每县都有 1—5 种。这部分的材料其中有些是抄本和未经刊刻的稿本。此外，还有广东乡土志 92 种。

广东各姓族谱现有 77 姓，共 242 部，这一部分的材料可以供研究广东氏

① ［苏］叶·诺索夫斯基著，金初高译：《农村中的文化教育工作》，《文物参考资料》，1953 年第 8 期，第 33—34、39 页。

族源流、迁徙、发展、分布、婚姻关系等参考。

东西南沙群岛资料有382件，其中有不少是难得的影本，在国防、外交、经济方面，都有重大的参考价值。

鸦片战争以来史料，包括1840年前后至新民主主义革命胜利，中华人民共和国成立的有关广东地方革命运动和革命人物资料，有141种。

广东史料当中，有《粤东军变记》《珠玑巷氏族南迁记》《梅菉志稿》《续广东通志》都是原稿本，没有刻过的。此外，还有香港、澳门及海外粤侨的资料。

（二）人物：关于本地方知名人士、劳模、烈士以及对于本地方建设有关的各地方重要人士（寓贤），他们的照片、著作、手迹、传记、纪念文字等都在收藏之列。对于革命英雄、烈士、劳模、名作家、艺术家、发明家等应当特别注意，重要的多产作家要有专架、专格陈列，把他们的照片、略传和重要作品，很美术地陈列出来，以引起读者的景仰，鼓舞起发扬光大的情绪。采集以历史人物为主，近代人以知名人士为限（各界领导人物，学术界专门著作），对于反动人物必须予以批判，划清思想界限。关于个人作品则全部收罗（欠缺的编待征目录，附书后）。

广东省图书馆所藏地方人士著作传记有6985册，其中有：《广东文征》二十一部、《古韵》《象形文释》、宋元本《汉书考》等未刻稿本；有《葵霜阁遗诗》《李忠定公履历》《沟洫水利辑说》《越台杂记》《实事求是斋文钞》《吴六奇书札》等抄本；有万历版《岭南文献》、嘉靖版《两都风咏》、万历版《曲江集》、嘉靖版《百越先贤志》等善本。另有1896年黄遵宪主办、梁启超主笔的《时务报》一百多册，1897年康广仁主办、梁启超主笔的《知新报》四十多册，都是“维新时代”的文献。

（三）出版：从本地方出版物可以看到本地方的出版情况、它的思想内容、制作方向，对本地方刻的古书，更应注意收藏，版本也要整理。近代出版物则以本地方机关团体编印的为限，翻印本和对于本地方没有直接关系的可不收。

广东省图书馆所藏这部分图书杂志有15401册，其中较大部的如新会陈氏萜古堂《二十四史》850册，《武英殿聚珍版丛书》800册，《广雅丛书》600册，《粤雅堂丛书》320册。广东出版的民间艺术、粤剧、潮曲、山歌、粤讴、南音、板眼、木鱼、龙舟、咸水歌等曲本、乐谱也有好多。期刊中较齐全的有解放前中山大学和岭南大学的学报、民族学刊、农声等。此外,《广东公报》《广东省政府公报》《市政公报》《财政公报》《教育月刊》《农林月刊》《粤嵯月刊》等，相当齐全。这些刊物内容多属广东史料。为了服从“以史料为主”的原则，编入史料部分。

二、地方文献的收集

格里科尔耶夫说：“……每一所图书馆书库的藏书便分为两部分：1. 典型的或一般的；2. 地方的……图书馆在采购图书时，还须顾及它那一区或省所独有的特殊性，并按此而作分别的采购。对藏书中，那些反映该馆所在地的情况的图书，就是根据这种方面来选取的。这一部分藏书的选购，是以工业和农业的发展方面，以及当地居民的职业为准。地方性的边区出版物，以及从各方面来介绍当地特点的出版物，就成为这些藏书的主要部分……方志一类的书，在省图书馆中具有非常重大的意义。省图书馆在采集这一类图书的时候，就像一个科学院机关出发收集标本一样，要努力大量收集各种全面反映出历史、文化以及反映本省自然特征（生产力的发展）等书籍，以帮助这一省区更加发展它的生产力。”①

收集工作是多式多样的：

（一）挑选：从馆藏一般图书中挑选地方文献，是收集工作的开始。在馆藏所有的图书、杂志中，（包括以后陆续到馆的）检出有关本地方的一切记载、地方人士的著作以及本地出版品。同时，检查各种参考书目，对比馆藏图书。如有发现欠缺的，就编制待征书目片，以备采访。关于地方人物，要参考各代史的艺文志、列传、选举表、词林表、尚友录、人名录、作者考和人名词典、别名索引、族谱等。

（二）选辑：除了现成单行本书刊之外，还要随时做选辑剪贴工作，多方面收集材料，比如：有关本地方的劳模事迹、建设成就等等，不一定有书刊出版。报刊杂志的有关材料应随时剪贴或编制索引。大部头书如果另有复本的，如《图

---

① ［苏］格里科尔耶夫著，杜定友、朱镇海译：《图书馆藏书的组织》，北京：中华书局，1955年，第4、9页。

书集成》《一统志》《地学丛书》等有关本地材料，可以拆出来，另订成册。省通志如有复本的也可以分订成册分入各类，以便参考。地方建设前后的情况和名胜古迹，还要辑成图片集，保存起来。对于本地生产产品的商标、包装纸盒式样、特产手工艺品的图照（仅作展览时用）、歌谣及地方剧目说明等等，也要随时收集整理。

（三）采购：从市场、书店、藏书家采购是经常的工作，必须注意每天有什么新的出版物和旧书的发现。市面上对于地方文献的销售，一般都感到缺乏。除了正式书店之外（包括各地），更须注意旧书店、旧纸店、旧货摊、祠堂、庙宇、会馆和“书香世家”，往往有所保存，必须经心访查、经常留心，有很多材料不是在书店可以买到的。

（四）征求：征求、赠送是一种比较经济有效的收集方法，尤其是一些买不到的“非卖品”和“内部刊物”。可以用函索、通报、登报及专人访求等方式，如有大量或重要捐赠，应酌予公开表扬，以资鼓励。

（五）复制：如有重要而不能用采购或征求的方式所能收集的，则设法借到原件或托人复制，有摄制照片、显微片、晒蓝图、影抄、誊抄、录音、灌片、幻灯片等方法。馆藏稿本因字迹不很清楚的或善本书不便翻阅的，都要复制，以便公开使用。

（六）交换：主要是将复本对外进行交换，有等价、等量和不等价（经过协商）等办法，复本交换以第三份复本为原则，进行交换要事前编好交换书目和待征书日，交换对象机关、团体、个人均可。

（七）接收：政府接收敌伪、反革命分子的图书，和土改期间没收地主恶霸的图书，可以经上级政府的批准，用接收方式移转过来。广东省图书馆曾派员下乡，到过三十多个县市，收到康熙二十六年永安（紫金）、长乐（五华）等罕本方志 15 种，鲁迅亲笔信三封和不少的地方文献和革命史料。

（八）寄存：除了上述几种方式之外，还可以用寄存的方式来吸收资料。有些私人或机关藏书或特种资料，一时还不能赠送出来，又因数量较多或其他原因，不便复制的，在商得原主的同意，作为寄存性质，暂时借用，由图书馆负责保管，在一定时间内归还。

（九）代借：凡本馆还没有的材料而为读者所需要的，可设法向他处代借、代抄，以满足读者的要求。

此外，举行图书史料展览会，其目的虽然不是为了收集，但对收集工作，也大有帮助:（一）可以检查馆藏材料，对某一历史时期或某一历史事件，是否齐备，如果发现空白点或不够的地方，即行补充;（二）可以激发读者的爱国主义热诚，鼓励他们补充材料，公诸同好。

广东省图书馆的广东文献室由 1941 年开始，到 1949 年仅有藏书二万三千余册，解放后，在党和政府的正确领导和关怀下，在该馆的努力征集下，现有藏书已达七万五千余册，期刊三万余册，比解放前增加了四倍。

地方文献的收集，在大图书馆必须专人、专责、专款办理，采访人员必须熟悉业务，熟悉图书和熟悉读者的需要，对于地方掌故有一定的水平，经常逛旧书店、旧书摊，用种种方法填补空白点和薄弱环节。收集工作必须有计划有步骤地进行，并与采编部门取得密切的联系（一般可以得到的由采编部办理，其余比较难得的由文献部办理）。

地方文献的收集是很烦琐细致的工作，有很多材料不是一朝一夕所能罗致的，也有非金钱所能买到的，必须经过长期的累积和耐心的采访。采访员往往只注意过去，忘却眼前的材料，只注意书本，忘却其他。

三、地方文献的分类

地方文献的史料、人物和出版三部分，在归类上，以史料为主，一本书虽然是本地方人所著，又在本地出版，但它的内容是史料，则首先归入史料部分;本地方出版，但是本地人所编著的，则首先入人物类;但编者同时又是刊家，如广东的《粤雅堂丛书》《海山仙馆丛书》等，则入出版类。在目录上，则应有互见注明。

地方文献应有特殊的分类法（在统一的分类法基础上，作适当的调整）:

（一）史料

用统一分类表（暂用:《中小型图书馆图书分类表（草案）》的类码）加冠号，以 0 代表全省性史料:

原表:

D　历史

D3 近代史

H　文化教育

H6 中等教育

J　语言

T　农业

T35 水利

加冠号 0 则：

0D= 广东历史

0H= 广东文化教育

0H6= 广东中等教育

0J= 广东话

各地区则以 1—7 为冠号

1　广州

2　中区

3　东区

4　南区

5　西区

6　北区

7　邻区

同一区内以县市分

2　中区

21 南海

22 番禺

23 顺德

配合原表则：

1H= 广州市文化教育

1H6= 广州市中等教育

21H= 南海文化教育

22T= 番禺农业

23J= 顺德话

各类于必要时，可以详分，如：

D3　近代史

D31　旧民主主义革命时期

D311　鸦片战争时期 1839—42（三元里抗英斗争）

D312　太平军时期 1850—64

D313　英法联军时期 1856—58（升平社学，英军入城）

D314　中法之战时期 1884—85（刘永福）

D315　甲午之战时期 1894—95

D316　戊戌政变时期 1898（康、梁）

D317　义和团时期 1900

D318　反美运动 1905

D319　秘密社会活动（洪门会、三合会……）

D32　孙中山领导革命时期

D321　孙中山

D322　革命党人

D323　华侨与革命

D324　革命组织

D325　兴中会 1895—1904

D326　同盟会 1904—11

D327　国民党 1912—13

D328　中华革命党 1914—1923

D329　中国国民党 1923—27

D33　历次起义

D331　乙未广州起义 1895

D332　庚子起义 1900

.1　惠州之役

.3　广州之役

.5 湖南之役

D333 丁未起义 1907

.1 湖州之役

.3 黄冈之役

.5 惠州之役

D334 戊申起义 1908

.1 钦廉之役

.3 镇南关之役

.5 钦廉上思之役

.7 云南河口之役

D335 庚戌起义 1910

.1 新军事变

.2 红花岗（温生财）

.6 黄花岗 1911.3

D336 辛亥革命 1911（广东光复）

D337 二次革命 1913

D338 反袁运动 1915—6

D339 西南护法运动 1917（南北分裂）

D34 新民主主义革命

D341 “五四”运动 1919

D342 非常大总统时期 1921.5.5

D343 海员罢工 1922.1.12

D344 韶关督师 1922.5.6

D345 陈炯明叛变 1922.6.15

D346 滇桂军攻粤 1922.6.27

D348 扣留关余，抵制英美货 1923.12.14

D35 国共合作时期

D351 三大政策

.1 越飞来华 1922.8.12

.2 孙文越飞宣言 1923.1.26

.3 大元帅府成立 1923.3.2

.4 鲍罗廷

.5 中共三代会在广州 1923.6

.8 国民党改组 1923.11.25

D352 中国国民党第一次全代会 1924.1.20

.1 黄埔军校成立 1924.1.27

.2 商团事变 1924.10.10

.3 中山北上 1924.11.4

.4 第一次东征 1925.2.1

.5 讨伐刘、杨 1925.5.28

D353 “五卅”惨案后援会 1925.6.2

D354 沙基惨案 1925.6.23

D355 省港大罢工 1925.6

D356 国民政府成立 1925.7.1

D357 第二次东征 1925.10.14

D358 毛主席在广州（农民讲习所）1926

D359 北伐 1926.7

D36 蒋介石叛背革命

D361 廖仲恺被害 1925.8.20

D362 中山舰事件 1926.3.18

D363 “四一五”惨案 1927.4.15

D364 “清党”运动 1927

D365 粤、桂之战 1927.11.17

D366 张发奎 1930.5.1

D367 西南政务委员会 1931.5.3

D368 国民党反动派

D37 革命起义

D372 海丰起义 1927.9.20

D375 广州起义 1927.12.11

D38 抗日时期 1931—45

D381 “九一八”时期 1931.9.18

D382 “一二八”时期 1932.1.28

D383 “七七”时期 1937.7.7

D384 广州沦陷 1938.10.21

D385 敌伪时期

D386 太平洋战事 1941.12.8

D387 香港沦陷 1941.12.18

D388 抗日时期广东政治

D389 抗日人民武装斗争（地方性入 D39）

D39 解放战争时期 1945—49

D391 广东

D392 广州

D393 东江（潮、普、惠）

D394 海、陆丰

D395 韩江

D396 南路

D397 琼崖

D399 解放战争时期广东政治

D4 现代史 1949—

这样，关于每一个地区的材料，每一件历史事件都可以依次归类，因为地方文献包括“片纸只字”，所以要求详细，但以每一类的材料多少，确定详略。比如：关于南海县的教育资料不过几种，则编入 21H 即可，不必再分初等、中等，（取消冠号，即与普通书无异，复本一份可排入普通阅览室）。

（二）人物：人物的分类，以 8 为冠号，以 A—Z 代表年代，古人以卒年归类，近人以生年归类（约计），如：

8A 上古

B 汉（公元前 206—公元 220）

C 三国、晋、南北朝（221—589）

D 隋（581—618）

E 唐、五代十国（618—960）

G 宋（960—1280）

K 元（1271—1368）

L 明（1368—1644）

M 清（1644—1911）

N 中华民国（1912—1949）

P 中华人民共和国（1949— ）

Z 非本地方人著作

每个时代如材料太多，可用十进法 1=9 分为阶段。“民国”则照年次编号，如 8N16= 民国 16 年 =1927。中华人民共和国则附公元，省去“19”，如 P57=1957。

同时代人物则照著者号码编号。

（三）出版：本地出版以 9 为冠号，照原表分类，如：

9H= 本省出版关于文化教育的图书。

9H6= 本省出版关于中等教育的图书。

全部地方文献的排列次序如下：

0 本省史料

1—7 县市史料

8 人物

9 出版

同冠号的照 A—Z 排，同类码的照著者码排。

四、地方文献的编目

地方文献的一切资料都要编制分类目录（兼排架目录用）、字顺目录（包括：书名、人名、主题）和“出版”编年目录，以出版年排，同年的照类排（期刊以创刊号为准）。

地方文献目录必须充分反映本地方的特点，帮助解决本地方建设诸问题，图表散页应尽量装裱成册，或装袋、装盒和单本书排在一起，集中所有的材料，以便研究。对于地方名胜古迹的个别名称、革命根据地的乡村、重要历史事件和人物姓名，要多做分析卡，充分表达出来。

有了字顺目录，才能把这三大部分的图书资料连贯起来，找查的时候，不必问某一部书归入某一类，只要按书名、人名或主题的字顺检查，一索即得。

主题目录特别重要，如：《饮冰室文集》，必须把“戊戌政变”的主题标出来。

非本地方文献如果其中有一部分有关地方史料的，也需要编入目录，不过书码不同罢了，因为这些书是在其他书库的。

非本地方人的著作以有关史料者为限，如张难先（湖北人，曾任广东土地厅厅长）所编的《经界三书》（1928，湖北省政府财政厅翻印），内有《香港1900年田土司报告》《特派调查员谭学夔九龙经界事务报告》和《重订管理九龙新界章程》，是重要的广东史料。如个人文集内有一、二篇，关于地方史料的（另行抄出）以该史料作主题，注明“见：某某文集卷几，第几页”，该书则归入82Z类。

此外，还要编制各种专题书目和报刊索引，如：广东省图书馆编有《广东方志目录》《广东各姓族谱目录》《东西南沙群岛资料目录》《鸦片战争以来史料目录》（未刊）、《省港大罢工参考资料目录》《广东八大经济作物松香、橡胶、钨、煤和各种矿产、水利调查书目》等内部刊物，以供参考。

由于地方文献的特殊性，在大图书馆内所有编目工作，应由该管部门自行负责，但应加制书名卡一张送采编部存查。

地方文献的复本，如有一部分为普通阅览室所需用的，可以分出交由采编部做普通书办理，新购图书，如阅览室需要的，亦可分出一份（采编部亦可负责采购新书，购到后酌留一份）。

五、地方文献的使用

地方文献是省图书馆的一个重要组成部分，主要目的在对党、政府机关、学校和专家们提供必要的参考资料，为了很好地达到这一目的，必须集中有关材料，有条件的馆可设立专业部门，负责收集、整理、保管和出纳工作，分采购、登记、编目、保管、研究、（编辑）阅览、流通各方面。出纳工作，也可以集中由借书处办理。如果地方文献散藏在大量的普通藏书中，在研究上是困难的。

必须做好图书宣传工作，使地方文献与读者有密切的联系，“加深认识自己的乡土”。

（一）阅览：地方文献除复本外，一般是不借出的，以馆内使用为原则。最好采用部分开架式（除保密文件和善本外），排架的方式要系统地表现出各种有关资料，并注意美术布置，如关于某地方的材料应有显著的标题，附以该地方名胜风景画片等人物图照，以引起读者热爱乡土的情绪。管理员要相当熟悉本地方的人、事、时、书、地、画，以辅导阅读。

（二）展览：经常配合政治运动、建设需要、时令节日，举行小型展览会，以一人、一事、一地、一书为题材，以加强对群众的政治思想教育和爱国主义乡土教育。展览会以短小精干为原则，利用图表统计、生产指标等联系书刊实物，以说明具体内容，配备有警惕性、思想性的标题和标语。

（三）咨询：适应各机关学校在业务上、教学上的需要，供给历史材料、数字统计、调查报告、法令决议等等。平日要多做资料索引卡，凡有关一专题的参考资料，不论一本书、一篇文章、一张图、一个表都要有系统地记载下来，以便随时参考答覆。凡读者提出某一问题，都要以负责的态度，代为收集有关资料，所有收到的资料都要一一编制资料索引卡，并随时补充，以便日后有同样的问题提出时，可以随时解答。

（四）研究：组织研究小组，作分题研究，结合阅读、讨论、访问、调查，并联系各有关单位，举行座谈会、报告会、辩论会，编印专题书目，出版“文献从谈”，辑录遗闻轶事、地方从书等，以配合政治宣传、学校教学及发扬乡土文化。

研究小组必须依靠群众，发挥集体精神，有计划地对每一个问题，作专精深入的研究，以求有助于本地方的经济文化建设。

地方文献是国家文献的一部分，是我国丰富的文化遗产的一部分，割裂开来是不对的。必须搞好地方文献，贮备资料，供国家制定政策作出指示的参考。文献的内容并不限于历史意义，必须“继往开来”，对于旧的资料要批判地接受，对于新的资料要及时收罗，以免“稍纵即逝”。

毛主席教导我们：“不论是百年的和古代的中国史，在许多党员的心目中还是漆黑一团，许多马克思列宁主义的学者，也是言必称希腊，对于自己的祖宗，则对不起，忘记了……对于自己的历史一点不懂，或懂得甚少，不以为耻，反以为荣，特别重要的是中国共产党史和鸦片战争以来的近百年史，真正懂得的很少。近百年的经济史、近百年的政治史、近百年的军事史、近百年的文化史，简直还没有人认真动手去研究……不要割断历史，不单是懂得希腊就行了，还要懂得中国；不但要懂得外国革命史，还要懂得中国革命史；不但要懂得中国的今天，还要懂得中国的昨天和前天。”[①]

地方文献是历史文献的一部分，我们要保存它，了解它，发扬它！

参考：W.C.B. Sayers: Library local collections. London, Allen and Unwin, 1939.

（原载《杜定友图书馆学论文选集》，北京：书目文献出版社，1988 年，第 206—217 页）

① 《毛泽东选集》，Ⅲ 817、818、821。

清代淡新档案整理序说

戴炎辉*

前 言

前清时代台湾府县档案现存者，似乎只有淡水厅新竹县的档案。此档案的传承，据余见闻所及，当台湾沦陷之时，由日本新竹地方法院承接，转送覆审法院（后来改为高等法院），再由覆审法院赠送原台北帝国大学文政学部，供作学术研究材料，日人称之《台湾文书》。但查其内容，在前期是淡水厅档案，光绪五年废淡水厅，改设淡水、新竹两县后，只有新竹县档案。故宜改称为“淡新档案”，才能名副其实。

淡新档案内之案卷，本来每一案卷各有卷皮，案内各文件糊粘为一宗。日人承接此档案后，将一案卷收存于纸袋之内，袋面上用日文作简单案由，再装在纸箱里。极少部分的案卷，日人抄作册子，又些许部分，作过简单的说明。日据初期，日人力事搜集材料，调查前清时代台湾的公法私法，作了好几种报告书，例如《大租取调书》《清赋一斑》《台湾土地惯行一斑》《临时台湾旧惯调查会第一、二、三回各报告书》《清国行政法》等，但余尚未发见日人用到此“淡新档案”的迹象。故可以说，对此“淡新档案”，似乎尚未作过学术的检讨，也没有留下档案的目录。档案历时经久，收藏缺佳，致大部分为纸鱼所蚀。又少部分在抗战中，因搬移受炸或潮湿，致烂破、残缺，且很散乱。余在

---

* 戴炎辉，著名法学家，发表本文时任台湾大学法学院教授。

日据时代，曾经看过此档案，甚为其担忧惋惜。台湾光复，此档案璧还本校。民国三十五年，余任教于法学院，有意加以整理，但查看之下，零乱残缺不堪，且限于人力经费，只有束手旁观。惟承文学院陈绍馨教授的鼓励，又法学院陈棋炎先生始终对此档案的整理，倾力帮助。而林熊征学田补助杀虫纸张等费，至三十六年年底，便开始整理。去年又得到中华文化教育基金会的研究补助金。此档案的整理与分类工作，至一九五三年三月才告完成。谨此志谢！

整理经过

本档案的整理经过，在下面略述之：

①暂编号码　全部案卷杀虫后，略加以检讨，可认为一个案卷者，随收入新纸袋，暂编其号码。

②裱褙修补　案卷大破者，加以裱褙，小破者加以修补，而把一案卷内的文件粘连起来。此工作甚繁重，幸得法学院陈棋炎先生、学生曾琼珍君（现已毕业），又逢假期，得到法学院教务分处讲义股同仁的帮助，才能完成此项工作。

③初步记录　摘记各案卷的案由、年代月日及关系人，又每一案卷内的各文件，也摘记其年代月日、发文者及收文者，必要时又附以简注，以便于初步分类。

④初步整理　凡案卷存有案由者，按照其案由；而无案由者，则检讨案卷的内容，大略分为行政、民事及刑事三门，做成整理表，附以整理号码，计有行政案六百八十六，民事案二百六十五，刑事案四百十五案。同时因为防止混乱，且便于检索，另作暂编号码与初编号码对照表。

⑤初步分类　经过初步整理，已有眉目，故据此，将行政、民事及刑事各门，分作若干类，而制作初步分类表，以便于分离并合。

⑥分离并合　大多数案卷，固然是完全的，但分散者，为数也不少。其分散程度，有达十余处之多的。又年代月日前后错杂，跟着，案卷的粘连，难免也有错误。因在初步整理之时，未能顾到此点，故非经过一番分离并合不可。又因此，在前所做的案卷初步记录表，也有加以修正的必要。此工作够繁重，非借分类之功，便不能把各文件妥归原处。

⑦缮抄工作　修正记录表之后，随时加以缮抄。但仍可发见某案内之某文件不得其处，须移到该案卷内的另一处，或移到另一个案卷，遇到这种情形，随即加以补正或重抄。

⑧确定的分类　初步分类，是便于分离并合的。全部案卷究有几种有几案，尚未可知，又各案卷之正确年代月日，尚未查到。故经初步分类之后，尚须由学术上的观点，作有系统的分类。这确定的分类，仍分为行政、民事及刑事三门。门之下分为类；而类之下再分为款。各款下之各案卷，则按照年代月日序列之。又每一案卷内之各文件，也按照年代月日编号。三门总共案卷达一千一百六十三案之多。其详细请参阅附录分类表。

⑨确定的记录表　每一案卷，按照分类表次序，记录其案由（原存有案由者照抄，无案由者或已散佚者，则检讨内容补充之），案内每一文件之年代月日、发文者、收文者、内容概要及附注。

⑩简明分类表　为检索方便，另作简明分类表，摘记各案卷要项，尤其年代月日、关系人姓名、附注及简明案由。

⑪事项别卡片　已作的案卷记录表，不过摘记其形式上的属性而已。如果要把此档案供作学术研究的材料，须从其实质的内容，制作事项别卡片。为此，须详查各案卷内的每一个文件，制作卡片，然后将这卡片加以分类。但这工作需要很长时间，现在尚未着手。

内容介绍

本档案之实质的研究，尚待日后。现在仅介绍其大概内容。本档案就其年代与地域而言，自嘉庆十七年起，至光绪五年三月止，是行用于淡水厅的。当时淡水厅的管辖，北自鸡笼（基隆），南至大甲溪北岸，包括现在台北县、基隆市、台北市、桃园县、新竹县、苗栗县。厅治设在竹堑（新竹）。光绪五年三月，废淡水县，而新设淡水、新竹两县，以桃涧堡（桃园）以北之地，属于淡水县；以新竹、苗栗等地，属于新竹县。至光绪十三年，又将新竹县南部划出，新设苗栗县。故自光绪五年至光绪十三年，本档案行用于现在新竹、苗栗两县。自光绪十三年至光绪二十一年沦陷时止，本档案行用于现在新竹县。嘉庆年间的档案仅有数案，以后逐年增加，光绪年间的档案，为数最多。

就档案的种类而言，依据确定的分类，行政门最多，共有五百七十四案（初步整理时，有六百八十六案）；民事门共有二百二十四案（初步整理时，有二百六十五案）；刑事门共有三百六十五案（初步整理时，有四百十五案）；总共一千一百六十三案。如果以民事和刑事，合称为司法门，则共有五百八十九案。即行政门与司法门，几至相等。但为方便起见，仍分为行政、民事及刑事三门。至于各门下之类与款，及其案卷数，请参阅附后的分类表。

在行政门，除总务类外，其重点在于财政与抚垦。在确定分类表，把盐务、樟脑及矿产，编入建设类之内，但这几类，也可以说是属于财政事项。由此可知，前清时代，对民生事项缺乏积极施设，着重军事财政。其次多者为乡保行政。但官府把地方事情，委其自治，本档案关于乡保的案卷，大半是总理、庄正等职的示谕给戳。增进人民福利的案卷很少。行政门案卷内，常有官府的告示晓谕，为资料甚为贵重。

在民事门，关于田房事项，为数最多。而在此类之内，则霸占与争界占大部分，而抗租也不少。这因地籍未完备而然。其次多者是钱债类。至于人事类与商事类，寥寥无几。又在民事案，官府大率命原被两造，就公亲，族长处调解，故对案件的判词不多。但呈状内大率抄附契据，可供作资料者不少。

在刑事门，除总务类外，财产侵夺类，占一大部分，人身自由类次之，而风化类也不少。在财产侵夺类之内，窃盗案件占多数，这宁说是自然的。而强盗、强盗杀伤所占分量如此之多，表现昔时治安的不宁。在刑事案件，命案、盗案及匪案，为官所重视，其余案件既不为官所重视，故大率依告诉始予办理，且命其凭公亲调处，准其和息销案。又通缉案虽多，但仅敷衍了事而已。

本档案虽稍有损失，还算是整套的档案。又虽不是全台湾的档案，但从上级机关发下的“札饬”或示谕，仍可窥测府政或省政之一端。何况，由此档案可以明了一厅一县的政治，为研究资料很有价值。历史研究，须由根本资料着手，仅抄袭著作，非提高学问之道。本档案不但是台湾法制史研究的好材料，对地方政治、社会及经济史研究，相信也有贡献。兹将余所拟分类表附录于后，尚祈大方指教。

淡新档案分类表

第一门 行政 共五七四案

第一类 总务 一〇〇案

第一款 祀仪（七案） 第二款 吏务（一七案） 第三款 吏纪（二七案） 第四款 薪津（一一案） 第五款 外事（一一案） 第六款 移交（一〇案） 第七款 杂事（一七案）

第二类 民政 九一案

第一款 学务（四案） 第二款 乡保（四四案） 第三款 联庄（四案） 第四款 保甲（六案） 第五款 厚俗（二二案） 第六款 义仓（六案） 第七款 救恤（五案）

第三类 财政 一〇〇案

第一款 田赋（一一案） 第二款 清赋（二四案） 第三款 税契（一六案） 第四款 给照（七案） 第五款 厘金（八案） 第六款 钱币（四案） 第七款 征收（一〇案） 第八案 解库（一四案） 第九案 杂事（六案）

第四类 建设 七二案

第一款 民业（六案） 第二款 盐务（三五案） 第三款 樟脑（一四案） 第四款 矿产（一〇案） 第五款 工程（七案）

第五类 交通 四七案

第一款 驿站（一四案） 第二款 船政（一八案） 第三款 铁路（二案） 第四款 义渡（一三案）

第六类 军事 六一案

第一款 军政（八案） 第二款 兵饷（一六案） 第三款 城工（七案） 第四款 息庄（一八案） 第五款 私火（一二案）

第七类 抚垦 一〇三案

第一款 社务（一五案） 第二款 社租（一三案） 第三款 隘务（四一案） 第四款 屯务（三四案）

第二门 民事 共二二四件

第一类　人事　一三案

第一款　失踪（一案）　第二款　结婚（七案）　第三款　离婚（二案）　第四款　收养（二案）　第五款　监护（一案）

第二类　田房　一三八案

第一款　租借（七案）　第二款　抗租（二七案）　第三款　霸收（三案）　第四款　霸占（四三案）　第五款　争界（二七案）　第六款　争财（一五案）　第七款　公业（一〇案）　第八款　用水（四案）　第九款　抄押（二案）

第三类　钱债　六八案

第一款　买卖（四案）　第二款　典当（一〇案）　第三款　胎借（一三案）　第四款　借贷（二四案）　第五款　委寄（三案）　第六款　讨物（四案）　第七款　抗吞（六案）　第八款　抗算（三案）　第九款　匿契（一案）

第四类　商事　五案

第一款　郊行（一案）　第二款　合股（一案）　第三款　倒闭（一案）　第四款　侵权（二案）

第三门　刑事　共三六五案

第一类　总务　一二〇案

第一款　法令（六案）　第二款　册报（一八案）　第三款　指挥（七案）　第四款　互助移解（二二案）　第五款　通缉（四二案）　第六款　验尸（六案）　第七款　定谳（三案）　第八款　执行（一四案）　第九款　其他（二案）

第二类　人身自由　六一案

第一款　人命（七案）　第二款　殴伤（一七案）　第三款　勒赎（一案）　第四款　诱拐（一〇案）　第五款　略卖（七案）　第六款　掳禁（一二案）　第七款　抢掳（七案）

第三类　财产侵夺　一二三案

第一款　窃盗（三九案）　第二款　抢夺（一九案）　第三款　强盗（三〇案）　第四款　强盗杀伤（一〇案）　第五款　海盗（五案）　第六款　恐吓（三案）　第七款　诈欺（六案）　第八款　盗卖（七案）　第九款　毁

弃（四案）

第四类　公共秩序　一九案

第一款　匪徒（九案）第二款　侵害水源（二案）第三款　骚扰（七案）第四款　谣言（一案）

第五类　风化　四二案

第一款　忤逆（五案）第二款　毁坟（一三案）第三款　通奸（六案）第四款　拐奸（五案）第五款　赌博（一三案）

（原载《台北文物》1953 年第 2 卷第 2 期）

《台湾公私藏古文书汇编》序

张伟仁*

美国亚洲学会台湾研究小组于一九七四年正式展开工作。次年开始出版两种刊物——《台湾研究资料专刊》和《台湾研究心得丛刊》。前者的第一本是王世庆先生编的《台湾研究中文书目——史地之部》；后者的第一本是王先生著的《台湾研究的机构及资料》。这两本书对于长期发展台湾研究的工作奠定了良好的基础。其后本小组决定一方面继续进行编纂《台湾研究中文书目》的社会科学之部；一方面开始搜集台湾的古文书，重点则放在后一项工作上。

我们知道台湾民间还保存着许多明清及日据时期有关不动产交易、继承、收养、赘婚等等的文书，对于当时的社会、经济、法制的研究有极大的价值。我们的目的是尽可能去将它们找出来，并设法加以保存、整理、注释、出版，以便学者利用。我们的方法和步骤是这样的：

（一）先探听哪些家族或收藏家还保存着上述性质的文书。

（二）经过适当的介绍、联络，去向这些家族或收藏家将其文书借出来。

（三）因为借得的文书大多很脆薄，我们先征得主人的同意之后，将它们一一裱褙，以利保存。

（四）将裱好的文书一一用“全录”（Xerox）机器加以影印。目前台湾的全录机器所能影印的文件最宽不能超过四十四公分（长度没有限制）。原件超过这宽度的，只有略予缩小。

（五）文书上的图章、戳记因系红色，影印出来的效果不佳，我们皆另以

* 张伟仁，著名史学家、法学家，发表本文时任“中央研究院”历史语言研究所副研究员。

近距相机加以摄影。

（六）各类文书中皆选出代表性的几件，也另摄成照片，以便存真。

（七）将文书的原件归回原主。

（八）将文件的影本依其内容整理分类。

（九）分期出版分类目录，列入资料专刊。

（十）将分类好的文书加以标点。

（十一）对于文书中特殊难懂的观念、制度、习俗等等，一一加以注释。

（十二）出版文件的存真选样。

（十三）分期出版已加标点的文书。

（十四）分期出版各种文书的注释。

到目前为止我们已对台湾北部地区的文书做了上述第一至八项工作。将我们搜得的五十七种文书（共 564 件，1367 页），略加分析，可见内容很丰富（包括了官、私各种文书，涉及财产及身份等许多问题），所占的时间很长（从明末崇祯至日本昭和，前后超过三百年）。真是可贵极了。

对于这样的成果我们很感高兴。可惜的是我们听说许多家族已将他们的旧文书抛弃、焚毁、出售或听其腐蚀而毁损灭失了。所以我们决定在北部的搜集、整理工作告一段落后立即到中南部去开始搜集，希望能及时多保存一些宝贵的资料。等全部搜集的工作完成之后，才来做上述第十至十四项工作。

至于刊印这一目录的工作，我们决定抽空来做的目的有二：一则希望引起社会的注意，可以帮助我们找寻到更多的文书；二则希望引起学者的兴趣，对我们以后的分类、注释等项工作给以指教。

上述各项工作主要是由王世庆先生领导许祖瑛小姐做的。王先生是一位不计名利、默默耕耘的学者，在台湾省文献会工作多年，对台湾的资料十分熟悉。许小姐是台大历史系毕业的高材生，十分勤奋好学。由他们合作从事这项工作是十分合宜的。他们的工作十分辛劳，待遇十分菲薄，全凭着理想和热忱，对台湾研究做出了这么重大的贡献，实在值得钦佩。

其次我们要向本目录所列各件文书的主人表示感谢。由于他们的慷慨合作，才使我们的工作得以顺利进行。

此外为了这一目录的出版，黄素真、郑丽钰、方美玲三位小姐都帮了不少忙，我们在此一并向她们致谢。当然，我们还要感谢中国太平洋文化基金会，没有它的资助，我们的工作是无法展开的。

张伟仁　一九七七年六月

于南港

（原载王世庆主编：《台湾公私藏古文书汇编》(第一辑目录)，台北：环球书社，1977 年）

徽州文书的分类

周绍泉*

徽州文书内容极为丰富，包括了徽州社会经济、政治、文化、民俗等各个方面。以徽州文书形式分，可分为散件和簿册两类。所谓散件，即单张或两三张组成一件契约的文书，如土地买卖文书就多为一件白契或红契，有的附有一张推单或一张验契纸，有的既附有推单又附有验契约，这样三张文书组成一张卖契。所谓簿册，即装订成册的文书。有的簿册原本就是一个完整的密不可分的文书，如商业账簿、分家书。有的则因其内容相同或相近，后人将数量不等的散件文书抄录在一起成为簿册，如抄契簿（又称誊契簿、堆积簿等）、租底簿、状纸（如《清乾隆休宁县主业互控案总汇钞》等）。这种分法简捷明快，对于徽州文书的收藏和检取比较便当，现在中国社会科学院历史研究所图书馆徽州文书的庋藏，就采用这种分类法。它在将徽州文书分成散件和簿册两大类之后，又依时代和每代中立契时间的先后排列次序。以"HZ"（Huizhou 两个字汉语拼音文字的字头）代表徽州，以"S"（San"散"字的字头）代表散件，以"B"（Bu"簿"字的字头）代表簿册。以"100"代表宋代，以"200"代表元代，以"300"代表明代，以"400"代表清代，以"500"代表民国。由于宋代、元代文书较少，代中不再细分。明清两代每代中又分朝，如明代十六帝十七朝，依次以"301—317"代表从洪武到崇祯的十七朝。如 HZS3010004，则表明该文书为徽州散件文书中明洪武年间的第四件文书。如 HZB3170014，则表明该文书为徽州簿册文书中明崇祯年间的第十四件文书。其余的以此类推。即将出

---

* 周绍泉，著名史学家，发表本文时任中国社会科学院历史研究所研究员。

版的《徽州千年契约文书》一书即采用这种分类法。

徽州文书虽然都是由徽州民间流传出来的，但就其文书来源说来，有私家文书和官府文书，亦可以分为私家文书和官府文书，亦即“私文书”和“官文书”两类。如田土买卖契纸中白契、抄契簿、租底簿、商业合同、入赘文约、还文约等都属私文书。而布告、旌表批文、契本、税票、号纸、契尾、执照、盖有官印的鱼鳞图册、土地买卖契纸中的红契、验契纸等，或是由官府发出的，或是由官府认可的，都属官文书。

有的从事档案工作的人，把包括徽州文书在内的徽州的历史遗存都归入档案的范围内，把古籍、碑碣、砖木竹雕一概归为档案，将这些历史文化遗存分为徽州教育档案、徽州文化艺术档案、宗法制家族和经济档案、徽州官文书四类。我们所研究的徽州文书在这种分类中分列于徽州教育档案、宗法制家族和经济档案、徽州官文书中。[①]

文书在中国的辞书中有不同的界说，有的认为文书是“各种公文的统称”[②]，有的认为文书“指公文、书信、契约等”。[③]有的认为文书包括诗书古籍、公文案卷、契约、文章与书法[④]。我们这里所说徽州文书，不限于公文案卷和契约，但不包括诗书古籍、文章与书法，是指徽州历史遗存下来的公私文书、书信、契据、案卷、账簿等。自1988年原徽州地区改为黄山市之后，徽州已完全成为一个历史地理名词。我们所说的徽州，一般是指北宋宣和三年（公元1121）到民国年间的徽州，特别是指从明初延续到清代末年的徽州府“一府六县”的徽州。这个时期的徽州所留存下来的文书，都是历史文书。它符合“历代遗留下来的在文化发展史上有价值的东西”这个文物的定义，所以我们说徽州文书既有珍贵的史料价值，又有很高的文物价值。也可以说，徽州文书就是文物。但它与建筑、碑刻、工具、武器、生活器皿和各种艺术品等文物又有区别，不可混淆。只有我们弄清了徽州文书（或确切地说是徽州历史文书）的界说，我

---

① 王国键:《徽州历史文化档案的种类及其利用》,《徽州社会科学》1991年第1期。

② 《辞海》合订本第1533页。

③ 《现代汉语词典》第1193页。

④ 《辞源》第1360页。

们才好将徽州文书分类。

我们从研究徽州历史文化的角度，将现存徽州文书分为以下几类。

一、土地文书。这是徽州文书中反映土地所有、土地所有权转移、土地经营以及所有与土地有联系的文书统称。细致分来，在该类之下，还可分出许多个目。

1. 土地买卖文书。依其买卖对象又可分出许多子目，如卖田契、卖地契、卖山契、卖塘契、卖园契、卖屋基契等。

2. 税契凭证。土地买卖之后，要税契，同时官府在双方所立草契（又称白契）上加盖官印，发给税契凭证，承认和保证土地所有权的转移。税契凭证因时代早晚又有税票、号纸、契尾、执照等不同名称和形制。

3. 土地典当契。徽州的借款常以土地作为抵押物，于是借款时立典契或当契，逾期借款不能还赎，典契或当契便加批文变成卖契。

4. 田土清白合同。当两家田土界线发生纠葛，或由亲族，或由里长、老人从中斡旋，双方经过协商，划定田土界线，订立清白合同，共同遵守。

5. 土地租佃契。租佃是明清徽州主要的土地经营方式，所以租佃契比较多。

6. 土地批契。似类今天的遗嘱继承，由土地所有者立批契将土地批给指定继承人。

7. 土地对换文约。此类文约有对卖契、对换文约和对换合同三种方式，其结果是相同的，即两块田土或因亩步相同、价值相等、经营便利而相互交换。

8. 山场力分和力分田的买卖。山场租佃者在山场栽种苗木，该苗木长大成材，其中有租佃者付出劳动应得的分额，即为力分。这力分是租佃者的财产，他可以将其出卖。在明清徽州，租佃山场的租约多规定租佃者必须将其应得力分卖给山主。和山场租佃中的力分相似，租种水田的佃户，由于在这块田土中施加粪草等肥料，增加了肥力，从而取得这块田土的租佃权，这种佃权即称为力分田，或称粪草田。地主要改变和原佃户的租佃关系，就要付给原佃户力分银或粪草银方能实现。而佃户可将力分田和粪草田出卖，得到相当于自己投入这块田土劳力和粪草的价值。这种买卖在清代又被称为小卖，力分田和粪草田在清代称作小卖田。这种买卖又是田土转佃的一种方式。

9. 添价契和找价契。在白契和部分赤契立契之后，过了数年，卖主认为原卖价太低，要求买主添加一些钱。有的是在原契纸后面加批文，写明添价若干。有的是另立一契，写明原卖过田土再添加契价若干。这种契便称作添价契或找价契，通常是白契经添加契价之后变成红契，原契也变成断骨卖契，或称绝卖契、杜卖契。

10. 山场合业契。山场主人在租佃者栽种该山场数年之后，将山场苗木归为已有，而将应付给租佃者的力分作为购买该块山场一部分的契价，这样山场主人和租佃者就共同拥有此山场的所有权，为此而签订的契约即为山场合业契。

11. 退契。退契有两种情况，一种是在一块田土买受数年后，原卖主想买回，买主又同意将这块田土卖给原卖主，便以退契方式将这块田土退给原卖主，通常在原卖契后面由原买主书写一段批文，言明原价收足，将该田土退赎给原卖主。另一种是一块田土重复交易，即一块田土先后卖给两个买主，造成田土纠纷，后买之人立退契将该田土退给原卖主，同时收回原买契价。这种退契和典当契的回赎相似，不同的是退契的价银无利息，而典当契立契时即写明利率，回赎时不仅交回典当价银，还要交利息方能赎回原卖田土。

二、赋役文书。赋役是封建国家的经济命脉，赋税是国家财政的主要收入，而徭役则是国家役使劳力的主要来源。赋役征收的主要依据是编户齐民的人丁、事产。而事产中主要的是土地，所以赋役文书中有许多是与土地相关的，也可以说，赋役文书中许多是土地文书，只是这些文书对赋役征收至关重要，而将其归入赋役文书中的。赋役文书亦可分列出许多个目。

1. 黄册底籍。黄册是明初征收赋役的基本的和主要依据，故黄册又称赋役黄册。黄册从洪武十四年（公元 1381）正式编制，此后每十年大造一次。黄册以里为单位，由各里书手将该里各户人丁事产依版刻刷印之定式，即先旧管，次新收，次开除，次实在，即所谓“四柱式”格式开写。各里文册和依里册所编各县、州、府总册，按样攒造，进呈朝廷。进呈册用黄纸面，粗大丝索装订，故称黄册。存留册用青纸面，故亦有青册之称。而各里书手留底的草册，用白纸为面，故又称白册。这种留底之白册，即我们这里所说的黄册底籍。现存徽州文书的黄册底籍，并非白册原件，只是从白册中抄出的抄件。如安徽省博物馆所藏《万历十年大造二十七都五图黄册底》等。

2. 黄册实征册。明代后期，里书肆意作弊，一味抄誊旧册以应差使，黄册已成具文，至有“伪册”之称。为保证国家赋役征收，地方官吏编制出一种在实际征税编徭时黄册实征册。如历史所图书馆所藏的《万历至天启休宁汪氏实征册》等。

3. 亲供册。按照明朝黄册攒造的程式规定，各户亲供，即各户按黄册制度规定的内容将自家有关情况依式填写，这种文册即为亲供册或归户亲供册。如安徽省博物馆所藏《万历九年清丈二十七都五图归户亲供册》等。

4. 户帖。户帖始颁于洪武三年。明代人何良俊说：“经册是户册，即太祖黄册，以户为主而田从之。”户帖中记有该户户名、乡贯、丁口、年岁等之外，亦记该户之事产，如田宅、僮婢、畜产等。故户帖是黄册颁行前明朝征发赋役的依据，如后来的黄册。历史所图书馆藏有洪武四年徽州府祁门县十四都汪寄佛户户帖。

5. 鱼鳞图册。鱼鳞图册是总图和分装册的总称。攒造鱼鳞图册时，官府颁式版刻刷印，各里书手与里长等眼同丈量，然后，每一里将每丘田按《千字文》编号排列，书明几都几图，业主姓名，田土亩步、字号，东西四至，佃人姓名。装订成册，即为分装册。有的在版心处刷印出“分装”或“分装册”字样。有的“分装”也写作“分庄”，指庄田分块填注，所以，装字可能是庄字的错讹。分庄册编完，由里书手将该里田土各块形状大小总绘一图，标明字号便是总图。总图中田块如鱼鳞状，故将总图和分庄总称为鱼鳞图册。一般地说，每里田土均为一个字号，一个总图。故明代之里又称为图。在徽州，县以下为都，都下为图。每都辖图数不等。历史所图书馆藏有明清徽州各县鱼鳞图册 77 部，既有分庄册，也有总图。有的总图为彩绘，非常精美。历史所图书馆所藏最早的鱼鳞图册为朱元璋建国前的龙凤经理鱼鳞册。栾成显同志已有专文论列。此外还有两部洪武年间鱼鳞分庄册，亦属珍品。明建国前和明初的分庄册中无田土图形，万历清丈之后的鱼鳞分庄册则大多有田土图形，是我们鉴定鱼鳞图册时代的一个依据。明代都下之图有的依保甲制又称作保，每保都保留有该保鱼鳞图册，称作“保簿”。鱼鳞图册又称田册、纬册、经理册。它与户帖一经一纬，相互为用，为确定每户人丁事产的依据。在土地买卖、典当文书中，常见“田土四至，不及开写，自有经理可照”，或“田土四至，自有保簿开载，不再开写”等语，这当中的“经理”和“保簿”均指鱼鳞图册。

6. 田土号簿。图保为便于查阅，将鱼鳞分庄简化为只有田主姓名、亩步、字号、四至和佃人的簿册，而无图形。该种簿册以田土字号为序排列，故称田土号簿。每图田土号簿编成后，由该图书手钤盖自己印章，以示负责。这称田土号簿不限于一图，亦不限于一都，有的几都的数图田土收于一部田土号簿中。历史所图书馆藏有浙江遂安县《明万历吊号归户册》，即是此种田土号簿，而所言“归户册”则误。遂安有此种田土号簿，徽州则一定有，只是笔者目前尚未见到。

7. 归户册。将鱼鳞图册中某一户所有田土归纳在一起，即为归户册。此种册籍便于计算某一户田土总数，是攒造黄册和后来的黄册实征册事产中田产的主要依据。

8. 归户票。归户册编纂的主要依据即归户票。现在所见到的归户票都是万历清丈以后的和清代的。有的称“某字归户票”，有的称“分亩归户票”。清顺治年间婺源县专门刷印一种“跽业印票”，比其余五县的归户票略复杂些，但亦为归户票。“跽”者长跪也，取其“见所敬忌，不敢自安”之意，即小心护持，谨慎保守之意。每一户有多少块田土，就有多少张归户票。某户归户票的总合，即为该户拥有的总田土，亦即归户册中该户的田土总数。历史所图书馆藏有归户票很多，如《明万历十年方字归户票》《万历十年分亩归户票》《万历十年五字号归户票》《清顺治年间月字号归户票》《清顺治年间婺源县向字乙千六百三十乙号跽业印票》等等。

9. 审定户由。审定户由是为编审丁粮而印制的一种文书，每户在审定丁粮之后，“给与户由，赴册里眼同填入归户，写造正册，输纳粮差”。审定户由中列都图所在，户主姓名，籍别，即民籍还是军、匠、灶籍，户内成丁口数，不成丁口数，应纳官民米数等项。历史所图书馆藏有《万历三十年歙县审定户由》。

10. 条编由票。万历九年徽州开始实行一条鞭法，颁式印制条编由票，规定麦米、丝等每石征银数目，“给由票填注各户应纳银数，给散小民，照数输纳”，条编由票填注户主姓名，所在都、图、甲，籍别，成丁口数，应纳官民麦、丝、米银数，税粮和条编总银数等各项。

11. 垦荒帖文。垦荒帖文为人户开垦荒地之后，向县衙申文，县衙派人或由里长体勘得实，颁此帖文，承认垦荒者的土地所有权。这本应是土地文书，但官府颁给帖文的着眼点在于“该科税粮，依期送纳毋违”，故而将其归于赋役文书中。

12. 田土丈量单。明万历九年清丈，颁式刷印丈量单，有的由图的“公正”自行版刻刷印，其内填注都、图、甲，见业户名，田土土名，东西四至，原额田土类别、等则、亩数，新丈积步。丈量单前面印有该图公正姓名，后面印有“弓书算”姓名，历史所藏有《万历十年徽州商字叁佰伍拾号土地丈量单》。这种土地丈量单可能因地而异，版刻形制繁简不一，现存《万历十三年浙江绍兴府山阴县清丈田由》就比徽州土地丈量单复杂，内容亦丰富些。

13. 推收单。当土地买卖完成之后，还须将该块田地的赋税由卖主户下推到买主户下，这叫推收过割。由卖主写推单，言明该田亩步、税则、税粮数目，将其推入买主户内。同时由买主填写收单，内容相同，表明该田税粮由买主缴纳。推收单在清代为两联式，上联印“推税单”，下联印“收税单”。清嘉庆年间又有吊票之制。其内容与收税票基本相同。

14. 承役合同。当一户不能单独承担里役时，便采取几户联合承担的方式，即朋充，朋充各户要共同立一合同，即承役合同。

三、商业文书。徽州商帮，又称徽帮，是明清商帮中与北方晋帮同为最著名的商帮。他们的商业活动留下许许多多文字资料。数其荦荦大者，可列出下列诸项。

1. 商业合同。不论是为筹集商业资金，还是商业经营失败赔款，入股各方都要订立商业合同。赢利则按股分利，赔钱则按股分担。历史所图书馆藏《万历四十一年奇峰郑氏木商清单合同》即载明，祁门奇峰（今奇岭）郑元祐、郑逢旸、郑逢春、郑师尹、郑大前五人在万历三十九年作十二股合伙，买杉木，至饶（州）造捆，往瓜（州）发卖。万历四十一年，造捆杉木遇潮，漂散捆木蚀本，照原十二股均赔，郑逢旸赔十二股之五，郑大前赔十二股之四，其余三人郑元祐、郑逢春、郑师尹各赔十二股之一。清单合同文约人的排列顺序不以股份多寡，而以族中辈分，这正是家族合伙经商所立合同的特点。

2. 商业账簿。此类账簿很多，其中有纯商业账簿，如康熙《程氏盘存收支总账》，账面数十万两白银，为大商业账簿。又如祁门茶商胡廷卿光绪《采售茶叶总登》《茶叶总登》等账簿多至十余部，时间连续，资料完整。万历《货店盘总账簿》、乾隆《文丰布店收支账》、乾隆《时顺典年总账》、道光《典当盘总》等等。还有商人日用收支账簿，如前面提到的胡进卿的《进出总登》，他的商业账簿和日用账簿共二十七部，是研究徽商难得的完整资料。此外，如徽商在苏州所用的《日用便登》《收支便登》等这类账簿也很多。

3. 行盐执照。盐商到盐场支盐，运至行盐地区销售，要由盐场所在地的盐运使司发给行盐执照方可贩盐。行盐执照就是官府允许商人贩盐的证件。

4. 卖盐廒契。徽州商人为了贩盐，往往在盐场建立盐廒以贮存盐。历史所图书馆藏《康熙九年吴枢臣卖盐廒契》就是徽州盐商吴枢臣将从父亲那里继承下来的杭州府仁和县西路场盐场的一间盐廒卖给其叔的契约。

此外，如合伙经营加工磁土的碓房契，店铺内部各股之间的让渡契约，田土买卖契纸中因筹资或经商失败而卖田，太湖边雪堰桥税卡收据，仆人逃离出外经商归来所立的还文约等等，都与徽州商人的商业活动有关，但由于它不是商业文书，故而从略。

四、宗族文书。徽州是宗法宗族制发达的地区，这里大小宗族林立，长盛不衰，所以，有关宗族的文书也特别多。就历史所图书馆的收藏来看，簿册文书中以宗族文书为最多。

1. 抄契簿。抄契簿又称誊契簿、置产簿、堆积簿，是一个家族历年买进土地等的契纸抄存，有的时间长达数百年。如历史所图书馆藏明永乐十五年（1417）至清光绪九年（1883）的《凌氏置产簿》，时间长达四百余年。这种文书是研究宗族发展史的宝贵资料。

2. 租底簿。租底簿又称租谷簿，有的连田税也记录进去，称租税簿，是宗族族田出租土地所立租约的汇抄。其中记有坐落字号、亩步、租额、税额，是研究宗族族田收入的重要资料。

3. 家族收支账。这种收支账和一般收支账不同，它不是一个小家或一个商号的收支账，它是一个宗族的收支账，如《乾隆松房家用收支账》《康熙程式五房支用财产总账》等，从中可看出这个宗族经济活动的趋向。

4. 宗祠簿。宗祠簿包括祀规、祭祀账目、修造宗祠账目等。而祭祀账目又有独立的称为祭祀簿，祀规又常成为族谱中族规家法的主要内容，也有的独立于族谱之外，单独成为宗族文书者。如隆庆、万历、康熙《胡氏祀规及祭祀账目》、顺治《修祠定规收支账》、清初《和乐堂祀祖世系册》、乾隆《朱氏祭祀簿》、永乐至乾隆休宁吴氏《向杲孟阳公叙历代祭祀簿》、康熙至乾隆《登山摽挂支办祭品簿》等均属此类文书。古语曰："国之大事，唯祀与戎。"在中国古代，视家为小国，故祭祀之事看得特别重，因此，徽州文书中，特别是簿册中，宗祠簿这类文书很多。

5. 分家书。一个家族延续几百年甚至上千年，宗族不断分支，其原因就在于家族的分析。分家书即反映了家族不断分支的情况。宗族有大宗、小宗，小宗外迁，则在迁居地又成为一个宗族。这种情况，在徽州是常见的。溯其源，就是家族财产不断分析所致。分家书多为簿册，也有个别的是一纸或数纸的散件。如《万历休宁洪氏分家书》、隆庆《中泽程氏阄书》、万历至乾隆间《黄氏鉴公四房分单》、永乐至正统《李氏分家摽书》等都属这类文书。

6. 寿诞、婚丧礼帐。寿诞、丧葬嫁娶是一个家族的大事，特别是势家豪族将寿诞、丧葬嫁娶时宾客的吊唁庆贺，视作家族的荣耀，所以特别郑重其事，每事都记有账目。如《婚嫁、寿诞贺礼支出账目》《礼账》《新婚受贺簿》《先严出殡支用账》《出殡费用账》等。

7. 保产呈文。宗族为保守族产，向县衙呈递保产呈文，防族中子弟盗卖，这种呈文，往往由族长申呈，由县令或县衙批文数语，借以保住族产。与此相似的还有宗族文约，亦为保证族产不失，立下各种条规，借助于县令和县衙批文，以防觊觎。

五、科举、官吏铨选和教育文书。科举文书有试题、试卷。官吏铨选文书有信牌（任命状）、甘结、印结等。教育文书有书院文会簿（如康雍乾《率溪书院文会簿》）、家族中学堂账簿（如天启至崇祯《敦义会做门楼学堂收支账》和祁门善和程氏《光烈堂新立义学账目》等）、教学计划（如安徽省图书馆所藏《程氏家塾读书分年日程》等）。还有县衙与学校之间的谕文和禀文，毕业证书等。

六、社会文书。这里所说的社会，包括祠会、文会、"社"（村社之社）会、桥会、船会、商会等文书。徽州遗存有许多"会书"，其中有会规（如乾隆《安义会公议条文》、咸丰《船会规则》等）、账册（如同治《灯会收支册》、崇祯至康熙《汪氏上帝会簿》、康熙《重清灯会簿》、乾隆《会规会产》、祁门善和崇祯至道光《世忠会各会清册》、乾隆至道光《侯潭约会支用簿》、光绪《桥会收支账》、同治《新城社会各会账目誊清》等。）这种社会账册中含有极丰富的内容，如祁门善和《世忠会各会清册》中，记载了从明崇祯十七年到道光十四年善和里（今六都村）的世忠会、元宵会、文昌会、老君会、友善会、关帝会、地藏会、张王会、利济会、英义会、正义会、叙义会、崇义会、复兴会等会的会租、会规等，对了解该地的风土民情和当时的人们心态都是极珍贵的资料。此外，还有兰谱、庚帖等社会生活文书。

七、阶级关系和阶级斗争文书。阶级关系文书如卖身契、投主文约、应役文约、还文约、甘罚约、戒约等，阶级斗争文书如主仆互控案卷、缉拿逃仆批文、康熙间专记佃仆反抗和地主将其镇压下去的《守卿辑略》等。

八、官府案卷、档册、公文。如诉讼案卷、旌表批文、布告（如明嘉靖知县桂天祥告示、大洪岭《禁种苞芦碑》、不许越界割草布告等）、账册（如常丰粮局收支总登、修路点工账、税契账、祁门修改城垣簿等）、文件（如《邸抄要览》）、信札、奏折、呈文等。

由于闻见所限，还有许多徽州文书是笔者没见过的，上举各类文书中也还有许多内容独特、形制不同者没有列入，以上只是个粗略的统计和粗浅的认识，不妥之处，敬请学界批评。

（原载《徽州社会科学》1992 年第 2 期）

《徽州文书类目》前言（节选）

王钰欣*

当徽州文书的研究价值逐渐引起学术界广泛重视的时候，如何有效和充分地利用这一宝贵的文献资源，也同时成为迫在眉睫的问题。目前，大量文书原件分藏在各地图书馆、档案馆、高等院校和科研单位，绝大多数尚未整理，迄今只有少量出版面世，合计数量尚不及已知存世总数的十分之一。资料整理工作的滞后，已经严重影响到徽学研究的深入开展。

应该承认，对徽州文书进行整理、鉴别，是一项专业性极强的工作，它要求参与整理的人员不仅要掌握明清时期徽州地区的政治、经济、民俗发展变迁的历史知识，还必须了解其地理概貌、政区沿革、宗族聚落、自然景观和人文遗迹的分布情况。为考证文书中所涉及的人员或地点，往往要翻检、核对大量家谱、方志以及其他各种典籍。个中辛苦，自不待言。

在整理过程中，我们遇到过不少疑难问题，其中主要是对某些文书资料的时间和地点的考证，借此机会总结如下，以求对有兴趣于此的有关学者提供便益。

一般地说，年代不清的文书以簿册为多。大部分簿册如抄契簿、租谷簿、祭祀簿、收支账册、分家阄书等的封面或首页上都注有文书名称和立契（册）时间。但在数百年的流传过程中因保存不善致使封面及首页多有脱落遗失者，因而难以直接辨认其产生的年代。我们除了利用多年从事古籍图书文献整理工作所积累的版本知识和经验，对这批文书资料的纸张、墨色、印刷及书写风格

* 王钰欣，著名史学家，发表本文时任中国社会科学院历史研究所图书馆馆长。

加以鉴别外，更主要的是通过文书上所钤官印、行文用语的避讳及其内容所反映的时代特点进行考证。

其一，文书上所钤官印，可帮助我们确定其所属朝代。因为不同历史时期的官印规格特点均不相同。例如，明清两朝的官印规格大小差异不大，但印文则大不一样。明朝官印为汉文九叠或篆书，而清朝官印则为满汉合璧。但是，多数簿册或散件白契上并无官印，这就需要利用其他方法进行考证。

其二，不论簿册，还是散件文书，目的是只供家族内部或当事人保存，不是在社会上公开流布，更兼代笔人的文化水平一般不高，所以多数文书在行文用语时不注意避讳。但在极少数文书中出现的“皇明”“皇清”“大明”“大清”“前明”“前清”等字句，以及对某些皇帝的“御名”以缺笔或形声假借等方式予以回避，也是确定其所属年代的重要依据。

其三，某些文书所反映的不同的时代内容，也能作为考证其产生年代的依据。一般各个地区在不同的历史时期总要发生一些特殊的重要事件，例如明代徽州各县修筑城池、明清鼎革引起的社会动乱、清初奴仆暴动、雍正年间的开豁世仆、清后期太平天国起义引起的社会震荡、民国初年的“洪宪”复辟等。这些历史事件或直接或间接地反映在某些文书中，便成为我们考证这些文书产生年代的根据。

其四，借助家谱、方志等历史文献，考察文书中所记历史人物生活的年代，从而推测文书的时间。例如，我所藏有的一部鱼鳞图册，因封面遗失难以断言其攒造年代，其纸张、墨色均具元末明初特点，书中有“甲辰”二字，田土土人多次出现“汪时中”的名字。经翻阅祁门汪氏宗谱及祁门县志，发现汪时中是元末徽州地区知名学者，与元明之际理学家汪克宽为近支同宗，年龄相仿，从而据此断定这部鱼鳞册为元至正二十四年（甲辰），即龙凤十年，朱元璋攻占徽州地区之后的第七年所攒造的。

其五，以都图字号考定契约文书的年代。明清承继宋元之制，每次清丈土地，均将田地、山林、水塘、房基逐块登录，并以都图顺序依《千字文》的内容按字编号。明清两朝徽州各县农村行政建制曾有变化，每县的都图数目各有增减。再加上因自然条件的改变，各县土地、山林、水塘的数字亦有变化。因而，徽州各县的都图字号自明初到万历、自万历到清初、自清初到民国，有数次较大的变化。同一都图的同一块土地，在不同的历史时期可能有不同的字号。掌握了这一变化规律，根据契约文书中的都图字号，大体上可以断定其年代。

徽州文书整理过程中还有一个比较突出的难题就是对所属地点的考证。契约文书中除契尾、税契凭证、税单、佥业票、归户票（册）、诉讼状文及判词、由单、信牌等多注明县份外，其余绝大多数在行文中不具县份。对于这部分文书，我们通过以下几种途径考证其所在地点。

首先，以官印为依据。赤契和钤有官印的其他文书，一般以官印所属县份为准，但极少数赤契为跨县交易的契约，需另作考证。

第二，文书中有乡里、村镇等地名出现，虽不具县名，通过徽州府、县、乡镇等志书和地名录确定其所属县份。但少数文书所载地名为契主的先祖迁入地，而不是契主的现居地。还有的文书中虽有村名，却不能作为判定其所属县份的根据，因为几个县均有同一名称的村落。在这种情况下，就必须通过其他途径进行考证了。

第三，以都图字号及都图分布为依据。徽州各县都图数目不同，各个时期的都图字号差异较大。我们通过各县地方历史文献的零星记载，以及多年整理徽州文书的知识积累，编制出各县明清时期都图字号便览表。有些文书，特别是土地山林的买卖契约、分家书、对换合同等虽无地名，却有都图字号，通过便览表就可断定其所属县份。另外，各县都图分布亦各不相同，如只有祁门县有十东都和十西都，只有休宁县的十四都辖有十一个图，歙县十五都与二十一都毗连等等。因此，掌握这些特点，更有利于提高我们判断文书所属县地的准确性。

第四，以上、下手契为依据。明清时期，因徽州地区商业发达，形成了浓厚的契约意识，几乎所有家庭对于各种买卖契约、合同、字据、簿册都认真保存，代代相传，绝不轻易丢弃。因为契约文书不仅是财产的凭证，也是解决各种财产纠纷时具有法律效力的凭证。在土地交易时，卖主除了立契画押外，还要将同一块土地以前交易的契据——即“上手契”同时移交给买主，形成了所谓的“上手契”“下手契”。在上、下手契约中，只要有一件能确定所属县份，另一件也就同时确定了。

第五，根据徽州地区多世家大族聚族而居的民习，利用谱牒进行考证。徽州地区自东晋以来陆续迁入许多大家族，他们居住、生活在同一地区，形成了颇具规模的宗族群落。就我所收藏的文书来看，便有祁门十西都谢氏、十一都李氏、十三都康氏、十五都郑氏、二十二都王氏，休宁十六都程氏、十八都戴氏、三十三都吴氏，歙县十四都罗氏、二十九都张氏等。根据徽州各县不同家族的分布情况和宋元以来土地买卖中的“先问房亲，次问四邻”（《宋刑统》卷一三）的原则，以及多数在本族、本地区交易的特点，借助家谱、方志等文献资料，考证契约双方生活的地址，大体可确定其所属县份。

第六，以文书来源地为线索。如上所述，徽州地区民众有浓厚的契约意识和聚族而居的风习，所以绝大多数契约文书数百年间在同一地区、同一家族内流传保存，一般不会轻易流入其他地区。因而，当我们收集这些徽州文书时，其征集地点就成为考证其所属县份的重要线索。但是，值得注意的是，在数百年间因各种原因造成人口不断迁徙流动，其间肯定会有人把自己保存的契约文书带到其他地区。如我们在整理徽州文书的过程中就发现有雍正时期到徽州承佃土地的潜山人从原籍带来的土地买卖文书，因而文书来源地只能作为参考。

第七，徽州地区有悠久的文化历史传统，各县方志均辟有专章记载寺院、道观、书院、牌坊、桥梁、石碣等人文景观的分布情况。这些文化遗存一旦出现在契约文书中，便成为我们判定文书所属地点的重要依据。如以寺院为例，出现在文书中的寺院不论是以作为民事主体直接参与典当买卖行为，还是作为典当买卖客体方位的参照物，我们均可通过方志中的有关记载，找到其所在地点，从而判断出文书的属县。

第八，利用相关契约彼此印证，考证文书的所属地点。有不少契约文书在内容上往往具有相互联系性，随着整理工作的深入，这种联系性会愈显重要。我们将这些文书以都图、土名、人名为线索加以认真排列，便会发现同一都图内人们彼此间的民事活动，同一宗族内或宗族之间的经济交往情形，以及同一块土地、山场的流转过程，用赤契、归户票（册）、诉状、由单等来印证白契、阄书、典契、对换文书，进而判定某些契约文书的属县。

上述诸条仅为我们整理过程中的几点经验所得，诚然，为准确考证每件契约文书的时间和地点，以上诸条亦非孤立存在，它们往往需要互相参补，综合分析，慎重考证后，才能得出相应结论。

众所周知，有字甲骨的发现至今已近百年，在此世纪之交的时刻，回首本世纪中国学术文化的沧桑变迁，感慨良多。四大文献发现促发了甲骨学、简帛学、敦煌学三个新学科的问世，如今它们都已是具有世界影响的显学，并成为世界研究中国文化所不可或缺的部分。九十年代，又有学者在呼吁建立以明清故宫档案及在各地收藏的明清历史文献为研究对象的明清档案学。我们不妨乐观地构想，在不远的将来，徽州文书学便可在学术界占有一席之地，希望这本书的出版能够对此贡献一份薄力。

（原载王钰欣等编：《徽州文书类目》，合肥：黄山书社，2000 年，“前言”，第 6—9 页）

《闽南契约文书综录》编者的话

杨国桢*

《中国社会经济史研究》从创刊伊始，便注意发表区域性、部门性的社会经济史专题研究论文和罕见的民间经济史料，形成自己的特色，深受读者的欢迎。为比较集中地反映某一领域社会经济史研究的新成果和经济史料的新发现，方便读者的研究利用，我们拟从今年开始，在适当的时候，不定期地出版若干增刊。

为了提倡和鼓励发掘民间经济史料，抢救祖国的文化遗产，我们首先推出《闽南契约文书综录》，作为增刊的第一号。

这本综录所收的闽南契约文书，上起宋代，下至本世纪五十年代初，大多数是清代、民国时期的遗物。这批颇有价值的原始资料，为厦门大学历史研究所搜藏或抄藏，除少量为六十年代的旧藏外，大半是一九八三年以来，在傅衣凌教授的指导下，由明清福建社会经济史研究组杨国桢、陈支平、林仁川、魏洪沼、郑振满、苏鑫鸿、郭润涛、张和平等同志先后到闽南各地农村调查时搜得的，还有一部分是从各地谱牒和先学论著等出版物钩沉汇录的。他如云霄县契约，原件藏台湾省，系杨国桢在美国斯坦福大学时，从《台湾公私藏古文书汇编》所收原契复印件抄录的。标点、校勘和编纂工作由杨国桢负责，从一九八六年冬开始，至一九八九年四月完成。

契约文书是民间社会的法律文件和私家档案，是私文书中的一个重要门类，在我国流行使用达数千年之久。它所记载的内容均为民间日常生活中发生的社

---

* 杨国桢，著名史学家，发表本文时任厦门大学历史系教授。

会关系、经济关系、人身关系等等的个案事实，直接地反映了历代政治、经济、法律制度在基层社会的运作，可补政书、典章、史志和其他公私文献缺阙，具有供史学、法学、文献学、经济学、社会学、民俗学等多学科研究利用的文献价值，对于中国社会经济史研究，是尤为珍贵的第一手资料。闽南契约文书虽说是区域性的，但其学术价值毋宁说是全国性的，甚至是国际性的。这是因为：

第一，闽南在中国开发史上占有特殊的地位。它是晋代以降中原汉族人民入闽移垦的主要聚居地，宋时其社会经济已进入全国先进行列。由于倚山临海的地理环境，中原农业文明和当地海洋文明的融合，在中国传统农业为主导的社会结构中颇具区域特色，素来商品经济、海外贸易发达。明清以来，中西文化的交会和冲突，它是最先受到影响的区域之一。闽南契约文书从一个侧面反映了中华古代文明从中原移植海隅后“本土化”的过程，即发源于黄河流域的古契约文化，经先人带入闽南后，在长期的沿袭使用中，适应本地区人文社会经济环境和社会生活的变迁，派生出特有的文书格式、契约用语和使用习惯即地方性的“俗例”“乡例”，形成闽南契约文化的乡土特色。同时，这种乡土特色对中华契约文化的发展又是不可缺少的补充。特别是明清以降的闽南契约文书，强烈反映了社会经济激变给中华契约文化带来的冲击和影响，比如地权分化和“一田二主”所形成的新的契约格式和使用习惯，渐次发展为全国性的契约习惯，即是一例。因此，闽南契约文书不仅是闽南乡土社会、乡土经济、乡土文化的宝贵记录，也是中华契约文化的分支和组成部分，它的学术价值远远超出区域的范围。

第二，闽南在大陆与台湾关系上占有特殊的地位。闽南人是汉族先民移垦台湾的先锋，闽南地区是当今台湾人祖籍地的主体。在清代，台湾曾是福建的一府，曾和厦门同属一道，不仅地理相近，语言相通，风俗相同，而且社会经济结构和文化传统，最初也是通过闽南移植过去的。明清之际，随着闽南人的东渡海峡，处理民间社会行为所必须的种种契约文书制作方式和使用习惯，也同时被带进了台湾。日据时代的台湾惯习调查和近年汇辑的《台湾公私藏古文书汇编》中所保存的契约文书资料，显示中华文化透过闽南在台湾的生根和发展。尽管台湾与闽南后来由于社会环境的不同、文化背景的不同，各自发展中出现种种变异，但她们都未脱离中华契约文化，而是以地区性的特色丰富了中华契约文化，体现了中华契约文化的活力和多样性。要清理中华契约文化从中原到台湾的演变脉络，闽南契约文书的研究便是其中不可缺少的一环。在这个意义上，闽南契约文书对于台湾社会的溯源寻根，对于台湾社会经济史的深入研究，对于台湾与大陆契约文化和社会经济的比较研究，又具有特殊的史料价值。

相信公布这批资料，可以为后世保留珍贵的原始文献，丰富各图书馆和研究机关的收藏，扩大中国社会经济史研究者的视野，有助于开展国内外的学术交流。

要把各地不同文书群、不同性质的契约文书汇为一体，首先碰到的是编纂体例问题。传统学术鄙视契约文献，因而也无所谓契约文献的编纂学，没有现成的规范可循。迄今为止中外学界整理出版的契约汇编、选编或目录、解说，或以文书体系为原则，打破原文书群的界限，依文书分类和立约年月顺序排列，或以保留原文书群面貌为原则，不论文书类别和立约年月顺序，甚有其他类型的公私文书混杂其中。我们在编纂中，试图吸收两者的长处，并作了一些变通。具体的做法，请参见凡例，这里略作几点说明：

一、按契约对象物所处的地点，以县作为独立单元。

众所周知，契约文书群是以受契人收执保存而自然形成的。由于受契人的契约社会关系活动范围不同，文书群的结构既可是同一地区的契约组合，又可是多地区的契约组合。与此相关，立契人原来所有的对象物（如土地等），也并非一定属于同一地区的。而契约关系的成立，并不受契约关系人籍贯或居住地的限制，一律遵从契约对象物所处的地点的时价和当地使用契约的习惯缔结的。因此，采取订立契约关系的自然形成过程，而不采取文书群的自然形成过程为划分单元标准，似较能直接反映各地的契约惯习和社会关系、经济关系，便利于研究者的利用。至于以县为单元，主要的根据是契约关系的行政调控一般是以县为地域单位进行的，因而契约使用习惯和管理、登记制度具有一定的地域规范；其次是考虑本书收录范围的具体情况，虽然同属闽南地区，但却是多县份的，以县为单位可以比较适宜地反映闽南契约关系的内部差异。

二、每一单元下，按契约文书种类分类立项，每项下所收契约，按立约年月先后的顺序编列。

这是契约文献编纂学必须遵守的原则。本书既是契约文献的综录，必须严格贯彻始终。从契约学的立场来看，契约有公约和私约之分，两者不宜混淆。本书对公约一律不收，私约中有关的官文书（如契尾、验税证书等）一般也不收入，仅作说明，但个别重要的或罕见的其他官文书和私文书则酌情作为附录收入。中国契约文书自有独特的分类体系，但由于我们所能收到的闽南契约，在类别上相对集中，大部分属于胎借、典当、买卖，其他类型甚少。因此，本书虽然遵从契约文献分类体系，但本身并没有反映文书体系的整体结构。这是现存资料的局限所造成的，但也是必须郑重地加以说明的。

三、每张契约加拟标题和立契年月，标题前立单元、项、张的编码，标题后括号内立原文书群的代号，有的还加原文书群内排列的组、件序码。

加拟标题是为了醒目，立契年月旧历和公历并列，为免研究者翻检对照之劳，属于技术性工作。标题前的编码，主要是提供文书者研究的方便，而标题后括号内的代号——序码，则主要是为需要了解原文书群面貌的学者提供检索的方便，这是考虑到研究者的不同需要而增加的。

此外，为了方便研究利用，在每一单元开头，作了文书来源和文书构成的说明，书末备有原文书群索引和人名索引。前者是吸收了日本学者解说的方法，后者则采纳了有志于个案研究（如某一人物的契约关系或同一地块所有权变动等）的学者的建议。

这样的编纂体例是否妥当，尚有待于研究者实践的检验，欢迎批评指教。

在搜集、编纂的过程中，得到美国斯坦福大学胡佛研究所东亚图书馆、闽南各地收藏单位和有关人士的大力支持和帮助。编者先后与日本学者岩见宏、小野和子、寺田隆信、森正夫、滨岛敦俊、山根幸夫、滨下武志、岸本美绪，美国学者马若孟、张富美、刘广京、王业健、孔飞力、费维恺、黄宗智、王国斌、兰厚理，加拿大学者魏安国，香港学者王庚武、科大卫等，切磋讨论契约文书的分类体系和编纂问题，获得许多教益。在此，统向他们表示衷心的感谢。

（原载《中国社会经济史研究》1990 年增刊《闽南契约文书综录》）

三、典范工作的理论总结

清末台湾之“淡新档案”及其整理

吴密察*

一、前言

所谓“淡新档案”，是目前庋藏于台湾大学图书馆的一批清末台湾北部新竹县、淡水厅之州县官府档案。本文将介绍这批档案的大致轮廓与半世纪以来对这批档案的整理经验。这样的经验，可以说是不断尝试错误，也同时是因应科技的发展和时代需要而调整、深化的过程。希望这样的经验，可以成为目前各地正在陆续展开之清代州县官府档案整理工作的参考。

二、一九九〇年以前的整理

“淡新档案”系一八九五年日本占领台湾后，由日本政府接收并以其中内容多有涉及司法事务者而交由新竹地方法院管理，后转藏覆审法院（以后改为高等法院）[①]。一九二八年，台北帝国大学成立，文政学部史学科之主要研究主题虽为以日本涉外史相关之南洋史与东洋史，兼及台湾原住民研究，但自

* 吴密察，台湾大学历史系教授。

① 戴炎辉:《清代淡新档案整理序说》,《台北文物》1953 年第 2 卷第 2 期。

一九三六年六月进而开设台湾史料调查室，致力于调查史迹、搜集台湾史料[①]。在这样的背景下，一九三七年六月二日，透过前台北地方法院长大里武八郎居中奔走，台湾史料调查室自高等法院（院长斋藤三郎）承接了清朝时代古文书一千一百四十袋数千件，当时对这批"古文书"的评价是："视其内容、数量，不仅乃台湾史研究之根本资料，而且也是支那法制史研究上之贵重史料。"[②]当时称此批档案为"台湾文书"，虽曾略作整理，但似未有人利用来从事学术专题研究[③]。

一九四五年，国民政府接收台北帝国大学改称国立台湾大学（在极短的时期，曾自日本时代的校名径改为国立台北大学），这批"台湾文书"也便由台湾大学承接。这批档案虽然被台北帝国大学保存了下来，但战后接收时的保存情况却已非常堪忧，而且没有留下档案的目录。戴炎辉教授描述当时的档案情况是："淡新档案内之案卷，本来每一案卷各有卷皮，案内各文件糊粘为一宗。日人承接此档案后，将一案卷收存于纸袋之内，袋面上用日文作简单案由，再装纸箱里。极少部分的案卷，日人抄作册子，又些许部分，作过简单的说明。……对此"淡新档案"，（日人）似乎尚未作过学术的检讨，也没有留下档案的目录。档案历时经久，收藏缺佳，致大部分为纸鱼所蚀。又少部分在抗战

---

① 台北帝国大学文政学部史学科设置台湾史料调查室之记事，见于《台北帝国大学文政学部史学科研究年报》第 3 辑（1936 年），《汇报》栏，第 381—382 页。根据此记事，此调查室之工作在于"搜集、整理台湾关系资料，从事岛内史迹之调查，大致区别原住民时代、西班牙、荷兰时代、郑氏时代、清朝时代、日本领台以后，汇集关系各国之根本资料文献"。至于工作之实际展开，则可见《台北帝国大学文政学部史学科研究年报》第 4 辑（1937 年），《汇报》栏，第 566—578 页。

② 《清朝时代古文书搜集》，《台北帝国大学文政学部史学科研究年报》第 4 辑（1937 年），《汇报》栏，第 579 页。

③ 日本时代初期，殖民政府曾经参考这批档案了解新竹地区的地方行政。但是否有人曾经利用淡新档案从事研究，笔者寡闻，未能确定。唯戴炎辉教授则在不同时期有不同说法，在《清代淡新档案整理序说》（1953 年）的阶段，戴教授表示："余尚未发见日人用到此'淡新档案'的迹象。故可以说，对此'淡新档案'，似乎尚未作过学术的检讨，也没有留下档案的目录。"但在《淡新档案选录行政编初集》的《弁言》（1971 年），戴教授则改口谓："各书刊既录有清代档案，日人似亦曾利用过这淡新档案（不过未知这些档案是否原属淡新档案）。"

中，因搬移受炸或潮湿，致烂破、残缺，且很散乱。”[①]

一九四七年底起，台大法学院戴炎辉教授，获得林熊征学田、中华文化教育基金会之经费支持，及法学院陈棋炎先生、学生曾琼珍、法学院教务分处讲义股同仁之帮助，在做了必要的杀虫工作之后，依照规划进行整理。戴教授自述整理工作之作法及其工作经过是：

1. **暂编号码** 全部案卷杀虫后，略加以检讨，可认为一个案卷者，随收入新纸袋，暂编其号码。

2. **裱褙修补** 案卷大破者，加以裱褙，小破者加以修补，而把一案卷内的文件粘连起来。此工作甚繁重，幸得法学院陈棋炎先生，学生曾琼珍君及假期中的法学院教务分处讲义股同仁的帮助。

3. **初步记录** 摘记各案卷的案由、年代月日及关系人，又每一案卷内的各文件，也摘记其年代月日、发文者及收文者，必要时又附以简注，以便于初步分类。

4. **初步整理** 凡案卷存有案由者，按照其案由；而无案由者，则检讨案卷的内容，大略分为行政、民事及刑事三门，做成整理表，附以整理号码，计有行政案六百八十六，民事案二百六十五，刑事案四百十五案。同时为防止混乱，且便于检索，另作暂编号码与初编号码对照表。

5. **初步分类** 经过初步整理，已有眉目，故据此将行政、民事及刑事各门，分作若干类，而制作初步分类表，以便于分离并合。

6. **分离并合** 大多数案卷，固然是完全的，但分散者，为数也不少。其分散程度，有达十余处之多的。又年代月日前后错杂，案卷的粘连，难免也有错误，故非经过一番分离并合不可。因此，此前所做的案卷初步记录表，也必须加以修正。此工作够繁重，非借分类之功，便不能把各文件妥归原处。

7. **缮抄工作** 修正记录表之后，随时加以缮抄。但仍可发见某案内之某文件不得其处，须移到该案卷内的另一处，或移到另一个案卷，遇到这种情形，随即加以补正或重抄。

8. **确定的分类** 初步分类，是便于分离并合的。全部案卷究有几种有几

---

① 前揭戴炎辉《清代淡新档案整理序说》，第 2—3 页。

案，尚未可知，又各案卷之正确年代月日，尚未查到。故经初步分类之后，尚须由学术上的观点，作有系统的分类。这确定的分类，仍分为行政、民事及刑事三门。门之下分为类；而类之下再分为款。各款下之各案卷，则按照年代月日序列之。又每一案卷内之各文件，也按照年代月日编号。三门总共案卷达一千一百六十三案之多。

9. **确定的记录表** 每一案卷，按照分类表次序，记录其案由（原存有案由者照抄，无案由者或已散佚者，则检讨内容补充之）、案内每一文件之年代月日、发文者、收文者、内容概要及附注。

10. **简明分类表** 为检索方便，另作简明分类表，摘记各案卷要项，尤其年代月日、关系人姓名、附注及简明案由。

11. **事项别卡片** 已作的案卷记录表，不过摘记其形式上的属性而已。如果要把此档案供作学术研究的材料，须依实质的内容，制作事项别卡片。因此，须详查各案卷内的每一个文件，制作卡片，然后将卡片加以分类。但这工作需要很长时间，现在尚未着手。[①]

经过戴炎辉教授整理后，这批古文书的轮廓已大致可以掌握。戴炎辉教授以这些古文书乃是清朝时代台湾淡水厅、新竹县的档案，故改名为“淡新档案”。从此，这个名称便被承袭了下来。

根据戴炎辉教授对于内容的简要介绍，我们得知这批古文书有几个部分：

1. 嘉庆十七年（1812）至光绪五年（1879）三月间的淡水厅档案。当时淡水厅的辖区，北自鸡笼（基隆），南至大甲溪北岸。

2. 光绪五年（1879）三月至光绪廿一年（1895）的新竹县档案。新竹县的辖区，在光绪五年（1879）三月至光绪十三年（1887），是原淡水厅范围割去桃涧堡（桃园）以北；光绪十三年（1887）后，又割去中港溪及支流南港溪以南。

3. 光绪初年的台北府档案。这是因为光绪元年（1875）设台北府后，台北府署未筑成之前，暂假旧淡水厅署（新竹城），而且新竹县也未派正印官，而由台北知府兼摄，台北府、新竹县可谓合署办公，所以这段短期间的台北府档案也留在新竹县。

---

① 前揭戴炎辉《清代淡新档案整理序说》，第3—4页。

戴炎辉教授在整理告一段落之后，于《台北文物》第二卷第二期（1953 年）发表《清代淡新档案整理序说》，简要地介绍了淡新档案的内容及其整理过程，并以其锐眼指出了淡新档案的价值：“本档案虽稍有损失，还算是整套的档案。又虽不是全台湾的档案，但从上级机关发下的‘札饬’或示谕，仍可窥测府政或省政之一端。何况，由此档案可以明了一厅一县的政治，（作）为研究数据很有价值”，而论断：“本档案不但是台湾法制史研究的好材料，对地方政治、社会及经济史研究，相信也有贡献”。①

戴炎辉教授的整理工作，对于以后的研究与整理都具有重要的意义，值得稍加说明。

首先，戴炎辉教授确立了以“案”为单位的整理原则。从这批档案被发现时候的状况来看，清代衙门就曾经对档案进行过基本的整理。至少，每一个诉讼案件的相关文件是被汇编在一起的，而且这些相关文件还被以时间之先后，依序地黏贴成一长条状。即使不是诉讼案件的地方行政性相关档案，也已经将相同业务主题的文件汇合在一起，并依照时间顺序黏贴着。例如，编号 31601 便是有关验尸的历年（从同治十年到光绪十年）各种公文的汇辑，共 15 件。这种原来就以文件集存在的形式，可能就是台北帝国大学接手这批档案时号称有“一千一百四十袋”的原因，盖当时应该就是以清代衙门已经黏贴在一起的一份文件集为一袋。也就是戴炎辉教授说的“每一案卷各有卷皮，案内各文件糊粘为一宗”。戴炎辉教授整理时基本上尊重这种清代原有的整理，只是将部分显然错置或散页的文件加以调整。

其次，戴教授将这 1100 余“案”的档案，以“案”为单位，依照其内容之性质加以分类。戴教授以清代地方行政与近代法律的概念制作了一个以“编”统“类”，以“类”统“款”的三阶层分类表，并各赋予号码（表一《淡新档案分类表》）。因此，每一“案”都有一个相应的号码。例如，32410 就表示是第 3 编（“刑事”编）第 2 类（“人身自由”类）第 4 款（“拐奸”款）的第 10 案。如果要更进一步进入“案”里的每一个文件，则在“案”码之后的小数点中表示。例如，32410.0 就表示是 32410 案的“案由”，32410.2 表示 32410 案的第 2 件；

① 前揭戴炎辉《清代淡新档案整理序说》，第 5 页。

32410.17表示32410案的第17件。如此，则淡新档案中的每一“案”、每一“件”，都有一个对应的编码。

表一　淡新档案分类表

●第1编　行政									
第1类　总务									
	第1款 祀仪	第2款 吏务	第3款 吏纪	第4款 薪津	第5款 外事	第6款 移交	第7款 杂事		
第2类　民政									
	第1款 学务	第2款 乡保	第3款 联庄	第4款 保甲	第5款 厚俗	第6款 义仓	第7款 救恤		
第3类　财政									
	第1款 田赋	第2款 清赋	第3款 税契	第4款 给照	第5款 厘金	第6款 钱币	第7款 征收	第8款 解库	第9款 杂事
第4类　建设									
	第1款 民业	第2款 盐务	第3款 樟脑	第4款 矿产	第5款 工程				
第5类　交通									
	第1款 驿站	第2款 船政	第3款 铁路	第4款 义渡					
第6类　军事									
	第1款 军政	第2款 兵饷	第3款 城工	第4款 息庄	第5款 私火				
第7类　抚垦									
	第1款 社务	第2款 社租	第3款 隘务	第4款 屯务					
●第2编　民事									
第1类　人事									
	第1款 失踪	第2款 结婚	第3款 离婚	第4款 收养	第5款 监护				
第2类　田房									

续表

	第 1 款 租借	第 2 款 抗租	第 3 款 霸收	第四 4 霸占	第 5 款 争界	第 6 款 争财	第 7 款 公业	第 8 款 用水	第 9 款 抄押
第 3 类　钱债									
	第 1 款 买卖	第 2 款 典当	第 3 款 胎借	第 4 款 借贷	第 5 款 委寄	第 6 款 讨物	第 7 款 抗吞	第 8 款 抗算	第 9 款 匿契
第 4 类　商事									
	第 1 款 郊行	第 2 款 合股	第 3 款 倒闭	第 4 款 侵权					
●第 3 编　刑事									
第 1 类　总务									
	第 1 款 法令	第 2 款 册报	第 3 款 指挥	第 4 款 互助移解	第 5 款 通缉	第 6 款 验尸	第 7 款 定谳	第 8 款 执行	第 9 款 其他
第 2 类　人身自由									
	第 1 款 人命	第 2 款 殴伤	第 3 款 勒赎	第 4 款 诱拐	第 5 款 略卖	第 6 款 掳禁	第 7 款 抢掳		
第 3 类　财产侵夺									
	第 1 款 窃盗	第 2 款 抢夺	第 3 款 强盗	第 4 款 强盗杀伤	第 5 款 海盗	第 6 款 恐吓	第 7 款 诈欺	第 8 款 盗卖	第 9 款 毁弃
第 4 类　公共秩序									
	第 1 款 匪徒	第 2 款 侵害水源	第 3 款 骚扰	第 4 款 谣言					
第 5 类　风化									
	第 1 款 忤逆	第 2 款 毁坟	第 3 款 通奸	第 4 款 拐奸	第 5 款 赌博				

戴教授透过上述整理的结果，统计出这批档案总共 1163 案，以行政编最多（574 案），刑事编次之（365 案），民事编最少（224 案）[①]。如果将民事与刑事均视为司法关系案件，则司法相关者共有 589 案，其案数与行政编相当。戴炎辉教授并指出：行政编除了总务类之外，其重点主题在于财政与抚垦。其次

① 但以后陆续有所增损，因此数量上稍有变动。详见下文。

多为乡保行政。民事编则以田房事项为数最多，其中又以霸占与争界占大部分；其次则为钱债。刑事编除总务类之外，财产侵夺类占一大部分，其中窃盗案占多数；其次则为人身自由类[①]。

如果以每一案来比较，每案所包含的件数因案情内容繁简或时间拖延久暂长短，而极为悬殊，少则仅数件（甚或 1 件），多则 200 余件，而且拖延多年（例如，编号 32611 案自光绪十三年诉讼至光绪二十一年割台前夕）。根据近年台湾大学图书馆的调查，超过 100 件的"大案"有 31 案，其中以编号 22202（民事门 · 田房类 · 抗租款 · 第 2 案）最大，有 223 件；其次则是编号 33319（刑事门 · 财产争夺类 · 强盗款 · 第 19 案），有 217 件[②]。一般来说，行政门抚垦类及民事门田房类有较多"大案"。

但是，戴炎辉教授的上述对于各"案"之分类与各类"案"之统计结果，只能当成参考，不能径视为当然。例如，戴教授归入行政编的很多案就是诉讼案件，如果将之归入民事编或刑事编也未尝不可。甚至，戴教授对于每一个"案"的归类，也存在着各种问题。例如，一个"案"在诉讼之初控诉者号称被掳禁，因此被归类为刑事编的"人身自由"，但随着诉讼的进行、案情的发展，反而让人觉得应该归入民事编的"钱债"。因此，戴教授所做出来的分类，值得斟酌者，所在多有。因此直接以戴教授的分类为基础，进行加减统计甚至进一步解释，都无甚意义。但是，因为戴教授已经在这个分类的基础上，赋予每一"案"、每一"件"一个确定的号码，以后的整理者也就都尊重而不加以更动。

一九六八年七月，戴炎辉教授应美国西雅图华盛顿大学之邀，前往该校作专题研究，因此将淡新档案全部携赴该校拍摄为 35 mm 的黑白微卷（共 33 卷）[③]。戴教授赴美途中也在日本东京大学法学部发表演讲，介绍淡新档案[④]。事后，华

---

① 前揭戴炎辉《清代淡新档案整理序说》，第 4—5 页。

② 吴祖善：《清代"淡新档案"：台大图书馆的新特藏》，《"中国图书馆学会"会报》1987 年第 40 期，表十三，第 156—157 页。

③ 高志彬：《淡新档案目录稿（一）》，《台北文物》1987 年直字第 79 期。

④ 此次演讲内容曾被整理发表为戴炎辉：《清代台湾诉讼手续——淡新档案资料》，《"国家学会"杂志》1968 年第 81 卷第 3、4 号。

大的David C. Buxbaum也以英文发表文章介绍这批档案[①]。后来华盛顿大学曾允许研究机关在负担费用的条件下，从其负片制作正片副本。国内外几处研究机关（例如，东京大学法学部研究室、“中央研究院”历史语言研究所）便是从华盛顿大学购入正片副本的。因此，淡新档案不但广为内外学界所知，在20世纪80年代起也开始有一些研究者得以利用这批淡新档案的微卷从事专题研究。

自从战后戴炎辉教授着手进行整理之后，便一直由戴教授保管的淡新档案，在1986年7月转由台湾大学图书馆收藏。台大图书馆趁此机会曾重新装袋清点，结果与三十年前戴教授首次披露的数量稍有出入，实得1139案，19244件。

	戴教授初步整理（附注1）	戴教授确定分类（附注2）	西雅图华大微卷	入藏台大之原件
行政	686案	574（+1）案（附注3）	561案	564案9207件
民事	265案	224案	218案	218案5150件
刑事	415案	365案	361案	357案4887件
总计	1366案	1163（+1）案（附注3）	1140案	1139案19244件

附注：（1）戴炎辉《清代淡新档案整理序说》，《台北文物》1953年第2卷第2期。

（2）同上。

（3）根据台大图书馆清点得知，戴炎辉教授因编号11104案只存“案由”，故当年未于统计中计入。若将此只存“案由”之编号11104案计入，则行政门应有575案，总计也将成为1164案。

（4）吴祖善：《清代“淡新档案”：台大图书馆的新特藏》，《“中国图书馆学会”会报》1987年第40期。

a）淡新档案的公开

自从一九五三年戴炎辉教授撰文介绍之后，淡新档案作为一种台湾史甚至中国史研究之重要材料，已受到学术界的瞩目。尤其是戴教授此后随即利用淡新档案陆续进行了一系列有关清代台湾隘制、屯制及地方乡庄组织的研究[②]，淡

---

① D.C. Buxbaum, *Some Aspects of Civil Procedure and Practice at the Trial Level in Tanshui and Hsinchu from 1789 to 1895*, *The Journal of Asian Studies*, vol. 30, no.2（1971）.

② 戴炎辉教授利用淡新档案的这一系列研究成果，后来结集出版戴炎辉：《清代台湾乡庄》，台北：联经出版公司，1979年。

新档案之公开便是学术界所引颈期待的事了。

一九五五年，戴炎辉教授挑选淡新档案行政编民政类厚俗款的 10 种 32 件官府示禁告示在《台北文物》第四卷第三期用活字排印刊出[①]，而且以照片的形式披露 2 张淡新档案的原件，这是外界首次得见淡新档案的样貌。虽然在此次刊出 32 件淡新档案内容时，戴教授于文中《例言》曾谓："拟陆续将淡新档案资料公诸学界，供学术研究之参考"，而且刊出时也将题名拟作《淡新档案资料（一）》，但不知何故，却不见如《例言》所说的"陆续公诸学界"，因此其《淡新档案资料》（二）（三）……也便未曾出现了。此时期，外界只能从戴教授的诸多研究论文所征引的片段，略窥淡新档案的堂奥。

一九七一年，戴炎辉教授选录行政编的 475 件档案，交由台湾银行经济研究室编印成为《台湾文献丛刊》第 295 种《淡新档案选录・行政编初集》共四册 594 页。这是淡新档案比较有规模的出版。这使淡新档案可以被广泛地阅读，对长期企盼希望利用淡新档案的人来说，真是令人兴奋的事。

但是，或许是因为迁就《台湾文献丛刊》之体例或编辑方针（《台湾文献丛刊》对于较大部帙之书籍、史料，均以"选录""选辑"之方式编辑出版），此次淡新档案以活字印刷出版时，并未如戴炎辉教授先前所强调的应该重视其以"案"为单位的重要性，而是就不同公文类型各选一、二"件"微例编印出版。因此，这些印刷出版的淡新档案的研究价值大大地打了折扣。因为，研究者将只能读取每"件"档案的信息，而无法研究一个具有丰富、完整信息，甚至一个有首有尾的个案。这种出版档案的方式，如果是在诉讼个案上就更会是严重的缺陷。因为这将会无法分析该诉讼案件的整体内容和诉讼过程中的具体攻防。

另外，这次的出版也具体地考验我们：在将清代档案以活字印刷时，到底可以做到如何程度的"如实重现"？在这种将档案原件印刷出版时，可以容许档案原件上之信息流失到什么程度？将原件排字出版的工作，不但费力、费时，而且也有很多极难克服的技术问题。例如，档案原件中的各种图形标记，甚至印章戳记便很难被忠实地原样印刷出来，因此经常必须以其他的形式呈现或完

---

① 戴炎辉、施绮云：《淡新档案资料（一）》，《台北文物》1953 年第 4 卷第 3 期。

全舍弃；而且，淡新档案有甚多是淡水厅、新竹县衙门内的公文拟稿，同一文件经常经过多人或多次修改增删，这些修改、增删提供了宝贵的政治过程信息，但如何得以被忠实地在印刷过程中表现出来，却是很大的难题。为了应付这些难题，戴炎辉教授订立了繁复的《淡新档案选录体例》（共20条），企图在保存原件原貌与迁就活字印刷技术之间，求取适度的平衡，但也终不免牺牲了档案原件的诸多信息。其实，这个繁复的《淡新档案选录体例》已充分说明了以活字印刷清代官府源文件所面临的困局。后来，这个企图将淡新档案以活字印刷出版的计划，在只出版了4册（475件）《淡新档案选录·行政编初集》之后就没有再继续，其确实原因虽不得而知，但编辑出版印刷上难以克服的技术困难应该是可以想象的原因。

淡新档案的活字出版计划挫折之后，美国华盛顿大学（西雅图）以拍摄微卷的方式复制档案，无疑是突破上述“原样呈现”难题的好方法。但是，利用华大拍摄之微卷研究诉讼手续的日本东京大学滋贺秀三教授，对此微卷副本却还是认为不够理想：“大凡史料文献之原件与复本之间均有差异，而此淡新档案之微卷与其原件之落差，则属于较大的部类。原件中墨字与朱笔之交错，在黑白单调的写真中，便只变成些微的浓淡差异而已，而多难以判读。墨字之上按捺朱印之处，若是原件还可判读，但微卷则无法判读。文书上之附笺，时有未翻开拍摄者，亦有难以注意者。也偶有误摄而无法阅读者。另外，各影幅之拍摄比例尺不尽相同，这也必须留意。有几处缺号，但却有原件，不知到底是因何漏拍，抑或本无原件。”[①] 在此，我们感受到严谨研究者要求“原样呈现”档案原件的极致。

b）一九九〇年代以后的整理

一九八六年，淡新档案入藏台湾大学图书馆后，台湾大学图书馆除了对档案的数量再次进行清点，和对一些破损的档案加以修补之外，并没有对这批档案进行整理。一九九〇年起，才在一项包含几种台湾史档案的目录整理

① ［日］滋贺秀三：《淡新档案初步的知识：诉讼案件文书类型》，《岛田正郎博士颂寿纪念论集·东洋法史探究》，东京：汲古书院，1987年，第254页。

计划中，在原来戴炎辉教授所制作的目录之基础上，逐“件”地编制淡新档案目录。

此次编制目录时，我们从图书馆的目录卡获得启发，设计了一份包含有12个字段的《十二字段表》[①]，企图想要以详细的metadata来描述这批档案。所谓Metadata（中文翻译或为“诠释数据”“后设数据”“数据描述格”或是“元数据”），是叙述资源属性的数据，又称为“Data about data”（关于数据的数据）或是“Data describes other data”（描述其他数据的数据）、“Additional information that is necessary for data to be useful”（用来使资料成为有用的附加性数据）、“information about the data that helps in optimization and management of that data”（用来帮助使用、管理数据的信息）等广狭不一的定义。传统图书馆的目录，就是一种常见的metadata，我们透过它所提供的信息（最常见的是“作者”“书名”“出版者”“出版年”“分类号”等），来从数量庞大的图书馆中找出我们所要的一本书，甚至利用它来找到相关的一些书。相同的道理，淡新档案也应该有这样的“诠释数据”，以便来管理、检索它。

但是，每一“件”淡新档案应该有哪些“诠释数据”呢？这却是见仁见智的问题，它将因为研究者的期待与需要之不同而有所不同。一般而言，档案的使用者（研究者）总是希望将档案原件里的信息尽量地表现在“诠释数据”里，而要求设计数量众多的“字段”。希望将档案原件里的信息尽可能地透过诠释数据域位表现出来，必然要多设字段数量或者增加字段的著录信息量。当然，这样也就连带着必然增加整理工作（制作诠释资料）的工作量。如果这样的要求无限扩大，则会使诠释数据的分量逼近档案原件的全文数量。档案使用者（研究者）希望以多数字段的《十二字段表》，配合详细的字段著录来增加信息量和使用的方便性，但它却必须花费相应的工作成本，这是整理档案时不能不考虑的。

---

① 所谓“字段”，就是图书馆学中指称目录卡中的各类信息，英文为field，据说也有中文出为“字段”。《十二字段表》的12个字段，分别为：01. 编号，02. 名称，03. 文书类别，04. 时间，05. 收发关系，06. 关系人物，07. 关系地区，08. 关系地名，09. 相关项目，10. 典藏编号，11. 附注，12. 内容摘要。

另外，档案目录的制作工作看似简单，但真正执行开来却一定会遭遇到各种困难。即使决定了诠释数据应该要有的字段，但这也还只是决定了初期问题。接下来的是，如何实际注录诠释数据域位。图书馆用来管理、检索图书的目录，不论如何地简单也都会有“作者”“题名”“年代”三个字段。但即使只是这三个字段，用来整理像淡新档案这种州县档案时，却也不是那么地顺理成章、毫无困难。例如，一份新竹县知县将要送出去给台北府知府的禀文稿，应该如何注录呢？如果将“作者”当成该件禀文稿的制作者，那么是否应该将它注录成撰写该禀文稿的幕友或胥吏呢？或是应该注录最后送出禀文正本时候的名义人，即新竹县知县呢？至于“题名”，它并未见诸该禀文稿，档案原件应该只是在文件之最前头注明文件之类型“禀”接着是该禀文之“事由”，那么是否应该注录成“禀文稿”“禀文”，或其他（例如，将“事由”也当成是“题名”的一部分；甚或如我们在制作《十二字段表》时所采取的原则：“题名”乃是结合“发文者”“收文者”“事由”“文类”的总和）呢？至于年代，到底是这份禀文稿的拟稿日期，还是知县的批行日期，甚至是该禀文稿被清缮成正式公文用印后发出的日期呢？

也就是说，即使诠释数据的字段决定了，各字段应该如何著录也还是必须作出政策性的决定。诠释数据之字段应该如何著录，并不是不辩自明的。诠释数据之所以又称“后设数据”（其实，其英文原文metadata的直译反而应该是“后设数据”），乃是因为这些诠释资料多具有“后设”的性质。也就是说，它并不是原本就在那里的，而是后来的整理者、解读者、诠释者所给予的。那么，它也就会因为整理者、解读者、诠释者的不同，或不同的脉络、目的而会有所不同。这样的不同，经常不是对错的问题，而是选择的问题。

因此，上述所指出的，诠释数据应该有什么样的字段、诠释数据域位应该如何注录，也便必须作出选择，即“政策性的决定”。它指的是研究者的目的（或研究主题），将会是决定应该有什么样的诠释数据域位和如何注录这些字段。当然，实际从事整理作业所需要的成本（人力、时间、经费等），也是决定如何选择的重要因素。

一九九〇年前期的这个以著录《十二字段表》为重心的淡新档案整理工作，最后几乎可以说是“白忙了一场”。一方面，将19000余件档案的每一件都各填出一份《十二字段表》本身就是一项大工程，况且具体著录字段时多存在着难以简单地下笔的困境，甚至多有将字段空白下来的情况，而且这样庞大的工作势必由多人分头进行，如何让不同的字段著录者的著录达成一致，也是个难题。而且，由于这个工作结束之后不久，另一项将淡新档案全面性地打字、标点出版的计划已经展开了，因此这个《十二字段表》也就没有多大意义而被束诸高阁了①。

一九九五年起，淡新档案的整理进入了新阶段。那就是将所有的档案以打字、标点的方式出版。这是一项工作量更大，困难度更高的计划。但是经过长达 15 年的持续努力，这项计划在 2010 年完成，总共出版《淡新档案》36 册。

近百年来以规格化的字体、版式来出版原本非规格化的文献（例如，甲骨文、简牍、敦煌文书），研究者已经累积有相当经验，而且发展出来诸多方法（例如，以各种符号表示各种文献中的信息；以不同的字体、字的大小来表示不同性质的文句；以注释字的方式说明无法呈现于版面的信息……）。但是因为文献原件之歧异几乎有无限的可能，因此绝对无法全部用已经规格化了的字体、版式来呈现。淡新档案这种清代手写档案以现代之打字、排版方式出版时，最大的困难是如何保留档案原件并不均质，甚至格式与内容都变化无穷的信息。20 世纪 70 年代《淡新档案选录 · 行政编初集》的出版计划无法持续的经验，已经说明了问题的困难性。

档案原件包含着该档案的物理性成分（例如，载体材料体，高、广、厚，格式等）之外，还有内容信息（文字与非文字）。档案原件中的非文字性信息，例如，图表、印章、画押等，固然多不是标准化的，也难以印刷出版；即使文字性的信息，也不见得是标准、一致性的（例如，有一些是已经印刷的格式性文字，但另外一些则是手写的文字；这些手写的文字，也经常会有字体大小、书写风格差异、俗字、异体字、错字等等各种几乎无法完全列举的变异）。这些档案原件中具有差异性质的信息，对于特定的研究者来说或许具

① 目前经过打字、标点而以纸本出版的《淡新档案》，尚保留《十二字段表》中著录得相当长的每一件档案的“题名”。

有非常重要的意义。例如，淡新档案的诉讼案件中必然出现的“呈”（诉状）的档案原件，至少存在着几类不同性质的文字信息：（1）它是一张依官府规定印制的格式纸。其中已有一些文字信息。（2）提出诉讼者在印制的格式纸上所写的呈词。一般来说，这是研究者最关心的信息。（3）衙门接受呈状之后，衙役的登录注记。（4）主理官的批示。（5）事后衙吏在文书整理过程中所附加的注记。淡新档案中的“票”（主官签发衙役办事的命令书），也经常包括下列几种不同类型的信息：（1）幕友或书吏的拟稿。（2）主官在拟稿上的增删修改及批行。（3）销缴后的整理注记。这些文件中不同性质的信息形成了这个文件的“生命历程”。如果吾人直接阅览史料原件，便会觉察这些不同性质的信息，是以字体书风、墨色浓淡、格式、位置、大小等方式呈现的。这些可据以读取不同性质之信息、重建史料“生命历程”的差异，无疑会是研究者所珍惜的。但是在改用标准化的活字、版式编辑印刷时，这些在原件上本来并不均质的文字却多数要迁就标准化而不得不被割舍，甚至也无法完全如实呈现。即使在将档案原件以活字出版时，编辑者经常都会借助诸多记号、文字大小、不同字体，甚至批注来企图尽量将档案原件中的各种差异标示出来，但还是远远不足以将几乎无法穷举的档案原件中之差异完全呈现出来。

因此，档案原件的整理、出版工作之每一个环节，都必须作出妥协性的决策。例如，诉讼案件中的呈状在打字、印刷时，只执取实质的呈词内容，而放弃事先印刷好的诉状纸里的信息；对于文件中的印章戳记，也只能选择部分加以呈现或批注，而无法全数表示；字体大小、抬头、格式，也多只能呈现其中一部分。也就是说，研究者所期待的“原样呈现”的理想，即使投入再多的努力，也势必无法达成而要被打折扣。因此，必须在顾虑研究者的期待之下决定哪些必须坚持，哪些必须妥协。如今，淡新档案已经全数打字、标点，以纸本的方式出版发行了。这套36册的《淡新档案》，就是在一连串的妥协之下所整理出来的成果。

c）淡新档案的数字化整理及其展望

一九九五年淡新档案开始进行全文打字、标点出版纸本之后不久，另一个数字化整理的工作，也在一九九七年展开了。

淡新档案的数字化整理，纾解了打字、标点出版无法达成“原样呈现”之缺憾。数字化整理所得的影像，几乎可以“原样呈现”档案原件的平面性信息（当然，目前的技术还是无法呈现材质、厚度、重量、气味、触感等），可以响应研究者“原样呈现”档案原件的期待①。因此，打字、标点出版的《淡新档案》搭配档案原件的数字影像文件，不就让淡新档案完全公诸于世了吗？

淡新档案数字化整理，除了将档案原件进行数字化扫描之外，我们同时也仍然使用 metadata 来管理这些数字影像文件，并且将打字、标点后要出版为纸本的全文文件来形成全文数据库。因此，我们的淡新档案整理此时可以说是全面性地展开了：既有档案原件的数字影像，还有每件档案的 metadata，又有全文文字文件。于是，一个可以多方面借助数字技术来进行的淡新档案研究之基础建设已经大致完成。

不过，此时我们还是有一项尝试错误的经历。淡新档案之数字化整理的同时，我们也在进行其他台湾历史学、人类学、植物学、动物学资料的数字化，因此我们曾经企图发展出一个可以同时整合性地管理、检索这些各种不同学科性质的台湾资料之 metadata 字段表。这的确是个具有高度理想性的企图，但是经过一番尝试之后，我们不得不宣告放弃。因为每一种学科数据之性质不同，每一个学科之研究者使用数据的期待也不同，因此彼此之间很难达成一致的看法。所以，metadata 字段如何设计，除了有上述求其完备的要求之外，也有可能被要求跨越多种数据，达成整合管理数据的可能性。这种时候，勉强可以达成共识的字段，似乎就会只是最基本的几个字段（例如，作者、题名、时间、地点）而已。其实，即使只是这几个字段，不同的学科对于该字段如何定义、应该如何著录，也存在着不同的侧重或主张。例如，植物学者对于植物标本的“作者”这一个字段，一部分研究者可能希望著录该植物标本的采集者或制作者，也有一些研究者则主张应该著录该植物的命名者。由

① 1997 年数字化整理计划展开之初，因储存容量与传输瓶颈的原因，虽然决定数字化扫描规格为 300dpi，但是扫描成黑白影像文件（jpg 文件）。但以后随着储存容量、传输瓶颈的解放，2005 年以后，又重新以彩色扫描。

于，各学科之间的差异过大，无法简单地达成共识，因此我们放弃了想要发展出一套可以整合性的管理多学科资料之 metadata 字段的理想。其实，自从开始整理淡新档案以来，可以说就是一连串妥协的连续。这些妥协，或许来自于上面已经提到的成本考虑，也可能来自于技术上的限制，但同时也是研究者一开始总是习惯性地将特殊化的要求求诸于具有普遍性性质的资料整理工作所致。所以，数据的整理工作必须认清整理的目的，只作最基本的整理（尤其在数量庞大时，更应该如此）。如果在此基础之上，还有特殊化的要求时，才另作特殊化的处理。

淡新档案的数字化整理工作，在完成（1）每一件的数字影像、（2）每一件的 metadata、（3）每一件的全文数字文件之后，可以说已经有了得以利用信息科技来协助研究的基础设施①。因此，目前台湾大学正在这样的基础之上，结合历史学者和资讯工程学者，一方面建设可供研究者使用的数字环境和工具，一方面透过科技的协助做出传统方法难以做出的研究。以下稍稍介绍目前台大研究团队的一些初步研究。

数据库的最基本功用之一是提供检索。因此，提升检索功能，并使检索方法更加方便，检索结果更加周遍、精准，就是努力的方向。一般来说，数据库的检索，经常是由使用者键入检索词，透过计算机在数据库中将该词找寻出来，但是检索者要能在计算机中键入一个检索词，显然这个检索词便要是检索者“已知的”。那么，是否可以让计算机不只是等待检索者键入一个已知的检索词，而是可以更积极地由计算机提示一些具有意义而却是检索者所未知的词汇呢？我们先由计算机自动从数据库中抽取关键类词，然后再由学科专家筛选确定而“发现”了不少新词汇。与此相关的是，为了使检索的机能更加精确有效率，也必须形成各种辞典（例如同音异字词典、同义辞典等）作为辅助检索工具。这些辞典也可以由计算机协助学科专家来完成。除此之外，我们也开发了以地理信息系统（GIS）的方法所支持的，靠着地图来检索数据库的办法。这种检索方法，可以不受地名变迁的影响，透过相同的地理坐标来检索出不同时代相同地点的数据。

---

① 如果说还有什么是必须做的基础建设，那就是以“案”为单位的 metadata 建置。

附录：

David C. Buxbaum 统计的淡新档案逐年案件数[①]

每年案件数：

A：占本表中的案件数百分比

B：占每年的案件数百分比

年	行政			民事			刑事			
	百分比			百分比			百分比			
	案数	A	B	案数	A	B	案数	A	B	总计
1789	1	0.18	100							1
.....										
1805	1	0.18	50	1	0.46	50				2
......										
1812							1	0.28	100	1
1813										
1814										
1815	1	0.18	100							1
1816										
1817										
1818										
1819										
1820	1	0.18	100							1
1821										
1822										
1823										
1824										
1825										

① D. C. Buxbaum, *Some Aspects of Civil Procedure and Practice at the Trial Level in Tanshui and Hsinchu from 1789 to 1895*, *The Journal of Asian Studies*, vol. 30, no. 2（1971）, pp.265–266.

续表

年	行　政			民　事			刑　事			
	百分比			百分比			百分比			
	案数	A	B	案数	A	B	案数	A	B	总计
1826										
1827										
1828	1	0.18	100							1
1829										
1830										
1831										
1832										
1833										
1834	1	0.18	100							1
1835	1	0.18	100							1
1836	3	0.54	100							3
1837	1	0.18	100							1
1838	2	0.36	100							2
1839	1	0.18	100							1
1840	3	0.54	100							3
1841										
1842	3	0.54	100							3
1843	2	0.36	100							2
1844										
1845				1	0.46	100				1
1846										
1847	3	0.54	100							3
1848	1	0.18	100							1
1849	2	0.36	66.7				1	0.28	33.3	3
1850	2	0.36	40	2	0.92	40	1	0.28	20	5
1851	3	0.54	75	1	0.46	25				4
1852	4	0.72	40	3	1.38	30	3	0.83	30	10

续表

年	行政			民事			刑事			
		百分比			百分比			百分比		
	案数	A	B	案数	A	B	案数	A	B	总计
1853	2	0.36	50				2	0.55	50	4
1854	2	0.36	100							2
1855	4	0.72	66.7				2	0.55	33.3	6
1856	3	0.54	50	2	0.92	33.3	1	0.28	16.7	6
1857	15	2.70	68.2	2	0.92	9.1	5	1.38	22.7	22
1858	2	0.36	33.3	2	0.92	33.3	2	0.55	33.4	6
1859	1	0.18	33.3				2	0.55	66.7	3
1860	1	0.18	33.3	2	0.92	66.7				3
1861	10	1.80	100							10
1862	5	0.90	71.4				2	0.55	28.6	7
1863	3	0.54	75				1	0.28	25	4
1864	3	0.54	75				1	0.28	25	4
1865	3	0.54	37.5	2	0.92	25	3	0.83	37.5	8
1866	9	1.62	90				1	0.28	10	10
1867	4	0.72	80				1	0.28	20	5
1868	7	1.26	63.6	3	1.38	27.3	1	0.28	9.1	11
1869				1	0.46	25	3	0.83	75	4
1870	6	1.08	50	3	1.38	25	3	0.83	25	12
1871	5	0.90	35.7	1	0.46	7.2	8	2.22	57.1	14
1872	6	1.08	35.3	4	1.83	23.5	7	1.94	41.2	17
1873	9	1.62	52.9	5	2.29	29.4	3	0.83	17.7	17
1874	14	2.52	45.2	5	2.29	16.1	12	3.32	38.7	31
1875	2	0.36	11.1	8	3.67	44.4	8	2.22	44.5	18
1876	9	1.62	36	6	2.75	24	10	2.77	40	25
1877	2	0.36	13.3	8	3.67	53.4	5	1.38	33.3	15
1878	14	2.52	38.9	15	6.88	41.7	7	1.94	19.4	36
1879	34	6.14	52.6	10	4.58	17.5	13	3.60	22.9	57

续表

年	行政			民事			刑事			
		百分比			百分比			百分比		
	案数	A	B	案数	A	B	案数	A	B	总计
1880	12	2.16	48	6	2.75	24	7	1.94	28	25
1881	17	3.07	40.5	9	4.13	21.4	16	4.43	38.1	42
1882	31	5.58	42.5	17	7.80	23.3	25	6.93	34.2	73
1883	38	6.85	61.3	5	2.29	8.1	19	5.26	30.6	62
1884	19	3.43	46.3	8	3.67	19.5	14	3.88	34.2	41
1885	20	3.61	36.4	7	3.21	12.7	28	7.75	50.9	55
1886	47	8.47	51.1	14	6.41	15.2	31	8.59	33.7	92
1887	55	9.91	43.3	24	11.01	18.9	48	13.30	37.8	127
1888	33	5.94	61.1	13	5.96	24.1	8	2.22	14.8	54
1889	20	3.61	54.1	9	4.13	24.3	8	2.22	21.6	37
1890	18	3.25	62.1	5	2.29	17.2	6	1.65	20.7	29
1891	13	2.34	44.8	7	3.21	24.1	9	2.50	31.1	29
1892	7	1.26	31.8	2	0.92	9.1	13	3.60	59.1	22
1893	1	0.18	5.5	3	1.38	16.7	14	3.88	77.8	18
1894	8	1.44	50	2	0.92	12.5	6	1.65	37.5	16
1895	4	0.72	100							4
总计	555	100	48.9	218	100	19.2	361	100	31.9	1134

（原载《中国社会经济史研究》2017 年第 2 期）

民间文献与田野调查："清水江文书"整理研究的问题与方法论

张应强*

散存于民间的各类文书的抢救、收集、整理、结集出版，以供相关学科领域研究利用，无疑是近年来中国学界最为引人注目的学术努力和带有方向性的重要学术动向；而由此引起的主要表现在历史人类学、社会史、经济史、文化史等学术研究领域的拓展，更是成为相关学科研究的新亮点和特色。"清水江文书"是我们对主要散存于贵州省东南部清水江中下游地区的汉文民间历史文献的总称，是基于对整个流域整体性及内在逻辑联系考虑的命名，得到了学界的普遍认可和采用。通过对"清水江文书"的整理出版（张应强、王宗勋主编：《清水江文书》第一—三辑，广西师范大学出版社 2007、2009、2011 年版）和渐次展开的研究，我们对其作为民间文书的意义与价值，已经形成了一些初步认识；对于其间发现或体认到的诸多问题尤其是方法论的思考，值得不断进行总结和反思，以期增强包括"清水江文书"在内的民间文书研究的学术对话能力，并对推进符合中国实际的分析框架、概念体系和学术范畴的建设有所助益。

一、"清水江文书"的学术价值：内容与特性

"清水江文书"的搜集、整理与研究工作，始于 20 世纪 60 年代贵州省民族学者在清水江下游地区开展的少数民族社会历史调查（《侗族社会历史调查》，

---

* 张应强，中山大学社会学与人类学学院教授。

贵州民族出版社 1988 年版）。进入 21 世纪之后，以中山大学历史人类学研究中心与地方政府部门合作的方式，开始对"清水江文书"进行大规模、有计划地收集整理工作。同时，清水江流域相关县市档案部门也对馆藏和民间收藏文书开展广泛地收集与整理（除最早"发现"文书的锦屏县之外，陆续在天柱、黎平、三穗等县档案部门挖掘出数量可观的同类民间文书，整理成果如张新民主编《贵州清水江文书系列・天柱文书》22 册，江苏人民出版社 2014 年版），"清水江文书"也愈来愈引起学界和社会的普遍关注和浓厚兴趣。

清水江流域自清代开始全面进入中央政府直接统治的历史进程，从而使这些遗存文书具有特殊的价值。"清水江文书"主要包括清代以来的契约文书、族谱、诉讼词稿、山场清册（坐簿）、账簿、官府文告、书信、宗教科仪书、唱本、碑文等，涉及清水江流域清代以来社会、政治、经济、文化生活的各个领域。尽管有幸遗存下来的文书仅是非常有限的部分，但它们还是反映了时代变迁、经济发展、社会演变等方方面面，可以说是基于民间视觉的区域社会历史过程的写照。

与国内其他类型的文书，如"徽州文书"相较而言，"清水江文书"亦有其独特之处：其一，"清水江文书"是在今天苗侗等少数民族村寨中保存下来的汉文民间文献。如果考虑到直到晚近各自的民族语言仍是当地社会交际的主要工具这一历史与现实背景，那么"清水江文书"的产生与存留本身就已经是值得关注和研究的社会文化现象。其二，"清水江文书"不仅数量可观，各地目前业已收集归档的文书已愈十万件，而且在非常清晰的时间脉络、地域格局和人际网络下体现出来的系统性与完整性也极其突出。其三，与清代以来区域历史发展进程及木材种植采运这一社会经济生活主线相一致，"清水江文书"主要涉及山场地权及杉木种植采运等，且保持了某种特有的时间周期与节律。其四，绝大多数契约文书都是未经地方官府"验讫"的"白契"，仅有极少数的所谓"红契"，这或是当地苗侗社会独特的信用系统与行为规范的写照。其五，"归户性"特征非常完整而突出，一个家族或房族共有山场田产的契字文约，往往集中收存于每一世代的某一家庭，即使分家析产，也主要是山场田产股份的不断析分与占有，而所有相关文书仍由某一家庭负责保存。

概言之，"清水江文书"既是清水江流域各民族传统文化和"地方性知识"

的重要载体，更是开展人文社会科学研究的资料宝库。保持民间文书原貌，尊重民间收藏习惯及文书原有的脉络，是我们理解这些文书的地方性特征和传承机制的关键所在。不仅如此，结合区域社会发展的历程、原有非汉族群的文化生态以及实际上当地相当短暂的汉字书写历史，我们不难发现其中可能包涵了极具地方性的思想意识和历史观念，这对于增加研究者对清水江流域这一特定地域的历史感和文化体验，从而对清水江流域不同人群的活动和社会构成机制及其运作的动态过程给出更富说服力的解释，都有着不可替代的积极意义。故此，通过深入地发掘和系统地研究，一定能够对"清水江文书"的文献价值，其在认识和理解区域社会历史文化建构中的意义，及其对中国民间文献学和历史人类学等学科建设的战略意义，形成全新的认识和独到的理解，并最终达到既符合学科发展历史脉络、又富有当代人文社会科学前沿创新意识的学术目标。

二、民间文书研究的认识论：具体个案与系统性关照

在围绕"清水江文书"的研究方面，不同学科的研究者往往根据所接触到的部分文书，或与研究兴趣相关的某一类型文书，进行一些专题性研究，尚未有效开展多学科交叉渗透的综合研究。正如学者唐立（Christian Daniels）所指出的，经过系统整理影印出版的"清水江文书"已经提供给学界，但利用它们进行研究的学术成果与积累并不多，确实是令人遗憾的事情（《云南西部少数民族古文书集·编序》，东京外国语大学亚非语言文化研究所 2011 年版）。我们在推进文书系统整理与研究工作的过程中，尤其是在成功申报国家社科基金重大项目"清水江文书整理与研究"之后，经过反复思考和讨论，逐步确立了文书研究的基本策略。总体上说，在进一步系统收集整理"清水江文书"的基础上，深入揭示民间文化的传承机制和区域社会建构的内在逻辑，深化对清水江流域传统乡村社会生活的地域性特点的认识，并将"清水江文书"的研究放到明清以来西南地区开发的历史大背景下，放到不同民族与人群接触和文化交融的历史脉络中，探索区域社会经济文化变迁、地方文化创造以及其中所折射出来的传统中国的国家认同。正是在这样的研究理路和学术意义上，"清水江文书"的整理与研究才富含重要的方法论价值，并带有很强的学术发展方向性，

从而开拓一个有益于学术积累和学术增长的广阔研究空间。

在收集整理"清水江文书"的过程中，必须充分照顾并维护其系统性与归户性，使得相关文书原有的内在脉络能够得以延续并可追溯。作为苗侗少数民族地区保留下来的汉文文献，其重要的资料价值，并不仅仅在于文献本身的遗存及文字所载之人物与事件，不同性质文书的产生过程、其在地方社会生活中所具价值、文献文本形式的地方性流变、文书的收藏及传承方式等等，无不与其所在地区族群特有的文化传统和社会网络密切关联；而且，这些民间文书一旦脱离其原有环境及传承脉络，特别是在整理研究过程中有意无意将它们与特定的地方网络及实际功能剥离开来，往往就难以真正了解和理解其所反映的社会历史实态。

自清代以来所产生的种种相关民间文书，基本上都保持了一个村寨、一个家族、甚或一片山场在不同历史时期未曾中断的某些内在关系，非常清楚地反映着地方社会的族群互动、经济联系和社会历史现状。大量的契约文书具有与杉木种植及成材的周期紧密相关的突出特点。山场的租佃及相关活动，如租佃关系的确立、木材长成后的伐运、木材伐卖所获银两的分成、新的租佃关系的建立等，都涉及各种契约文书的订立。就某一家庭或家族对其某一山场的经营而言，这种通常每隔二十余年就会规律性发生的经济活动，构成了家庭或家族经济生活的一条主线。而且，一个家族的契字文约，往往集中收存于某一家庭，而较少出现分家析产，更普遍的是山场田产股份的不断析分与占有情形，是否与这种特有的经营方式有关，以及对社会关系带来何种影响等等，都是可以进一步探讨的问题（可参阅张应强：《清水江文书的收集、整理与研究刍议》，《原生态民族文化学刊》2013 年第 3 期）。

诚然，从非常具体而微的个案入手，是民间文书研究的不二法门。然而，无论是文书涉及的人物、时间、地点、事由等要素的条分缕析，还是由相关文书呈现的经济社会关系的梳理与解释，都有一个对文书的系统性，包括文书产生和传承的逻辑与脉络、文书原有文化生态等的关照和把握问题。民间文书有其自身极强的系统性，不仅单件的文书和孤立的解释于研究无益，而且即使是原有文献系统未被扰乱，要真正了解和把握其原有分类原则、厘清其内在关系，并建立起与其他类型和性质的历史文献之间关联性认识，也还有很多工作要做，甚至包括对当地文字传统及文字渗透社会生活过程的关注、文书形成的历史背景与地方语境等等。

三、历史人类学路径：田野调查与文献解读

在历史文献学领域，虽然对中国民间文献的收集整理，已经出现了许多可圈可点的成果，但是由于地区、文化、历史及文献本身的内容和性质等方面存在的巨大差异，关于民间文献的收集整理并无现存体例或规范可循。从民间文献学的角度看，其他民间文书如"敦煌文书""徽州文书"的整理，业已形成了关于文书描述、文书著录格式等一些基本规范。如《徽州文书》依照"目""户"保持文书的归户性，整理过程中注重通过田野调查"探寻归户文书的出自地"（刘伯山：《关于〈徽州文书〉第五辑的说明》，《徽州文书》第五辑，广西师范大学出版社 2015 年版），以及强调充分尊重民间文书的"历史形成"和"历史存留"等原则（刘伯山：《文书整理的"两尊重"原则》，《光明日报》2012 年 12 月 31 日第 15 版）。

在"清水江文书"收集整理过程中，我们根据文书的性质及区域社会独特的历史文化特征，创新性地确定了一些必须遵循的基本原则，包括坚持将这些民间文书保留在当地的原则，以维护文书原有的历史脉络、系统性和完整性，保证其在原有社会传统与关系网络背景下的可解读性；并由此探索和逐步建立起一套较为系统的民间文书收集、整理、编目、考订、结集出版等学术规范。在文书编辑过程中，我们以村寨为单位，每个村寨给定一个顺序号；村寨之下根据不同家族或家庭分卷，即来自同一家族或家庭所收藏的文书编为一卷；而同一卷之下依照文书收藏者的原有分类，即分别列为若干帙；每一帙内的文件则依照时间先后顺序排列。每一件文书的编号包含的信息为：卷宗号—卷号—帙号—文件号，对应于村寨—家族—文书类别—文件（《清水江文书》第三辑《编辑说明》）。希望这样的尝试与实践，不仅可以成为类似民间文书收集整理的一个可供参考和讨论的范式，还能对不同地区发现的民间文献的收集整理产生示范作用。

与此同时，我们充分认识到结合田野调查与文献解读的历史人类学路径，

对于推进"清水江文书"研究的重要性。民间文书为我们展示的是基层社会某一断面，甚至是有些支离破碎的图景，当我们面对的是普通人、平常事以及家庭和村落的日常生活时，惟有通过深入细致的田野调查结合民间文献，才能完成有意义的叙事，这是研究中最基础性的工作。因此，无论是结合田野与文献进行历史民族志书写，还是就特定的人物或事件展开历史人类学的探索与解释，对研究者而言都是极具挑战性的问题。

在对"清水江文书"进行解读的过程中，我们注意到，即使是最简单的民间文书，离开所产生的地方之后，往往就变得不能或很难理解和解释。因为这些在一定时空条件和社会情境下产生的文献，只有回到一个"地方性知识"的脉络下，才是可以得到解释并被理解的有血有肉的材料。如"人""文""时""地"等都是展开"清水江文书"研究时需要特别关注的基本要素（2014 年 11 月 22 日在中山大学历史人类学研究中心"清水江文书整理与研究"重大课题中期会议上，课题组核心成员、吉首大学罗康隆教授专门就"清水江文书"研究中提炼出来的"人""文"（文本）、"时"（时间）、"地"（林地）等 7 个关键问题进行了详细解说）。族谱、碑文、契字、书信等民间文献中的人物、地点、事件等，对于研究者而言，可能都是完全陌生而充满歧义的，或者有着与"他者"之认识与感知存在相当距离的想象或偏见；而对于当地社会成员来说，这些东西都是他们习以为常的，或是他们父辈祖辈甚或他们自己所经历的历史，在他们对与这些资料相关故事的叙述中，也可能有着与研究者所熟悉的那套知识系统不尽相同的逻辑与意义。

不仅如此，这些民间文书的产生与收藏本身就已经是对象社会人群生活构成的一部分，他们对这些资料、故事及问题最为熟知；即使对文书中反映的事件的认识和解释有详有略，也并不意味着这些文献材料没有反映对象社会的历史发展进程，而是人们特有的对历史性的认识以及对历史事件的关系使然。换句话说，在清水江流域特定的历史时空下，人们从事经济和社会活动的基本行为方式，生存和交往所必须遵循的一些基本规则，往往都可以在这些不同类型和形式的文字资料中反映出来。这为研究者展开广泛搜集整理，并结合细致入微的田野调查进行解读，提供了极大的便利。

因此，强调田野调查与文献解读有机结合，强调在田野调查过程中解读文献，正是我们围绕“清水江文书”整理与研究实践经验不断积累的结果。在某种意义上说，只有结合田野调查，相关的文书材料才是可以理解的，也只有在田野过程中这些内涵丰富的民间文书才可能得到解读和予以解释。我们相信，通过这一研究路径的不断探索与实践，可以逐步建立并发展起有自己特色的民间文书解读方法和分析工具，这不仅具有历史人类学中国研究的方法论意义，而且在更广泛而深刻的层面上，对有中国特色理论模式与概念体系的建立，以及整个人文社会科学理论建设，都可带来更多更重要的对话与启迪。

（原载《安徽史学》2015 年第 6 期）

文书整理的“两尊重”原则

刘伯山*

徽州文书的发现曾被誉为是20世纪中国文献史上，继甲骨文、汉晋简帛、敦煌文书、明清档案之后的第五大发现。它是历代徽人于生产、生活以及社会交往中，为了某一目的而形成的原始凭据、字据和记录。其研究价值，正如美国学者约瑟夫·麦克德谟特在《徽州原始资料——研究中华帝国后期社会与经济史的关键》一文中所指出的：“徽州文书是研究中国封建后期社会史和经济史不可或缺的关键资料。”已故的中国社科院历史所研究员周绍泉先生在《徽州文书与徽学》一文中也强调：徽州文书的研究“将给宋代以后的中国古代史特别是明清史带来革命性的变化。”

徽州文书自20世纪50年代大规模发现以来，目前已有40多万份。其中2000年之前，“被各地图书馆、博物馆、档案馆、大专院校、科研机关收藏的徽州文书，以卷、册、张为单位计算，恐怕也不下20余万件”（周绍泉：《徽州文书与徽学》，《历史研究》2000年第1期）；之后属于新发现的又当超过20多万份，主要藏于安徽大学“伯山书屋”、黄山学院图书馆、中国人民大学图书馆、中山大学图书馆、祁门县博物馆、黄山市“中国税文化博物馆”、黄山市档案馆等。但目前得到整理与公布出版的仅十分之一左右。

民间文书档案是经过了许多年的风风雨雨，在不断累积情况下，被文书档案主人一代代地保存、留存下来，直至最后被社会发现的。文书的整理是一种社会化的行为，也是一个求真存真、求实存实的过程，要求整理者必须以一种

* 刘伯山，安徽大学徽学研究中心教授。

客观、冷静和科学的态度对待。在整理时，必须对民间文书档案的性质和特点有所了解，对其产生和留存的情况有所把握。据此，就要求我们坚持“两尊重”的原则。

一、充分尊重民间文书档案的历史形成

民间文书档案包括的内容极为广泛，种类很多，如徽州文书就既有田地山场房屋等的大小买卖文约、招承租约，更有合同书、阄书、继书、招书、遗嘱、秉状、甘结、票据、告示、会书、信函、置产簿、收借条、日记、账单、礼单、收租薄、归户册、鱼鳞图册等。它们最初的形成，都是基于某种目的或某种价值的评判与选择，产生之后，内容上都具有历史的真实性，且文书的本身也具有存在的唯一性。对此，我们要有基本的认识，在对文书档案进行整理时，要对文书档案的历史形成及历史形成形式的客观连续性予以无条件认同和承认，给予充分的尊重。这就要求我们做到：

其一，要客观对待文书的内容，对所有有文字信息内容的文书平等对待、无条件地尊重，而不能因整理者的价值评判而予以取舍。民间文书档案的内容形式十分多样，拿文字字数来说，有的文书，如有些便条、账单、字据等，文字内容很少，甚至只有几个字、十几个字；而有的如一些合约、分家阄书、租簿、置产簿等，则文字很多，甚至达几千字、几万字等，这些都不应该成为整理者对其进行价值评判以作取舍的根据。

其二，要客观对待文书的载体，对所有载体的文书平等对待、无条件地尊重，而不能因为载体形式的如何而予以取舍。民间文书档案的载体形式十分多样，就质地来说，有纸质、绢质等；就样式来说，有单页、折页、成册等；就尺寸来说，大的有高、宽几百厘米甚至上千厘米，小的有高、宽仅有几厘米的等，对此，整理者都应予以平等对待。

其三，要客观对待文书内容与载体的同一性，对同一载体不同内容和同一逻辑内容不同载体的文书平等对待，无条件地尊重，而不能因为内容与载体在时间上的和形式上的分离而失却其完整的同一性。前者如置产誊契簿，像明代立的簿，至清代还在上面抄契产，表象看来内容与载体在时间上有很大的分离，

但它毕竟还是同一的一份文书；后者如“三连张”赤契，像乾隆年间的卖契，嘉庆年间经官府验证，钤有官印，粘有了契尾，至民国年间验契，注上“陈报验讫”，再粘了验契执照，虽然载体有三且年代不同，但由于其内容在逻辑上是统一的，因此就应该保持同一性，三张实为一份文书，甚至是发现三张文书因粘贴不牢而分离了，整理者的一项工作就是还原，使它们归为一体。

二、充分尊重民间文书档案的历史留存

留存至今文书的每件都应有针对于文书归属主的一定价值和意义，并且这种价值和意义往往还会在不同的时期有不同的体现。民间文书档案往往不是一经最初的形成就一成不变的，而是会因文书的归属主在不同历史时期的不同考虑或同一时期的不同目的而有所改变，但由于这种改变是发生在历史上的，因此在今天看来也就是客观真实的，对此，整理者只能予以充分尊重。

一般说来，民间文书档案由于历史保存的原因而导致留存至今及最终被我们所发现的实物状况与最初形成时的不一致，主要存在以下四种情况，其一，有些文书最初形成时该是或一份 n 叶或一部 n 册，且 $n \geqslant 1$，后由于历史保存或被收藏单位获取的原因，只剩下或只获得 m 叶及 m 册了，$m \leqslant n$，对此，我们在整理时就该充分尊重，尽管有残，但仍以一份或一部来整理和登记。

其二，有些文书，原初的形成当是各自独立的，后由于当事者或历史保存者的原因，若干单张文书连缀粘贴成长卷、折页了，且如此连缀粘贴是一种历史的行为，对此，我们只能予以充分尊重。如笔者在整理《黟县十都宏村汪氏文书》时，发现有一起讼案文书是数十张各个独立的状纸、甘结等横向粘贴而形成的长卷，总长有 758 厘米。由于此长卷是该文书最后被发现的留存方式，各状纸、甘结等的粘贴是文书归属主和保存者的历史行为，于是我们在整理时就予以了充分的尊重，以一个《清光绪二十七—二十九年宏村前街铺屋讼案文书》文书名定名这份文书，收入在广西师范大学出版社 2006 年 12 月出版的《徽州文书》第二辑第 6 卷。

其三，内夹问题。在已发现的徽州文书中，有些簿册文书内夹有张页，多的达几十张，内容上一般相对独立，都该是一份份独立、完整的文书，仿佛可

以进行独立的整理与登记。但由于这种内夹行为是文书归属主和保存者有意识的历史行为，对此，我们就该充分尊重，将内夹的文书归属于所夹簿册之内统一整理，注明“内夹”，不要将它们分离。

其四，包契现象。笔者在收集抢救徽州文书时发现：农户家保存的文书一般是被文书主人叠成长方小块，用包契纸包着，放在木箱子里的；包契纸里所包的文书有的是一份，有的是几份；包契纸上有的注有文字说明，有的没有。如果同一张包契纸里包有多份文书，则这些文书之间一定是存在某种关联的，是属于一种归类，如此行为是文书归属主和保存者的一种对文书的历史整理行为，它本身就是一种民间文书档案的历史留存方式，对此，我们就该予以充分尊重，在整理时，努力保持其内容的完整性，不要将它们分离。

上述两大原则应是不可或缺的，而且是两者统一成为我们对待和整理民间文书档案的基本态度；但这两大原则在逻辑上又不是完全并列的，前者对后者具有优先权和前提意义。

“两尊重”原则的坚持，对我们在民间文书档案的整理中保证文书档案的真实性和完整性，意义重大。

（原载《光明日报》2012 年 12 月 31 日第 15 版）

清代石仓文书的“在地”与“有机”分析

蒋　勤*

一、引言

1944年，傅衣凌先生利用其在福建永安县黄历乡发现的民间契约文书，写成了《福建佃农经济史丛考》一书①。由此算起，民间文书资料进入到社会经济史学家的视野，已有70年。近20年来，史学界再次掀起发掘新史料的热潮，各大机构收藏的各类民间文书动辄数十万件②。

收藏热潮引发部分学者的担心，即海量新史料不一定能促进社会经济史研究的进步③。新史料的发现、收集只是第一步。利用新史料时，研究者必须发掘新史料不同于旧史料的面向，追随学术传统，关注重要问题。一旦在问题意识和研究方法上无实质进展，基于新史料的研究就会陷入“碎片化”陷阱④。因此如何在整理、分析民间文书的方法上有所突破，成为学术界面临的重大挑战。

在民间文书的收集和整理方面，学术界都认同“归户性”原则，即保留文

---

* 蒋勤，上海交通大学人文学院历史系讲师。

① 傅衣凌:《福建佃农经济史丛考》，福州：私立福建协和大学中国文化研究会，1944年。

② 刘伯山:《前言——徽州文书的遗存与整理》，载刘伯山主编:《徽州文书》第一辑，桂林：广西师范大学出版社，2005年，第2页。

③ 赵世瑜:《新史料与新史学：机遇与挑战》，《浙江社会科学》2012年第10期。

④ 行龙:《中国社会史研究向何处去》，《清华大学学报（哲学社会科学版）》2010年第4期。

书原收藏系统，按照家户整理，将同一村落的文书一并出版①。因此，刘伯山、张应强分别在编辑徽州文书、清水江文书时，均特别注意民间文书原有的归户性和系统性②。"归户"使不同文书间可进行匹配和校验，提供了改进民间文书分析方法的基本条件。

2008年以来，上海交通大学历史系曹树基教授带领研究团队在浙江省松阳县石仓地区陆续发现清代契约7000余件，账簿350余种③。石仓文书不仅数量巨大，而且全部来源于石仓村落群，且长期保存于阙氏家族各支系建造的"大屋"中。既归家户，又以村落为中心，这使得石仓文书具有完整性和配套性。

依据石仓文书的资料特性，本文以石仓文书为例展示如何利用民间文书展开"在地"与"有机"分析。具体而言，"在地"分析指将史料放回村庄的社会、经济历史变迁过程中去④。民间文书产于地方社会，只有结合其产生的情境，才能准确理解其中各种不同的方言、术语和度量单位。与此相对，"去情境化"的分析多抽离史料产生的人物和村庄背景进行制度分析、计量分析，容易产生偏差。

"有机"分析则以人物为中心，进行匹配和交叉校验：同一家户的各种文书、同一村庄各个家户的文书、同一村庄各个家族的文书，彼此以人物为中心都可进行匹配与相互验证。与此相对，"散件化"分析依赖的是大量的孤立的文书，对资料的利用效率较差。

如欲采用"在地"和"有机"分析，研究者必须进入地方情境，关注与"家户"、"村庄"相关信息，重视不同资料的相关性与延续性。本文以石仓文书为

---

① 刘伯山：《徽州文书的遗存及特点》，《历史档案》2004年第1期。

② 张应强：《前言——清水江文书的收集、整理与研究》，载张应强、王宗勋主编：《清水江文书》第一辑，桂林：广西师范大学出版社，2007年，第5页。

③ 关于石仓契约文书的基本情况，参见曹树基：《石仓契约的发现、搜集与整理》，载曹树基、潘星辉、阙龙兴编：《石仓契约》第一辑，杭州：浙江大学出版社，2011年。本文所用均为扫描件或者数码照片，藏于上海交通大学人文学院历史系。下文引用只标注扫描件编号。

④ "在地"一般指不脱离地方情境，与吉尔茨所提倡的"地方性知识"概念紧密相关，见［美］克利福德・吉尔兹著，王海龙、张家瑄译：《地方性知识——阐释人类学论文集》，北京：中央编译出版社，2000年。参见张佩国：《走向产权的在地化解释——近代中国乡村地权研究再评述》，《西南民族大学学报（人文社会科学版）》2012年第3期。

例，展示“在地”与“有机”的分析方法。期冀本文能引发学界对新史料研究方法的进一步讨论，从而更好地发掘民间文书的内在价值。

二、石仓文书的收集与整理

“在地”与“有机”分析需要类型丰富、按户收藏的民间文书。民间文书的整理和出版，以徽州文书和清水江文书最令人瞩目。就收藏总量而言，徽州文书已有 40 余万件之巨[①]。二十世纪后半期开始，各大学术机构陆续出版多个系列的徽州文书，其中有数量巨大的契约文书，兼有少量账簿[②]。研究者在共和国建国初期就已发现清水江文书，但对其大规模地收集、整理和出版则是在 2000 年之后[③]。

就整理原则而言，早期徽州文书多按文书类型排序，散件和按户收藏的文件并存。从刘伯山整理徽州文书开始，“归户”成为主导的整理原则。清水江文书的整理，同样“以村寨为单位，每个村寨给定一个顺序号；村寨之下根据不同家族或家庭分卷，即来自同一家族或家庭所收藏的文书编为一卷，而同一卷之下依照文书收藏者的原有分类，即分别列为若干帙；每一帙内的文件则依照时间先后顺序排列”[④]。此处的帙可理解为原收藏者的“包”：一包文书既可是同一家族不同家户的文书，也可是同一家户不同时期、不同类型的文书。据本人统计，《清水江文书》第一辑中的两个村寨分别收藏 4403 份和 693 份文书，每个家族或家庭（卷）平均保存 729 份文书，每包（帙）平均包含 130 份文书。

---

① 刘伯山：《前言——徽州文书的遗存与整理》，载刘伯山主编：《徽州文书》第一辑，桂林：广西师范大学出版社，2005 年，第 2 页。

② 重要的徽州文献汇编有：中国社会科学院历史研究所编：《徽州千年契约文书》，石家庄：花山文艺出版社，1993 年；严桂夫主编：《徽州历史档案总目提要》，合肥：黄山书社，1996 年；刘伯山主编：《徽州文书》第一辑，桂林：广西师范大学出版社，2005 年。

③ 张应强：《前言——清水江文书的收集、整理与研究》，载张应强、王宗勋主编：《清水江文书》第一辑，桂林：广西师范大学出版社，2007 年，第 1 页。

④ 张应强、王宗勋主编：《清水江文书》第一辑，桂林：广西师范大学出版社，2007 年，“编辑说明”。

在出版形态方面，2000年以前的民间文书出版以扫描件为主，之后开始出现录文、扫描件并列的出版形态。三套清水江文书有两套采取了录文与扫描件并排的形式[①]。《石仓契约》亦采用双色套印、图文并茂的出版形式[②]。

图文并茂的出版形态，方便读者；但对整理者来说，费时费力。不过出版录文有两大重要副产品。其一，研究者在编目、整理过程中，需通过考证确定文书主人，读懂、抄对各条记录。因此，录文亦是研究。其二，录文校对完成后即可建立全文查询系统。通过检索各家户的契约、账簿，研究者可快速定位特定人物在文书中出现的时间、地点、交往对象和活动事项，从而还原文书产生的情境，据此展开更为深入的分析。

上海交通大学所藏石仓文书可分为契约和账簿两大类。《石仓契约》一到四辑（每辑8册）共收录契约、收据、分家书7000余份，已由浙江大学出版社出版；第五辑（8册）则收录349种石仓账簿中的126种，将于2017年底出版。

石仓账簿基本情况如下：1. 商业账簿记录商业往来，有收支账、往来账、盘货账等细类。石仓文书中有30余种以家户为单位的商业账簿，却并无超越家户的工商业合股商铺、大型作坊等的文书[③]。2. 家计账簿记录家庭日常收入与支出，有收支账、租谷簿、置产簿、贺礼簿、丧仪簿、科举簿、雇工簿等细类。3. 会簿和会书记录会社组织的经济往来。石仓有许多会社，如洋庄会、夫人会、五谷会等，这些组织涉及的人员通常不限于特定家族[④]。

---

① 三套清水江文书中，唐立、杨有赓，陈金全、杜万华主编的采取影印件和录文并排的方式，而张应强、王宗勋主编的则是影印版。见［澳］唐立、杨有赓、［日］武内房司主编：《贵州苗族林业契约文书汇编（1736—1950年）》，东京：东京外国语大学，2001年；陈金全、杜万华主编：《贵州文斗寨苗族契约法律文书汇编——姜元泽家藏契约文书》，北京：人民出版社，2008年；张应强、王宗勋主编：《清水江文书》第一辑，桂林：广西师范大学出版社，2007年。

② 曹树基、潘星辉、阙龙兴编：《石仓契约》第一辑，杭州：浙江大学出版社，2011年；曹树基、潘星辉、阙龙兴编：《石仓契约》第二辑，杭州：浙江大学出版社，2012年。

③ 曹树基、蒋勤曾讨论过一张铁炉合股书，见曹树基、蒋勤：《石仓冶铁业中所见清代浙南乡村工业与市场》，《“中央研究院”历史语言研究所集刊》2010年第八十一本第四分，第875页。

④ 石仓会簿与会书的研究概况可参见章毅、冉婷婷：《公共性的寻求：清代石仓契约中的会社组织》，《上海交通大学学报（哲学社会科学版）》2011年第6期。

与城市大型商铺的账簿不同，在乡村商业活动中，家计和商业活动记录常混杂于一本账簿。判断账簿属于商业还是家计，可依据的信息有簿名、往来物与往来户的性质等。

首先，可借助账簿封面的命名判断其性质。以“某某号”作封面命名的账簿，基本可判断为商业账簿，例如《阙彤昌号嘉庆二十五年本炉来往簿》就是一本铁炉经营账簿[①]。

其次，还可利用往来物品、往来户信息来判断账簿性质。研究者可以考察以下三个方面：货品交易“来”“去”次数是否相当？交易品种是以米、肉等食品为主，还是以商品及手工业生产的原料为主？往来户是商业伙伴还是家内人物？《阙彤昌号嘉庆二十五年本炉来往簿》虽含有不少与炼铁并不直接相关的往来项目，如借米、理发等支出，但因其均属铁炉雇工的工资预支，因此仍是一部标准的商业账簿[②]。

表 1 石仓账簿的簿主与性质

簿主	生卒年份	起止年份	商业簿	收支簿	租谷簿	特色簿	会簿	小计
阙天开—德瑛系								
翰鹤	1821—1880	1844—1869	0	13	1	8	0	22
玉瑾	1847—1912	1880—1910	2	17	7	0	0	26
阙天开—德瑶系								
翰日	1827—1879	1852—1878	0	3	1	3	0	7
玉颜	1845—1899	1878—1899	0	10	0	3	0	13
培松	1868—1933	1895—1933	7	38	1	1	1	48

① 该簿封面的完整题名为“阙彤昌号嘉庆廿五年春月吉旦本炉来往簿”。有些账簿封面无题名，有些账簿封面题名较为繁复，所以本文大部分时候使用整理者所起簿名。命名基本规则是人名或商号＋年份＋类型。另外，有商号者以商号命令，无商号者以人物命名。下同。

② 曹树基、蒋勤：《石仓冶铁业中所见清代浙南乡村工业与市场》，《“中央研究院”历史语言研究所集刊》2010 年第八十一本第四分，第 833—888 页。

续表

簿主	生卒年份	起止年份	商业簿	收支簿	租谷簿	特色簿	会簿	小计
其他阙氏		1830—1946	10	39	8	32	4	93
蔡祖岐父子		1845—1947	3	15	15	10	0	43
邱槐忠父子			1	5	0	9	0	15
刘长仁父子			0	7	0	3	0	10
其他姓氏			7	9	1	22	33	72
合计			30	156	33	92	38	349

说明：因经手人不同，5 册《贞房日记》归入阙翰日名下，4 册《贞房众记》归入阙玉颜名下。

按照簿主和账簿性质，表 1 展示了石仓账簿的收藏情况。349 种石仓账簿中有 209 种与阙氏直接相关，其中又以石仓炼铁最成功的阙天开之后代翰鹤—玉瑾和翰日—玉颜—培松账簿为主。依据簿主出生年份和账簿起止年份，可知此五人开始记账年龄分别为 22 岁、33 岁、25 岁、33 岁和 27 岁。父亲过世或分家则常是设立新账簿的契机，玉瑾和玉颜两人均是如此。另一方面，5 人中有 4 人都记账直至去世当年或前一年。这从侧面说明这两组账簿的完整性。

石仓商业账簿共计 30 种，其中玉瑾有铁器铺账簿 2 种，培松有杂货店账簿 7 种。家计账簿以家计收支簿最多，共计 156 种，特色簿和租谷簿数量次之。培松有家计账簿 41 种，跨越 30 余年，为石仓拥有账簿数量最多的家庭。石仓另有会簿、会书计 38 种。

上述账簿多记载家庭活动，是第一手资料，真实可靠。又因同一家庭事件往往会在不同类型的账簿中留下记录，这就给“有机”分析提供了机会。例如，翰鹤有一本连续 20 余年的雇工簿，记录道光到同治年间家庭雇工情况，包括了木匠、铁匠、银匠等诸多不同工种[①]。若孤立地分析，则只能看到雇工数量与

① 蒋勤、曹树基：《后炼铁时代的石仓转型：以〈阙翰鹤雇工账本〉为中心（1837—1870）》，《浙江社会科学》2012 年第 10 期。

工价的历时性变动；而一旦将族谱、翰鹤嫁女簿和玉璠娶亲簿匹配，则可知雇工数量的变动主要由其家庭婚丧嫁娶等大事件决定。再如，翰鹤历年付给教书先生学费的变动，可由其6个儿子陆续到达6岁之入学年龄，又先后于13岁左右退出学堂来解释[①]。

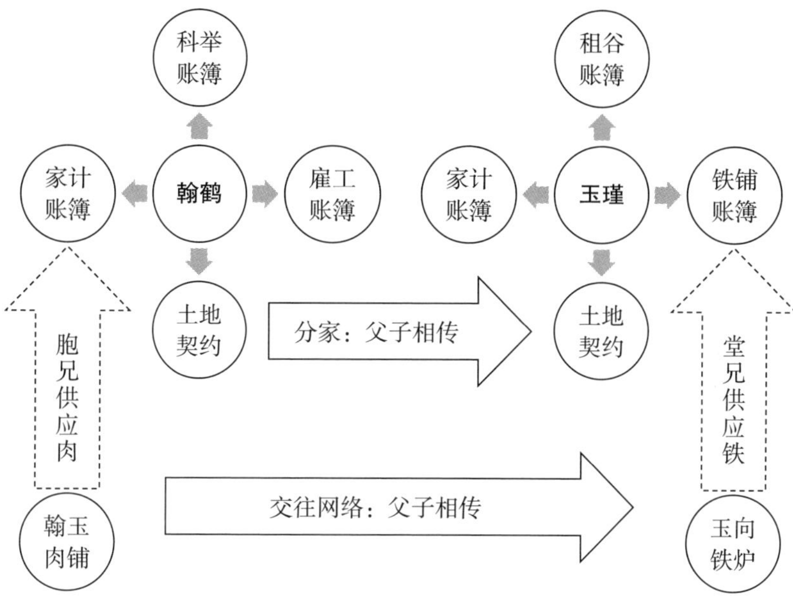

图1　翰鹤、玉瑾父子账簿类型、匹配示例

图1以翰鹤、玉瑾父子的账簿来展示账簿的“有机”关联。父子二人的账簿自成体系，又可相互印证。翰鹤与玉瑾父子均有土地契约、家计收支账簿；翰鹤另有雇工簿、科举簿、婚嫁簿等；而玉瑾则有铁器铺账簿、租谷簿等。翰鹤的雇工簿、家计簿和科举簿中均有教书先生资料；家计收支簿和雇工簿中都有长年——即俗称的长工——工资给付记录。翰鹤分家之后，玉瑾开始自立账簿，但其记录格式、往来户以至田地都与翰鹤账簿有很强的延续性。例如，翰玉作为翰鹤胞兄，固定给翰鹤家提供猪肉，十多年未间断[②]。而玉向作为翰玉四

① 蒋勤、曹树基：《后炼铁时代的石仓转型：以〈阙翰鹤雇工账本〉为中心（1837—1870）》，《浙江社会科学》2012年第10期。

② 翰鹤排行第五，四位胞兄分别是翰美、翰义、翰礼、翰玉。

子，又给堂弟玉瑾固定地供应生铁[①]。再如，翰鹤雇工簿中有在秀山头垒田的记录；而玉瑾租谷簿中有秀山头田地交来租谷记录。据此可估算翰鹤先前垒田投资的回报率[②]。

除账簿与账簿之间存在关联外，契约与账簿之间同样存在有机联系。石仓账簿的主人超过一半来自阙天开支系，《石仓契约》第二辑则主要收录阙天开及其子嗣的契约文书。经全文检索，在第二辑契约中，德瑛系翰鹤共出现 34 次，翰鹤之子玉瑾出现 8 次，德琊系翰日出现 8 次，翰日之子玉颜出现 1 次，玉颜之子培松出现 12 次。他们在契约中的角色，有时是土地的买主，有时是卖主，有时又是代笔或中人。这就为石仓文书的“在地”与“有机”分析提供了条件。

必须指出的是，与契约、账簿最重要的配套文献是族谱。石仓地区现存族谱 11 种，其中阙氏 5 部、蔡氏 2 部、胡氏 2 部、雷氏 1 部、王氏 1 部。5 部《阙氏宗谱》分别修撰于嘉庆十三年（1808）、道光二十五年（1845）、光绪二十二年（1896）、民国十七年（1928）和 1995 年。族谱为研究者建立人物谱系，辨识簿主，建立各个契约、账簿之间的关联提供了必要条件。

要开展“在地”与“有机”的研究，首要任务是辨识各文书主人，并在族谱当中找到其谱名、字号、生卒年。土地契约有明确的买主和卖主，通过研究可将契约中出现的人名与族谱中的人物信息匹配。具体辨识簿主可依据两类信息，一是封面与簿内出现的人物，二是账簿的归户信息。通常有三方面信息可帮助确定簿主：

（1）封面名字。玉颜和培松会在封面写明立账簿人和年份。有时姓名会用变体：“某记”一般指的是由某某人记录。例如，《瑾记光绪二十七年租谷簿》中的“瑾记”即代表簿主为玉瑾，因该簿内有一处注明“玉瑾”为“自己”[③]。

（2）簿内人物。有时出现封面空白情况，则需根据账簿内人物称谓确定簿

---

① 《阙玉瑾光绪六年铁器铺流水簿》中出现的是“玉向”（编号 SWScan01067），而光绪《阙氏宗谱》中则只有“玉象”（编号 P3290420）。在账簿中“玉向”和“玉炉”常同时出现，且分别是翰玉的四子和五子。由此推断“玉向”即为“玉象”。

② 蒋勤、曹树基：《后炼铁时代的石仓转型：以〈阙翰鹤雇工账本〉为中心（1837—1870）》，《浙江社会科学》2012 年第 10 期。

③ 上海交通大学历史系藏，编号 SWScan02032。

主。例如，同治三年某家计簿中有“次子玉容”的记录；而根据《阙氏宗谱》，玉容父亲为翰日，由此即可确定该簿主人为翰日[①]。

（3）归户信息。当封面和簿内人物信息均无法确定簿主时，可利用归户信息与其他相关信息进行综合判断。“归户”通常指文书收集之时的家户/家族。但按家户收集来的文书可能是出自多个核心家庭的，也可能只是一个人的。因此，将簿主落实到个人实需爬梳。

例如，曹树基教授在天开长子德瑛的大屋内发现一包账簿，封面无标记。德瑛子孙繁衍甚多，因此难以立刻断定该系列账簿主人。本人判断此包账簿主人的方法有三。其一，称谓比对。该系列账簿中有一本咸丰四年的嫁女贺簿，一本咸丰六年娶亲贺簿。两簿均出现德理、德玿叔公，又称翰鹤四位哥哥为“伯”，根据人物称谓可确定簿主为玉璠父亲翰鹤。其二，笔迹比照。雇工簿、两个贺簿，以及其余家计账簿中均反复出现“翰玉”等人名，且笔迹一致，因此可推测该系列账簿出自同一人之手。其三，人物比对。家计账簿和雇工账簿涉及相同人物，如各年所雇长工；比较后发现，家计簿所载长工姓名、工资记录与雇工簿中记录一致[②]。这就确证了此包账簿主人为翰鹤。

三、石仓文书的“在地”与“有机”分析

近年来民间文书的大量涌现，为开展乡村社会经济史研究提供了重要素材。本人利用石仓文书展开的“在地”和“有机”分析，主要有以下步骤：1）寻找匹配文书，特别是族谱；2）确定账簿主人信息，又通过族谱人物、归户信息等确定各账簿之间的关系；3）以人物为中心，匹配账簿、族谱、契约三类文书的信息，开展研究。

下面以石仓土铁业兴衰、科举参与、家庭消费三方面研究来展示民间文书的“在地”与“有机”分析。

---

① 上海交通大学历史系藏，编号SWScan01369。

② 蒋勤、曹树基：《后炼铁时代的石仓转型：以〈阙翰鹤雇工账本〉为中心（1837—1870）》，《浙江社会科学》2012年第10期。

（一）市场变动与石仓铁业

每个村庄、市镇的经济结构不同，其留存文书所反映的乡村经济模式也就不同。江西流坑的商业账簿反映当地大族董氏在难以维系科举成就时，通过买山、垄断竹木贸易，完成了向商业家族的转型。[①] 石仓乡民先后从事蓝靛和炼铁业，此二产业的兴衰与浙东南市场的变动紧密相关。[②] 石仓的契约、收据与商业账簿为描绘和解释产业变动提供了极好素材。

立于嘉庆二十五年（1820）的《阙彤昌号嘉庆二十五年本炉来往簿》是炼铁兴盛时期形成的一本账簿。曹树基、蒋勤曾以此簿为核心，辅以契约、族谱和口述材料，重建了石仓冶铁业的全过程，包括铁炉的组织方式，原材料的来源、价格，铁炉出铁效率，各工种工价等等。[③] 曹树基所作石仓洗砂业的研究，结合契约和口述资料，确定石仓地区各个砂扎的地理分布，描绘了河扎和坑扎的作业流程，并估算其产量。[④] "在地"与"有机"的分析可将账簿反映的一个铁炉的经营情况与石仓炼铁产业乃至浙东南市场的变动联系起来。

石仓铁业在道光后期走向衰落，但直到民国时期，本地炼铁活动一直都未中断。例如，光绪三十四年（1908），阙宗清（谱名起华）于南坑口开设铁炉炼铁，成为松阳县现代工业的奠基人。[⑤] 为破解此谜团，本人利用石仓文书，以人物为中心重构炼铁场景，对光绪时期阙氏的炼铁活动进行分析，进而探讨土铁业兴衰背后的市场因素。[⑥]

---

① 梁洪生：《江右王门学者的乡族建设——以流坑村为例》，《新史学》1997 年第 8 卷第 1 期。肖文评：《地方贸易发展与宗族复兴——以清至民国时期江西乐安县流坑董氏为例》，《江西师范大学学报（哲学社会科学版）》2004 年第 4 期。

② 石仓文书中有阙氏兰花账簿一本，但更多的是嘉庆以来的铁业相关文书。曹树基、蒋勤：《石仓冶铁业中所见清代浙南乡村工业与市场》，《"中央研究院"历史语言研究所集刊》2010 年第八十一本第四分，第 880—882 页。

③ 曹树基、蒋勤：《石仓冶铁业中所见清代浙南乡村工业与市场》，《"中央研究院"历史语言研究所集刊》2010 年第八十一本第四分，第 833—888 页。

④ 曹树基：《石仓洗砂业所见清代浙南乡村工业与市场》，《史林》2011 年第 3 期。

⑤ 松阳县志编纂委员会编：《松阳县志》，杭州：浙江人民出版社，1996 年，第 198 页。

⑥ 蒋勤：《清末浙南的区域市场与"衰而未亡"的土铁业》，《清史研究》2015 年第 3 期。

本人系统搜集光绪时期石仓冶铁各环节的文书，包括邱氏洗砂簿 1 本、阙氏铁器铺账簿 2 本、船户运铁票 12 张、炉户纳税单 1 张、阙氏卖铁收据 1 张。这些材料表明在光绪时期，石仓铁业依然非常活跃。当时石仓至少存在三个活跃的铁炉。进一步发掘其他材料，本人发现石仓铁业面对洋铁冲击时采取了两种应对方式：铁产品销售区域转向本地区域市场，同时倚重生产锅具和农具。

当最重要产品销售区——温州铁业市场——受到洋铁冲击时，石仓阙氏可顺畅地将铁产品销售转向内陆乡村市场。光绪《阙氏宗谱》如此描述翰俊：“翰俊，赞堂其号也……君父子烹炉，时来兰邑售铁，为人慷慨仗义……货殖中一高贤士也。”[①] 翰俊生于嘉庆二十年（1815），卒于光绪四年（1878），其成年之时当在道光十五年（1835）后。其父子二人合办铁炉，道光末年就可将铁炉所炼之铁及铁器，卖至距石仓 350 里之外的兰溪县。

阙玉瑾的两本炼铁账簿表明，石仓铁业出现了从制造生熟铁外销到兼营锅具、农具的转向。《阙玉瑾光绪六年铁器簿》记录玉瑾大量购入生熟铁和铁器的过程[②]；而《正昌记光绪六年铁器流水簿》则是玉瑾卖出锅具、农具的记录。这两本账簿可相互匹配。

（二）经济变动与科举策略

嘉庆年间石仓阙氏冶铁致富后，开始积极参与修建村庙、祠堂等活动，融入本地社会。章毅将此过程归纳为外来移民通过国家化实现本地化。[③] 与此同时，为获取国家认可的士绅身份，科举也成为家族之间竞争的重要领域。石仓科举簿为描绘这一过程提供了鲜活的素材。研究发现阙氏的科举策略与本地的产业兴衰密切相关。

石仓文书中有 6 本科举簿，其中 4 本封面并无名字。为确定人物关系，本人根据民国族谱中《名爵志》建立《石仓阙氏科举功名数据库》；又根据科举簿

---

① 光绪《阙氏宗谱》卷一《传赞》，编号 P5050474。

② 光绪六年，“玉向来新铁六担”，玉向为翰玉四子。上海交通大学历史系藏，编号 SWScan01067。

③ 章毅：《清代中前期浙南移民的国家化与本地化——以石仓祠庙为中心》，《上海交通大学学报（哲学社会科学版）》2009 年第 3 期。

建立了《石仓阙氏科举应试者数据库》，统计 6 本科举簿中各人物出现的频率与次序。分析表明，《阙翰鹤道光三十年入泮簿》和《阙玉璠同治五年科举簿》是簿主翰鹤为其本人与其长子玉璠分别考取武生员和文生员而庆祝的记录。《阙翰鹤同治五年科举簿》记载翰鹤在同治四年至光绪三年设立私塾，帮助族内外举子参加武科举县试的过程与结果。《阙翰鹤同治七年科举簿》记载翰鹤该年带领学生赴松阳县、处州府应试过程及开支。另有两本科举簿记载阙氏玉字辈考生参加武科举县试的过程及开支。

《石仓阙氏科举功名数据库》和《石仓阙氏科举应试者数据库》的匹配存在一个难点：谱名一般严格遵循辈分字号，如翰、玉字辈。学名又称"官章"，多由录取考生的主考官取名，例如翰鹤学名为飞龙，玉熊学名为进璋。在科举簿中，考中生员前通常用谱名，而考中生员后则用学名。阙进璋的武举人朱卷则只用学名"进璋"，未出现谱名"玉熊"。[①] 因此需根据功名信息和族谱上的谱名、学名来综合判定应试者身份。

"在地"与"有机"的分析使得石仓阙氏的科举群体从族谱和账簿中浮现出来。在匹配账簿和族谱人物信息后，研究者就可发现石仓阙氏科举参与的曲折故事。武举人阙进璋曾在族谱中为翰鹤撰写小传，讲述阙氏以翰鹤为中心参与武科举的故事。经过梳理，可以发现阙氏科举策略与当地铁业兴衰的关联：冶铁业最兴盛的嘉庆时期，阙氏多选择捐纳监生；在铁业衰败的道光后期至咸丰时期，部分阙氏则尝试通过文科举实现科举转型，但并不成功；至冶铁业复兴的同治、光绪时期，另有部分阙氏转向武科举，亦商亦武。

（三）物价、工价与家庭消费

在中国经济史领域，物价、工价、地价、税率等经济指标，历来为学者所重视。以往有学者在大样本基础上，利用契约对土地产量进行估算。[②] 利用大

---

① 阙进璋朱卷中的自我介绍如下："阙进璋，字国珍，号连城，行四，道光己酉年（1849）七月十八日生。处州府松阳县学民籍。"上海交通大学历史系藏，编号 SW13060900010。

② 史志宏：《十九世纪上半期的中国粮食亩产量及总产量再估计》，《中国经济史研究》2012 年第 3 期。

样本所做统计，可以展示这些经济指标的变化趋势。但某些基于小样本的估计，则可能面临样本有偏情况，结论就未必可靠。尤其是各个地方的度量衡不一致，导致统计口径存在差异，会对量化分析的可靠性提出挑战。为校正跨地域量化研究中可能存在的偏差，可考虑利用“在地”和“有机”的分析来帮助改进量化研究。

黄冕堂先生搜集地方志、刑科题本等各种资料当中的物价、地价、工价信息，这成为研究历代价格指标的基础。① 而利用石仓地区契约、账簿可构建一个更具整体性的、有机的经济指标体系。

石仓文书中的价格信息有两个特点。首先是时间跨度长。石仓账簿数量有 349 本之多，且横跨 100 多年（1820—1947），记载大量的米价、肉价、铁价等商品的记录。研究者可以尝试建立记载石仓分类商品价格历年变动的面板数据库。其次是记录系统具有整体性，易于进行有效的比较。例如，《阙翰鹤雇工簿》连续 35 年记录家庭雇工情况，这就提供了一份出自同一个地区、同一个雇主的不同工种的工价表。相比利用不同地区、不同材料得到的雇工价格，“在地”“有机”分析展示的工价变动及不同工种工价的比较更为可靠。

图 2 表明，长工工资的变动最为剧烈，而匠人工资则变动缓慢。长工是以年度为雇佣单位的劳动力。翰鹤家基本上每年都换长工，说明当地劳动力市场发达，这也解释了为何长工工资会随经济变动情况进行调整。受道光年间经济萧条② 与咸丰年间太平天国战争的影响③，石仓长工工资两次探底。而乡村工匠工资则相对稳定，只在 1860 年前后上升 20%—30%。可见匠人的工资水平更多时候由乡村长期习惯决定，对外部市场变化的反应较慢。另外，数据表明，银匠与锡匠的工资显著高于其他匠人。

---

① 黄冕堂编著：《中国历代物价问题考述》，济南：齐鲁书社，2008 年。

② 关于道光时期经济萧条原因，有众多文献。参见李伯重：《“道光萧条”与“癸未大水”——经济衰退、气候剧变及 19 世纪的危机在松江》，《社会科学》2007 年第 6 期。

③ 根据光绪《阙氏宗谱》，咸丰八年太平军侵扰石仓，掳走多人。光绪《阙氏宗谱》卷一《传赞》，编号 P5050540。

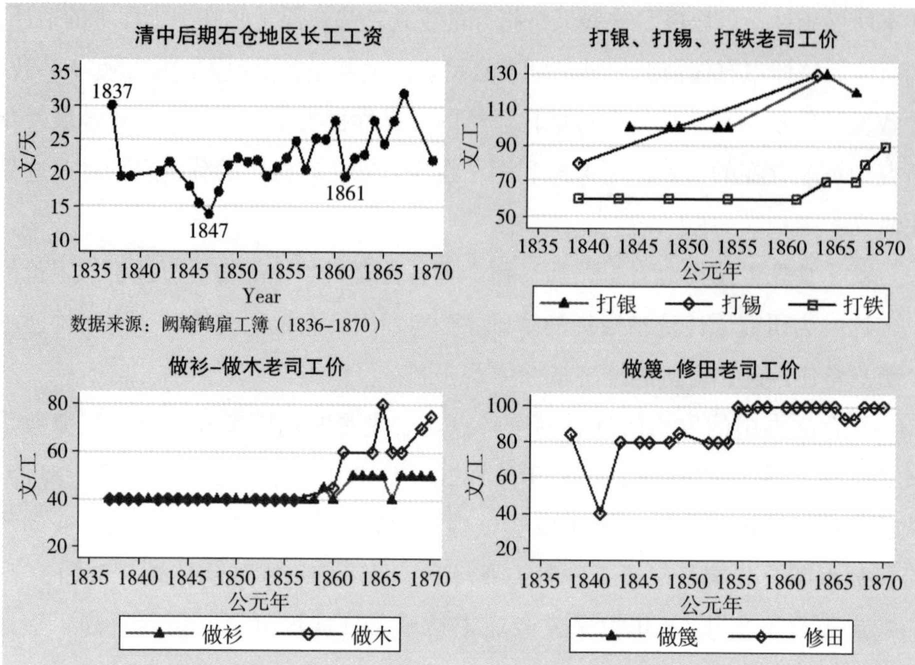

图 2 阙翰鹤雇工工价历年变动（1837—1870）

资料来源：上海交通大学藏《阙翰鹤雇工簿》。

在研究者建立石仓的经济指标后，可沿此思路，对石仓的社会经济生活，进行多变量关系的分析。例如，车群、曹树基利用分家书和族谱人口数据，发现阙氏家族的确根据经济活动的变动，对人口活动进行调节。①

四、"在地"与"有机"方法的学术脉络

上文展示了本人利用"在地"与"有机"方法分析石仓文书的几个例子。下面简要讨论下该种分析方法的学术史脉络。

"在地"视角强调社区情境，是学界普遍认同的一种研究视角。桑兵提出

① 车群、曹树基：《清中叶以降浙南乡村家族人口与家族经济——兼论非马尔萨斯式的中国生育模式》，《中国人口科学》2011 年第 3 期。

“走向历史现场”，试图对历史进行同情之理解。[①] 陈春声进一步提出：“通过实证的、具体的研究，努力把田野调查和文献分析、历时性研究与结构性分析、国家制度研究与基层社会研究真正有机地结合起来，在情感、心智和理性上都尽量回到历史现场去。”[②] 在社会经济史的研究中，“回到历史现场”可避免解读史料时候的偏差。

进入历史现场有两个主要途径：一是文献，二是口述。历史人类学强调口述资料对社会史研究的重要意义，并以口述来补充、校验文献。[③] 在缺乏其他一手文献时，庙、碑之实物及附着其上之文字是重要的历史资料。所以“进村找庙，进庙找碑”的作业模式即体现了文书和口述相结合的研究方法。因此，通过田野考察查找历史遗存，并结合口述材料，这是在民间文书并不丰富情况下，最能接近历史现场的方法。

社会学中也出现了依靠口述资料的社会史研究。转向叙述的社会史研究，相对偏重制度分析与定量研究的社会经济史研究而言，不啻是一个反动。[④] 转向叙述的社会史研究，更关注村庄变迁的深层逻辑：学者会注意村民口述资料的意义，关注其产生背景。此方法应用于口述者亲身经历时较为成功，如用于土改研究。[⑤]

---

① “所谓回到历史现场，不仅要回到一定的空间位置，回到事情发生的那个时代或那段时间，而且要设法回到当时当地，回到事情正在发生的过程之中……尽可能全面地了解所有当事人全部有关言行，并将各种不同的记录相互印证，从而揭示言行的所以然，才有可能整体把握错综复杂的历史事实，通过人物心路历程之真逐渐接近历史真相。换言之，历史真相就在于对所有相互纠葛甚至相互矛盾的相关人事了解之同情的基础之上。”见桑兵：《从眼光向下回到历史现场——社会学人类学对近代中国史学的影响》，《中国社会科学》2005 年第 1 期。

② 陈春声：《走向历史现场》，载赵世瑜：《小历史与大历史：区域社会史的理念、方法与实践》，北京：生活·读书·新知三联书店，2006 年。

③ 赵世瑜：《传说·历史·历史记忆——从 20 世纪的新史学到后现代史学》，《中国社会科学》2003 年第 2 期。

④ 卢晖临：《迈向叙述的社会学》，《开放时代》2004 年第 1 期。

⑤ “二十世纪下半期中国农村社会生活口述资料收集与研究”项目组成果，如李康：《西村五十年：从革命走向革命》，北京大学社会学系博士学位论文，1999 年；郭于华：《心灵的集体化：陕北骥村农业合作化的女性记忆》，《中国社会科学》2003 年第 4 期；方慧容：《“无事件境”与生活世界中的“真实”——西村农民土地改革时期社会生活的记忆》，载杨念群《空间·记忆·社会转型——“新社会史”研究论文精选集》，上海：上海人民出版社，2001 年，第 467—586 页。

"在地"的民间文书分析方法充分利用以村落为中心的文书，对其进行系统化的分析。经济史和历史人类学研究虽多以某区域之研究为名号，不过一旦进入收集材料与分析阶段，亦多以村庄为单位。本文强调借助聚集于特定村落的民间文书进入历史现场，而将口述资料和庙、碑等作为辅助资料。此种作业方式，只是在目前这个海量民间文书涌现的时代才能实现。这是对以往研究方法的扩展和突破。

"在地"方法与历史人类学方法紧密相关，而"有机"分析则是历史学基本方法的体现。傅斯年在二十世纪初提出"史学即是史料学"，并认为避免孤证、利用不同类型史料进行相互校勘是史学的根基。[①]"有机"分析的本质正是一种不同史料的相互校勘。民间文书的"有机"分析的最大特点是以人物关系为中心来建立不同史料之间的关系：首先是通过人物整合、勾连不同性质的资料；其次是通过人物关系，分析社会交往的共性与差异。

建立人物数据库是进行"有机"分析的重要手段。具体到民间文书的研究，通过族谱建立人物谱系，可将不同类型文书中的人物整合，勾勒出人物的交往网络。研究者可按不同标准对人物身份进行分类，譬如根据人物的辈分、亲疏进行社会关系的区分，又或者根据人物的职业与功名进行社会地位的区分。

建立人物数据库后，即可根据各项交易或者往来的属性，对其价格、频次、性质进行比较，看不同亲疏关系、不同职业家户之间往来项目和价格是否存在差异。譬如，最大量的契约是土地交易契约。在乡村土地市场上，土地交易者的身份可能会对交易价格产生影响。族内交易和族外交易的价格是否有差异？个人之间的交易与牵涉特定组织的交易价格是否不同？石仓土地契约中部分个案说明族人之间的土地交易并无优惠。[②]另一方面，石仓土地买卖契约显示，当买方是具备一定公共性的会社时，其置产

① 傅斯年著，雷颐点校：《史学方法导论》，北京：中国人民大学出版社，2011 年。桑兵：《傅斯年"史学只是史料学"再析》，《近代史研究》2007 年第 5 期。

② 曹树基、李楠、龚启圣：《"残缺产权"之转让：石仓"退契"研究（1728—1949）》，《历史研究》2010 年第 3 期，第 125 页。

价格比民田低约9%。[①] 因此，制度安排、宏观经济指标等在某些情况下确实可脱离家户和社区的情境，但“去情境化”的处理将损失颇多有用信息，甚至会有很大偏差。

五、余论：史料与方法的互构

辨识账簿主人，建立账簿之间的关联，并匹配以族谱等外部材料，然后研究者即可开展“在地”和“有机”的分析。“在地”“有机”方法的实质是利用契约、账簿之间的有机关联，进行相互校勘，从而尽力还原真实而全面的乡村生活。这一个工作流程可以说是以文书内部逻辑为核心的资料整理和研究方式。

“在地”与“有机”分析方法的显著特点是对材料的匹配性有相应要求。在村庄一级，要聚集一批彼此相关家户的契约和账簿，委实不易。因此研究者在研究民间文书的时候，需尽力寻找相关的文件，减少脱离情境的分析，在掌握尽可能多信息的基础上再行判断。随着各大收藏机构民间文书目录的陆续公开，研究者有越来越多的机会通过不同的渠道搜集到尽量多相互匹配的文书。在此意义上，大部分民间文书在不同程度上都可应用此分析方法。另外，那些利用零散文书进行大样本量化分析的研究，需要讨论可能存在的偏差的来源和方向。利用归户的民间文书，“在地”与“有机”分析为其提供了校正偏差的机会。

史料与方法存在一个相互匹配的问题。虽然使用新方法后，新史料和旧史料或许都会展现不同以往的面向；但无可否认，新史料本身的特点必定会激发新方法的出现。因此，面对倚重新史料是否会流于“碎片化”的争论，更重要的或许是发掘新史料的特质。以此为基础，可通过发展新方法、拓展新领域来引导社会经济史研究走向深入。

（原载《上海交通大学学报（哲学社会科学版）》2014年第3期）

---

① 章毅、冉婷婷：《公共性的寻求：清代石仓契约中的会社组织》，《上海交通大学学报（哲学社会科学版）》2011年第6期。

上海交通大学馆藏地方历史文献的整理与数字化

赵思渊　汤　萌*

一、文献收集与问题的提出

2007 年，曹树基教授的研究团队在浙江松阳县之石仓乡发现一个宗族近 300 年来的契约文书及账簿等材料。这些材料近年来陆续整理出版，基于此也相继研究了石仓的地权结构、建筑、会社组织、人口增长等。石仓的研究经验被归纳为“在地”与“有机”的方法[①]。

2009 年，曹树基教授注意到由于村落开发、拆除旧屋等因素，大量民间文书流入徽州、浙南等地的古籍市场，这些材料如何流入市场，其最初来自哪个具体的持有者，已难以探知。但这些材料仍可通过书商了解到其来源的地域，尤其在徽州，特定的地域往往与某些宗族密切相关，从而可以间接地了解到文书曾经持有者的信息。此外，根据文书中的人物、地域信息，也可间接地推断文书所属家族或社会组织的信息。因而，这些信息仍然为“在地”与“有机”的研究提供了可能性。

此外，我们也认为在目前国内的文保、科研政策下，材料由高校或公藏机构收集整理更容易为学界所利用。基于以上原因，2009 年至 2013 年，在交通大学支持下，我们陆续抢救性收集来自徽州、浙南、江西、福建等地的民间文书近35万件。

---

* 赵思渊，上海交通大学人文学院历史系讲师；汤萌，上海交通大学图书馆馆员。

① 蒋勤：《清代石仓文书的“在地”与“有机”分析》，《上海交通大学学报（哲学社会科学版）》2014 年第 3 期。

如何整理与利用如此巨量的文献，是近年来我们面临的课题。自收集文献伊始，我们已经确定了以数据库建设为导向的文献整理策略，基于此，我们已经设计了应用于地方历史文献数据库的分类法[①]。此外，如何整合文献整理与数据库建设的需求，相关的研究者也已经提出了工作原则与基本流程[②]。在此基础上，我们也希望推进针对地方历史文献的文献学研究。民间文书以及更宽泛意义上的地方历史文献具有有别于其他历史文献的特性，我们认为文献的特性可以通过整理的过程显现，文献的特性背后则反映了产生文献的历史背景与社会机制。

二、文献整理原则：依据文献的产生来源

民间文书的产生过程与保存形态和一般历史文献学处理的材料有显著差异。通常历史文献学处理的材料是传统典籍，这些典籍一般是某个人或机构的有意识书写，徽州文书等民间文书则是人们在经济活动与日常生活的过程中无意识生产出来的，或可称之为一种非组织化的文献。以明清史学界整理过程最久的徽州文书为例，以下学者们所提出的徽州文书特性，或可启发我们理解民间文书的特性。

表 1 徽州文书特性归纳

学者 提出特性	周绍泉	臼井佐知子	中岛乐章	严桂夫、王国键	刘伯山
	具体性		原始性	系统完成	唯一性
	连续性		时间跨度大	年代跨度大	连续性
	启发性	史料丰富	数量大	数量大	
	真实性		史料丰富		
	典型性				

资料来源：周绍泉：《徽州文书与徽学》，《历史研究》2000 年第 1 期；[日] 臼井佐知子：《徽州文书和徽州研究》，载 [日] 森正夫等编：《明清时代史的基本问题》，东京：汲古书院，1997 年；[日] 中岛乐章著，郭万平、高飞译：《明代乡村纠纷与秩序：以徽州

① 赵思渊、汤萌：《上海交通大学新藏地方历史文献的分类法及其依据》，《上海交通大学学报（哲学社会科学版）》2014 年第 3 期。

② 李芳、陈进、王昕：《上海交通大学新藏地方历史文献的数字化建设规划与实践》，《大学图书馆学报》2015 年第 2 期。

文书为中心》，南京：江苏人民出版社，2010 年；严桂夫、王国键：《徽州文书档案的特点与价值》，《档案学研究》2001 年第 1 期；刘伯山：《徽州文书的遗存及特点》，《历史档案》2004 年第 1 期。

周绍泉先生认为徽州文书具有真实性，因为徽州文书是从实际生活中直接形成的文件。他所说的典型性则是指利用徽州文书可以形成一个个具有代表性的个案研究。臼井佐知子和中岛乐章是日本徽州文书研究的代表学者。中岛乐章所说的原始性，其含义接近与周绍泉先生所述的真实性，特别强调徽州文书来自实际生活。另外，中岛乐章所说的丰富性是指："徽州学研究的最大优势在于，以徽州文书为中心，大量地保存了长时期族谱等文献史料和建筑等非文献史料。……有可能复原包括民众文化、日常生活在内一个地方社会的全貌。"① 严桂夫和王国键是安徽档案馆的学者，他们所说的系统完整，与刘伯山所述的连续性具有相近含义，均强调徽州文书的来源是可追溯的，文书之间的内部联系是有机的，可以复原的。

以上各位代表性学者所提出的徽州文书特性，可以归纳为以下共同点：第一，所有学者都认为徽州文书存量之大，内容之丰富，是同时代其他文献群难以匹敌的；第二，相对于传世文献，徽州文书的特别之处是其保持了原始记录，同时具有完整的、有机的文献内部联系。

也就是说，徽州文书具有原始性、连续性等重要特点，这种特性与现代的档案概念颇有相通之处。凡一切个人与社会团体在日常生活中产生的文件、图片等各类未经知识重组的文书资料，由档案馆等专门机构收藏，即可谓之档案。民间文书虽未入藏档案馆，但就其作为一种组织化的文献来看，与档案是类似的。因而大学、公藏机构入藏民间文书之后，参照档案标准进行整理也是题中应有之义。

这一点之前已经有学者注意到，严桂夫、王国键等学者将徽州文书称为徽州文书档案、徽州历史档案。地方历史文献的保管、整理、分类、编目应当更多地借鉴档案学已有的方法和理论，尤其是档案学最为基础的理论：全宗原则和来源原则。

① ［日］中岛乐章著，郭万平、高飞译：《明代乡村纠纷与秩序：以徽州文书为中心》，南京：江苏人民出版社，2010 年，第 43 页。

全宗原则和来源原则是19、20世纪之交档案学逐渐发展出的档案管理原理。16至18世纪的欧洲国家，其档案管理本来依据“事由原则”，即按照档案内容对档案进行分类保管。19世纪之后，本来的王室档案馆与行政机关文件登记室逐渐转变为国家档案馆，并且从封闭保密转为开放查阅，档案来源与档案查阅需求也随之多元化，因而，本来封闭的，依照逻辑进行主题分类的档案管理办法不再能满足需要。有的档案可以归入多个分类，或者有的档案不能按照现有分类归档，都给档案管理造成困难。

1841年，法国内政部第14号通令颁布省档案馆条理，规定：“来源于一个团体、一个机关、一个家庭或一个人的所有文件要组成一个全宗，档案管理人员不得将全宗拆散或把不同全宗混在一起。”[①] 这一条例规定提出了“尊重全宗原则”（the principle of respect pour les fonds），成为“来源原则”“全宗原则”之滥觞。

继法国之后，德国国家档案馆于1881年发布《国家机密档案馆档案整理条例》，其中提出“国家机密档案馆内文件按其组成部分的来源进行整理”以及“每一机关一旦开始移交文件，就要立即指定一部分库房专放该机关的文件，在这部分库房内，官方文件要保持它在有关机关活动过程中获得的顺序和标志。”也即“登记室原则”，这一原则之后发展为“来源原则”[②]。

来源（provenance）在档案学中指“向文件中心或档案馆移交文件之前，在事务活动过程中形成、保管和/或利用文件的组织或个人。”在此基础上，来自一个组织或个人的全部档案应当作为一个单独的整体保存，不同来源的档案不能混合，这就是现代档案学中通行的“来源原则”[③]。根据来源原则，档案保管必须保持档案的“来源联系”[④]。也就是说，应当以文献产生时的来源单位作为文献保管的基本单位，从而避免打破文献之间既有的有机联系。在整理文献

① 冯惠玲：《论档案整理理论的演变与发展》，载吴宝康、丁永奎主编：《当代中国档案学论》，北京：档案出版社，1988年，第119页；刘金芳：《论来源原则的历史演变》，《浙江档案》2007年第4期。

② 黄霄羽：《魂系历史主义——西方档案学支柱理论发展研究》，北京：中国人民大学出版社，2006年，第35页。

③ 同上书，第31—32页。

④ 冯惠玲、何嘉荪：《全宗理论的实质——全宗理论新探之二》，《档案学通讯》1988年第5期。

时，应当区别针对文献实体的分类法和文献内容的分类法[①]，通过两套分类法的综合编目，达到对文献的整体使用。

三、归户：文献整理的核心概念

什么是民间文书的“来源”？倘若借鉴档案学的整理理论，必须考虑这一问题，基于此，我们将“归户”作为地方历史文献整理中的一个核心概念。

归户是一个来自明清赋役制度的概念，意指赋役过割至地权买入人户，如清初陆陇其总结地方官的为政经验，“受业之家”即地权买入方应当“割税归户”，这里的“归户”是一个动词，为归入买入人户之意。明清之际的赋役制度改革中，“归户”是一个总体性的原则[②]。

> 夫有田则有赋，顽猾抵官者，诚所当治，而善良乐输者，要当与之覆议。其大要，则于移割宜加意焉。产去税存，不可不察，民有以出业报者，便当关会受业之家，割税归户，然后却、与、除、退，庶几无泛追、无滥罚、无推摊抵捱之弊。[③]

清代徽州文书中“归户”也可作为一个名词使用。徽州文书中有一类被称为“归户清册”的文献，通常是一个纳税户所有应纳税粮之土地的登记，与陆陇其所称之“归户”涵义相通。根据目前学界对清代赋役制度的理解，这些纳税户通常是一些虚拟户名，其背后可以是个人、家庭、宗族、会社或其他社会团体[④]。这些“户”是纳税单位，同时也即经济活动的单位，进而也正是产生契

① 冯惠玲、李宪：《中国档案分类法的理论与使用方法》，《山西档案》1989年第2期。

② 刘志伟：《在国家与社会之间——明清广东地区里甲赋役制度与乡村社会》，北京：中国人民大学出版社，2010年，第201页。

③（清）陆陇其：《莅政摘要》卷上，载《官箴书集成》第2册，合肥：黄山书社，1997年，第628页。

④ 刘志伟：《在国家与社会之间——明清广东地区里甲赋役制度与乡村社会》，北京：中国人民大学出版社，2010年，第197—204页。

约文书、账簿等民间文书的基本单位。

整理、研究民间文书的学术史中，刘伯山较早将“归户”作为一项原则，认为徽州文书具有归户性[①]。但在他的编辑和研究中，并未说明“归户”的含义，只是一般性地将同属一个家族的文书称为归户文书。正如档案学对“来源”的理解越趋复杂，随着文献收集越来越丰富，作为文献收集、整理基本单位的“户”“归户”也应当具有更丰富的内涵。事实上，早在1962年严中平先生已经提出一项针对收集工作的建议，希望能够“完整地”收集徽州文书[②]。我们认为严中平先生所说的“完整”已经包含了“归户”的整理原则。

“归户”如同地方历史文献的“全宗”，正如档案保管从事由分类转向来源分类，地方历史文献的保管、整理也必将从内容、年代等原则转向归户原则[③]。因为这些文献正是以“户”为单位产生的，以“户”为单位进行保管、分类，最能够保持文献自身内部的有机联系。同时，“户”的所指也应更加丰富，举凡家户、家族、宗族、会社、寺庙等都可成为一“户”。

以“归户”作为文献征集、保藏、整理的基本原则，在迄今的工作中也是切实有效的。从目前上海交通大学已收藏的地方历史文献来看，不仅徽州地域，中国华南、东南、中南大部分区域的文献都具有归户性。也就是说，至少苏北、浙南、安徽、江西、福建、广东、广西、湖南、湖北的地方历史文献，都可以“户”为基本单元进行整理。

基于归户原则并借鉴档案学的来源原则，文献收藏入馆时，应当保持其来源信息。因此，我们依据文献的市场来源及收购日期为所有文献编号，编号不仅是检索文献的基础信息，也保留了文献间联系。目前我们使用的编号系统由14位数字组成。首两位数字代表收集来源，也即我们收购文书的不同市场来源。这些文献是在四五年时间中陆续收集的，因而文献的收集时间及同一收集时间中不同的批次，构成了文献编号的中间8位，最后4位则是某件文献在该批次

① 刘伯山:《徽州文书的遗存及特点》,《历史档案》2004年第1期。

② 《一九六二年二月六日严中平致中央档案馆函》，安徽省档案馆藏，转引自严桂夫、王国键:《徽州文书档案》，合肥:安徽人民出版社，2005年，第11页。

③ 民间历史文献整理方法演进的学术史，参见杨培娜、申斌:《走向民间历史文献学——20世纪民间文献搜集整理方法的演进历程》,《中山大学学报（社会科学版）》2014年第5期。

中的自然顺序。

同一批次内文献的编号，就按照这批文书最初被打开时所看到的文献摆放顺序，依次编号。目前所收集的单一家族文献最多为900余件，即使其中有多件成册文献，总页数也很难超过10000页；所收集的典籍，单套图书超过10000页的恐亦难见，因此预留四位编号是可行的。在此后的数字化中，扫描时遇到簿册文献，以"-页码"的形式赋予每页编号。

例如，来自歙县二十六都六图的江氏家族的一本100页的抄契簿。文献的收购来源是01，收购时间是2011年12月16日，同一批共收购8个批次的文献，江氏家族序号为01，这本抄契簿恰好是打开包装时放置的第一份文献。

那么这本抄契簿的检索编号应为01111216010001。研究者和整理者在引用这一文献时的格式应为：《光绪十五年江氏抄契簿》，上海交通大学藏，档案号01111216010001。引用其中某一页的格式应为《光绪十五年江氏抄契簿》，第75页，上海交通大学藏，档案号01111216010001，或档案号01111216010001-0075。

基于归户原则对文献的进一步整理是在编目时登记归户信息。民间文书通常来自乡村，清代南方乡村中定位村落的有效线索无疑是各方志《乡都》《都鄙》《乡里》等篇次中记载的都—图—村之信息。都、图是明清时代南方通行的县以下行政区划方式，一个图的范围，大致相当于今天一个行政村的范围，以此来区分不同的户，基本可以保证归户后的每一个户都是一个独立的单元。同一批次同一包装的一组文书，通常具有相同的归户信息。

仍以上述歙县二十六都六图江氏文书为例，这批文书经过整理可确知来自同一家族[①]。文书中所留存的归户册、契约中的买入信息、分家书等都可进而说明这批文书来自歙县二十六都六图，清代歙县二十六都下有7个图，其村落自清中叶的17个增加至清末的32个[②]。这批文书究竟来自哪个村落必须经过专门研究才能确定，仅就整理而言，登记为安徽徽州府歙县二十六都六图足可为后

---

① 其证明过程参见赵思渊：《19世纪徽州乡村的土地市场、信用机制与关系网络》，《近代史研究》2015年第4期。

② 《[乾隆]歙县志》第一卷《都鄙》，第20页；《[民国]歙县志》第一卷《都鄙》，第4页。

来的研究者提供必要之线索。事实上，在徽州等较为发达的文书市场中，书商也会利用其收购线索或判读文书的经验，以“都—图”形式编制文书目录，在批量整理中，我们也会利用这些信息。

因而整理中归户所登记的信息包含 6 个层级，如下：

省—府（州）—县（州 / 厅）—都（区）—图（保）—村落名—姓氏（商号 / 寺庙名）

都、图的序号用阿拉伯数字输入目录。如果同时能确定所属村落，亦标明所属村落。有的文献来源不是家族，而是商号或寺庙，按照来源原则，就以该商号或寺庙作为基本单元。上述的江氏家族，归户格式为：安徽省徽州府歙县二十六都六图江氏。又如婺源的江湾乡大道号商铺，归户格式为：安徽省徽州府婺源县七都十图大道商号。

有的府、县的行政区划在历史时期发生过调整，我们的意见是以《清史稿・地理志》的划分为基准，因为本标准主要是适用于历史文献，尤其是明清文献。例如婺源县民国后被划入江西省，但在归户编目中，仍然将其划入安徽省。

有的地区县以下行政区划不是“都—图”，而是“都—保”或其他形式，应当遵照当地的区划，但仍以两个层级为准。民国推行保甲法之后，“都—图”的区划被改为“区—保”。一般情况下，区—保的编号与都—图的编号相同，这时归户仍用都、图表示。区—保的编号与辖属范围发生变化的，由整理者进行判断，能够确定其原属都、图的，同时用都、图和区、保归户，不能确定原属都、图的，用区、保归户。编制目录时，以都、图为主，或加注说明文字。实际操作中，我们的做法是选择各县清代最晚一版地方志中的都—图、都—保信息进行著录[①]。

四、转化为可分析文本：扫描、录文、元数据

文献数字化事实上包含两部分内容：数字化（digitalization）与数据化

① 以上地域代码编制方法参见汤萌、李芳、王昕.《历史地理信息的获取与标准化——以上海交通大学馆藏地方历史文献为例》,《图书馆杂志》2016 年 11 月（网络出版）。

（datalization），前者是将文献的物理形态转化为电子形态，予以储存、使用，后者则是将电子文本转化为可分析的数据，这些数据将在进一步的研究中发挥巨大效用。

这里所说的“可分析”包含定量与定性的分析方法。定量分析针对文献中包含的数字信息如物价、产量，以及文献本身所呈现出的数量特征，如文献数量、文献涉及人物数量等等。另一方面，应用词频分析、关系网络分析等方法，则可对文本作定性的研究。

基于此，我们陆续将全部馆藏文献处理为电子档，所有文献扫描时都形成高质量与标准质量两个文件，高质量版本用于本地存储或今后出版，标准质量版本则用于调取阅览或输入数据库。

扫描本身虽然没有技术障碍，但需要比较有效的现场管理。批量扫描中，遇到破损严重需要先修复后扫描的，需要建立跟踪档案，先送入修复，再返回扫描，最后放入原本的文献包，按照编号顺序摆放保藏。另外，遇到超大幅面不能用一般扫描仪处理的，也要转出用大幅扫描仪或高倍相机处理，同时建立跟踪档案，最后转回原文献包。

建立扫描图档后，提取可分析的数据或者是依靠制作全文档（full-text archives），或者是建立元数据（metadata）表，或对文本进行半自动标记（semi-automate tag）。目前为止，中文手写文献似乎还没有很好的 OCR 手段，因此制作全文档只能人工录入。在此前的《石仓契约》等出版文献中，我们曾经的录入标准是“原字仿真”，但在以数据库应用为目标的情况下，则应全部以 GB32 标准的繁体字录入。一方面原因是“原字仿真”应用于批量录入不论训练或校对，工作量都太过巨大，特别是一些异体字、俗字，究竟如何处理算作“仿真”也是整理者始终面临的难题，且需要耗费大量精力用于自造字库；另一方面，就数据库的使用需要来说，“原字仿真”并非特别有效的方式，使用者必然要用标准汉字进行检索，如果是对字体、俗字等问题感兴趣的研究者，数据库提供录文与图档的对照，一样可以满足需求。

文献数字化中，制作元数据是有效利用文献的主要方法之一。目前上海交通大学所藏地方历史文献所使用的元数据格式由 17 项元素组成，这一元数据格式的理论依据及论证过程已有专文阐述[①]，这里仅说明整个元数据的基本结构及其在应用中的涵义。

我们所使用的元数据格式试图描述三类元素，其一是识别每一件文献，并说明文献的性质，如文献编号、资源类型。其二是对文献内容的描述，地方历史文献所涉及的内容千差万别，涉及能够适用于全部文献的元数据元素是非常困难的。因此元数据的设计必须具有高度的弹性，能够涵纳多数文献，如文献名称、涉及人名（事主）、文献归户、日期等，是几乎从所有文献中都能找到的。但另一方面，针对存量特别多的文献，也需要一些专门的设计。从目前粗略的统计看，契约、账簿所占比例占到文献收藏的 60% 左右，因此也涉及了如事由、金额等特别与此类材料有关的元素。

目前，我们已经按照以上元数据标准编目了 13.5 万条，在已经发布的《上海交通大学馆藏地方历史文献数据库》中，也采用了这一元数据格式。元数据格式中的各个项目可以在数据库中交叉检索，这一方法可以大大提高文献检索的准确率。

上海交通大学目前尚未在文献整理中应用或开发文本半自动标记工具，但是社会学界及数字人文领域已有一些可应用于中文文献的半自动标记工具[②]，可以预见，这将成为今后的一个趋势。

五、小结

上海交通大学地方历史文献的整理可以分为收集、入藏、登记编号、修复、转化为可分析文本、保存六个环节，“保存文献产生来源的信息，保持文献间的关联性”是我们在整个整理流程中始终贯彻的原则。基于此原则，我们参照档案学的“来源原则”并援引历史学界所提出的“归户”概念，最终的目标则是将所有文献转化为可分析文本，为学界提供一个真正的海量文献数据库。

---

① 王昕、李芳、张洁：《地方历史文献数字化的关键问题研究》（未刊）；张洁、李芳、汤萌：《契约文书描述性元数据规范设计与应用》（未刊）。

② 何浩洋：《MARKUS：中文古籍半自动标记平台》，https://www.academia.edu/11078612/MARKUS_%E4%B8%AD%E6%96%87%E5%8F%A4%E7%B1%8D%E6%96%87%E6%9C%AC%E5%8D%8A%E8%87%AA%E5%8B%95%E6%A8%99%E8%A8%98%E5%B9%B3%E5%8F%B0，2015 年 3 月访问。

四、回顾与展望

明清民间文书收集整理的变迁、现状与展望

杨培娜　申　斌*

近年来，民间文书、地方文献的收集整理渐成学术机构科研申报和地方政府文化工程的一个热点[①]。郑振满提出应该在各地民间文献收集整理研究基础上进行总体性思考，建立民间历史文献学[②]；黄正建提出应该打通甲骨文、金文、简牍文书、敦煌吐鲁番文书、黑水城文书、徽州文书等明清文书，建立中国古文书学[③]，可视为这一趋势在学理上的反映。本文拟结合我们在中山大学从事民间文献调查和徽州文书整理的工作经验，首先概述明清民间文书收集整理方法的变迁，然后介绍"进村入户收集"和"市场购买"得来的民间文书在整理中所面临的问题与处理方式，最后略陈自己对整理工作未来可能性的浅见。本文对收集整理变迁的介绍偏重于其学术理念与实际操作方法，因此只选取若干典型案例分析，而不追求对既有全部民间文书整理作面面俱到的综述，因此造成

---

* 杨培娜，中山大学历史系副教授；申斌，北京大学历史系博士生。

① 高校以此获得的重大课题比如中山大学、凯里学院、贵州大学共同获得的2011年国家社科基金重大项目"清水江文书整理与研究"，地方政府以此进行的文化工程比如温州市政府于2012年启动的温州市民间历史文献征集项目。

② 郑振满：《民间历史文献与文化传承研究》，《东南学术》2004年增刊；郑振满：《新材料与新史学：郑振满教授访谈》，《学术月刊》2012年第4期。

③ 黄正建：《"中国古文书学"：超越断代文书研究》，《中国社会科学报》2012年7月25日。

的疏漏尚祈见谅[①]。

目前史学界对文献、档案、文书、民间文献、民间文书、地方文献等概念界定不一而足，其主要原因在于，这些概念本身多是学者基于其处理具体文献的经验积累提出的，均着眼于凸显特定类群文献的某一方面特征，而非从整体性出发。目前的研究程度还不足以支持提出一个整体性架构，而且生活实践中文献身份的多歧性（详后）也使得在逻辑上周延的概念判断和不重不漏的分类法几乎不可能。本文无意作概念辨析，只是为了后文叙述方便作一个最基本的经验性界定。本文中，文献指的是用文字记录下的信息，文书指的是人们在处理实际事务过程中直接形成的文献[②]。文书有多种留存形态，如原件、手抄副本、公布性文书副本（邸钞、作为私人张贴的启事的“揭帖”）、被刻于碑石上的文书（如圣旨碑、禁约碑）、参考备查性文书汇纂（专门的汇纂：则例、事例、省例、抄契簿；涵盖的汇纂：家谱）、公布性文书汇纂（诏令奏议集、公牍集、别集、地方志）、摘引文书内容的文献（实录、会典）等。不同形态的文书，其形式乃至内容都有可能存在差异，而尤以后三种明显，其编辑改动情况以及改动原因背景是我们需要注意和思考的。而且文书的物质载体性质会影响甚至规制当时文书的使用状态与今天的解读技术，碑刻上的文书所具有的社会文化意义与文书原件不完全相同。因此，当仅着眼于文书内容格式时，固然应该将各种物质载体（纸质、石刻等）的文书一并考虑，但具体到一件文献，则石刻文书似首先应被作为碑刻这一个文献留存体来考察。而且文书与非文书的文献之间存在模糊地带，比如实录、族谱一般不被认为属于文书，但是纂修《实录》过程

---

① 全面梳理契约文书整理出版情况的有刘洋：《近三十年清代契约文书的刊布与研究综述》，《中国史研究动态》2012 年第 4 期。近年来文书收集项目甚多，以山西为例，则有如山西大学郝平主持的清史编纂委员会项目“清代山西民间契约文书”（2009）、山西省高等学校哲学社会科学研究项目“清代山西民间文书搜集整理与研究”（2012）、国家社科基金项目“民国山西民间契约文书搜集整理与研究”（2014），河北大学刘秋根主持的国家社科基金重大项目“山西民间契约文书的搜集整理与研究”（2014），另据悉刘建民将出版其个人收藏汇集的契约文书——《晋商契约文书资料汇编》。因均尚未见到实际文书整理成果，无从评价，故从略。

② 这个界定参考了档案学对档案概念的定义。

中的各种送审稿本、编纂族谱过程中的资料抄件如何归类，就比较模糊了[①]。就19世纪中叶以前的汉文文书而言，从文书的产生与保存角度看，文书粗略可以划分为衙门公牍与民间文书两大类[②]。但是这两者之间也存在模糊地带，比如官府衙门里面保存有百姓呈递的状纸、作为证据的契约，而民间也留有官府下发的税票、佥票，抄纂有官府的判词，这些在官民之间使用的文书及其衍生形态可以说具有双重性。就本文而言，所讨论的明清民间文书载体限于纸，记录方式以手写为主，不包括印刷品（雕版、活字）和拓片（本质上与碑刻相同），但是税票、鱼鳞册等仅印刷格式套语，主体内容仍然依靠手写的仍属于文书的范围。

一、明清民间文书收集整理方法的变迁[③]

（一）民间文书收集研究的发端

从研究角度对中国民间文书进行收集，起于1901年日本殖民者设立的临时台湾旧惯调查会第一部所进行的私法惯习调查。调查中，调查员收集了大量的契约、合同、票据、执照、商业账簿、分家书、婚书等资料。在访谈和整理这些文书基础上，他们按照德国民法框架将中国老百姓处理生活中民事关系的乡规俗例进行系统整理，编成《临时台湾旧惯调查会第一部调查第三回报告书·台湾私法》（1910—1911），包括不动产、人事、动产、商事及债权四编，涵盖了庶民生活最主要的方面：财产关系、亲属继承关系、商业关系。文书则被选择编辑为附录参考书，作为补充说明。这次调查开启了收集民间契约文书，并根据契约类型、结合民法理论分析传统中国社会秩序的传统。法学视角和根

① 对民间文书而言，这种模糊性更为明显。一般而言，契约文书、账本被作为民间文书的典型代表，而族谱、科仪书、宝卷、日记、唱本等一般被作为非文书的民间文献处理。

② 19世纪中叶以降，民间文书与衙门档案之间出现了中间地带，例如企业档案（刘鸿生企业）、商会档案等近代大机构档案。其产生、传承不同于民间文书，而更接近政府档案。

③ 关于这一问题，可以参考杨培娜、申斌：《走向民间历史文献学——20世纪民间文献搜集整理方法的演进历程》，《中山大学学报（社会科学版）》2014年第5期。

据契约类型、以民法为基础的文书分类法深刻影响了后来台湾和中国大陆的民间文书整理和研究。此后，日本的南满洲铁道株式会社又在东北等地进行旧惯调查，并出版了《满洲旧惯调查报告书》(1913—1915)，针对契约文书的专门研究也开始了[①]。中国方面发起的契约文书调查是清末民初为编订民法进行的民商事习惯调查。这次调查范围遍及全国，搜集了很多契约、会书等资料，据此总结出民商事惯习，按照债权、物权、亲属、婚姻、继承的民法体系加以条理，后出版有《中国民事习惯大全》和《民商事习惯调查报告录》。此外，根岸佶、仁井田升、今堀诚二等日本学者对中国社会进行实地调查收集文书，东亚研究所等机构也收集一些江南的鱼鳞册和租栈文书，成为战后日本学者从事研究的重要史料[②]。

与此同时，在史学内部也出现了关注民众和社会科学化的趋向，史料范围也随之扩展。傅衣凌、梁方仲等利用存于民间的文书，在中国社会经济史研究中取得了开拓性成果。傅衣凌利用明清土地租佃契约撰写了《福建佃农经济史丛考》[③]，在该书的集前题记中，傅衣凌提倡搜集“民间记录”，如商店账簿、民间契约[④]。梁方仲在进行田赋史研究的过程中，特别强调需要注意“赋役全书、粮册、黄册、鱼鳞图册、奏销册、土地执照、田契、串票，以及各种完粮的收据与凭单”等“与田赋有关的实物证据”[⑤]。这些研究使契约文书的使用突破了单纯的法权关系探讨，而扩展到描摹社会经济实际情形，但这在当时的中国史学界不是主流取向。在20世纪50年代之前，有意识地收集明清民间文书的规

① 如［日］矢野春隆：《華北地券（契）制度の研究》，南满洲铁道株式会社经济调查会，1935年；［日］石田文次郎：《満州に於ける契の研究》土地制度调查会资料第2号；［日］清水金二郎：《契の研究：满・支土地慣行規範について》，京都：大雅堂，1945年。

② 二战后，日本学者利用这些资料对清代及民国时期的土地制、地主制作了深入研究，参见［日］鹤见尚弘著，姜镇庆等译：《中国明清社会经济研究》北京：学苑出版社，1989年；［日］村松祐次：《近代江南の租栈》，东京：东京大学出版会，1970年；［日］天海谦三郎：《中国土地文書の研究》，东京：劲草书房，1966年。

③ 傅衣凌：《傅衣凌自传》，《文献》1982年第2期。

④ 傅衣凌：《福建佃农经济史丛考》，邵武：私立福建协和大学中国文化研究会，1944年，第1—2页。

⑤ 梁方仲：《易知由单的研究》，载刘志伟编：《梁方仲文集》，广州：中山大学出版社，2004年，第333—334页。

模是非常小的，也是困难的，因为这些文书本来就是老百姓生活日用之物，无故绝不会出售流失。傅衣凌所利用的文书是为躲避日军轰炸撤到福建永安黄历乡时在无主破屋中无意发现的，抗战后方豪曾在南京购买过若干徽州文书[①]，这应该与战乱导致文书流散有关。

（二）大陆社会巨变与五六十年代的民间文书流散及收集

中华人民共和国成立后，随着土地改革等一系列社会经济巨变和政治运动，土地契约等民间文书不但失去了实用价值，而且被视为封建糟粕成了抄家时的主要战果，保存这些文书都会成为罪行[②]。在此背景下，原来被珍藏于各家各户的民间文书或被抄没或被丢弃，作为废纸大量流进了废品收购站。在文书流出之始，也并无学术机构或公藏单位给予重视。转变的契机源于抢救和文书一起流进废品站、造纸厂的珍稀古籍。1956 年，屯溪市新华书店设立古籍书店负责古籍收购。1957 年，该店店员余庭光在祁门县供销社废品收购站发现了大量契约簿册，由于其中有宋代的契纸，所以就也将其买回来，并且开始先按照朝代、再按照类型分类，做财产登记。为了进行销售宣传，余庭光在《人民日报》《文物参考资料》上发表了相关报道，同时编纂《屯溪古籍书店古旧书刊简目》分寄给全国有关单位，各单位照此选购[③]。自此开始徽州文书的收集进入了公藏机构、学术单位的视野[④]。

屯溪古籍书店和余庭光抢救了徽州文书，其所做的初步编目工作也贡献极

---

① 20 世纪 70 年代方豪据此整理出了《乾隆五十五年自休宁至北京旅行用账》《明万历年间富家产业抄存》《乾隆十一年至十八年杂账及嫁妆账》《战乱中所得资料简略整理报告》，发表于台湾的《食货月刊》1971—1973 年。

② 例如新华网贵州频道报道《天柱一户农家珍藏 60 份契约文书》就提供了清代至民国时期人们对这些契纸如何珍视，"文革"中保存契约需要冒何种风险的鲜活例证。http://www.gz.xinhuanet.com/2014-12/29/c1113811594.htm［2015-06-09］

③ 参见严桂夫、王国键：《徽州文书档案》，合肥：安徽人民出版社，2005 年，第 2—10 页。又可参见汪志伟：《余庭光——"中国历史文化第五大发现"的第一功臣》，《徽州社会科学》2005 年第 5 期，但该文中存在若干时间错误。

④ 此时期，傅衣凌利用徽州文约发表了《明代徽州庄仆文约辑存——明代徽州庄仆制度之侧面的研究》（《文物》1960 年第 2 期），科学院经济所利用宗祠祭祀账簿整理出了 1700—1937 年的物价银价统计。

大。但是由于这些文书是从废品站抢救回来或者从书贩处购进，所以文书已经失去了系统性，而一些销售策略（比如选择搭配历代赤契以高价销售）以及买家的选择性（比如北京的中国书店购买了大量文书，而上海的古籍书店则购买了大量的古籍与族谱）又进一步加剧了对文书关联性的破坏。1962 年，严中平即针对徽州文书原件因为分散销售而无法使“同一地区的多种原件互相补充”的情况，给中央档案馆写信，提出应该保持徽州文书的“完整性”[①]，但不久即因文化大革命而陷于停顿。除徽州文书外，此时期厦门大学、福建师范大学在傅衣凌影响下对福建民间文书开始进行收集，但大多也限于抄没文书（即从地主家抄出而存放于阶级斗争展览馆等处的契约文书）[②]。邓拓收集北京门头沟煤矿业契约文书，并配合调查对明清北方资本主义萌芽问题作了探究，并且提倡“史籍研究和实地调查相结合”的方法[③]，受到学界重视，而汤明檖等在梁方仲指导下对其分析中的失误的批评则提示我们契约文书的全面系统整理和细密的字词训诂十分重要，解读民间契约文书同样需要有深厚的典章制度知识[④]。中国科学院经济所则对北图所藏河北宁津县大柳镇统泰升记商店账册作了整理[⑤]。

（三）七十年代民间文书收集整理新方向在台湾和日本的出现

在大陆民间文书收集整理陷入停顿之时，台湾的古文书收集整理于 1976 年在王世庆主持下开展起来[⑥]。其工作步骤是先探访家族、收藏家及相关机构是

---

① 参见严桂夫、王国键:《徽州文书档案》，合肥：安徽人民出版社，2005 年，第 11—12 页。

② 后来杨国桢将其中一部分整理成《清代闽北土地文书选编》，发表于《中国社会经济史研究》1982 年第 1、2、3 期。

③ 邓拓:《从万历到乾隆——关于中国资本主义萌芽时期的一个论证》,《历史研究》1956 年第 10 期。

④ 汤明檖、李龙潜、张维熊:《对邓拓同志“从万历到乾隆”一文的商榷和补充——并试论处理和运用实地调查材料的方法》,《历史研究》1958 年第 1 期。

⑤《北直隶宁津县乡镇的零售物价和银钱比价指数（1800—1850）》，载严中平等编:《中国近代经济史统计资料选辑》，北京：科学出版社，1955 年，第 38—39 页。

⑥ 关于台湾的民间文书收集整理，详参涂丰恩:《台湾契约文书的搜集与分类（1898—2008）》,《台湾文献》2012 年第 63 卷第 2 期。

否保存有相关古文书，然后与主人协议将古文书借出裱糊并且影印摄影，再将原件返还给文书主人。然后依据内容对影本进行分类，出版分类目录[1]。每一件文书按照“分类号码、总号码、名称、年代、张数、收藏者、收藏者地址、备考”进行著录。每一辑文书的分类法大致相同，但会根据各辑所收文书情况有所调整。根据前五辑，一级类目为：01 谕示、案册、指示、联约、派令、执照、要请、申告书、庄约；02 房地契单、田园图；03 租税契照、请管事约字；04 财产分配、分管契；05 典胎及贷借契；06 人事契字；07 诉讼书状；08 商事簿契；09 水利契照；10 番字契；11 文教文书；12 其他。很显然这一分类法具有“文书内容与类型相结合，参照民商法体系”的特色，鲜明体现了《台湾私法》的深刻影响。而且不按照文书来源，而根据文书内容类型分类编排的方式也体现出文书整理和研究上的法学视角，这也与《台湾私法》确立的传统一致。不过明确注明每一份文书收藏者、收藏者地址的做法虽说主要是由于其“不取走原件”的做法，但事实上凸显了文书来源，让使用者追寻同一来源的文书群全貌成为可能。另外，其确立的“文书仍由原持有人保存、整理者复制副本”处理方式开创了民间文书收集的新范式。

开启文书整理方式变革的是 1975 年佐伯有一在东京大学东洋文化研究所组织的“17 世纪以后东亚公私文书的综合研究”项目。在对东洋文化研究所所藏中国土地文书整理中，确立了一些文书整理的原则。这些原则包括：（1）文书群分类原则。文书根据原保有者名字分类归并，设立文书群，原保有者不明的按地域归并设立文书群。（2）文书群内的排列方法。先按照文书的种类分组，每组内再按照时间顺序排列。依照此顺序给文书打上整理编号。（3）给各文书群撰写解说，包括对文书群整体性介绍的概要和选择出来的文书样例的解说两部分。（4）对每一件文书，按照文书名、制作年代、发件人、收件人、地名、备考等项目逐一登记相关信息。根据文书来源和保有者设立文书群作为整理单位，凸现了来自同一保有者的不同类型文书所构成的文献整

① 王世庆：《台湾地区古文书之调查研究》，《台湾史料论文集》（上册），台北：稻乡出版社，2004 年，第 341 页。影印件题称《台湾公私藏古文书汇编》，共 10 辑，其中一——六辑又分别编有《台湾公私藏古文书汇编目录》，由台北环球书社 1977—1981 年出版。

体情况，与此前按照契约类型 / 内容，参照民商法框架分类的整理、研究方式相比，这是民间文书整理理念和方法上的大转变，更加尊重了文书群自身内在的关联性①。

（四）八九十年代大陆的民间文书整理

70 年代中后期开始，章有义、叶显恩、杨国桢等开始发表利用徽州文书、福建文书撰写论文，章有义从学理上批评了历史研究不重视地点差异的问题，他以特定簿册为基本史料进行研究，体现了对史料来源同一性的重视②，叶显恩则开创了综合利用方志、族谱、契约文书、账册探讨区域社会史的路径③。进入 80 年代，福建、广东等地开始了新的文书收集工作，社科院、安徽省博物馆等机构对五六十年代所购徽州文书的整理成果在 80 年代中后期也陆续出版。这一阶段主要以整理公藏机构既有的民间文书为主，进村入户收集文书尚不普遍，甚至在 90 年代末很多学者认为民间已经很少有明清文书了。而文书整理方式总体上说，采取的多是“类型 / 内容分类，时间排序”的方式。

由于徽州文书来自收购，而且在复杂销售环节中又遭打散，其系统性已经难以找寻，所以此时期徽州文书整理成果基本都是采取“类型 / 内容分类，时间排序”的方式④。安徽省博物馆编纂的《明清徽州社会经济资料丛编》第一集，社科院历史所编纂的《明清徽州社会经济资料丛编》第二集、社科院历史所王钰欣、周绍泉编纂的《徽州千年契约文书》等都是如此或略有变

---

① ［日］滨下武志、久保亨、上田信等编：《东洋文化研究所所藏中国土地文书目录 · 解说》，东京大学东洋文化研究所附属东洋学文献中心刊行委员会，1983—1986 年；参见［日］寺田浩明：《日本对清代土地契约文书的整理与研究》，载《法律史研究》编委会编：《中国法律史国际学术讨论会论文集》，西安：陕西人民出版社，1990 年，第 359—374 页；［日］岸本美绪：《东京大学东洋文化研究所契约文书研究会的 30 年》，《史学月刊》2005 年第 12 期。

② 章有义：《明清徽州土地关系研究》，北京：中国社会科学出版社，1984 年，“前言”，第 1—7 页。

③ 叶显恩：《明清徽州农村社会与佃仆制》，合肥：安徽人民出版社，1983 年。

④ 但如后所述，即便是转手收购来的文书，也并非完全没有尝试恢复文书群的可能。

通[①]。在单件文书的题名、录文方面它们作出了示范,《明清徽州社会经济资料丛编》第一集和第二集所制表格，详细开列每份契约的馆藏号、时间、地点、卖者、契首称谓、契尾称谓、田土来源、买者、与卖者关系、出卖原因、田土数量、价格、佃人姓名、租额、白契红契、备注，相当于对文书进行了详细著录。特别是社科院历史所的周绍泉、栾成显、王钰欣等学者不但为徽州文书等民间文书题名的标准化作出了探索，而且提出了具有较强可行性的徽州文书分类法[②]。更重要的是他们总结出了利用官印、行文用语的避讳、时代特色内容、借助家谱方志、都图字号来判断时代，利用官印、乡里村镇地名、都图字号、上下手契、族谱、文书来源地、所记建筑物、关联契约判断属县等方法，为民间文书整理研究辅助工具的完善做了重大贡献[③]。不过当时对地点的考证止于判断属县，这主要是因为继续考证不但可能性较小而且工作量剧增，但也与当时一般认为到县一级已经足够具体，并不特别注意文书形成背后特定人群的观念有关。

文书的收集整理状况与研究取向是相互影响的。失去了文书群完整性和关联性的文书无法支持具体到特定村落、人群的研究，因此微观研究只能如章有义那样限于以特定簿册为对象，或者如杨国桢那样以县为单位，网罗所有相关契约，对租佃关系等特定主题进行研讨[④]。反过来这样的研究取向也不自觉地“重物轻人”，即重视文书内容所反映的交易性质及其所在地，而相对轻视文书授受双方的社会交往网络与所在地，这进而影响到文书整理方式。这鲜明地体

① 安徽省博物馆编:《明清徽州社会经济资料丛编》第一集，北京：中国社会科学出版社，1988年；中国社会科学院历史研究所徽州文契整理组编:《明清徽州社会经济资料丛编》第二辑，北京：中国社会科学出版社，1990年；中国社会科学院历史研究所编:《徽州千年契约文书》，石家庄：花山文艺出版社，1993年。第一种将契约分为卖田契、卖田皮契、卖地契、卖山契、卖塘契、典当田地契、加价契、租田地文约、租山文约、庄仆还约文书、兑换田地文书、卖屋契、卖地基契、典屋契、租屋文约、卖身契、借贷券、其他（分界合同、纳税合同、祭祀会合约等）十八类，每一类内按照时间顺序排列。第三种分为散件文书和簿册文书两大类，每类内按照时间排序。

② 分为土地关系与财产文书、赋役文书、商业文书、宗族文书、官府文书、教育与科举文书、会社文书、社会关系文书、其他文书九大类，下面还设有二级、三级类目。

③ 王钰欣等编:《徽州文书类目》，合肥：黄山书社，2000年，“前言”，第6—9页。

④ 杨国桢:《明清土地契约文书研究》，北京：人民出版社，1988年。

现在《闽南契约文书综录》的编纂上。

福建文书收集的情况比较复杂，有的是1963年抄录自南平阶级斗争展览馆展出的抄家所获文书，但更多是厦门大学师生1983年以来在福建各地农村实地收集来的，还有一些是从族谱中辑录出来的[①]。故此文书全部可以明确所属县份，甚至连村落家族都是明确的，按照文书群编辑是可能的。不过《闽南契约文书综录》并没有采取按照文书群编纂的方式，而是采取了一种折衷方式，类似《台湾公私藏古文书汇编》处理方式而更注重地域性。杨国桢专门谈到《闽南契约文书综录》编纂体例问题，他力图吸收（a）"以文书体系为原则，打破原文书群界限，按照文书分类和立约年月顺序排列"和（b）"以保留原文书面貌为原则，不论文书类别和立约年月顺序，甚至有其他类型的公私文书混杂其中"这两种方式的长处加以糅合。具体而言，收录对象限于契约文献，不收录其他官私文书。文书编排原则为：（a）按照契约对象物（土地）所处地域，以县为单位划分为若干单元；（b）每单元下，按照契约文书种类性质分类立项；同一项下按照契约对象分类立小项；（c）每项下契约按照立约年月先后顺序编列。之所以按照契约对象为准以县为单位划分，是因为"契约关系的成立""一律遵从契约对象物所处的地点的时价和当地使用契约的习惯"，这样编纂更能"直接反映各地的契约惯习和社会关系、经济关系"。以县为单元则是为了"反映闽南契约关系的内部差异"。同时，每张契约标题后标注了其所属原文书群代号，"为需要了解原文书群面貌的学者提供检索的方便"，并且在各单元开头作了文书来源的说明，书末编制了原文书群索引和人名索引[②]。由此我们可以看出他的首要学术关心在于契约习惯，而不是透过契约来看使用契约的人的活动。他的研究既隐约接续了战前日本学者和战后台湾学者从法学角度对中国契约的研究，又体现了傅衣凌提倡的小区研究的特色。可以说杨国桢《闽南契约文书综录》的整

① 杨国桢：《清代闽北土地文书选编》，《中国社会经济史研究》1982年第1、2、3期；《闽南契约文书综录》，《中国社会经济史研究》1990年增刊。傅衣凌、陈支平：《明清福建社会经济史料杂抄》共十一篇，连载于《中国社会经济史研究》1986年第1期至1988年第3期。

② 杨国桢：《编者的话》，《中国社会经济史研究》1990年增刊《闽南契约文书综录》。

理方式是在以特定主题研究为目的"类型 / 内容分类，时间排序"总体思路下最好的一种整理方式，既方便了专题研究，也保存了原文书群的线索。针对特定主题对文书进行聚类研究，迄今仍是运用民间文书从事学术研究的两大途径之一（另一途径是"在地""有机"的区域社会史），有着重要的学术价值。

（五）二〇〇〇年以降理念转换与文书收集整理的新格局

2000年以降，民间文书收集整理逐渐趋向将文书收集与田野调查结合，高度重视同一来源文书群的完整性、系统性。理念转换不是一蹴而就的，前述傅衣凌的研究、严中平的倡议、章有义的批评、台湾古文书的收集、东洋文化研究所的整理、杨国桢等厦门大学师生的进村收集文书和《闽南契约文书综录》文书群索引的编纂都可以看作理念转换的先导和准备。但如前所述，注重文书的区域性，并不等于注重文书产生的社会脉络。区域性的重视可以只是为了凸显某一研究事项的地方性差异，而不是为了关心特定时空环境下具体人群的行为机制及其在活动中形成留存下来的文献整体。民间文书收集整理理念转变受到两个动力的推动，一是中山大学、厦门大学推动的明清区域社会经济史研究向历史人类学的转变，一是刘伯山在个人收购、整理徽州文书中提出的"归户性"概念以及文书数量激增的现状。

中山大学、厦门大学历史系学者在与香港、台湾及英美人类学家自20世纪80年代以来长期合作基础上，逐渐形成了进村入户，将民间文献收集解读与田野调查访谈相结合，在一个立体的史料综合体中追寻小区社会历史的内在脉络、探究人的行为机制和社会运作的取向[①]。这个后来被称作历史人类学的研究取向之根本理念在于把作为能动者的人当作历史的主体，以人的行为作为历史解释的逻辑出发点，而不是把国家等集体行动者作为历史主体[②]。沿着这个思路，在使用文献史料时，自然首先要问的问题就是"文献是谁的文献"，考虑

① 陈春声：《走向历史现场》，《读书》2006年第9期。

② 刘志伟、孙歌：《在历史中寻找中国——关于区域史研究认识论的对话》，香港：大家良友书局有限公司，2014年。

文献的生产主体、使用主体与持有主体，而不是首先去关注“文献记载了什么内容”。由此，民间文书的使用方式逐渐从自其中抽取特定要素加以类型化分析走向了在文书产生的地点，借助对文书持有人的访谈，掌握文书整体及其形成的社会历史背景，通过包括文书在内该家庭、村落、小区民间文献以及关联的其他史料形成过程的整体性、关联性把握，进而追寻脉络与机制。这一学术转向表现在收集工作上就是重视文献的在地性，表现在整理工作上就是重视文献的完整性与固有系统性。

另一方面，安徽黄山本地学者刘伯山在长期购买、整理徽州文书经验基础上，提出了保持民间文书“归户性”的重要性[①]。他主持整理出版的《徽州文书》即将收集的徽州文书全部按照“户”集中[②]。不过他并未详细阐述“归户”的含义，只是将一个家族的文书称为归户文书。赵思渊、汤萌对“归户性”概念作了进一步探讨，指出强调归户性在实践上与档案学的来源原则[③]是一致的[④]。而文书数量激增、类型愈加繁复的现状也使学界和整理者意识到继续全部按照类型 / 内容分类整理的困难，按照来源归户整理的可操作性更强。

刘伯山整理的《徽州文书》系列是大陆第一次按照归户办法较大规模出版文书，对学界的贡献和影响非常大，不过其对象仍是通过商贩等转手渠道购得的文书或者既存于公藏机构中的文书。在前述理念转换的背景下，应该如何进行民间文书收集整理呢？中山大学历史人类学研究中心主持的“清水江文书”收集整理与上海交通大学历史系主持的“石仓契约”收集整理就是主动进村入户收集、整理文书的两个典范。

中山大学历史人类学研究中心在进行“清水江文书”收集的时候，坚持了四个原则：不在乡村购买文书，与当地政府机构合作征集、复制；将文书原件留于当地公藏机构；保持文献原来的系统和内在联系，不打乱文献原有的系

① 刘伯山：《徽州文书的遗存及特点》，《历史档案》2004 年第 1 期。

② 刘伯山：《前言——徽州文书的遗存与整理》，载刘伯山主编：《徽州文书》第一辑，桂林：广西师范大学出版社，2005 年。

③ 即把同一机构、组织或个人形成的档案作为一个整体加以管理的原则。

④ 赵思渊、汤萌：《上海交通大学馆藏地方历史文献的整理与数字化》（详见本辑）。

统；文献副本对学界开放并且尽快出版[①]。在整理中采取保持民间收藏既有系统的原则，“不改变或损害民间文书的系统性及其内在关系的完整性”，以期对“认识和理解地方社会文化的传统及其传承机制有所裨益”[②]。具体而言，即在整理时以村寨为单位，每个村寨给定一个序号，村寨之下以家族或家庭为单位，来自同一家族的文献编为一卷，同一卷之下按照文书收藏者的原有分类列为若干帙，每一帙内则依照时间顺序排列[③]。需要着重说明的有两点：第一，“村寨—家族”分类看似与前述东洋文化研究所、刘伯山的方式无异，但由于“清水江文书”乃是整理者进村收集，未经转手，所以保证了文书可以对应回具体的村落和人群，方便展开深入的调查，将文书与村落的地理景观、人文风貌、口碑资料结合起来，在更广义的史料空间中去理解文献。第二，“按照文书收藏者的原有分类整理”原则的确立是文书整理中的一大进步，而这个进步又是建立在进村调查、直接获取的基础之上的。只有直接获取，才能保证所见文献的归类格局保持原生态，这种未经倒卖等的归类也才具有史料信息的意义。利用这样具有完整性和系统性的文书，张应强描述了因着市场网络发展，区域社会在多种关系复合作用下的历史进程[④]，为凸显进村入户收集文书对学术研究的意义提供了有力佐证。

上海交通大学历史系收集、整理石仓契约的办法也是类似的，并且取得若干推进。一是将文书原件留在本村，而不是留在当地公藏机构；二是将各包文书与家谱比对，给出村庄—姓氏—字辈的对应关系，为深入利用“文献原有保存系统”所蕴含的信息作出了探索；三是对全部契约采取了彩色扫描图版与录

① 陈春声：《序言》，载张应强、王宗勋主编：《清水江文书》第一辑第1册，桂林：广西师范大学出版社，2007年。

② 张应强：《清水江文书的收集、整理与研究》，载张应强、王宗勋主编：《清水江文书》第一辑第1册，桂林：广西师范大学出版社，2007年。

③ 张应强：《编辑说明》，载张应强、王宗勋主编：《清水江文书》第一辑第1册，桂林：广西师范大学出版社，2007年。

④ 张应强：《木材之流动：清代清水江下游地区的市场、权力与社会》，北京：生活·读书·新知三联书店，2006年。

文对照出版的形式，并且编制了《常见异体字及俗字与规范字对照表》[①]。蒋勤将上海交大的研究方式概括为在地和有机的分析[②]，这一方法在账本解读研究方面已经取得了巨大成就[③]，该取向也是主动进村入户收集文书的一种共同研究前景。

数据库技术和数字人文（digital humanities）的发展给民间文书整理与深度开发构筑了全新的舞台。台湾的古契约文书全文资料库已经初步实现了由针对关键词提供检索结果的数据库向数字化的研究环境的转变[④]。该数据库可实现词频、文献关联（如上、下手契关联）、人物关联等多种不同的检索方式。大陆学术机构中，中国社会科学院历史研究所制作了徽州契约文书数据库，这是一个题名数据库[⑤]。上海交通大学图书馆正在研制中国地方历史文献数据库[⑥]，这是一个全文数据库。郑振满以其与丁荷生（Kenneth Dean）三十余年合作进行的田野调查和文献收集为基础，建立了莆田平原历史人文地理信息系统，这是大陆所制作数据库中最接近台湾历史数位图书馆的实践。目前他正领导厦门大学民间历史文献研究中心与哈佛大学费正清研究中心合作建设“中国地方史与民间文献数据库”[⑦]。

---

① 曹树基：《石仓契约的发现、搜集与整理》，载曹树基、潘星辉、阙龙兴编：《石仓契约》第一辑第1册，杭州：浙江大学出版社，2011年，第7页。

② 蒋勤：《清代石仓文书的“在地”与“有机”分析》，《上海交通大学学报（哲学社会科学版）》2014年第3期。

③ 曹树基、蒋勤：《石仓冶铁业中所见清代浙南乡村工业与市场》，《“中央研究院”历史语言研究所集刊》2010年第八十一本第四分。

④ 参见项洁：《台湾古契约文书全文资料库的建置》，载《第三届台湾古文书与历史研究学术研讨会论文集》，2009年3月。项洁主持的台湾历史数位图书馆（THDL）是目前最好的中文数字人文成果，已经对台湾史教学、研究与普及产生了重大影响。关于数字人文理念，参见项洁、涂丰恩：《导论——什么是数字人文》，载项洁编：《从保存到创造：开启数字人文研究》，台北：台湾大学出版中心，2011年，第9—28页。项洁团队主持的《数字人文研究丛书》至今已出版五部，其中第三辑专门讨论数字人文在历史学研究中的应用。

⑤ http://ich.cass.cn/Article search4.asp［2015-06-10］

⑥ http://www.datahistory.cn/pc/［2015-06-10］

⑦《我校与哈佛大学合办“中国地方史与民间文献数据库”国际学术研讨会》，厦门大学新闻网2014年11月7日发布。http://news.xmu.edu.cn/s/13/t/542/60/0a/info155658.htm［2015-06-10］

针对文书本身的研究而言，对文书系统的研究取得了若干成果，主要集中在诉讼文书上，熊远报[①]、阿风[②]对此作出了重要推进，使我们不但可以区分文书类型，而且对产生不同类型文书背后的诉讼审判流程有了清晰理解，重建了诉讼文书的系统与脉络。

目前主动进村入户收集民间文书的机构虽然有所增加，但总体上还是不多，至于采取上述合理的“就地保存、复制副本”收集方式的更是微乎其微。但另一方面，2000 年后，中国经济高速发展，各地乡村大兴土木，乡村人口结构也发生巨变，这些促成了 50 年代之后的又一轮大量文书集中流出，而这一轮不是流向了废品收购站，而是流向了文物市场上大量的文书商人手中。民间文书进入商业化操作时代，很多学术机构相当比例的民间文书收藏都是来自市场购买（如中山大学、上海交通大学收购的徽州文书，中国人民大学家书文化研究中心收购的书信，邯郸学院收购的太行山文书），文书的市场化不但在长远上给乡村造成了文化破坏，而且也给学界提出了挑战。与此同时，相对于此前收集整理的民间文书主要来自乡村的情况，近年针对公私藏城市民间文书的整理工作也逐渐展开，如刘小萌对中国社会科学院近代史研究所图书馆藏清代、民国时期契约文书的整理[③]以及近年首都师范大学历史学院与北京市政府合作对北京民间文书的整理，但收集工作似尚未开展。

二、明清民间文书收集整理的现状

如前所述，目前公藏机构所有的民间文书无非两个来源：主动进村入户收集的和通过文书市场购买的。对整理工作而言，二者的差异主要体现在文书群这个层级上，单件文书的整理方式基本一致。

---

① 熊远报：《抄招給帖と批発：明清徽州民間訴訟文書の由来と性格》，《明代史研究》第 28 号，2000 年。

② 阿风：《明清徽州诉讼文书的分类》，载《徽学》第五卷，合肥：安徽大学出版社，2008 年，第 252—280 页。

③ 刘小萌：《北京商业契书集：清代—民国》，北京：国家图书馆出版社，2011 年。

（一）进村入户收集文书

文书流入市场，当地失去了重要的文化资源，文书自身的研究价值也大打折扣。所以迫切需要地方政府、公藏机构、学术机构合作，主动进村入户，帮助村民整理文书，原件就地保存（原持有人家中或者委托当地公藏机构代藏），而将扫描件由公藏机构以电子文本方式向全社会公开，供学者研究。

之所以采取原件就地保存，是因为文献有其固有的产生流传空间，它与周围的地理景观、建筑、器物，特别是居民紧密联系，只有把它与其产生、流传、保存的具体地点、人群相连接的时候才是活的文化载体，而不是死的史料。让文献、文物原件留在当地，对当地民众而言，保存了进行传统文化再生的资源。对研究者而言，这样更有可能开掘出最完整的信息，进而通过访谈、田野调查等手段，在具体的时空场景下构筑信息综合体，获取研究的现场感。而扫描和数据库则满足了更多研究者和公众了解该史料群的需要。收集时，需要记录文书来源（村落、收执者）的基本信息，保证文书群的完整性和内部文献固有格局，为接下来充分利用文书间的关联性进行整合研究奠定基础。下面我们以厦门大学和中山大学多次民间文献调查实践为参照[①]，略述工作步骤如下：

（1）与当地党委、政府，尤其是党委宣传部建立联系，取得支持。由党委宣传部代为联系各有关部门。

（2）利用公藏机构进行资料准备，了解当地历史地理社会背景，拟定文书调查方案。

a 进入当地之前的工作：历代地方志。

b 进入当地后，公藏机构及相关机构，如图书馆、图书室、文物局、考古队、博物馆、档案馆、地方志办公室、地名管理办公室、国土资源局、政协文史委员会、文化局、文化站、民族事务委员会（宗教事务局）、报社、党校等所藏

① 厦门大学和中山大学历次调查均根据具体情况编有工作手册，如张侃编：《民间历史文献学田野手册：温州计划》，内部资料；杨培娜编：《南沙岛历史文化资源调查提纲》，内部资料。

资料及资料目录：地方志（尤其是乡镇志、村志）、族谱、文集、三套集成、政协文史资料、革命史资料、党史资料、民族调查资料、地名志、古旧地图、今地图、文物普查资料，并且向上述机构的有关人员了解情况。

c 通过上述线索，根据现有行政区划—— 一般是县—乡（镇）—行政村—自然村层级，这种反映了空间分布与结构的行政区划也是今后对各村落文书进行统一编目的目录体系——确定调查单元。

（3）进入村落。联系乡、行政村一级领导，由行政村一级干部带领，与当地文化馆、博物馆、档案馆、方志办公室（地名管理办公室）、图书馆、文化站、文史委员会、民族事务委员会（宗教事务局）等部门人员一起进入需要调查的自然村。首先绘制村落地图，标注房屋建筑的位置，并且注明每一处房屋的主人（居住者）。然后约请村中老人座谈（可通过老人会等组织）并且录音，记录座谈人员基本信息，了解村史，了解民间文献留存情况，介绍收集民间文献的意图，打消村民顾虑。

（4）在老人带领下对村落及周边进行调查，并且拍照、录音、录像（相机需配有 GPS 模块），了解该地地理环境。

（5）然后挨家挨户询问有无民间文书。发现时需要对持有文书的主人，对该家庭成员尤其老人进行详细访谈并且录音。访谈内容主要为家庭史和个人生命史，以及其所知文书流传情况。经过协商取得文书主人同意，将文书原件就地扫描拍照或者借到县城进行简单修复和扫描。然后文书原件返还给个人。扫描复制的电子文件由当地公藏机构保存，组织调查的学术机构可以获得一个副本。个人收集时候可以采取数码相机拍照方式，并且记录持有人信息，访谈主要内容。需要根据文献及时访问，比如看到族谱就应该追问有无祠堂，有无家族墓地等。

（5）这一类文书来源信息（地点、持有人）完备，具有完整性和内部系统性的特点。同一家庭的文书往往是一个家族、房支历史上形成的文书的积累，文书群契约、族谱、账本、书信等不同类型文献可以相互配合印证，同一村落中不同家庭的文书群之间也相互关联，我们借此可以勾勒出一个村落的整体形象。这类文书比较类似通过正规考古发掘获得的出土文献，如正规考古出土的出土文献可以按照墓葬为单位进行整理，这类文献一般可以按照“自然村—保存人”为单位整理。这其实也就是借鉴了档案学的全宗原则，以来源为单位进行，保证文书群的完整性。

难点在于对同一来源（保存人）的文献内部层次性如何处理。严格来讲，同一来源的文献应该按照其固有保存格局和层级依次打开、拍照记录原始保存状态、取出清点扫描、逐级建文件夹保存。计算机文件夹中扫描件的存放格局与层次、扫描件命名应该体现原始保存状态。但若这样进行，可能出现层级过多情况，文件命名势必不统一。而文件名作为数据库环境下文件存取的唯一标识，又必须规范统一。这个矛盾如何解决呢？还有待进一步思考。（实际上在厦门大学历史系参与的温州民间文献收集工作中，同一户内文献按照类型分别登记。）

在数字人文技术条件下，进村入户收集的文书可以充分发挥实地调查收集优势，与收集到的族谱等其他民间文字资料、图像资料，田野调查中拍摄的照片（地貌、村落、建筑物、沟洫，实物如家具、农具）、访谈录音（个人史家史村史访谈、民间故事传说、歌谣、谚语、方言土话、俗曲）、拍摄的录像（风俗礼仪、仪式、表演）等非文字田野调查资料全部放入数据库，并且与地方志等公藏文献资料、航片等地理环境资料整合，基于 GIS 平台，建立小尺度历史地理信息系统，构筑具有空间感的立体史料综合体。

（二）市场收购文书

整理文物市场上收购来的文书时，我们首先需要对文书市场的情况有一个大致的了解。一个家庭的文书虽可能一次性全部卖出，但更多是分批分次卖出。文书一般都是卖给了进村串巷的小贩子，小文书贩子再转手卖给大文书商人，大文书商人再联系公藏机构出售。在这个过程中，小贩对收购很可能出于盈利目的拆散同一来源文书、抽取精品文书单独出售，或者掺入其他来源散件。小贩子可能把同一来源的文书出售给不同的大文书商人，或者分批出售给同一个大文书商人。而大文书商人不但也可能做上述抽取掺入行为，更有可能将其他市价低的地方的文书当作市价高的地方的文书出售。在充分考虑到这些情况的前提下，我们在购买文书时需要尽最大可能了解其销售史。有的大文书商人有登记底簿，并且会记载文书来源县份。这一点颇像利用那些非正规考古发掘获得的敦煌文书时，需要了解敦煌探险史。下面我们以中山大学图书馆对徽州文书的整理为参照，略述工作步骤如下。

（1）入库与保管。收购文书按照收购来源和收购时间设立文书群，给定编号，它类似档案学的全宗号①。记录销售者、收购时间、收购地点、经销售者了解到的文书信息。数量庞大时，以运输文书时的箱为单位登记入库，给定01—99的箱号。

（2）清点与登记。在清点登记中基本遵循“保存原始形态”原则。虽然这个原始状态已经不是其民间收藏状态，但却还可能留有帮助我们追寻文献固有关联性的蛛丝马迹。不过该原则的执行要比入户收集文书宽松，我们以最小一级的包装（绳子捆起来、报纸包起来、塑料袋装起来、匣子盛起来）为基本单位，称之为包，给定001—999的包号，假定其内部文书是具有内在关联的一个整体，或者说是同一来源的②。对于此上的各个包装层级进行拆分处理，不在文书编号上加以体现。这样假定的依据是，一般来说我们所见最小一级的包装是小贩子卖给大文书商人时候的形态，甚至可能就是小贩子从同一家庭收购时的形态，所以小贩子的包装就是公藏机构所见的最原始形态了。在后续整理中必须对这个假定进行验证。

在《民间文献逐包登记表》中记录小包的物理状态，包括保存形式（如报纸包裹、木匣装等）、尺寸。有的小包上夹有小贩子或大商人为清点定价写的小纸片，一般包括记载了小包装内文书的类型、件数，有时有地点信息。这些信息是判定文书群情况的重要线索，需要记入《民间文献逐包登记表》。打开小包，拍照记录保存形态。

逐件取出包内文书，平铺于工作台上，每包内文书逐件给定0001—9999

---

① 之所以说类似全宗，而不说就是全宗，是因为档案学上的全宗是非常明确的一个国家机构、社会组织或个人形成的具有有机联系的档案整体，而从同一商人那里同一次收购来的民间文书完全不具备这一特点。

② 在这个意义上，这最小一级包装也具有某种档案全宗的意味。不过我们并不能确定一个小包装内部文书是否确实是内部有机联系的整体，所以我们不能使用全宗这样的概念。而且档案整理中，对于发现的应该归入某一全宗而不在其内的文书，应该加以调整，归入相应全宗，但在整理收购民间文书过程中，类似处理需要非常慎重，对文书实体甚至不应采取这样的措施。

的件号，在文书上方放置“批次号—箱号—包号”和“件号”组合而成财产登记号卡片，拍照。照片是对文书入藏状态的真实记录，不仅在扫描之前可以代替扫描件作著录之用，而且在记录入藏物理形态上具有价值。对装订成册的文献（书籍、簿册），逐页拍照，在件号号码之后增加页码的卡片，记为“(数字)”。财产登记号是文书实体管理、扫描件在数据库中存取的唯一标识。将材质、形式、破损情况记入《民间文献逐件登记表》。对装订成册的文献记录总页数。在文书背面右下角用铅笔写上包号和件号，成册的文献用括号标明总页码。将文件抖动掉粉尘虫卵，放入中性无酸特制塑料保存袋，在保存袋封口处黏贴标签，记入财产登记号，即批次号—箱号—包号—件号。将《民间文献逐件登记表》的内容录入电脑，汇总成 Excel 格式的《民间文献清点汇总表》，并在其中注明馆藏信息即该文献的库存柜号。

（3）修复与扫描。若文书破损无法扫描，则应先行修复，并且记录文书在修复前后页数、装帧形式等各项变化。在文书旁扫描台上放置色标（方便后期出版时调色），采取 300dpi 标准进行全幅彩色扫描（充分反映印章、指模等信息），对图像不做裁剪，保证可以精确测量文书尺寸。

（4）题名与著录：件一级的整理

根据照片或扫描件对每一件文书进行著录，录入 Excel 表格。在传统文书整理中，按照文书类型或所属县份（《福建民间文书》）、归户情况（《徽州文书》）进行分类，有的还编制文书群、人名索引（如《闽南契约文书综录》），有的还编制了著录表（如《明清徽州社会经济资料丛编》）。这都是为了全面揭示文书的信息，为研究者从不同角度利用文书提供方便。

对单件文书进行著录，全面地揭示民间文献的形式、内容等信息，为利用数据库多角度认识文书奠定基础。著录项目由必要项目和选择项目组成。必要项目包括财产登记项、载体形态项、馆藏信息项。选择项目包括题名项、摘要项、时间项、地点项、关联人物与团体项、文书类型项、来源项、内容分类项（关键词表）和附注项。

著录文书类型项时，首先采用文书首句、落款、文中出现的对类型的称呼，没有自称的，参照有自称的同类文书著录，没有同类文书或同类文书均无自称的，暂拟类型名并做标记。等待数量积累到一定程度，借助数据库，深入研究后再制定体系化的文书类型分类表[①]。文书类型最鲜明地体现了文书制作者和使用者对各种社会关系及其不同处理方式的认识，对文书类型及其体系的深入考察是推进民间历史文书研究的关键。

内容分类项，目前暂时采取自文书原文中选取关键词的方式，没有合适关键词的参照《中国档案分类法》之《清代档案分类表》及《中国档案主题词表》《清代档案主题词表》《徽州文书分类法》给定关键词。关键词数目不限。之所以采取这种标注关键词方式揭示内容而不像《徽州文书分类法》那样制定分类法，是因为唯一性的内容分类法不能很好地揭示文书内容的多面性，而且掺杂过多今人的分类观念。采取标注关键词形式，一面可以通过便于今人理解的形式给文书一个描述，另一面多个关键词保证了对文书内容的较为全面的揭示。对于关键词，应当参照前述文献编订分类法，为编纂《明清民间文书主题词表》作准备。由于每件文书用多个关键词标引，所以读者根据内容分类表，在不同关键词下都可以找到该文书，很好地起到了查检、揭示作用。

但具体著录起来有太多细节需要考虑，比如以看似最简单的人名为例，契约中常出现房支拟名化（杨福、杨寿）或者人名的缩写现象（程泮凌），如何辨别著录就需斟酌。再如时间，有的月份别名并不清楚，需要寻找配合资料。

（5）元数据标准设计与数据库建设（分类与索引）

数据库中，每件文书一条记录，包括财产登记号、图版、著录项、全文录文四类信息。

技术手段更新对民间文书的整理和研究意义重大。在纸本出版时代，文书实体保存和出版编排的格局顺序都只能是唯一不变的，分类法就是为了解决在这一约束下如何更好揭示文献内容，方便读者利用产生的。在一分定终身的静

① 若文书类型名称可以互换且各自文书格式内容并无差异的，应视作一个类型。再如仅用于特定事务的文书类型，似可按照其事务归为一个大类，比如土地户籍赋役管理文书、诉讼文书。文书类型与文书内容不同但又密切相关，很多文书类型只会被用来处理特定的事务。但是处理的事务即文书内容和处理事务的方式即文书类型毕竟有所区别。一项事务可能会以不同形式的文书进行处理，一个类型的文书也可能被用来处理不同的事务，比如合同可以用来缔结商业合伙的协议，也可能用来开立户名、构建宗族。这些都有待深入研究。

态描述与管理模式下，类型 / 内容分类与文书群分类应当说各有短长，只能借助各种索引——内容类型、文书群、人名索引等来弥补缺憾。

理念转变使我们认识到保持原有格局的意义，参照档案学的来源原则，文书实体保存采取了尊重入藏时既有状态与格局的原则，不打散重新分类排列。而数据库技术解决了“保存原貌还是分类排列”的矛盾，使我们可以在不改变文书实体保存格局的情况下，通过元数据标准设计，从不同层次、不同角度立体地揭示文书和文书群的内容（事项）、时间、地点、类型、社会关系（关联人物与团体）等属性，通过数据库可以从多个角度自动对文书进行聚类、排序和关联分析，根据需要灵活重组数据展示结构，揭示同一件文书在不同分析视角下所处的位置，取代并且大大发展了纸本时代分类与索引的功能。近年随着数字人文技术的发展，数据库还可用可视化方式呈现出对文书数量结构的分析结果，给研究者以启发。

不但如此，数据库还可以帮助我们构建民间文书的系统（通过文献类型聚类分析，发现新类型；将类型聚类分析与时间地点排序相结合，发现类型的时间空间差异与变迁；将类型的聚类分析和内容关键词的聚类分析结合，给构筑文献类型的系统提供线索）、寻绎文书的脉络（通过人名都图名地名事项的聚类分析、关联分析发现同一包不同文书、隶属不同包的单件文书之间的关联，进而由此得出不同文类之间关联性的一般模式）、发现重建语境的线索（帮助对收购文献进行属地归户考证，给田野确证提供线索）。

而且，数据库可以方便地嵌入各种辅助工具程序，比如土俗字对照表、手写体对照表、土俗词语词典、码字对照表、度量衡表、都图地图等，从而迅速地推广应用民间文书研读的辅助工具研究成果。

进而，通过合理统一设计元数据标准，数据库可以整合不同机构所藏同一地方的文献，从而为统合研究提供方便。以徽州文书为例，既有数据库包括中国社会科学院历史研究所的徽州契约文书数据库（http://ich.cass.cn/Articlesearch4.asp）、黄山学院图书馆徽州文书数据库（内部）、安徽大学徽学研究中心所藏徽州文书目录检索系统，在建数据库包括上海交通大学、中山大学的徽州文书数据库。目前的迫切要求是各方协作商定元数据标准（其中尤为重要的是每个文件的唯一标识需要规范统一，才可以实现数据整合），实现徽州文书联合编目。

再进一步还可以通过与其他类型文献数据库的融合，实现民间文书与其他类型文献（族谱、碑刻、地方衙门档案、第一历史档案馆所藏中央官署档案、地方志、地方文献如《安徽古籍丛书》、实录等其他传世古籍）的多文类史料整合（比如关于同一诉讼的民间文书中的讼状、诉讼案卷抄底、地方衙门档案中的刑名文书、第一历史档案馆中的刑科题本、地方志或地方文人别集中的记载、实录中的记载等，目前看来，在徽州和南部县，是存在这种可能的）。打破一种文类史料呈现出的单一声音，为描述一个地方复调的历史提供支持。

以上只是针对一个地方的民间文书数据库而言，更进一步的问题是，如何整合不同地方的民间文书？整合的手段只能是数据库，它可以实现贯通时代、地区、来源、文献类型的资源整合。而整合关键还在于元数据标准的设计。目前我们能见到的文书，无论是进村入户所见还是既藏于公藏机构的，数量也不算少，每个地方民间文书类型的共性较强，但也有区域差异，这就需要在分区域深入研究的同时，也针对不同文献类型的民间文书展开跨区域比较研究，为制定更加合理的民间文书元数据标准作准备。另一个需要注意的问题是在数据库中如何对不同地区的每件文书给定统一且唯一的识别编号进行文件存取，这个问题需要及早考虑，否则未来的数据库融合会面临巨大挑战。

（6）来源（属地归户）考证：包一级的整理

二十一世纪以来的新收购文书和上世纪五六十年代早期收购文书的区别，主要在于新收购文书比较多地保留了初次销售的状态。前述著录乃是以单件文书为单位进行的，并不能体现这一重要的新特点。所以除了在件一级进行著录外，还需要在包一级对文书群来源进行必要的考证推测，尝试回答这么几个问题：这一包文书是否同一来源？不是的话有几个可能来源？分别可能来自哪个县都图？每个来源文书原来的持有人或组织可能是谁？几个不同来源文书之间是否存在某种传承关系？这有助于认清各包文书群的性质，也为进行田野调查提供线索。

首先需要判断该包文书的来源情况。如前所述，我们假定最小一级的包装内部文书是具有内在关联的一个整体即来源相同。那么对具体一包的文书而言，这个假设是否成立呢？这就需要验证。验证可以分为两步：是否来自同一地方，是否来自同一人群组织。对已经编号的同一包文书按照时间顺序重新排列。（a）同一时间段内或前后相邻时间段内是否存在大量人名、户名[①]、地名、记载事项的交叉，这些人名户名所属都图或村落是否一致，人名之间是否存在亲属性称谓。若是则基本可以确定来自同一地域。（b）每件文书的接受者是否属于同一人群（一般是同都图同姓同户名，或者文书内容显示其具有同族关系）。（c）看是否存在互为姻亲的文书接受者。若符合（b）且基本没有（c），则可判定至少为来自同地同姓（一般同一家族）的文书。

其次需要考证具体来源地点和家庭。其实在上面（b）一步已经给出了初步答案。具体而言，可以先通过直接提示文书拥有者信息（属县都图户名人名）的关键文书，比如分家书、易知由单、串票等纳税通知书或纳粮执照等缴税凭证，对该文书群所属县份都图家户信息作出初步判断。然后再验证其他文书是否也属于该家户。赵思渊借鉴蔡志祥对契约中人物关系分组列表的做法，提出

---

① 之所以“户名”可以起到判断文书系统性的作用，这是与明清时期户籍赋役制度的运作机制密切相关的。由于明中叶以降的赋役改革，特别是赋役折银化、定额化，赋役性质从等级户役变成了比例化的财产税，户仅是核定财产的单位，一个类似法人的纳税账户。国家只需要通过账户核定财产与税额信息并且因地制宜地通过某种机制征收上来即可，无须再关心于户下的人丁事产构成以及户下人口的住址。所以户名不变就成了可能。片山刚首先撰文指出了户名不变的现象（参见［日］片山刚：《清末広東省珠江デルタの図甲表とそれをめぐる諸問題：税糧・戸籍・同族》，《史学杂志》第 91 编第 4 号，1982 年；［日］片山刚：《清代広東省珠江デルタの図甲制について——税糧・戸籍・同族》，《东洋学报》第 63 卷第 3、4 号，1982 年），但是他对其产生机制的解释是错误的，关于片山错误的分析，参见刘志伟：《走进乡村的制度史研究》。此处依据刘志伟的解释，参见刘志伟：《明清珠江三角洲地区里甲制中“户”的衍变》，《中山大学学报（哲学社会科学版）》1988 年第 3 期；刘志伟：《清代广东地区图甲制中的“总户”与“子户”》，《中国社会经济史研究》1991 年第 2 期。就徽州而言，拥有并且使用户名的一般是一个宗族。不过户名虽然长期延续，但是户名的使用人群可能出现转移的情况，比如所谓承顶户名，就是某些人通过去承当某一户名的赋役负担来获得使用这个户名的权利（参见黄忠鑫：《明清徽州图甲绝户承继与宗族发展——以祁门瀛洲黄氏为中心的考察》，《安徽史学》2014 年第 6 期）。但这种情况一般可以通过同一文书群中其他文书（比如契约）来发现。

了一个较详细的验证方案[①]。具体而言，就是先通过契约等往来关系文书中人物彼此称谓重建该家户的人员信息，对其他人员按照称呼差异（与前述家户的关系）进行统计，分成若干组。统计每份文书受取方身份，若大多数属于该家户或者与之同姓则可以大致推断该包文书为同一来源。

对于那些从收执者看明显不属于该文书群的文书，如何判断它究竟是小贩购销过程中掺入的文书，还是因为某种关联而其实属于该文书群呢？对于契约而言，一个验证办法是通过地块坐落、名称和买卖关系来寻找该文书与群内其他文书是否存在上下手契的关系，如能找到，则可断定该文书乃是因为交易时候卖主缴纳上手契的原因而带来的，故属该文书群的固有文书，而非混入的。另一个可能与文书保存场所有关，有的文书可能存于祠堂，则极有可能混入同族中其他家庭的文书。

总之，对收购文书进行来源考证，需要充分考虑到文书群可能经历过的扰动，慎下断言。需要综合考虑文书群中的关键文献与整体情况，并且与地方志、家谱、都图文书、现代地名录相配合进行关于文献来源地域、原持有人群组织的推测。在大量文书著录信息录入数据库的情况下，还可以透过检索发现关联的其他文书群中的文书作为辅助。最后需要通过实地调查验证属地归户推测正确与否。

以中山大学图书馆藏 B22006 文书群为例，该文书为报纸包裹的一包，包裹内附有一张小纸条，上面写有“祁门县，洪武—崇祯 16 张 +1 张，清契约合同等 102 张”。这是我们考察一包文书来源地点的最重要线索。经清点，该文书群共 120 件，全部为散件，没有簿册。

我们首先确定 B22006 是否属于同一来源的文书。经排列，可以发现（1）该文书群中绝大多数文书间存在大量人名交叉，且均属于十一都程姓；（2）绝大多数文书的接受者都是程姓；（3）绝大多数文书与“十一都二图二甲程世芳户”这个户名相关或者就属于该户名。由此可判定该包文书绝大多数确是有内在联系的同一来源的文书。根据 B220060006、B220060100 可以判定这包文书乃是十一

① 赵思渊的《19 世纪徽州乡村的土地市场、信用机制与关系网络》（《近代史研究》2015 年第 4 期）详细阐述了该方法的运用。

都二图二甲程世芳户的文书，又根据 B220060109、B220060049、B220060066 等文书，可以判定此户名出现不晚于崇祯年间，至少沿用到道光年间。

如前所述，当文书不附带商人提供的来源地信息时，需要考证判断。那么该文书群如果没有那张小纸片，可否判断出其归属呢？也是可以的。根据 B220060066 可以判定程世芳户与许廷用户在同一县，因为如果不同县的话，文书中在“九都一图八甲许廷用户”前会记明县名。根据 B220060061 上的“祁门县印”官印，可知九都一图八甲许廷用户是祁门县的户。至此可以判定 B22006 文书乃是祁门县十一都二图二甲程世芳户的文书[①]。B220060073 记载程殿明拥有的地块坐落于“十东都九保”，十东都只有祁门县才有[②]，该家族所拥有土地坐落的信息也是其家族所在县份的旁证。若没有前述信息，这一信息也可以构成继续追寻的线索。

确定县份后，如何进一步确定村落呢？根据 B220060100《顺治十八年十月二十二日程村程时桥、程继祖、程可德、程有耀、程奕祖、程宗道等立里役合同》知道祁门十一都二图二甲程世芳户居住于程村。又据 B220060025《乾隆五十九年七月祁东程殿明、休西吴本源立合同》知程氏应该居住于祁门县东部。又据 B220060041《民国元年八月十六日程金福堂秩下支丁程集山立出当田租契》中有“祁东十一都下呈程金福堂”字样，我们推测随着聚落发展，程村后来可能分出了下呈村。

据祁门县地名委员会办公室编《祁门县地名录》(祁门县地名委员会 1987 年版)，20 世纪 80 年代名为程村的有二：(1) 闪里区闪里乡叶家村委员会辖下程村，位于县西。(2) 双平区芦溪乡芦溪村委员会辖下程村，位于县西南。均不合“祁东”条件。

这就需要我们依靠“十一都二图”的信息去缩小范围。查历代徽州府志、祁门县志中关于祁门县乡都图的记载如下：

---

① 查乾隆三十六年刻本《祁门修改城垣簿》(上海图书馆藏线普 485679)，祁门十一都二图二甲户名是“程世芳”，其下户丁子户是汪张德、黄世昌、汪佛得、汪运得、伊达和姜初来。B220060076《嘉庆二十八年四月程世芳户秩下程君尚、程秉正、程华章立合据》中详述了汪张德建立的过程，可为又一证据。

② 祁门县“置六乡，并三四为一都，析十为东西都”，《[弘治]徽州府志》卷一。

《[弘治]徽州府志》	《[嘉靖]徽州府志》	《[康熙]徽州府志》	《[道光]徽州府志》卷二	《[同治]祁门县志》
归化乡在县东，九都、十东都、十西都、十一都	归化乡十一都二图，其村福洲、李坑口、赤桥、叶村、庄坑	十一都二图，其村福洲、李坑口、赤桥、益村、金壁坳、福洲墩、外巷、将军垒、庄源	康熙三十年新增图三。十一都增图一。十一都三图，其村赤桥、将军垒、庄坑源、李坑口、福洲、金壁坳、益村、外巷、福洲墩	康熙三十年十一都增图一。十一都图三，其村赤桥、将军垒（县东五十里）、庄坑源（县东三十五）、坑口（县东五十里）、福洲（县东五十二里）、金壁坳（县东五十三里原名径并坳）、益村（县东六十里）、外巷（县东六十五里）、福洲墩（县东六十五里）（以上见道光志）碣泉潭（县东六十里）黄畲源（县东七十里）

我们可以根据地方志中开列的村名，通过《祁门县地名录》确定其位置，进而确定十一都的大致范围，再在这一个范围内详细搜寻可能的对应村落。凫峰乡在县东偏南。乡内有赤桥、金壁坳、李坑口、上福洲、下福洲、畲源、上黄畲、黄畲坑、黄畲口等地名，均为同治或道光《祁门县志》十一都的村名，由此可以确定这一区域。查该乡有里程、外程，怀疑即文书中的程村或下呈。这就为我们进一步透过实地调查取证提供了初步的线索。

三、民间文书收集整理的前景展望

1.从文化传承高度认识民间文书的价值[①]，参照日本将民间文书作为文化财产立法的做法，推动政府立法保护民间私有文书不再流入市场，采取政府出资、学术机构与公藏机构合作形式就地保护整理民间文书。

2.培养、训练专业且稳定的民间文书整理团队。目前民间文书收集整理最大的困难在于缺乏专业的团队，实际操作人员多数是半路出家，工作处于勉为其难状态。对照敦煌吐鲁番文书或日本的民间文书整理，差距巨大。而且在现

① 郑振满:《民间历史文献与文化传承研究》,《东南学术》2004年增刊。

行行政、学术体制下，还面临着如何协调规模化作业和学术严谨性的矛盾，唯有从人入手才可解决。

3. 完善民间文书整理、研究的辅助工具知识，拓展针对文书本身的研究，建立民间文书学。辅助工具知识如纸张、墨迹的鉴定，印章、画押图录的编纂，土俗字（异体字）、手写体字表、字典的编纂，土俗词语词典的编纂，度量衡、货币专门术语的考证与实物参合，都图分布图（历史上户籍系统与今地名的对应）、鱼鳞图册字号分布图（历史上地籍系统与今地名的对应）的编制等①。针对文书本身的研究可以从系统（文书的类型体系）、脉络（不同类型之间的抄引关系）、语境（把握一件文献从制作、使用到流传至今的过程。不同类型文献形成背后的社会机制）三个角度展开②。

4. 通过考查不同地方、不同时代民间使用文字、文书方式的差异，可以为思考中国历史上社会结构变迁，区域间文化的统合与差异提供新的角度，进而可以与欧洲、日本、韩国的民间文书进行比较，借由比较史料学达致比较史学③。

5. 数字人文技术的运用

对实地收集文书而言，可以与 GIS 技术结合进行深入分析。对失去脉络、系统的收购文书而言，借助数据库的元数据聚类分析，可以帮助我们重建文献间的关系与脉络，为田野工作提供线索。

［本文为 2016 年度广东省社科类社会组织课题（SL16SKT23）、国家社会科学青年基金项目（12CTQ007）的阶段性研究成果。］

---

① 关于民间文书整理研究辅助性工具知识的既有研究成果及其体系化前景，参见申斌：《史学辅助学科与民间历史文献研究》，锦屏：清水江文书（锦屏文书）与地方社会学术研讨会会议论文，2015 年 10 月 2—4 日。

② 郑振满：《新材料与新史学：郑振满教授访谈》，《学术月刊》2012 年第 4 期。

③ 类似工作已经开始。参见［日］鹤岛博和、［日］春田直纪等：《日英中世史料论》，东京：日本经济评论社，2008 年。国文学研究资料馆编：《中近世アーカイブズの多国間比較》，东京：岩田书院，2009 年。

台湾契约文书的搜集与分类（1898—2008）

涂丰恩*

一、前言

台湾契约文书的搜集与研究，近年来颇受瞩目。在各方努力下，目前所挖掘出的契约文书数量，已远超越过去的评估。举例来说，台湾大学建置的资料库“台湾历史数位图书馆”（http：//thdl.ntu.edu.tw）中，就搜罗有34000余件契约文书。这个数目还不包括重要的《台湾公私藏古文书汇编》中的文书，以及“中央研究院”台湾史研究所典藏之古文书。面对空前丰富的资料，有一些新的问题很自然地浮现出来，比如契约分类学。

分类是整理契约文书的人都会碰到的问题，但相关讨论却很少行诸文字。面对这么多契约文书时，似乎必须寻找某种方式，将不同来源的材料，加以分门别类。按理说，此前许多研究者在整理契约文书的过程中，已经或多或少思考过这个问题，并在个别的出版品中，采行各种分类方式。然而，稍加浏览前人的分类体系，却不免要让人疑惑：何以不同专家所提出的分类体系，歧异如此之大？这五花八门的分类准则中，哪一种才能推而广之，适用于所有契约文书之上？是否真有哪种分类方式，比其他的更加完善而准确？又或者，一个完

* 涂丰恩，哈佛大学东亚系博士生。

本文初稿曾于台湾大学数位典藏中心之工作坊发表，感谢评论人陈秋坤教授给予的意见与鼓励。亦感谢匿名审查的修改意见。本文许多想法也受到台大数典中心项洁教授的启发，且以此纪念与资工系自动推论与数位典藏实验室成员们一起工作的美好日子。

美的契约文书分类体系，其实并不存在？

面对以上提问，本文目的不在提出一套新的分类体系，而是要回顾一百多年来，研究者搜集和分类台湾契约文书的历程[①]。希望借由往昔的经验，提供来者思考的基点。我们将从日本时代殖民者对台湾“旧惯”的调查开始——这是台湾搜集民间契约文书的滥觞，更深刻影响后人对古文书的认识。其次，则依时间顺序，逐次讨论战后几波搜集民间古文书的经过，最后分析战后整理者所采取的分类体系。

本文尝试透过反省性的眼光，将前人所采取的分类方法加以问题化，这是过去回顾性文章较少触及的部分[②]。换言之，本文不是一篇单纯阐释“方法”的文章，而是“方法论”层次的探讨[③]。采取这样的取径，目的不在指责前人，而是尝试观察分类体系如何反映研究者观点与认知。这些认知之所以值得注意，是因为他们往往也制约着后来者的观点。

不过，在进入正式讨论前，不能不先面对“契约文书”的定义问题。什么是契约文书？日本学者岸本美绪指出，学界对明清契约文书的讨论，可以分成两种：“有的学者从强调作为不动产证书（地券）的角度来定义‘契’字”，但“就当时一般人的语感来说，‘契’字的外延与其扩大到包括不动产的归属证明，

① 关于这一百年台湾搜集民间契约文书的历程，其实不乏回顾性文章，撰著者也包括参与其中过程之要角。但他们多半侧重介绍古文书在历史研究上的应用，如王世庆的一系列文章，包括《介绍台湾史料：档案、古文书、族谱》《台湾地区古文书之调查研究》《台湾地区族谱和古文书之搜集与应用》《台湾民间古文书之搜集整理研究》《台北安泰堂之家谱与古文书》，俱收入氏著《台湾史料论文集》(上册)，台北：稻乡出版社，2004年。尹章义：《老字据与台湾开发史的研究》，载国学文献馆主编：《台湾地区开辟史料学术论文集》，台北：联经出版事业公司，1996年，第77—102页。目前最完整的文章，则属李朝凯、吴升元、吴忆雯的《战后以来台湾古文书研究的回顾与展望》，收于逢甲大学历史与文物管理研究所等编：《台湾古文书与历史研究学术研讨会论文集》，台中：逢甲大学出版社，2007年，第277—374页。

② 少数批判性回顾目前古文书整理方式的文章，有以下两篇：邱正略：《评述：简史朗编著〈水沙连眉社古文书研究专辑〉》，《暨南史学》2006年第9期；蔡米虹：《台湾古文书搜集与整理价值初探》，《台湾史料研究》2008年第30号。另外，曾参与古文书编纂的曾品沧，调查了古文书编著者与阅读者双方的意见，见曾品沧：《古文书集编纂之商榷》，《“国史馆”馆刊》2005年第39期。

③ 关于两者的区别，见黄进兴：《论“方法”与“方法论”：以近代中国史学意识为系络》，《食货月刊》1981年复刊第11卷第5期，第17—28页。

还不如说被限定在当事者相互合意而达到的约定这一范围内”[①]。这两种定义最大差异是，前者将官方所颁布的文件，如与土地开发密切相关的垦照或契尾也一并列入；后者则含纳前者所忽略的、与不动产无关的契约，如人身买卖。

尽管岸本美绪谈的是日本学界情形，但放回台湾脉络下，她的意见仍有重要的参考价值。目前台湾契约文书研究中，习用的用语也是“古文书”。这个词汇借自日文，早在日治时代即有学者用以称呼台湾之瞨耕字，战后袭用。当王世庆主编《台湾公私藏古文书汇编》时，有人主张应用“旧文书”“老字据”等来代替，甚至批评“古文书”一词有“和臭味”[②]。但迨至这波大规模的调查完成之后，“古文书”已成为学界一般用语。然而，却很少有人像岸本美绪一般，从不同的角度，对“古文书”语感与内涵，提出清楚的剖析和分疏。

稍加浏览现有出版与研究成果便可知，台湾当前习用的“古文书”，所指涉内容大体上还是“契约文书”。不过，“古文书”一词的好处是不受“契”字所限，因而可以含纳前述两种定义；但另一方面却也可能因为过于广泛，而模糊了焦点。无怪乎有学者将“古文书”定义，上溯至西周铭文[③]。这并非台湾学界特有的现象。近代日本古文书学奠基者久米武邦（1839—1931年），对“古文书”也采取相当宽松的定义。他将“古文书”分为五种：“古文书、古纪录、古日记、古账簿、古系图”，换言之，“普通的古文书”还只是其中的五分之一[④]。如此一来，广义的“古文书”几乎无异于“史料”。这样宽泛

---

① ［日］岸本美绪：《明清契约文书》，载［日］滋贺秀三等著，王亚新等编译：《明清时期的民事审判与民间契约》，北京：法律出版社，1998年，第281页。

② 王世庆：《台湾民间古文书之搜集整理研究》，《台湾史料论文集》（上册），台北：稻乡出版社，2004年，第367页；尹章义：《老字据与台湾开发史的研究》，载国学文献馆主编：《台湾地区开辟史料学术论文集》，台北：联经出版事业公司，1996年，第78页。

③ 李朝凯、吴升元、吴忆雯：《战后以来台湾古文书研究的回顾与展望》，载逢甲大学历史与文物管理研究所等编：《台湾古文书与历史研究学术研讨会论文集》，台中：逢甲大学出版社，2007年，第281—282页。

④ ［日］久米武邦：《古文书学讲义（抄）》，载《日本古文书学论集·总论》，东京：吉川弘文馆，1986年，第10页；［日］高桥正彦：《古文書学誕生のころ》，载《日本古文书学论集·总论》，东京：吉川弘文馆，1986年，第60—84页。

的定义，当然也引发批评。久米武邦之后的日本古文书研究者，如黑板胜美（1874—1946 年）、伊木寿一（1883—1970 年）、中村直胜（1890—1976 年）等人，就强调古文书是用以传达书写者的意志，因此需要有特定的“对象”。换言之，单纯为自己备忘而写下的文字，并不列入。这大致也是战后日本学界对古文书的共识①。

台湾的研究者又是如何看待“古文书”“契约文书”乃至于“字据”等不同的称呼呢？很多时候，研究者并没有直接说明他们的预想。但借由分析他们搜集与分类的观点，或可以逐步揭示这些不曾言明的想法。作为历史研究，本文虽然采用“契约文书”（契书）作为标题，但并非要预设立场。我们所关心的，正好是不同时期研究者所使用词汇的差异与演变。还有，他们所采取的定义，或扩张或缩小，又如何与其分类方法相互影响。下文将从日本时代开始，讨论当时的研究者对台湾契约文书的搜集与分类。循此，我们不仅触及战前战后学术的继承问题，同时可以看到不同词汇、概念与定义之间的转换。

二、日治时期的契书搜集与分类

台湾契约文书的搜集工作，从日治时代便已开始。其中最重要的两项官方计划，一是“土地调查”；二是“旧惯调查”。这两项总督府所推动的工作，性质上是相互补充的。明治三十一年（1898）设立的临时台湾土地调查局，一部分工作即在研究台湾人交易的习惯，可视为后来旧惯调查的先声；明治三十四年（1901）至大正八年（1919）间运作的“临时台湾旧惯调查会”，则在土地调查的基础之上，将视野扩及其他风俗文化，包括婚姻、家族形态与原住民族。

台湾总督府搜集民间契约，是统治意义大于学术意义的举动。如土地调查是为了厘清台湾的土地所有权，方便日后包括税收在内的种种行政工作；

① ［日］高桥正彦：《古文書と古文書学》，载《日本古文书学讲座》，东京：雄山阁，1978—1979 年，第 14—17 页。

至于旧惯调查，更与后藤新平的统治策略有密切关系[①]。在土地调查的过程中，日本政府除了采取新式测量技术，也订立新式地籍管理规则，要求原地主出示契约，作为土地所有权的证明。总督府在这样的过程中，陆陆续续搜集了大量的民间契约文书。这样的工作，虽然将文书保留了下来，却也凸显了另一个事实：相较于现代日本政府的地籍管理纪录，契约原本所具有的证明功能，日益减少。

旧惯调查也发挥了同样的效果。从字面上来看，“旧惯”一词的出现，为清朝政府与日本政府划出了一道明显的界线：清朝政府是“旧”的，日本政府是“新”的。吊诡的是，所谓的“旧惯”，看起来是即将或已经消失的过往事情，一如殖民政府所认定，是前朝清政府所施行的法律。但实际上，“旧惯”却是在日本政府展开调查的当下，仍在台湾民间普遍实践的风俗习惯。正如论者指出，“旧惯”在日人论述中的定义，其实是暧昧且浮动的，只按照字面并无法捕捉其多面向的内涵[②]。所谓的“旧”，与其说是描述性的事实，不如说是具有规范性的目标。在土地调查与旧惯调查先后进行下，台湾的土地契约确实被保存下来了，但性质也默默地转换了[③]。

这两项大型工作，历经数年，方才完成。明治二十八年（1895），日本政府就已经成立“地租调查委员会”与“法令取调委员会”，并在北台湾展开初步的调查；隔年公布台湾土地调查局官制；明治三十一年（1898）7月发布“台湾地籍整理规则”与“台湾土地调查规则”；明治三十七年（1904），成立大租权调查委员会；一直到明治三十八年（1905），临时台湾土地调查局功成身退，正式裁撤。期间陆续出版书籍甚多，收录有土地契约的包括《清赋一斑》《台湾旧惯调查一斑》《大租取调书》（即后来《清代台湾大租调查书》）与《台湾

---

① ［日］后藤新平：《台湾经営上旧慣制度の調査を必要とする意見》，《台湾惯习记事》1901年第1卷第5—6期。

② ［日］西英昭：《台湾私法の成立過程：テキストの層位学的分析を中心に》，福冈：九州大学出版会，2009年，第244页。

③ 关于殖民地的知识生产与权力关系，见张隆志：《从“旧惯”到“民俗”：日本近代知识生产与殖民地台湾的文化政治》，《台湾文学研究集刊》2006年第2期。

土地惯行一斑》等[①]。

狭义的"土地调查"，在明治三十八年，已然结束。但此前的调查，只集中于西部的平原地区。其后，土地调查工作又延伸至其他地区，而有了从明治四十三年（1910）到大正十四年（1925）的林野调查，以及大正十四年到昭和九年（1935）的山区调查。这些调查工作也从民间采集到许多契约文书，日本政府并未加以整理出版，仅留在档案之中。这部分档案估计含有超过15000份契约[②]。

旧惯调查同样历经几个不同阶段。最先是明治三十三年（1900），一群日人在台湾成立"台湾惯习研究会"，以业余的身份，开始调查台湾风俗习惯，并每月发行《台湾惯习记事》。自明治三十四年（1901）元月至明治四十年（1907）8月，6年间共发行了80期，每期都有长短不等的文章十数篇，有时也连载字数较多的文章[③]。80期当中，已经有关于台湾契约文书的讨论[④]。

不过，即便有来自台湾总督府背后支持，"台湾惯习研究会"只能算是半官方的组织。明治三十四年，总督府又成立了"临时台湾旧惯调查会"，由政府编列经费，以正式组织方式，展开在台的调查工作[⑤]。有了官方资源挹注，旧惯调查的规模就不再只是出版月刊，还能将成果集结刊印，主要成果包括《清国行政法》《台湾私法》与《番族惯习调查报告书》[⑥]。

---

① 关于总督府的土地调查工作，见张金土：《台湾地籍整理沿革》，台北：地政局地籍测量人员训练班，1953年，第9—45页；尹章义：《老字据与台湾开发史的研究》，载国学文献馆主编：《台湾地区开辟史料学术论文集》，台北：联经出版事业公司，1996年，第77—87页；魏家弘：《台湾土地所有权概念的形成经过——从业到所有权》，台湾大学法律学研究所硕士论文，1996年，第112—135页。

② 李文良：《土地行政与契约文书：台湾总督府档案抄存契约文书解题》，《台湾史研究》2004年第11卷第2期。

③ 战后台湾省文献会曾将此书译成中文，陆续出版。见台湾省文献委员会编译：《台湾惯习记事（中译本）》，台中：台湾省文献委员会，1984—1993年。

④ 如［日］冈松参太郎的《契字的种类》，见下文讨论。

⑤ 关于临时旧惯调查会的成立、成员和成果，见郑政诚：《台湾大调查：临时台湾旧惯调查会之研究》，台北：博扬文化事业有限公司，2005年。

⑥ ［日］山根幸夫著，吴密察译：《临时台湾旧惯调查会的成果》，《台湾风物》1982年第32卷第1期。

旧惯调查的诸成果中，《台湾私法》的《附录参考书》收录最多契约文书，总数超过1700件。这些契约的搜集，按照计划分成三个阶段，第一期调查北部台湾，第二期调查南部台湾，第三期则调查中部台湾①。每一期调查完毕后，皆会出版成果报告书。除了土地调查与旧惯调查，总督府其实早已在台湾着手另一些调查工作，如总督府殖产课山田伸吾于明治三十二年（1899）就编纂出版《台北县下农家经济调查书》。其中的契约，是殖产课的人员在进行农家经济调查时所搜集的资料，最后附录于书中②。

官方之外，个别日本学者也依着各自兴趣而展开搜集工作。最著名者，当属村上直次郎（1868—1966年）与伊能嘉矩（1867—1925年）等人搜集的《新港文书》③；又有如平山勋的《台湾社会经济史全集》。后者虽然以“台湾社会经济史”为名，实际上更接近平山勋个人的著作全集，反映其兴趣所在，内容包含了农业经济学、考古学、“台湾作扰史”（即清代的反乱事件）和语言学等等，多是抄录他在各处搜集所得的资料。这共计十九册的套书中，台湾契约文书分别出现于第二册《关于噶玛兰地区的水利合股契字》与第六、七册《台北地方残存的土地契约书》。平山勋并在第二篇文章的前头处写道，文中发表的只是一部分内容，未来希望从新竹开始，逐步南下，以十年计划，完成台湾土地制度史的实证研究。为此，他还请求地方乡土史家，提供协助。这个远大的计划，从结果看来，并没有成功④。

---

① 临时台湾旧惯调查会编：《临时台湾旧惯调查会第一部调查第三回报告书·台湾私法》，台北：临时台湾旧惯调查会，1909年，第2页。

② 吴密察等：《台湾史料集成提要（增订本）》，台北：“行政院”文化建设委员会，2005年，第122页。

③ ［日］村上直次郎：《台湾蕃语文书》，《台湾文化史说》，台北：台湾文化三百年纪念会，1930年，第119—160页；［日］村上直次郎：《新港文书》，《台北帝国大学文政学部纪要》，1933年第2卷第1期。另见叶碧苓：《村上直次郎的台湾史研究》，《“国史馆”集刊》2008年第17期。村上直次郎等人之前，十九世纪来台的欧美学者也已经意外搜集过新港文书，见Joseph Beal Steere著，林弘宣译：《福尔摩沙及其住民：19世纪美国博物学家的台湾调查笔记》，台北：前卫出版社，2009年，第120—124页。关于战后对新港文书的介绍与研究，参见李壬癸：《新发现十五件新港文书的初步解读》，《台湾史研究》2002年第9卷第2期。

④ ［日］平山勋：《台北地方に残存する土地契約書》，《台湾社会经济史全集》第6册，台北：台湾经济史学会，1933年，第94页。

台湾总督府进行土地与旧惯调查之时，从日本动员了不少研究者来台。其中，来自京都大学的一群法律学者，扮演了相当重要的角色，如编纂《清国行政法》的著名学者织田万（1868—1945 年）。而与本文主题最相关的，则属《台湾私法》的作者——冈松参太郎（1871—1921 年）[①]。

冈松参太郎的知识养成过程与职业生涯，与当时其他来台的日本法律学者相当类似[②]。他自东京帝国大学法律系毕业后[③]，至德国、法国与意大利等地留学，明治三十二年从欧洲返回日本后，进入京都帝国大学任教，不久后出任旧惯调查会第一部部长[④]。《台湾私法》与《番族惯习调查报告书》的编纂，都是由他主导。据说，总督府之所以延揽冈松参太郎来台，是由当时担任临时台湾土地调查局长的中村是公（1867—1927 年），推荐给后藤新平。中村是公在东京帝大时，正好高冈松参太郎一届，算是他的“先辈”[⑤]。

明治三十三年，冈松参太郎抵达台湾，担任临时台湾土地调查局的嘱托。当年底，他便完成《台湾旧惯制度调查一斑》，隔年正式出版。本书也被译为英文，名为“Provisional Report on Investigations of Laws and Customs in the Island of Formosa”[⑥]，收录契书 89 件，出版后致赠海外人士。对照《台湾旧惯制度调查一斑》与 8 年后——明治四十二年（1909 年）所出版的《台湾私法》，后者篇幅当然大幅扩充，收录的契约文书也更多。前者可以视为冈松参太郎对台湾旧惯理解的雏形，后者则是更为完整、成熟的结晶。

---

① 吴文星:《京都帝国大学与台湾旧惯调查》,《师大台湾史学报》2007 年第 1 期。

② 如织田万，1892 年自东京帝大毕业，后至欧洲留学，1899 返日担任京都帝大教授。见［日］坂野正高:《织田万》，载［日］潮见俊隆、利谷信义编:《日本的法学者》，东京：日本评论社，1975 年。

③ 春山明哲研究《东京帝国大学卒业生氏名录》，指出冈松参太郎在东京帝大前后期的同学中，与台湾有关的就有：石冢英藏（曾任第 13 任台湾总督）、大津麟平、织田万、手岛兵次郎、祝辰巳、中村是公、持地六三郎、田岛锦治、爱久泽直哉、狩野直喜、宫尾舜治。见［日］春山明哲:《法学博士・冈松参太郎と台湾》,《近代日本と台湾：雾社事件・植民地統治政策の研究》，东京：藤原书店，2008 年，第 301 页。

④ ［日］春山明哲:《法学博士・冈松参太郎と台湾》，第 294—319 页。

⑤ ［日］末川博:《法学界の巨星冈松参太郎の思い出》,《書斎の窓》1977 年第 269 期。

⑥ Santaro Okamatsu, *Provisional Report on Investigations of Laws and Customs in the Island of Formosa*, Kobe: Kobe Herald, 1902.

《台湾私法》可说是冈松参太郎一生工作中，最重要的成果之一。这套三卷六册的大书，主体目录如下：

第一编　不动产

第一章　总论

第二章　不动产物权

第三章　不动产物权之特别物体

第四章　不动产物权之特别主体

第二编　人事

第一章　人

第二章　亲族

第三章　婚姻

第四章　亲子

第五章　托孤

第六章　相续

第三编　动产

第一章　总说

第二章　家主权

第三章　当权

第四章　占有

第四编　商事及债权

第一章　商事总论

第二章　商人

第三章　商事使用人

第四章　债权总论

第五章　债权各论

第六章　合股

第七章　汇票及凭单

第八章　海商

第九章　倒号

有学者批判本书的编排逻辑，如人事篇理应放在不动产篇之前[①]。但此处我们关心的是书中所收录的契约文书及其分类方式。如前所述，《台湾私法》中的契约文书集中在《附录参考书》中。事实上，前文中所提到的几本出版品中，台湾的契约文书几乎也都是作为“附录”或“参考”的身份，收录其中。也就是说，在土地调查和旧惯调查的过程中，契书只是作为手段、作为材料，而不是最终的目的；是附属品，而不是主体。也因此，在《台湾私法附录参考书》中的契约分类，只是跟着正文的架构走，并没有另外为契约量身定做另外的分类方式。更进一步说，像《台湾私法》这一类旧惯调查成果中，编者只是利用契约来支撑自己的论述与观点，而并非是要“让契书自己说话”。

那么，编者的观点是什么？从上引的目录看来，冈松参太郎大量使用了现代法学的概念与词汇。就拿“不动产”来说，这个词汇在主要的清代台湾文献中，几乎从未出现过[②]，这三字词汇的组合要到十九世纪末期，才由日本法学翻译家创造出来，用以对应西方语言中的“real property”，稍晚再从日本传回中国[③]。尽管缺乏词汇不见得就没有类似概念，但新创词汇与旧有概念间，终究存在或多或少的落差。除“不动产”之外，所谓“特别物体”“特别主体”，或是其后章节的“动产”“债权”等词汇，都不是清代台湾人在日常生活中使用的语言。或可以说，冈松参太郎是带着近代法学的眼光，去阅读和理解这些搜集而来的民间契约文书的。

冈松参太郎的法律思想，承继德国法学传统。在德国留学时，他师事人种法学（die ethnologische Jurisprudenz）学者柯勒（Joseph Kohler，1849—1919 年）。所谓人种法学，至少有两种重要的思想渊源，一是风行于德国的“历史主义”（historicism）倾向，二是十九世纪末兴起的“达尔文主义”（Darwinism）。这两项主义结合之下，人种法学主张法律思考并不专属于近代西方社会，而存在各

① ［日］福岛正夫：《冈松参太郎博士の台湾旧慣調查と華北農村慣行調查における末弘嚴太郎博士》，《东洋文化》1958 年第 25 号。吴豪人：《冈松参太郎论——殖民地法学者的近代性认识》，载《战斗的法律人——林山田教授退休祝贺论文集》，台北：林山田教授退休祝贺文集编委会，2004 年，第 543—548 页。

② 这里的“清代台湾文献”，包括清代台湾行政档案、契约文书、淡新档案和《台湾文献丛刊》中的资料。

③ 冯天瑜：《新语探源：中西日文化互动与近代汉字术语生成》，北京：中华书局，2004 年，第 400—401、475—479 页。

个时代的各种社会中；他们同时相信法律乃是在历史长河中逐步演化而来，要理解现代法律，就必须理解其过往基础，因此产生了重视历史调查与比较研究[①]。冈松参太郎在《台湾惯习记事》上的文章《大租权在法律上的性质》，开场白就有着人种法学的色彩，他写道：

> 夫法律为人造物，并无自然法律之存在。各国有各国之法律，各法有各法之观念，故一国一法之法理观念，未必足以说明他国之法理观念。……如今欲说明未以罗马法为基础之吾台湾之法律，欲定大租权是否应属物权，或难免有误本之疑。惟因吾内国法，既已采罗马法理，并以其法律组织为基础，人民亦以罗马法之观念为其法律思想依据，致当说明吾台湾法律时，亦势必以此法律以说明其制度观念，自所难免，并有不得故予排除之理由。[②]

细读这段话，冈松参太郎的暧昧态度很值得玩味。开头处，它虽然强调各地的法律有不同的逻辑，无法互相比附，甚至指出台湾并非处于罗马法体系中。下文却口气一转，台湾既然作为日本殖民地，终有一天要接受殖民母国的法律，因此“势必”要引入罗马法的概念。

这表示，重视历史与还原历史是两件事。有学者就批评，人种法学家在研究时，不免仍掉入观念论（idealism）的陷阱，也就是追求理想的状态，忽略了现实法律实践的复杂[③]。研究者也发现，冈松对旧惯调查的构想，与当时人种法学对人类社会风俗的分类近乎一致。《台湾私法》的架构中，处处有当时欧洲人种法学的影子[④]。

---

① 吴豪人：《ドイツ人種法学と台湾私法の成立》，《比较法史研究》1999年第8期。

② ［日］冈松参太郎：《大租權の法律上の性質》，《台湾惯习记事》1901年第1卷第1期。此处引文采取程大学所译。

③ 吴豪人：《冈松参太郎论——殖民地法学者的近代性认识》，载《战斗的法律人——林山田教授退休祝贺论文集》，台北：林山田教授退休祝贺文集编委会，2004年，第531页。

④ 如当时欧洲法学者有所谓“民族制度的体制”“地域共同体的体制”“统治的体制”“社会的体制”，正好呼应《台湾私法》的架构。见吴豪人：《ドイツ人種法学と台湾私法の成立》，《比较法史研究》1999年第8期。

签订契约本来是民间进行交易时普遍进行的手续，目的是将彼此的权利义务行诸文字，以免争议。这样的行为，确如人种法学所想象，是长久累积的习惯。虽然传统中国的官方，也曾对契约的形制提出规范①，甚至颁布禁令②。但签订契约的行为，与其说是在官方强力的规范下进行，不如说在是民间自由的实践中孕育出来的。不同的人或团体在签订契约时，共享常用的格式，即法学家口中的民间惯习。这类惯习，可以借由明清两代流行的日用类书中传播和复制③，但仍有许多官方难以掌握的空间，各种变异因此不难理解。

然而，冈松参太郎在试图把握清代台湾民间订约的习惯时，仍无法摆脱追求“单纯化、类型化”的倾向。也就是说，尽管冈松理解法律变动不羁的特性，但在他笔下，法律的演变仍显得有些僵硬，有时只是“阶段论”的呈现。如他引用唐律、明律和清律，解释中国历史中的人事关系④。这把一整个时代凝缩到几个固定的时间点，而且只注意到法律条文字面上的规范，而忽略了法条如何被实践。再者，如前引文所见，冈松虽然知道台湾的“旧惯”不在罗马法体系中，却因为殖民地的特殊状况，而强行引入罗马法的概念，这也不免削足适履。

但冈松对民间法律的复杂度并非毫无感知。阅读《台湾私法》中的文字，冈松其实相当谨慎地，试图掌握台湾民间立契实践的暧昧性。尽管他不免借用近代法律的概念来理解台湾旧惯，但并未粗糙地将西方法律的体系，照抄硬搬到调查结果之上。这形成冈松著作中，摆荡在秩序与混乱之间的两面性。他一方面追求体系化，一方面又要保留契约错综复杂的面貌。学者对冈松参太郎的

---

① 梁治平：《故纸中的法律与社会》，《北大法律评论》2004 年第 5 卷第 2 辑；陈学文：《清代土地所有权转移的法制化——清道光三十年山西徐沟县王耀田契（私契、官契、契尾）的考释及其他》，《中国社会经济史研究》2006 年第 4 期。

② 如《大清律例》中有不准“贴赎”的规定。另见（清）李渔：《禁令百则・禁止加贴产价》，清康熙刊《新增资治新书全集》本，载杨一凡、刘笃才编：《中国古代地方法律文献》乙编第 1 册，北京：世界图书北京公司，2009 年，第 169 页。

③ 杨国桢：《明清土地契约文书研究》（修订版），北京：中国人民大学出版社，2009 年，第 11—69 页。

④ “人事篇”中有很多这样的例子，见临时台湾旧惯调查会编：《临时台湾旧惯调查会第一部调查第三回报告书・台湾私法》（以下简称《台湾私法》）第 2 编，台北：临时台湾旧惯调查会，1909 年。

评价，因此分成两种，有人批评他扭曲了台湾社会习惯的丰富内涵[①]，有人却认为他保留了民间旧惯的模糊性与矛盾[②]。

冈松参太郎在书中曾特别针对“不动产”的交易契书分类，另辟专节讨论。此处所列举的分类，与上述《台湾私法》的整体结构并不完全一致，却因此形成有意义的对比。如前所述，在《台湾私法》出版以前，冈松参太郎先行编纂了《台湾旧惯制度调查一斑》，本书一部分的内容也被转载于《台湾惯习记事》之上，名为《契字之种类》。文中冈松将台湾与土地相关的法律行为分为买卖、给出、贷借、典借、胎借、共有财产分配。更进一步看《契字之种类》一文，冈松在六大种类的契约分类下头，又赋予他们更细致的区分：

> 一、卖契（买卖）：杜卖尽根契；杜卖尽根归就字；退股归管字；退户字；永退耕契
>
> 二、给字（给出）：给佃批；给地基字
>
> 三、赎耕字（贷借）：招耕字、招赎字；租佃字、税厝字；招税地基字
>
> 四、典契（典借）：胎典契；起耕典契；转典字
>
> 五、胎契（胎借）：胎借字、质借字；起耕胎借字
>
> 六、杂契（共有财产分配）：阄分约字；嘱书；定界分管合约字；继书；找洗字；甘愿窨堆字；给风水山批字；合约字[③]

每个类型（除买卖契外）后头并附上一个挖空人名、地名与数额的“格式”。

这样的分类当然仍是粗略的。不过，从《台湾旧惯制度调查一斑》的89件，到《台湾私法》的1700件，几年间冈松所见到的契约数目越来越多，他的分类也产生了改变。到了编写《台湾私法》之时，“契字之种类”一节虽仍维持

---

① 王泰升：《台湾法律史的建立》，台北：三民书局，1997年，第61—63页。

② ［日］岸本美绪：《明清契约文书》，载［日］滋贺秀三等著，王亚新等编译：《明清时期的民事审判与民间契约》，北京：法律出版社，1998年，第295页。

③ ［日］冈松参太郎：《契字之种类》，《台湾惯习记事》1901年第4期。

六大类，许多文字也沿习《台湾旧惯制度调查一斑》，其下的细项却变得更为复杂。抄录如下：

> 一、卖契：杜卖尽根契、杜卖断跟字；交换字；杜卖尽根归就字；退股归管字；退户字；永退耕契；让地字；逊让字；付管字
>
> 二、给字：给垦批；给佃批；给地基字
>
> 三、贌税字：
>
> （一）贌字：招耕字；招贌字（同前）；贌耕字；认耕字（同前）；贌出地基字；永佃批、永佃字；永耕字（同前）；永远招贌耕字（同前）；
>
> （二）税字：永税地基约字；招税地基字；税地基合约字；税店字
>
> 四、典契：典字；当字；起耕典契；添典契；转典字；缴典字
>
> 五、胎契（胎借）：胎借银字、胎借字；质借字；起耕胎借字；对佃胎借字；按田生银字
>
> 六、杂契（共有财产分配）：阄分约字；嘱书；定界分管合约字；甘愿字；搴结字；找洗字；越行找洗字；凭准字；甘愿窨堆字；给风水山批字；合约字[①]

两相比较之下，《台湾私法》多出了许多名目（如交换字、让地字、逊让字、付管字、给垦批、税字、缴典字、对佃胎借字、按田生银字等等），而且《台湾旧惯制度调查一斑》的一些项目被拆的更细，如找洗字就分成了“找洗字”与“越行找洗字”，“杜卖尽根契”同项下则多出“杜卖断根字”的另一个分身。

最有意思的是，尽管名目增加，某些契约类型的说明文字却写着“同前”二字。这不能不让人有些疑惑：如果某一类型的内涵与他者基本上相同，那么另立名目的理由是何在呢？冈松参太郎对此并没有多加说明。不过，相较《台湾私法》全书具有西方近代法学色彩、具有体系的分类架构，“契字之种类”一节的内容更要贴近民间的“旧惯”——至少它使用了许多传统契约中的文字。

---

① 临时台湾旧惯调查会编：《临时台湾旧惯调查会第一部调查第三回报告书 · 台湾私法》，台北：临时台湾旧惯调查会，1909 年，第 183—196 页。

但同一时间，随着契约数量不断增加，分类项下的名目也随之膨胀，甚至给人治丝益棼之感。

回过头看另一个问题，为什么“契字之种类”一节却与《台湾私法》的整体架构不尽一致呢？一个可能的解释是两者存在目的不同。“契字之种类”多少还有一点为理解旧惯而发动、为研究而研究的纯粹学术性，与殖民政府的统治政策仍保持着一点距离。但《台湾私法》的整体分类却不然。就在冈松参太郎的操刀下，《台湾私法》成了后来草拟“台湾民事法典”的基础。为了完成“旧惯立法”，《台湾私法》的架构就必须具有一定的体系性，以符合近代西方法律的原则。这么一来，就未必需要像“契字之种类”一般贴近契约文书混乱的本质，反而可以在分类时引入更多理想性。甚至有所谓的“超前立法”，也就是将尚未出现在现实生活中的概念写入法条中，预先规范了民间交易的形式[①]。即便“台湾民事法典”因为种种因素，最终并未施行，但是这个目标仍影响了《台湾私法》的编写方式。

上述讨论呈现了两种契约文书分类的方式，一种引入近代法学的概念，另一种则更贴近契约文书的形式。但这两条取径不是截然二分的。当冈松援引近代法学概念时，他并不以西方概念为足，仍尝试从“旧惯”中提炼出思想资源，因而产生如《台湾私法》第一篇第二章“不动产物权”底下，几个值得玩味的分类词汇，如：“贌权”“典权”“胎权”。“贌”“典”“胎”都是存在于清代台湾民间的交易实践，后缀的“权”却十足是近代西方概念[②]。冈松参太郎就这样有些矛盾地进行对于台湾契约文书的分类。尽管他所采取的观点、角度，仍不无

① 详见王泰升：《学说与政策交织下的日治台湾民事法制变迁：以冈松文书为中心》，《台大法学论丛》2008 年第 37 卷第 3 期。文中引用“冈松文书”中“台湾典权令假案”的一段话，很有代表性：“按于台湾的典权沿革，当初纯然是作为权利移转行为，几乎被选作为附买回约款的买卖。其后情势变迁，其性质逐渐改变，而产生作为一种担保权的倾向。虽还没有完全发达，但于今视其为伴随对人的债权关系，而作为物上负担的物权，仍至为妥当。本案基于此习惯，改其规定使其成为我民法第三四二条债权担保，而作如本条第一项之规定。”不难发现，此处所谓的“习惯”，其实是“未来式”，也就是尚不存在的。引文出自冈松文书，编号：台湾 15-12。转引自前文，第 62 页。

② 关于近代“权利”概念从日文到中文的翻译与引入，见李贵连：《话说“权利”》，《北大法律评论》1998 年第 1 卷第 1 期。至于在台湾的改造，见王泰升：《台湾日治时期的法律改革》，台北：联经出版事业公司，2000 年，第 319—338 页。

值得商榷的余地，但在战后的台湾，他的体系依旧相当具有影响力，被研究者以各种方式，有意无意地承继下来。

三、战后的几波契书搜集

战后契约文书的搜集工作，很长一段时间并无来自“中央”政府制度性的资源支持，而是以民间研究者为主体，且有许多学院外的工作者参与，再由地方政府提供出版协助。这个现象，自然与“台湾史”在战后学院中的边缘位置脱不了关系。一直要到 20 世纪 80 年代以后，台湾史的研究才勉强得以“登堂入室”，至于正式受到重视，则要更晚之后了[①]。在此背景下，战后的契约文书，从搜集到出版，经常是以特定区域为范围，反映研究者个别的兴趣或工作重点之所在，而非全岛式的普查。这与日治时期大异其趣。

提到战后契约文书的搜集，多数人首先会想起 20 世纪 70 年代后期王世庆在美国亚洲学会（Association for Asian Studies）支持下所展开的工作。这算是战后首次较具有规模和系统的搜集。值得注意的是，这个工作乃是接受美方的支援，台湾政府仍可说是缺席的。下文对此还会回头讨论，在此先把时间拉回 20 世纪 70 年代以前，讨论此时台湾契约文书的搜集状况。

（一）战后初期

战后初期的契约文书搜集，表面上看来，因为少了殖民政府的支持，因而与日治时期的形态相当不同。但细查之下，仍有一些延续或承继的部分。战后在台湾大学开设台湾史课程的教授杨云萍（1906—2000 年），就是一例。曾赴日本留学的杨云萍，很早就认知到古文书的重要性，因而投注心力搜集。1956 年，他就在《台北文物》发表一篇《有关台北市的二三古文书》[②]。之后，他对古文书的搜集也没有间断，并从 20 世纪 80 年代后期开始，在《台湾风物》主

① 王晴佳：《台湾史学五十年（1950—2000 年）：传承、方法、趋向》，台北：麦田出版社，2002 年，第 139—183 页。

② 杨云萍：《有关台北市的二三古文书》，《台北文物》1956 年第 5 卷第 1 期。

编张炎宪的规划下，以“杨老习静楼藏台湾古书契偶存”为专栏名称，陆续将手中收藏之古文书翻拍展示[①]。与杨云萍同一时间的研究者，也在《台北文物》上发表类似的文章，台北市文献会在1957年编有《会藏古文书选辑》；又有刘篁村发表《台北古字据集》[②]。

除此之外，正如本节开头处提到的，许多古文书的出现与地方史的研究有密切关系。在战后初期，负责编写地方志或钻研地方史的人士，往往也以搜集与研究并行的态度，零零星星地整理了当时所见的民间契约。如《云林文献》于1952年有郑津梁的《云林沿革史略》；刘枝万的《南投县志稿》《台湾埔里乡土志稿》与盛清沂的《台北县志》，都多少收录或利用了契约文书[③]。一直到后来，利用编写地方志的机会，一并刊印地方上的古文书，仍是十分常见的做法[④]。

这段时间最大宗的契书出版，要属1957年开始编印的《台湾文献丛刊》。这套“以‘拿清代有关台湾的私人著述’为范围，而以对台湾研究者提供资料为目的”[⑤]的丛刊，将日人半个世纪前的调查结果，再次整理编印。如《大租取调书》就改名《清代大租调查书》，列入第152种；《台湾私法》则被拆成债权篇、商事篇、人事篇、物权篇，分别在第79种、第91种、第117种和第150种刊印之，两者内容共计超过2900件。很长一段时间，世界各地研究台湾的学者，都要仰赖这套翻印的资料。

《台湾文献丛刊》的出版品虽以《台湾私法》为名，实际编印的内容则是《附录参考书》的内容，也就是当时搜集的契约，就如丛刊中的《清代大租调

---

① 张炎宪：《诗人气质的历史学者》，载张炎宪、曾品沧主编：《杨云萍藏台湾古文书》，台北："国史馆"，2003年，第3页。另见许雪姬：《杨云萍教授与台湾史研究》，《台大历史学报》2007年第39期。

② 苏得志、王诗琅：《会藏古文书选辑》，《台北文物》1957年第5卷第2—3期；刘篁村：《台北古字据集》，《台北文物》1958年第7卷第4期，第87—91页。

③ 郑津梁：《云林沿革史略》，《云林文献》1952—1953年第1—2卷第4期；刘枝万：《南投县志稿》，南投：南投县政府，1954年；刘枝万：《台湾埔里乡土志稿》，作者自刊，1951—1952年；盛清沂：《台北县志》，台北：台北县文献委员会，1960年。

④ 林玉茹：《知识与社会：战后台湾方志的发展》，载许雪姬、林玉茹主编：《"五十年来台湾方志成果评估与未来发展"学术研讨会论文集》，台北："中央研究院"台湾史研究所筹备处，1999年，第27—66页。

⑤ 吴幅员：《〈台湾文献丛刊〉叙例》，《在台丛稿》，台北：三民书局，1988年，第329页。

查书》，实际上也仅编入原书的附录部分。之所以只挑选附录参考书，原因是“避免掺入个人之主观意识”，也就是要舍弃日人对于史料的诠释。因此，不仅不收入《台湾私法》的正文部分，就连《附录参考书》以日文写成的摘要说明，《台湾文献丛刊》也一并删去①。尽管如此，这几本书还是沿用了日人的编排，这样一来，当然也承袭了日本学者采取的近代法学视角。丛刊编辑时所使用的诸如“债权”“商事”“人事”与“物权”四个范畴，就是来自《台湾私法》。

（二）20世纪70—80年代

20世纪70到80年代，契约文书的搜集工作上，出现两项大型的重要计划。第一项是前面提过，由美国亚洲学会倡议，而由王世庆负责的计划；第二项则是1986年开始，考古人类学家张光直在“中央研究院”发动的“台湾史田野研究计划”，当时的张光直除了“中研院”院士头衔外，正式职位是美国哈佛大学教授。经费上，前者有太平洋文化基金会（Pacific Cultural Foundation）的支援，后者除了向“国科会”申请计划外，美国路思义基金会（The Henry Luce Foundation）也提供了两年十万美元的协助②。换言之，这两项计划虽然都在台湾进行，但背后均有来自美国的影响和资源挹注。

先说第一项。1973年美国亚洲学会成立台湾史研究小组（Committee for Taiwan Historical Studies），由斯坦福大学胡佛研究所的马若孟（Ramon H. Myers）担任召集人，而后来负责收集台湾古文书的王世庆刚从省文献会退休，返回台北，加入台湾史研究小组。一开始他的工作是编著《台湾研究中文书目》，包括史地与社会科学部门，后来他则向小组提议“抢救古文书”，获得同意，1976年就正式展开系统性的搜集③。当时的方法是，征得民间持有者的

① 林真：《台湾私法债权篇弁言》，载周宪文编：《台湾文献丛刊序跋汇录》，台北：台湾中华书局，1971年，第255—256页。

② 许雪姬、刘素芬、庄树华访问，丘慧君纪录：《王世庆先生访问纪录》，台北：“中央研究院”近代史研究所，2003年，第148—149页；《研究计划》，《台湾史田野研究通讯》1986年第1期。

③ 许雪姬、刘素芬、庄树华访问，丘慧君纪录：《王世庆先生访问纪录》，台北：“中央研究院”近代史研究所，2003年，第147—151页。

同意，将文书裱褙后影印，再将文件上的戳记、图章拍照存真，然后归还原主[①]。不过过程不一定全都顺利，不仅有些人不愿意出借，王世庆甚至回忆这样的状况：

> 有些人质疑我们替外国学术界收集这些古文书，把我国珍贵文件流传到国外，有利外国等耳语。这些话语对当时的我们确实造成某种困扰，但我并不责怪他们有这些保守的想法，尤其是在那政治敏感的年代，所以我必须为我们的作为找到一个合理的说法来说服外界及同伴，继续这项工作，而增加我们参与这项计划的正当性。[②]

搜集计划由美国研究组织支援，有这样的耳语也并非完全难以理解。这提醒我们思考，亚洲研究协会何以支援这样的计划。王世庆当时为了平息疑虑而提出的说法是："借由这次收集古文书，我们不仅可以了解台湾移民开发史，并可进一步研究大陆与台湾两地的历史互动历程。"[③]进一步说，对外国学者而言，在那个年代，他们之所以研究台湾，多数还是将台湾视为"中国文化研究实验室"[④]。当时中国仍处于对外封闭的阶段，要作田野调查，要搜集文献资料，皆属不易。相形之下开放的台湾，因此成为外国学者眼中的代替品[⑤]。

无论如何，这次的契约收集工作相当成功。至1983年工作结束之时，已经搜集5600多件古文书，王世庆满意地指出，这数字"远超过日治时期

---

① 王世庆：《台湾地区古文书之调查研究》，《台湾史料论文集》（上册），台北：稻乡出版社，2004年，第341页。

② 许雪姬、刘素芬、庄树华访问，丘慧君纪录：《王世庆先生访问纪录》，台北："中央研究院"近代史研究所，2003年，第152页。

③ 同上。

④ 这是社会学者陈绍馨的说法，见陈绍馨：《中国社会文化研究的实验室——台湾》，《台湾的人口变迁与社会变迁》，台北：联经出版事业公司，1979年，第1—7页。相关讨论见徐正光：《一个研究典范的形成与变迁：陈绍馨"中国社会文化研究的实验室——台湾"一文的重探》，《中国社会学刊》1991年第15期。

⑤ 尽管这些论文在题目中甚至并未强调是以台湾为例。见王世庆：《中国社会的宗教与礼俗会议》，《台湾风物》1971年第21卷第4期。

官方搜集的4000多件”[①]。研究小组最后将文书印制五套，每套十辑，每辑十二大册，定价两万元，名为《台湾公私藏古文书汇编》，分别收藏于“中研院”史语所、美国的斯坦福大学、哈佛大学、国会图书馆与日本东洋文库[②]。这次的搜集，引起学术圈对台湾古文书的注意，也对后来的学术研究影响深远。

然而，一直到“抢救古文书”的工作结束，当时台湾最高研究机构“中央研究院”内，还是没有专责研究台湾史的单位。台湾唯一庋藏《台湾公私藏古文书汇编》的史语所，整个研究重心都在传统中国史[③]。不过，当时已经有个别学者开始关心台湾文史资料，尤其是重视实地调查的考古学家与人类学家。因此在20世纪80年代前后，“中研院”民族所也开始搜集民间契约文书，王世庆认为，“数量当在3000件以上”[④]。但在“中央研究院”内，正式开启搜集工作的则是“台湾史田野研究计划”。

如前所述，当时“中央研究院”内，并无专门研究台湾史的单位，要整合相关人力，只好选择以大型计划的方式。在“台湾史田野研究计划”之前，张光直早在70年代就主持了另一个著名的“浊大计划”，即“台湾省浊水、大肚两溪自然与文化史科际研究计划”。从名称就可看出，这个计划是要号召不同领域，但同样关心台湾研究的学者，一同投入。后来“台湾史田野研究计划”延续这个传统，参与的学者分别来自“中研院”内的历史语言研究所、民族学研究所、近代史研究所和三民主义研究所（即后来中山人文社会研究所，现已改制为人文社会科学研究中心）。

按照该《研究计划》目的所述，这个计划的特色是“除了从事历史的研究外，更注重新史料的搜罗和保存”。张光直写道：

---

① 许雪姬、刘素芬、庄树华访问，丘慧君纪录：《王世庆先生访问纪录》，台北：“中央研究院”近代史研究所，2003年，第154页。

② 同上。

③ 杜正胜：《旧传统与新典范——史语所七十五周年》，《新史学之路》，台北：三民书局，2004年，第315页。

④ 王世庆：《台湾民间古文书之搜集整理研究》，《台湾史料论文集》（上册），台北：稻乡出版社，2004年，第378页。

> 在台湾的史学家为台湾史料所环绕，在“动手动脚找东西”上，有天时地利人和之便，如果集中作台湾研究的田野工作，不但能够扩充研究台湾史的材料，而且可以直接刺激中国史学的进展。同时，台湾经济建设猛进，地上地下的史料面临湮没的危机，收集保存史料，也是积极进行台湾史田野研究工作的另外一个基本考虑。[①]

这对话虽然是对史学家说的，但整个计划“资料收集是多学科性的（multi-disciplinary），而不限于文献史料”[②]。这大概与张光直的考古人类学背景有关。的确，在“工作内容”一项之下，史料搜集的范围包括了建筑、民俗、歌谣、传说等等。而“收集、整理尚散存于民间的古文书，并作注释”，也被明确地列入其中[③]。

此计划的成果颇为丰硕，以工作目标之一的书目搜集而言，几年间就编成了《台湾平埔族研究书目汇编》《台湾汉人移民史研究书目》《台湾民间信仰研究书目》等。至于史料的搜集与编纂，《台湾史田野研究通讯》当时曾陆续刊出文章，介绍田野调查中搜集而来的古文书[④]。不过，当时正式出版的，似乎只有《台湾平埔族文献资料选集：竹堑社》[⑤]。大多数搜集到的材料，仍保存在“中央研究院”台湾史研究所筹备处（后改为台湾史研究所）的古文书室，并未在外流通，尽管如此，这批材料仍促成了后来“中央研究院”内丰富的台湾史研究[⑥]。

---

① 张光直：《发刊辞》，《台湾史田野研究通讯》1986年第1期。

② 《台湾史田野研究计划》，《台湾史田野研究通讯》1986年第1期。

③ 同上。

④ 如洪丽完：《从一张古文书管窥清代的梧栖港》，第10期；洪丽完：《清代梧栖港开垦史的三件古契字》，第11期；陈一仁：《鹿港古文书采集调查报告》，第26期。

⑤ 张炎宪、王世庆、李季桦主编：《台湾平埔族文献资料选集：竹堑社》，台北：“中央研究院”台湾史田野研究室，1993年，本书部分内容原以“竹堑地区拓垦文书解题”为题，刊于《台湾史田野研究通讯》第19—26期。

⑥ 林玉茹：《回首来时路：“中央研究院”台湾史研究所古文书室藏文书的搜集与运用》，载逢甲大学历史与文物管理研究所、台湾古文书学会编校：《第二届台湾古文书与历史研究学术研讨会论文集》，台中：逢甲大学出版社，2008年，第103—153页。后来学者将台史所古文书的资料整理出版。

（三）1990 年之后

经过前一个时期两项大型计划，20 世纪 90 年代以后的搜集工作又回到单兵作战形式，依靠个别研究者的努力与付出。当然，与战后初期相比，出版业的发达，使研究者不仅能借期刊零星的分享，还有机会将整批搜藏刊印出版。因此，无论数量还是流通性，90 年代开始对于契约文书的搜集，都远远超过以往。2000 年以后，台湾契约文书的出版更可谓蔚为大观，几乎每一年都有数本新书刊印，此热潮直到目前仍在持续。

1988 年南天书局出版《台湾古文书集》，开启后来一连串出版的先声。该书由曾参与“台湾史田野研究计划”的张炎宪挂名主编，内中文献的来源则是日人三田裕次[①]。三田裕次原任职于日本公司，因公派驻台湾，开始对台湾的历史文物产生兴趣，遂着手搜集。最早是 1981 年的秋天，他前往参观雾峰林家宅邸时，后在台中市古董店购入数张清代契约。他在本书序言中写到：

> 当时，对这些字契的内容并未加以留意，有一段时间，只将其深藏于书柜之中，直到某日，兴之所至，随手翻阅其内容时，才发现竟然是与平埔族——“巴布萨（Babuza）”有关之字契。其后，乃遍寻台北的古董店与旧书店，搜购所有与平埔族相关的契约。日积月累，在付出不少精神及财力之后，计收百余张。其中，仍以“巴布萨（Babuza）”及“道卡斯（Taokas）”二族之地契为主。另外，也包括闽、客所属的契约。[②]

三田裕次的收集过程，反映台湾战后许多契约文书搜集者的两个特色。第一，他们或非学院内人士，却对台湾史料充满热情，因而利用业余时间，逐步收集

---

① 关于三田裕次的台湾史料搜集，见钟淑敏编：《三田裕次与三田文库》，《台湾史料研究》1997 年第 9 号。

② 张炎宪编：《台湾古文书集》，台北：南天书局，1988 年，第 9 页。

相关材料，长期累积之下，终于有了让人惊艳的成果。第二，台湾平埔族与汉番关系的课题，是 90 年代契约文书出版的重心。

不过三田裕次却自承："这些资料，绝大部分是单张或数张，于各地先后购入，相当零散，若以史料观之，我认为未必有太高价值。"① 三田的话或许有些自谦的意味，但他的确点出契约文书研究的一大要点：除少数特别重要的、意义重大的契约外，大部分契书独自是无法发挥史料价值的。而这大概是刺激三田裕次刊印手中资料的原因，他认为，这些"断简残篇，若能予以系统分类，继而公诸于世，或可对台湾史料的发掘及从事台湾史研究的诸位前辈后进，聊有助益，也未可知"②。随着其后越来越多文书的发现，三田裕次口中的断简残篇，越来越有可能如他所期待，找到与之相关的资料，进而拼出更完整的历史图像③。

这段时间对文书挖掘贡献最多的，是各地方政府的文化单位。这些文化单位扮演的角色有三：一是出版古文书的专书，二是支持地方文献期刊，三是编纂地方志。以第一项来说，台湾各地区的"文化中心"或"文献会"或后来的"文化局"，多少都编印了该区古文书的专辑。其中最早的，要属 1994 年宜兰县立文化中心的《宜兰古文书》。其后，由南到北的政府文化单位也一一跟进。这反映着台湾史研究强烈的在地化性格，相对于"中央"政府宣扬的历史大叙事（很大程度是以中国为中心的），地方的文化单位借由史料的搜集整理和出版，开启了寻找地方认同的可能。

综观上述出版品，有的资料来自地方单位的收藏，有的是地方特定家族或有心人士的资料。但也有许多为了包容相对完整的地域性资料，遂将此前出版或未出版的契约文书，一并收录进去。《大台北古契字集》就是一个例子，本

---

① 张炎宪编：《台湾古文书集》，台北：南天书局，1988 年，第 9 页。

② 同上。

③ 如《台湾古文书集》中经常出现的南庄垦户黄允明，就有数件资料被留在《台湾总督府抄录契书》中，例如台中图书馆整理，《台湾总督府档案抄录契约文书·永久保存公文类纂》（"国家"文化数据库，http://nrch.cca.gov.tw/ccahome/index.jsp），编号 ta 01842 000094-0001、ta 01842 000092-0001、ta 01842 000093-0001、ta 05568 000007-0001、ta 05568 000009-0001 等。这些资料皆为收入《台湾古文书集》中，二者适可互相补充。见台湾历史数位图书馆（http://thdl.ntu.edu.tw）。

书前三集收录契书 1589 件，其中有的收藏于台北市文献会，也有的来自《清代大租调查书》或《台湾私法》。可以说是以地域为范畴，重新整编契约文书，创造了一个新的集合体。这在历史研究与地域群体意识上可能的意义与贡献，都值得深加注意。

除了专书外，各地方的文献期刊，仍不时有介绍地方契约的文章。或有学者，直接引用田野所得的契约文书展开研究，可能撰成论文，也可能在地方政府赞助下，以专书形式出版，成为另一种公开资料的渠道。但这样散布于各文章或研究书籍中的状况，有时从文章或主题中并不易看出，至少很难直接得知是引用已出版抑或是尚未公开的文书。而由于缺乏普遍的调查，这样的契书数量有多少，还不得而知①。

此外，地方政府出资编写的地方志书中，经常也有契约文书的专门章节或版面。不过，篇幅大小往往取决于编写者个人喜好，尚无通则，有时也可能并不收录。长期研究契约文书的学者，负责撰写地方志时，往往就投注更多目光在地方上的文书。如《二林镇志》中，甚至一并附上“古契字常用重要术语”②。不过，战后编写的地方志中，究竟藏了多少未刊的契约文书，在缺乏普遍调查的情况下，同样不得而知。

90 年代以后另一个对契约文书出版贡献良多的单位，是“国史馆”台湾文献馆，其前身即为王世庆曾服务的台湾省文献委员会。这应该是战后契约文书搜集工作中，唯一相对带有“中央”色彩的机构。台湾文献馆及其前身，向来以编纂台湾地方的史料为职责，从 1992 年开始，也编列固定预算，计划性地搜集民间古文书③。此后亦持续支援古文书的出版，出版内容包括文献会本身的藏品（如《台湾省文献委员会典藏北部地区古文书专辑》）、民间研究者的搜藏品（如《大甲东西社古文书》），还有从台湾文献馆保存之“台湾总督

---

① 李朝凯等人曾搜集一些篇目，但显然并不完整。见李朝凯、吴升元、吴忆雯：《战后以来台湾古文书研究的回顾与展望》，载逢甲大学历史与文物管理研究所等编：《台湾古文书与历史研究学术研讨会论文集》，台中：逢甲大学出版社，2007 年，第 293 页。

② 洪丽完总编纂：《二林镇志》，彰化：彰化县二林镇公所，2000 年，第 512—515 页。

③ 谢嘉梁：《序》，载台湾省文献委员会采集组编：《草屯地区古文书专辑》，南投：台湾省文献委员会，1999 年。

府公文类纂”中所挑选出的资料（如《台湾总督府档案平埔族关系文献选辑》）。

台湾文献馆的主管单位“国史馆”，2000年以后也陆续出版了古文书相关书籍。由“国史馆”担负出版工作，象征台湾史及其史料的征集，因为外在环境与政治情势的转变，已经正式成为“国家”历史的一部分。这与单纯由省文献会或台湾文献馆来进行搜集与出版，是有很不一样意义的。时任“国史馆”馆长的张炎宪，就在一书序言中赞扬十多年来地方文史工作室的成绩，并说：

> 虽然这些文史工作室往往受限于资源不足，规模无法壮大，但其旺盛的活力，加上众志成城的决心，竟使得台湾的地方文化活动蔚为发展，成为近年来推动台湾整体文化发展最重要的力量之一。[①]

而他接着又对“国史馆”在地方文化研究上应该扮演的角色，提出主张：

> 作为一个政府文化机构，“国史馆”实不宜划地自限，对于这股地方文化力量漠然以对。“国史馆”这块“国史”的园地，应该遍植各地历史文化瑰丽的花朵。“国史”不应只有国家典章制度与朝代递嬗，“国史”也应蕴含丰富而且多彩的地方文化特色与人文风貌。[②]

既然“国史”的内涵已经转变，“国史馆”所做的，就不再只出版政府文物，还吸纳进地方的各种古文书。

至此，台湾契约文书的出版，已不再只是地方政府的工作，而有“中央”资源的投入。2002年起，“行政院”文化建设委员会更启动“台湾史料集成”的计划，希望以“国家”之力，系统性地长期搜集、整理台湾文献。如主事者所指出，类似工作在各国行之有年，却在台湾地区长期被搁置[③]。而构想中的一

---

① 曾品沧编：《笨港古文书选辑》，台北：“国史馆”，2001年，第2页。

② 同上。

③ 吴密察等：《台湾史料集成提要》（增订版），台北：“行政院”文化建设委员会，2005年，第8—13页。

项主要的工作，便是针对契约文书，因为：

> 尽管清代契约文书数量庞大，是社会记忆与学术研究的重要文化资产，但目前却因资料散居各处再加上公私典藏单位的开放态度不一，除了少数有心的学者得以做出一些研究业绩外，尚处于整理与开发阶段，甚至连最基本的联合目录都没有，是相当可惜的事。台湾不是没有好的材料可以做出扎实的研究与独特的理论，而是始终缺乏一个有力而且负责的机构，来整合这些散在四方的契约文书。①

而“台湾史料集成”计划，最重要的是将台湾总督府公文类纂中日人抄录的契约文书挑选出来，加以整编，进而出版《台湾总督府档案抄录契约文书》。这批资料数量超过15000件，庞大的数目填补了极大的空白，更可能影响现有研究对台湾史的认知②。

四、战后的契书分类

战后的契约文书搜集，由民间而官方，由地方而“中央”，不仅数量增加，出版的质量也日益提高。不过，综观各家所整理的契约文书，方法上似乎还莫衷一是，缺乏统一规则。契约文书出版的分歧状态，涉及几个面向，如编辑架构上要列入哪些项目，如何再现契书内容，还有，如何分类。

就编辑架构而言，有人主张诸如“导读、凡例、图文对照（即原件与排版文字并立）、契约用语的名词解释、地名解释、新旧地名对照表、附上地图、契字总表、印记解读、新旧字体书写对照等”，都应该一并列入内容要项中。不过，研究者调查1998至2005年间的出版品，“当中没有一种能够含括上述

---

① 吴密察等：《台湾史料集成提要》（增订本），台北：“行政院”文化建设委员会，2005年，第127页。

② 李文良：《土地行政与契约文书：台湾总督府档案抄存契约文书解题》，《台湾史研究》2004年第11卷第2期。

所有各项"[①]。之所以如此，有些是编辑上的阙漏，如缺少最基本的"凡例"（编辑说明）；有些是编者立场的选择或观念的差异，即编辑史料的最终目标要订于何处；同时还有现实"成本"的考量，那就是究竟要投入多少人力、财力。以"导读"为例，是要概略介绍契书的来源、整理过程与价值，还是深入契约内容，进行专题研究？由于缺乏共识，甚至连同一单位的出版品，亦未必一致。

各出版品中对契约内容的"再现"，也是各行其道。基本共识，是以彩色图版为主，这可能是最贴近原始契书的形式。但有时或出于成本考量，只能以黑白印刷或整理者不见得拥有原件影像，只能以转写的全文代替。即便刊印了彩色图版，紧接而来的问题是，是否附上"释文"？台湾文献馆所出版的《台湾总督府档案平埔族关系文献选辑续编》中就主张：

> 由于各契字均为抄件，为避免重新誊录文字而产生新的误抄，故以契字抄件图版方式呈现。[②]

显然，选择不誊抄文字，是减少问题的做法。一旦选择录附转写全文，则有如打开潘多拉的盒子，问题一涌而出。上引文中关心的"误抄"问题，只是其中一端。稍识民间契约的人，都能了解其中布满了诸如俗字、简字、笔误、骑缝字或是缺骸、破损、漫涣不清等种种状况，《金门古文书》的编者就说："解读古文书的资料有时候会觉得很辛苦，几乎千篇一律的枯燥文笔，真的会让人读得昏昏欲睡，尤其在字里行间不时掺杂着许多俗体、别体、简体、草体、古文体和通同字体的书写文字在其间，如果不是对文字学略有了解的话，读起来会更觉吃力的……"[③]

---

① 邱正略：《评述：简史朗编著〈水沙连眉社古文书研究专辑〉》，《暨南史学》2006年第9期。蔡米虹对此也作了一部分整理，见蔡米虹：《台湾古文书搜集与整理价值初探》，《台湾史料研究》2008年第30号，附录二。

② 刘泽民编：《台湾总督府档案平埔族关系文献选辑续编》，南投："国史馆"台湾文献馆，2004年，"凡例"，第v页。

③ 叶钧培主编：《金门古文书》，金门：金门县立文化中心，2003年，"编后语"，第227页。

如何处理这些被正规铅字排版无法“驯服”的文字，端看整理者的选择。如《大肚社古文书》的编辑者就决定：

> 契字文书中骑缝字不录。……简、繁及正、俗体字，采现今通同常用正字。……当时习惯用语或具特殊意义之字或不常见之俗字和简字，则按契文内用字抄录。①

又如《苑里地区古文书集》，虽因为“收录之图版以全彩印刷，清晰可读，毋需另附释文倍增篇幅”，但在该书导论中：

> 欲解说契字时，如遇契字有错别字时，径予修正。如：“同治朝”为“洞治朝”，“大清”为“太清”，“日北社”为“日比社”等……变体字，如上“原”下“心”，意即“愿”本字之变体，径以本字呈现。同义字尽量保留其原始写法，如“宛里”“苑裡”“苑里”等。②

这两种做法是否能为学界广泛接受，因为缺乏相关的文字讨论，不得而知。不过对照其他出版品中，显然存在不同立场。如《苗栗县巴宰族暨古文书汇编》，就选择将“文中之俗字、误字以造字处理”，再注明正字③；或有出版品遇到书写变形，同样以造字处理，但“在计算机造字上也无法克服者，则以通同字方式替代”④，颇能反映编者的努力与无奈。上述复杂分歧的情况，与其视为出版编辑的对错好坏，不如说是每位编辑者在不同条件限制下，折冲抉择的最终成果。这般尴尬的局面，绝不只发生于台湾契约文书，而是在铅字版时代整理手

---

① 刘泽民编著：《大肚社古文书》，南投：台湾省文献委员会，2000 年，“凡例”，第 22 页。

② 萧富隆、林坤山编著：《苑里地区古文书集》，南投：“国史馆”台湾文献馆，2004 年，“导论”，第 2 页。

③ 张素玢：《苗栗鲤鱼潭巴宰族史暨古文书汇编》，苗栗：苗栗县文化局，2007 年，“凡例”，第 168 页。

④ 洪丽完：《台湾中部平埔族群古文书研究与导读：道卡斯族崩山八社与拍瀑拉族四社》，丰原：台中县立文化中心，2002 年，“凡例”，第 A7 页。

抄书写史料时，无法回避的难题。

除了编辑架构或是契书再现的疑难，更复杂的问题是“分类”——这也是本文的重点。这问题之所以复杂，是因为，第一，尽管民间订契有一定习惯，但这样的习惯终究缺乏强制力，因而可能产生相当大的变异。连专家亦抱怨：

> 在区分契字类别时也难免有令人困惑之处，例如“杜卖尽根连找洗字”究竟该归类“买卖类”？还是“找洗类”？“胎典田银字”究竟该归类“胎借字”？还是“典田字”？[①]

其次，“契约文书”或后来习用的“古文书”一词，本身定义即十分含糊。而整理者所采取的分类，往往随手中掌握的资料而调整，一旦资料的范围开始扩张，分类也就必须更动。以战后第一本由地方政府协助出版的《宜兰古文书》为例，1994 年所出版的第一辑中，共分成四类：“房地买卖；财产配管；招垦贌耕；典贷借洗”，隔年出版的第二辑就在原本四类之上又多加了“谕示禀札；丈单执照；租税契照”等三种，2004 年的第六辑再增删为八种，少了“谕示禀札”，而增加了“书状证券”与“非宜兰地区契字文书”。由同一单位统筹出版的《宜兰古文书》，尽管分类有所增减，但尚能维持一贯。不过这种因地制宜的分类法，并未着眼于普遍的原则。因此，一旦表列出战后出版品的分类方式，不免要感到眼花缭乱。（见附录）

最简单的分类方式，是以年代为序，这是明白记载于契约文书上，最清楚也最无争议的信息。台湾文献馆的出版品多属此类，负责多项编纂的刘泽民，在一次会议发言中透露了原因：

> 本人认为古文书整理与出版，最重要的是将研究素材忠实呈现，至于内容的咀嚼与消化是研究者的事，编者不必也无能为研究者预为处理。所以笔者编辑的古文书集，一向只依照年代排列，让研究者依照研

① 邱正略：《评述：简史朗编著〈水沙连眉社古文书研究专辑〉》，《暨南史学》2006 年第 9 期。

究焦点或年代先后去读取所需要的史料，先行分类（特别在古文书出版品中）有可能让使用（者）花费更多的时间。所以本人主张不必分类。[①]

可惜的是，其他整理者很少如此公开而清晰地说明自己分类的理由。

在年代之外，也有选择以地区为编排方式。相较于年代，以区域编排比较复杂。因为契约所在地不见得都很明确，有时契约内所能提供的信息不多，连专家也不一定能从地方性的小地名就加以定位。就算有可供追查的线索，往往也需要研究者调查考证。但整理者是否有义务投入这些时间，就有待思考了。

另一个问题是政区的变动：该以现代的政区加以分类，抑或是回归历史上的区界？倘若数张契约分布在不同的年代，又该以何者为准？《大台北古契字集》是以地区编排的实例，它将契约文书分别归入“中正万华区；大同中山区；信义松山区；内湖南港区；大安文山区（附深坑文件）；士林区；基隆淡水地区；新店地区；海山地区；港南地区；八里南崁地区”，最后则附上“台北平埔番印谱”[②]。表面看来，这是以现代政区为基础，再加以组合。但细查之下，看似清楚的政区界线中，却隐藏着一些暧昧模糊的地带，比如“新店地区”是否等于现代的“新店市”？为何用“海山地区”而非“板桥”？又“港南地区”和“八里南崁地区”究竟涵盖了哪些范围？

有些出版品不采年代也不采区域，而改以“社群”为中心，也就是将契约归入不同“番社”或“族群”，如《台湾中部平埔族群古文书研究与导读》与《北路淡水：十三行博物馆馆藏古文书》等。这是比较特殊的取径，必须用于契约文书正好能归入几个族群的状况下。

上述几种分类有时并存于一本书中。战后第一本以“古文书”命名的出版品《台湾古文书集》，就分成三大部分：“平埔族关系文书”“南庄关系文书”和“其他关系文书”，换言之，是分别以族群与地域，切出两大类，未能纳入前二者的，才按各种“种类”编排。至于“其他关系文书”则分为以下几种：

---

① 刘泽民：《对谈稿》，载逢甲大学历史与文物管理研究所、台湾古文书学会编校：《第二届台湾古文书与历史研究学术研讨会论文集》，台中：逢甲大学出版社，2008 年，第 339 页。

② 高贤治编著：《大台北古契字集》，台北：台北市文献委员会，2002 年。

保甲；合约字（含分类械斗、其他）；阄书；金广福；新埔陈家；买卖契；其他契；执照、丈单、契尾。[①]

这是个让人有些迷惑的分类。它将几种不同角度的面向，置于同一平面之上。其中有组织、有家族，又有“相类性质”，至于执照、丈单和契尾等具有官方色彩的文书，则被独立出来，排在“其他”之后。让人疑惑的是，假设有一份金广福的阄书，那么，是该分入“阄书”类，抑或是“金广福”类呢？在本书数量有限的资料下，这个假设或不成问题。但要将这样的分类推而广之，恐怕有其困难。

可见，随着数量的增加，契约分类的问题会逐渐变得复杂。在此，复杂代表需要纳入考量的面向更多，却不意味着分类项目必须增加，否则又会重回冈松参太郎徒生枝蔓的老路。从前文看来，以年代、以地区分类，都不妨成为编辑者的选项，而且是相对单纯的。但契约分类真正的困难，是以外部或是交易形式的分类。吊诡的是，这条难行之路，却恰好是目前契约文书整理最常见的分类方式。如果出版品的编排方式，反映出编者心目中最佳的诠释角度，那么，显然多数编著者，都认为后一种分类法仍有其意义，甚至是必要性。

综观目前的出版品，明显受到日治时代，特别是冈松参太郎观点的影响。冈松采行的六大分类：卖契、给字、贌耕字、典契、胎契与杂契，也就被承袭下来[②]。尽管战后出版品的用词不必然完全相同，但不难看出是从冈松处脱胎而来。另一个影响重大的分类，是王世庆就“台湾公私藏古文书”采行的方法。不过，细查当时研究小组所提出的分类法，其实也历经不同阶段。如《台湾公私藏古文书汇编》（第一辑目录）中，所采行的是“十类五十七种”，后来分类又演化为“十二类六十种”，大体上与前者相同，只是多出两大类“番字契”与“文教文书”，因而变成：

一、谕示案册；二、房地契单；三、租税契照；四、财产分配分管

① 张炎宪编：《台湾古文书集》，台北：南天书局，1988 年，第 5 页。

② 吴密察等：《台湾史料集成提要》（增订本），台北：“行政院”文化建设委员会，2005 年，第 113—121 页。

契；五、典胎及贷借契；六、人事契字；七、诉讼书状；八、商事账簿；九、水利契、照；十、“番字契”；十一、文教文书；十二、其他。[①]

《台湾公私藏古文书汇编》的分类与冈松参太郎的差异，在于后者只针对土地契约，而且是民间交易；但王世庆则大幅扩张了“古文书”的定义与范围，其分类所涵盖的内容自然也远远超出《台湾私法》。

细绎这十二种范畴，其实隐藏了几种不同分类框架。如“谕示案册”重视其由官方颁布的性质，一方面相对于由民间发动而官方受理的“诉讼书状”，另一方面又相对于纯粹民间的交易；“房地契单”“人事契字”与“水利契、照”则是以交易物品为分界；至于“财产分配分管契”与“典胎及贷借契”，着重的是其交易性质；而“商事账簿”与“文教文书”则已经脱离纯属契约的范畴；最值得注意的是，特别加上引号的“番字契”，是以交易者为分类准则。

《台湾公私藏古文书汇编》的分类法之所以具有影响力，不只因为它是战后第一次大规模地搜集古文书，也因为王世庆持续推广古文书，并亲身培养了下一代的研究者。如“台湾史田野研究计划”的成果《台湾平埔族文献资料选集》，其所采行的分类，同样有十二大类。对此，身为主编的张炎宪说，“其中有王世庆先生的意见在里面，参考采用《台湾公私藏古文书》的编排方式”[②]。王、张二人，以及“台湾史田野研究计划”的其他参与者，既然有共事的人际关系，思想上互相影响并不让人意外。然而，前述两种分类方式虽然影响深远，但并不意味后来者就要照单全收。往后的出版品，一方面种类不局限土地契约文书，无法只以六大类完整含纳或清楚归类；另一方面数量和种类上并不及“公私藏古文书”繁多，因此，所采取的分类大多是折衷之法，从上述两者中各取所需，再依照个别状况进行增删改造。以下，就来看一些“变形”的实例。

前面提及以地区编排的《大台北古契字集》，在导言中亦对书中收录契约提出

---

① 王世庆：《台湾民间古文书之搜集整理研究》，《台湾史料论文集》(上册)，台北：稻乡出版社，2004年，第377页。

② 张炎宪：《古文书迷人之处》，载逢甲大学历史与文物管理研究所、台湾古文书学会编校：《第二届台湾古文书与历史研究学术研讨会论文集》，台中：逢甲大学出版社，2008年，第15页。

分类。它将契字分为“人事”和“不动产”两大类，人事因“限于篇幅”，没有多作介绍，仅稍作列举；至于“不动产”，则在选择《台湾私法》的六大类之外，再加上第七类“番契”，也就是涉及原住民的契约，成为七大项分类。我们或要想起《台湾公私藏古文书汇编》分类的演变，后者在第二次的分类中同样多出了一项“番字契”的类别。然而，让人有些困惑的是，原本六种范畴无法含括“番契”吗？是什么理由，需要另起一类？文中对“番契”的说明，或许可见一些端倪，编者写道：

> 民番所订立的垦批、佃批、合约字等，是收藏人和研究者所最感兴趣的，其市价也比一般的买卖契价值高许多，此类番契是了解汉人开发史和重建平埔族聚落史最直接的史料。[①]

这段话无意间透露出契约文书之“价格”与“价值”两者的互相渗透，或学术意义与商品意义的交错。不过，把“番契”独立出来，究竟合不合理？除了价格之外，还有其他学术解释吗？最近柯志明对清代台湾族群政治的研究，恰好提供了重要的线索。

柯志明在《番头家》一书中，指出《台湾私法》经常不明就里，将涉及原住民的地权交易，径视为汉人土地交易的变异，或是不成熟的阶段。因此，“当出现与《私法》上的番租类型不一致的契字资料时，旧惯调查会通常会把这些令人不快的案例视为例外——一种短暂而不重要的错乱——将之当作‘变例’（anomaly）处理掉”[②]。而他利用历史材料重新审视这段历史，证明番租自有一套演化的过程，并由此提供另一个更细致的分类架构[③]。《大台北古契字集》并非受了《番头家》研究的影响，不过此处不尽符合分类互斥逻辑的“番契”类，确实捕捉到台湾史与台湾研究中，原住民族独特的重要性。

像《大台北古契字集》这样，在《台湾私法》基础之上增添分类的例子，

---

① 高贤治编著：《大台北古契字集》，台北：台北市文献委员会，2002年，第6页。

② 柯志明：《番头家：清代台湾族群政治与熟番地权》（第三版），台北：“中央研究院”社会学研究所，2003年，第13页。

③ 柯志明：《番头家：清代台湾族群政治与熟番地权》（第二版）第十章《熟番地权的分类与演变》，台北：“中央研究院”社会学研究所，2003年，第278—311页。

还有不少。有时他们将原有分类切的更细，如《水沙连眉社古文书研究专辑》，就将契约文书分成九类："给垦字、贌耕字、杜卖契、典契、找洗契、胎借字、阄书、合约字、其他"[①]。对照《台湾私法》的分类法，前五类基本上类似，但第六类"杂契"不见了，取而代之的是原本归属"杂契"的"找洗契""阄书""合约字"，再加上"其他"。对编者而言，冈松参太郎所用的一个"杂"字，并无法充分而快速地反映契约的性质。

"杂契"的消失和"找洗契""阄书""合约字"等项目的独立，是战后出版品的普遍现象，值得注意。这显示后三者日益受到研究者的重视，不能继续屈居"杂契"的大帽子之下。但受重视的原因不尽相同。如"找洗"是清代土地交易中一个奇特的现象，也就是在土地交易完成后一段时间内，卖主却提高卖价，要求买主继续追加款项。这种迥异于现代交易逻辑的现象，自然格外引起搜集者的好奇[②]。一般人对"找洗契"的态度，似乎以好奇居多，学术研究反而较少。"阄书"却不同，战后利用契约文书进行区域史研究的学者，时常将开发史与家族史结合起来，分家所用的阄书，提供了许多历史信息跟线索，在研究上因此相对具有重要性。这是它被独立出来的原因[③]。

最启人疑窦的，恐怕要属"合约字"一项。按说"合约"语意上实无异于"契约"，何以会在契约的分类中又跑出"合约"一项呢？而且，"合约字"一词，并非只有一两位个别的整理者采用，而是频繁地出现在各个出版品中。追索源头，在《台湾旧惯调查一斑》中，冈松就已经在"杂契"项下，列出"合约字"

① 简史朗编：《水沙连眉社古文书研究专辑》，南投：南投县文化局，2006 年。

② 关于"找洗"讨论，见张富美：《清代典买田宅律令之演变与台湾不动产交易的找价问题》，载陈秋坤、许雪姬编：《台湾历史上的土地问题》，台北："中央研究院"台湾史田野研究室，1992 年，第 17—28 页；陈哲三：《清代草屯的找洗契及其相关问题》，《逢甲人文社会学报》2006 年第 12 期；明清中国也有类似现象，岸本美绪有过多面向的探讨，见［日］岸本美绪：《明清时代的"找价回赎"问题》，载杨一凡总主编：《中国法制史考证》丙编第四卷，北京：中国社会科学出版社，2003 年，第 423—459 页。

③ 不过目前所能见到的文章，大多是将阄书作为"史料"加以利用，而少有人特别将阄书本身作为"研究课题"。一篇有趣的文章是绿湖客：《漫谈台湾阄书中的阄号》，《台湾古文书学会会讯》2008 年第 3 期。另见张研：《对清代徽州分家文书书写程式的考察与分析》，《清史研究》2002 年第 4 期。

一条。当时他的解释是：

> 共同规约书，凡数人共同规约时所作，特别于开埤圳的场合多用之。[①]

冈松特别指出“开埤圳时”，推想当时日人已经在台展开水利的相关调查[②]，冈松可能见到了相关契约，但却无法纳入其他范畴中，只能暂立一项“合约字”。到了《台湾私法》中，则没有特别指明开埤圳，只说“合约字的范围极广”[③]。但值得留意的是，无论在《台湾旧惯一斑》或《台湾私法》，“合约字”不仅都是列在“杂契”之下，而且都是最后一项，颇有代替“其他”的意味。

但战后的出版品，有时既有了“其他”，又有了“合约”。它们对“合约字”的定位与定义究竟是什么呢？在王世庆所编写的“十二类六十种”中，“合约字”并未单独成项。不过，另一本颇具代表性的古文书出版品《台湾中部平埔族群古文书研究与导读》中，恰有专门文字解释“合约字”，可以作为线索。在“合约字”一项下，编者写道：

> 合约字包括开垦、借贷、招佃、建屋、种茶、祭土安坟、分管土地（陂塘水分、产业）等双方关系人所订的合约字，及土地买卖、土地使用区分不明的字据。为这类文书，若能依其性质归入各类文书中，如属于开垦性质的合约书，归入“给垦字”类中；属于土地买卖性质者，归入“杜卖契”；属于分家析产的合约书，则归入“阄书”。[④]

对照这段定义与冈松参太郎的文字，有两个值得注意的差异。第一，在冈松参

---

① ［日］冈松参太郎：《契字之种类》，《台湾惯习记事》1901 年第 4 期。

② 后来的调查成果，见临时台湾土地调查局编：《宜兰厅管内埤圳调查书》，台北：临时台湾土地调查局，1905 年。王世庆：《谈清代台湾兰阳地区之农田水利开发史料》，《台湾史料论文集》（上册），台北：稻乡出版社，2004 年，第 225—258 页。

③ 临时台湾旧惯调查会编：《临时台湾旧惯调查会第一部调查第三回报告书·台湾私法》，台北：临时台湾旧惯调查会，1909 年，第 196 页。

④ 洪丽完：《台湾中部平埔族群古文书研究与导读：道卡斯族崩山八社与拍瀑拉族四社》，丰原：台中县立文化中心，2002 年，第 9 页。

太郎笔下，它特别写及是“数人共同规约”。如果我们相信冈松下笔时是经过深思熟虑的，那么他所谓的“合约字”，就不同于其他类别仅涉及交易双方。但在上述定义中，则指明是“双方关系人”。这个微小的差异，反映两者心中对合约书的认知与想象，并不全然相同。

第二个差异是，《台湾中部平埔族群古文书研究与导读》的定义中，“合约字”乍看之下几乎就与“其他”无异：其用途是容纳无法被归入他类的剩余之物。既然如此，为何不直接使用“其他”？若仔细观察本书的十一种分类：“瞨耕字；杜卖契；找洗；典契；（胎）借字；阄书；合约字；谕禀；契尾；收据；其他”，就可明了编者虽未言明，但分类中其实隐含了“官方”和“民间”两种层次，而“合约字”只能涉及后者，并无法包含前者，也因此并不能等同于“其他”。

在此所触及的，又是“古文书”的定义问题。冈松参太郎的《契字的种类》，明白只局限于“契约”，而且是“民间的”；但战后习用的“古文书”则往往暧昧于“文书契据”之中，遂将官方所颁布的文书也列入其中[①]。这个些微的落差，让“合约字”在整体分类中的位置，也出现挪移。表面上看来同一名称的项目，却因为时间的推移、脉络的转换，而出现了不同的意义。

随着“古文书”定义渐趋广泛，不难想象诸如“业主权登记”“证券”“租赁契”“工事请事款”“保险券”，也出现在古文书出版品的分类中[②]。甚至将证书、地图、日记、旧照片、单据、旧书刊、奖状、履历表、名片，全列入“古文书的种类”中[③]，若按照古文书原始的语意，这样极广泛的分类，似乎也不算有误。但如此一来，反而让人想问：什么不是古文书？

不是没有人面对过“古文书”定义膨胀的问题。台湾的“国家图书馆”在分类时，不用“古文书”而用“古书契”，稍微缩限了分类对象的范围。他们将“古书契”分为两个层次：“公文书”和“私文书”。其中，公文书包括谕示、指令、土地清丈等；私文书则区分为“人身关系”与“财产关系”两种，前者包括卖身字、收养子字、招婚字等，后者则有给垦字、瞨垦耕字、典契、借银

① 文书契据是《台湾中部平埔族群古文书研究与导读》中常见的词汇。

② 洪丽完主编：《外埔乡藏古文书专辑》，台中：外埔乡公所，2001年。

③ 范明焕主编：《先民拓土的历史见证》，新竹：新竹县政府，1997年。

字、找洗字等[①]。此一分类法，应不只是针对“国家图书馆”所藏之“古书契”，也企图提出一个普遍适用的分类法。

然而，看似考量周详的分类，在专业研究者眼中是如何？主张契约整理不必分类的刘泽民，就指出：

> 但是对古文书管理单位而言，特别是图书馆，特别喜欢分类。当然分类有方便其管理资料的意涵，但资料不是为管理方便而存在，而是为使用者方便使用而管理。“国家图书馆”的分类，光是房地契约类下的卖契便分了 30 次类，当然此一分类方便了想要了解买卖标的与契约权利义务关系的研究，但时至今日，这只是古文书功用中的极小的一部分，想要从古文书中了解地名，便要在各个次类中去逐一浏览，至为不方便。现代的古文书分类要从使用者的角度思考，才会是一个比较好的分类法。[②]

刘泽民所指的在“光是房地契约类下的卖契便分了 30 次类”，可见于“国家图书馆”所设立的“台湾记忆”网站[③]。此站应是受美国国会图书馆的“美国记忆”（American Memory）的启发，企图搜罗与台湾相关的各式各样文献、图像与史料，其中在“古书契”一项下，分成十二类：“谕示、指令、联约、案册；房地契约；租税契约；财产分配、分管契；典胎与借贷契；人事契字；诉讼书状；商事簿契；水利契照；番字契；文教文书；其他”。不难看出这十二类大致是沿袭《台湾公私藏古文书汇编》而来。

在前述十二大类之下又各有细项，总计有 196 小类。刘泽民所提及房地契约中的卖契，就有“卖山、卖山宅、卖山林、卖山埔、卖田、卖田（活卖）、卖田吊头字、卖田厝、卖田园、卖地、卖地租、卖地基、卖竹木、卖店、卖店

① “国家图书馆”特藏组编辑：《认识台湾古书契》，台北：“国家图书馆”，2007 年，第 24 页。

② 刘泽民：《对谈稿》，载逢甲大学历史与文物管理研究所、台湾古文书学会编校：《第二届台湾古文书与历史研究学术研讨会论文集》，台中：逢甲大学出版社，2008 年，第 339 页。

③ http://memory.ncl.edu.tw/tm cgi/hypage.cgi

地、卖店厝、卖厝、卖厝地、卖厝并荒埔、卖厝园、卖厝圹地、卖埔、卖埔园、卖产业、卖园、卖园厝、卖墓地”，也就是根据交易物的不同，进行分类。不过，相对于土地买卖的项目庞杂，“台湾记忆”的“人事契字”下却只有两项分类：“分子嗣；招婚”，因为数量一共也只有六件[①]。

回过头看刘泽民的批评，尽管“从使用者的角度思考”确实是不刊之论，但综观上文的讨论，古文书编辑者往往也是广义上的使用者（即研究者），那么“从使用者的角度思考”何以还会成为问题？如果学术研究的标准之一，是不断地推陈出新，那我们能否说，使用者的目的其实是随着时间持续在改变的。因此，问题的核心与其说是要“从使用者的角度思考”，不如说是如何捕捉使用者的各种角度，也就是古文书研究的各种可能性。

这当然不是简单的工作，因为研究的可能性，不夸张地说，几乎是无止无尽。不过，这个挑战却可在数位时代得到一定程度的缓解。传统的古文书印刷出版品，往往只能选择一种分类方式，一旦决定，就没有更改余地。因此，若要保留未来研究的各种可能性，唯一方式是尽可能避免主观意见，回归到诸如年代等最基本的分类方式。但在数据库中，却有可能随时依据不同使用者的需求，更改分类的编排方式。有的古契书数据库，就利用这项数位优势，让年代、出处、作者和性质等几种分类方式，都能同时并存[②]。但这只能解决部分的问题，因为数位系统仍然没能回答，究竟该如何依照“性质”，将契约文书加以分类，或分成哪些类。对于这个问题，还是有待未来的学者，提出一套具有体系的、周详的答案。

五、结语

本文回首一百多年来台湾契约文书整理编纂的过程，这样长时段的观察，

① 相形之下，战后唯一一本不以土地交易为核心的古文书出版品《台湾社会生活文书专辑》，至少就有六大类：收养；人口贩（典）卖；婚约；认祖归宗；风水；其他。见洪丽完编著：《台湾社会生活文书专辑》，台北：“中央研究院”台史所筹备处，2002 年。

② 项洁、陈诗沛、杜协昌：《台湾古契约文书全文资料库的建制》，载逢甲大学历史与文物管理研究所、台湾古文书学会编校：《第三届台湾古文书与历史研究学术研讨会论文集》，台中：逢甲大学出版社，2009 年，第 243—269 页。

让我们看见其中的延续与转折。从上文可知，日本学者在1945年以前对契约文书所作的调查，持续以各种形式发挥着影响。但战前战后显然也有差异，比如冈松参太郎的时代，文书搜集与政府统治有密切关系，这一点因素在战后消失了。相对而言，战后的契约搜集者更多是从历史研究的动机出发。但也因为如此，我们看到了其中的第二点差异，即战后以个别研究者为主的搜集历程，往往聚焦于特定地域，而非如日治时期动用政府力量，进行全岛式的普查。换言之，搜集工作转向了地方。

尽管战后台湾并没有像其他地方般，有由政府支撑、长期性的史料搜集工作[①]，但在研究者前赴后继的投入下，目前可见的文书史料，数量仍十分庞大。这个数字超乎几十年前的预期，而且还会持续增加。本文意欲指出的是，在此背景中，“分类”的问题被突显出来。正因为契约文书搜集整理的工作，是分散在不同学者手中完成的，因此并不存在一个统一的编辑原则。而从前文的讨论中可知，多数整理者着眼的并不是分类的普遍法则，而是针对手中所握有的资料，进行弹性调整。这种由下而上的分类，是务实的做法，却很难形成普遍适用的原则。而且当需要分类的对象，从几百件、几千件，成为几万件时，内部错综复杂的程度相对增加，要理出头绪的困难度自然也大幅上升。原本的分类，因此失去了普遍的适用性。显然，如果依契约的年代、来源或地理位置分类，尚有一客观之标准；但依据内容分类，却有赖研究者主观性的学术判断。但即便经过了一百年来许多人的努力，台湾契约文书的分类，仍是个悬而未决的难题。

战后日本学界，对明清契约文书做了很多整理工作[②]，但对分类问题也无共识。举例来说，《中国土地契约文书集：金—清》就把内容分成“土地所有文书”与“小作关系文书”两种，前者有“卖买文书”“典当文书”“让渡文书”“家产分割文书”；后者则有“承招佃文书”“退佃文书”“耕作权卖买文书”“耕作

① 吴密察等：《台湾史料集成提要》（增订版），第8、13页。文中比较了其他几个国家由政府发动的史料收集工作。

② 关于日本对明清契约文书的研究，见［日］岸本美绪著，栾成显译：《东京大学东洋文化研究所契约文书研究会的30年》，《史学月刊》2005年第12期；［日］寺田浩明：《日本对清代土地契约文书的整理与研究》，载法律史研究编委会编：《中国法律史国际学术研讨会论文集》，西安：陕西人民出版社，1990年，第359—374页。

权典当文书”“耕作权分割相续文书”[①]。依此分类法，编者重视的是“实体”土地与“虚拟”权利之间的区别，并将其视为分类的第一义。值得注意的是，在战后台湾的契约分类中，从未明确出现这样的立场。

东京大学所编著之《中国土地文书目录·解说》，文书的种类则随着不同章节（即不同地区）而变动。其中一章《台湾凤山张氏文书》，内中把57张契约分成了“绝卖契；典契（转典契）；分产约字（共買物分割に係る約字）；胎借字；胎借对典收抵利息字；转胎借对佃收抵立银字；添借银字”等七种[②]。作者当然无意宣称这七种就穷尽台湾土地文书的所有种类，但他所采取的分类，与本文前面所出现的，又不尽相同。

援引这两个例子，可以为提供本文讨论提供一些启发。首先，所谓的分类其实没有决定标准答案，只需要逻辑一致。《中国土地契约文书集》，因为不在台湾的学术脉络下，反而打破台湾一般的惯性与认知，提供了新鲜的视野。而《中国土地文书目录·解说》内部的歧异性，提醒我们不同地域的契约与交易，性质也可能迭有差异。因此，对地域差异的敏感，无疑是必要的。只是，就契约所见的“地域”，会是如何划分？哪些区域共享有类似的订约习惯，习惯的疆界又在何处？作为移民社会的台湾，可能与移民的原居地如福建、广东等地，分享相似的习惯。又，我们不妨将台湾与同样受人瞩目的徽州契约文书作一比较，两者的异同，应是深具意义的题目[③]。

总而言之，契约“分类”是在看来复杂的民间实践中，建构起一套秩序。由于契约签订的历史时空中，并不存在一个先行的完整体系，分类因而必然是

---

① 东洋文库明代史研究室编:《中国土地契约文书集：金—清》，东京：东洋文库，1975年。

② ［日］滨下武志等编:《东洋文化研究所所藏中国土地文书目录·解说》，东京大学东洋文化研究所附属东洋学文献中心刊行委员会，1983—1986年，第24页。

③ ［日］中岛乐章著，顾盼、张纯宁、何升树译:《徽州文书的研究及其展望》，《法制史研究》2004年第6期。除徽州以外，近年来中国各地也出版了数种契约文书集，如：王万盈辑校:《清代宁波契约文书辑校》，天津：天津古籍出版社，2008年；陈金全、杜万华主编:《贵州文斗寨苗族契约法律文书汇编——姜元泽家藏契约文书》，北京：人民出版社，2008年；陈娟英、张仲淳编著:《厦门典藏契约文书》，福州：福建美术出版社，2006年；田涛、宋格文、郑秦主编:《田藏契约文书粹编：田涛藏契》，北京：中华书局，2001年；谭棣华、冼剑民编:《广东土地契约文书》，广州：暨南大学出版社，2000年。

后来者根据自身的理解与观点，所作出的判断。缺乏原则性的分类法，似乎提示我们对于契约文书性质整体的了解，还有值得努力的空间。柯志明研究清代熟番地权，就有力地证明日本学者对“番租”的诠释与分类，其实过于简化，更对后人造成误导。但他所处理的，也仅触及分类中的一部分。无论如何，想要将几万多件的契约文书分门别类，至少需要先重新省察过往的来时路。在此脉络下，本文回首一个世纪以来沿用的各种概念与框架，希冀对未来的搜集者与研究者都能有所助益。

附录：

台湾古文书出版品之分类（1988—2008）

资料名称	编 / 作者	出处 / 出版社	出版年	分类
台湾古文书集	张炎宪	南天书局	1988	平埔族关系文书；南庄关系文书；其他关系文书（保甲；合约字；阄书；金广福；新埔陈家；买卖契；其他契；执照；丈单；契尾）
草屯镇乡土社会史资料	林美容	台湾风物杂志社	1990	按年代先后
台湾平埔族文献资料选集：竹堑社	张炎宪（等）	“中研院”台湾史田野研究室	1993	谕示、禀；垦约、佃批；丈单；招贌耕字；土地房屋买卖契约；找洗契；租税契；财产分配契；贷借契；水利契；民俗；其他
宜兰古文书（壹）	邱水金	宜兰县立文化中心	1994	房地买卖；财产配管；招垦贌耕；典贷借洗
宜兰古文书（贰）	邱水金	宜兰县立文化中心、台大人类系	1995	房地买卖；财产配管；招垦贌耕；贷典借洗；谕示禀札；丈单执照；租税契照
凯达格兰族古文书汇编	黄美英	台北县立文化中心	1995	民间契字；官方文书；碑文
漳和敦本堂林家文书 I	张炎宪	林钦重	1995	谕示指令；乡治、团练；房地契约；租税契字；财产分配、分管契字；贷借契；过房字；诉讼书状；工商矿业；祭祀公业；其他；族谱
宜兰古文书（叁）	邱水金	宜兰县立文化中心	1996	房地买卖；财产配管；招垦贌耕；典贷借洗
宜兰古文书（肆）	邱水金	宜兰县立文化中心	1996	房地买卖；财产配管；水利契字；书状证券；非宜兰地区契字文书

续表

资料名称	编 / 作者	出处 / 出版社	出版年	分　类
台湾古文书专辑	洪丽完	台中县立文化中心	1996	贌垦耕字；典契；借银（谷）字；卖契；找洗字；合约字；契尾；阄书；丈单；履历书；地图；其他
南投县永济义渡古文契书选	吴淑慈	南投县立文化中心	1996	杜卖尽根；找洗；批后；重转转典
台湾古书契（1717—1906）	陈秋坤	立虹出版社	1997	归就水田契；绝卖契；杜卖契；绝卖地契；阄书分产契；田产归就契；典卖田业契字；典契；添典契；杜卖田业契；卖圳路契；转典找卖契；归管田园契；定界归管契；归就杜卖契；找洗契；定额租契；部分杜卖契；合约字；增找契；对佃胎借银字；杜卖埔园窨堆契；定额大租契；杜卖山枇契；起耕典水田埔园厝地契；给垦耕契；收定田银契；均分水圳合约；起耕杜典水田埔园厝地契；归就田厝埔园契；契尾；杜卖窨堆风水地契；分业阄书；永佃垦批；招佃契；找绝契；现租碛地银契；过继书；租单；晓谕；谕戳；丈单；保甲门牌 先民拓土的历史见证范明焕新竹县政府1997契字；丈单；完单；阄书；日清簿；族谱；书信；状子；证书；地图；日记；旧照片；单据；旧书刊；土地账册；祭祀公业或神明会文件；奖状；履历表；任命状；名片
宜兰古文书（伍）	邱水金	宜兰县立文化中心	1998	房地买卖；财产配管；招垦贌耕；典贷借洗
竹堑古文书	张炎宪	新竹市立文化中心	1998	房地买卖；财产分管；贷借契字；水利契字；租佃契字；丈单；其他
“国立台湾大学”藏岸里大社文书（一）	岸里大社文书出版编辑委员会	台湾大学	1998	按馆藏编号排列
草屯地区古文书专辑		台湾省文献委员会	1999	草鞋墩；新庄及北投埔；山脚及林子头；石头埔及月眉埔；匏仔寮及牛屎崎；北势湳；南埔；梁志忠先生古文书
道卡斯新港社古文书	胡家瑜	台大人类系	1999	买卖字；给贌耕字；典当字；胎借字；合约字；谕告证照；呈文批文；其他
噶玛兰、西拉雅古文书	曾振名、童元昭	台大人类系	1999	噶玛兰；西拉雅

续表

资料名称	编 / 作者	出处 / 出版社	出版年	分　类
凯达格兰古文书	谢继昌	台大人类系	1999	买卖字；给贌耕字；典当字；胎借字；合约字；谕告证照；其他
大肚社古文书	刘泽民	台湾省文献委员会	2000	按年代先后
台湾省文献委员会典藏北部地区古文书专辑	台湾省文献委员会	台湾省文献委员会	2000	按年代先后
后劲记事：2000年后劲甘尾会后劲陈三正家藏古文书篇	郑水萍	高雄市立中正文化中心	2000	阄书；卖契；典契；契尾；账单；领收证；约书；完单执照
梧栖古文书史料专辑	董伦岳	台中县梧栖镇公所	2000	垦耕契（招退契）；借卖契（典借、买卖）；其他契（契尾等）；人文类；教育类；政事类；产经类；民俗类
台湾总督府档案平埔族关系文献选辑	刘泽民（等）	台湾省文献委员会	2001	凯达格兰族；噶玛兰族；道卡斯族；拍瀑拉族；巴则海族；巴布萨族；洪雅族；西拉雅族；其他
外埔乡藏古文书专辑	洪丽完	台中县外埔乡公所	2001	给垦字；杜卖字；找洗；典字；胎借字；阄书；合约字；契尾；丈单；业主权登记；证券；租赁契；工事请款契；保险券；其他
笨港古文书选辑	“国史馆”	“国史馆”	2001	卖契暨契尾；贌契；典契；借契；合约契；赎契；证照单据；其他
台湾中部平埔族古文书研究与导读：道卡斯族崩山八社与拍瀑拉族四社	洪丽完	台中县立文化中心	2002	贌耕字；杜卖契；找洗；典契；（胎）借字；阄书；合约字；谕禀；契尾；收据；其他
平埔百社古文书	刘泽民	“国史馆”台湾文献馆	2002	凯达格兰族；噶玛兰族；道卡斯族；拍瀑拉族；巴则海族巴布萨族；洪雅族；西拉雅族
台湾社会生活文书专辑	洪丽完	“中研院”台史所筹备处	2002	收养；人口贩（典）卖；婚约；认祖归宗；风水；其他
靖海侯施琅督垦文献辑	林金悔	台南县文化局	2002	佃契；执照
水沙连埔社古文书选辑	简史朗	“国史馆”	2002	谕示；贌耕字；借契；典契；杜卖契；合约契；赎契；找洗契；其他
道卡斯蓬山社群古文书辑	陈水木、潘英海	苗栗县文化局	2002	开垦贌耕；典租贷借；买卖找洗；阄分合约；谕呈；其他

续表

资料名称	编 / 作者	出处 / 出版社	出版年	分　类
道卡斯后垄社群古文书辑	陈水木、潘英海	苗栗县文化局	2002	开垦贌耕字（退耕契、永佃耕字、招佃垦契、招垦永佃契、开垦契、转换开垦）；典租贷借契（找洗契、找洗尽耕契、转借尽耕大租、借银契、典契、胎田契、添典田契、典私租谷、立出割租对还契、偿契）；买卖找洗契（杜卖尽根契、地基契、交损契、甘愿契、逊修圹坟契、杜卖瓦店）；阄分合约（合约契、归管抵还契、阄分父业、凭约、摊还约）；谕呈（谕、呈）；其他（过房契、契尾）
大台北古契字集	高贤治	台北市文献委员会	2002	卖契；给字；贌税字；典契；胎典；杂契（阄分约字、定界分管合约字、合约字、给风水山批字、甘愿窨堆字、找洗字、辜结字、甘愿字）；番契
大甲东西社古文书	刘泽民	“国史馆”台湾文献馆	2003	贌耕；买卖；典贷胎借；执照完单；找洗；财产配管；其他
杨云萍藏台湾古文书	张炎宪、曾品沧	“国史馆”	2003	八芝兰；里族、塔塔悠；沙辘、牛骂头；鹿港、彰化；其他
关西坪林范家古文书集	刘泽民	“国史馆”台湾文献馆	2003	买卖；丈单；垦耕；财产配管；胎借；执照；合约；找洗；告示；其他
金门古文书	叶钧培、许志仁、王建成	金门县立文化中心	2003	田园（典契、卖契、胎借、推条、杂契）；油田；蚵株；盐坵；磐池；厝宅（典契、卖契、胎借）；添丁麟书；分业阄书；契约合同；收执完单；契照执照；其他契类
宜兰古文书（陆）	邱水金	宜兰县史馆	2004	房地买卖；财产配管；招垦贌耕；典贷借洗；丈单执照；租税契照；书状证券；非宜兰地区契字文书
大基隆古文书选辑	许文堂	基隆市立文化中心	2004	给契；贌耕；典契；胎契；买卖契字
大岗山地区古契约文书汇编	陈秋坤	“中研院”台史所	2004	按收藏人姓名排列
左营历史照片暨古文书	曾光正	高雄市文献会	2004	立卖杜契与仝立阄书；领受证；入场券；日治时期火车票赠与书及契本；职业能力申告手账；日治时期彩票；国民政府爱国彩券
嘉义市古文书选辑	颜尚文计画主持，李建兴编	嘉义市文化局	2004	土地买卖；贌耕；典契；租借；合约书（阄书）；执照；收据；出资证券；其他；身份与其他类

续表

资料名称	编 / 作者	出处 / 出版社	出版年	分　类
苑里地区古文书集	萧富隆、林坤山	“国史馆”台湾文献馆	2004	给垦字；贌耕字；杜卖契；典契；借银字；找洗字；归管字；阄书及其他契字
台湾总督府档案平埔族关系文献选辑续编	刘泽民	“国史馆”台湾文献馆	2004	毛社翁社；金圭貂三社；三貂社；大鸡笼社；金包里社；外北投社；圭北屯社；雷朗社、秀朗社；锡口社；峰仔峙社；塔塔攸社；八里坌社；武朥湾社；坑仔社；龟仑社；霄里社；竹堑社；后垄社；中港社；新港社；猫阁社；吞霄社；苑里社；房里社；日南社；双寮社；大甲西社；大甲东社；感恩社；迁善社；水里社；大肚社；猫雾拺社；大武郡社；南投社；猫罗社；东螺社；新港社；卓猴社；猫理雾罕社；阿里山社；埔社；赛夏族；马学社；其他
台湾文献汇刊·台湾民间契约文书	杨莲福	九州出版社	2004	土地买卖契约；土地典当契约；其他物产交易契约；合约文书；分家文书；物产证明文书；其他文书
古凤山县文书专辑	唐荣源	高雄市文献会	2004	卖契；典契、借契；阄分契、申请书；丈单；纳户执照；土地台账誊本
台湾记忆 Taiwan Memory（类别：史料 / 古书契）	“国家图书馆”	“国家图书馆”		谕示、指令、联约、案册（丈单、户籍誊本、札谕、申告书、申报书申请书、示谕、判决书、改筑许可、命令契尾、指令、执照、通知书、登记谕示、证明、证书、共有权转移登记、土地表示拍卖手续、拍卖申请）；房地契约（土地赠与、再找洗、收定银、找洗、找洗兼定界杜卖凭准、承诺书、重给开垦、风水合约、换田换地、换厝、贴工本、补发垦批、预约卖山、卖山宅、卖山林、卖山埔、卖田、卖田（活卖）、卖田吊头字、卖田厝、卖田园、卖地、卖地租、卖地基、卖竹木、卖店、卖店地、卖店厝、卖厝、卖厝地、卖厝并荒埔、卖厝园、卖厝圹地、卖埔、卖埔园、卖产业、卖园、卖园厝、卖墓地、垦批、担领字、佃权转卖、佃权转卖并定界址；租税契约（水租、水租合约、再承贌、佃权退还、完单承贌、重丈增租、贌田、贌地、

续表

资料名称	编 / 作者	出处 / 出版社	出版年	分　类
				财产分配、分管契、土地分管、分界合约、股份分配、租谷分配、财产分配退还归管、产业分管、产业均分、产业托管、产业阄分、产权分配、产权合并、产权划分、产权归管、债务分配、阄分、分执契卷、定界）、典胎与借贷契（合股承典、典大租、典山、典水租、典田典田厝、典田租、典地、典利息、典店典厝、典埔、典租、典园、典园地典粮、典权归还、承典、承胎、放弃抵当权证明胎田、胎地、胎屋、胎借、胎租胎园、借用证、借地、借谷、借厝地基、借单、借银、添典、领收证明、还银还谷、归还、转典、赎回契约、利息及期限变更字、典权转卖）；人事契字（分子嗣、招婚、诉讼书状、具结、法院命令、状词、状词稿、控诉状、商事簿契、收欠款、收银、收据、计算书、租地、租店、租约、租厝、账册、账单货单、凭单、出银）；水利契照（水圳合约、水圳费用合约、修筑堤防、割地换水、卖水份、卖水圳、卖水泉、卖水租）；番字契；文教文书；其他（契约、合议、分摊经费、合股设隘、合股开垦合约、均分讼费、认股书、卖股、抽股、股份转卖、产权转卖、卖祀底、卖大租、缴典契字、命书、委任状、计划书、理由书、保证书誊本、译文、附图、口供、牒稿祝词、书信、文书稿、草稿、契稿、书信稿、秉稿）
北路淡水：十三行博物馆馆藏古文书	林明美	十三行博物馆	2005	小鸡笼社；霄里社；毛少翁社；北投社；武劳湾社；秀朗社；八里坌社；汉人
水沙连眉社古文书研究专辑	简史朗	南投县文化局	2005	给垦字；贌耕字；杜卖契；典契；找洗契；胎借字；阄书；合约字；其他
道卡斯古契文书图文册	潘英海	“中研院”民族所	2005	开垦贌耕契；典租贷借契；买卖找洗契；阄分合约；其他
金门浦边周宅古文书	陈荣文计画主持	金门县政府	2005	契约（按年代先后排列）；其他文书（生辰八字；书稿；借条；账单；数条；药单；契证）

续表

资料名称	编 / 作者	出处 / 出版社	出版年	分　类
新竹郑利源号典藏古文书	郑华生、郑炯辉	"国史馆"台湾文献馆	2005	契约书类；草稿类；房地契附契尾类；风水荫墩类；借银类；契约书目类；便条；丈单；执照；具领状；杂类；卖子契；财产阄分书；备忘录；手折类；蚁蚀损坏文件与卷包单；台湾总督府档案
力力社古文书契钞选辑	陈纬一、刘泽民	"国史馆"台湾文献馆	2006	典契；卖契；找洗；胎借；垦耕；合约；阄分；完单
神冈：筱云吕玉庆堂典藏古文书集	杨惠仙	"国史馆"台湾文献馆	2007	社口区；葫芦墩区；潭子墘区；埧雅区；四张犁区；三十张犁区
苗栗鲤鱼潭巴宰族史暨古文书汇编	张素玢	苗栗县文化局	2007	贌耕垦领字；典契；卖契；借字；合约字；阄书；人身契
日阿拐家藏古文书	林修澈	苗栗县国际文化观光局	2007	日阿拐本人事物；关系开垦与制脑的产权；土地买卖与典当
认识台湾古书契	"国家图书馆"特藏组	"国家图书馆"	2007	官方文书（示谕、札谕、丈单、契尾）；民间契约（卖契、垦契、贌耕税契、典契、胎借契、阄分契、找洗契、合约契、人事契、收据及其他）
李景旸藏台湾古文书	林正慧、曾品沧	"国史馆"	2008	一般（大陆）；一般（台湾）；完单；丈单；执照；裱框；番契；家族
后埔仔及社寮庄古文书欣赏（社寮地区家族姓氏史略）	黄文贤	社寮文教基金会	2008	按年代先后
台中东势詹家清水黄家古文书集	陈龙贵、郑永昌、洪健荣撰述，冯明珠、李天鸣主编	"国立故宫博物院"	2008	契字；丈单；完税契照；领收证（书）；土地台账；其他

（原载《台湾文献》2012年第63卷第2期）

地方档案整理向何处去

——基于清代地方档案整理现状的反思

吴佩林*

史学即史料学，地方档案乃重要的一手史料，其价值不容估量。时下，地方档案整理，方兴未艾，学界青睐，国家重视。“加强文献资料的整理研究”被确定为繁荣哲学社会科学的重要内容，相关的国家社会科学基金重大项目立项数也明显增加。而检视整理现状，成果虽呈“井喷”之态，整理方法也在不断改进，然整理方案仍多各自为政，缺乏共识，旧有且不可取的整理方案仍在不同的地方重复着。如何科学、规范地设计整理方案，如何迎接大数据时代的挑战，如何实现数据共享，特别是如何更好地避免重范过去的错误，是摆在我们面前必须亟待思考和解决的问题。

一、是保持原档风貌，还是另行分类？

基于档案学的“来源原则”，对档案的整理，存留档案“原件总量”和保持“档案排列原貌”是需首要考虑的。但是，时下各地地方档案整理，与此原则相去甚远，“边整理边破坏”的现象非常严重。甚至在一些地方，粘连成坨的档案或被直接扔弃，或成为纸厂的原料。在分类上更是破坏了档案保存的原貌。举例言之：清代“巴县档案”，整理者打破了档案原有的“按房保存”的格局，根据今人的划分标准将档案按内政、司法两大类进行了人为的分割。其下

* 吴佩林，西华师范大学特聘教授。

内政类又分为职官、军事、政治、财政金融、文教、交通邮电及其他等类，司法类又分地权、房屋、借贷、欺诈、家庭、妇女、继承、商贸、凶殴、盗窃、租佃、赌博等；直隶顺天府“宝坻档案”亦按职官制度、民警政务、宪政、法律词讼、镇压革命运动、军务、财政金融、农林商务、外交往来、传教、礼仪、文教卫生等进行分类整理；台湾“淡新档案”的整理也很典型。当年戴炎辉教授以清代地方行政与近代法律的概念按行政、民事、刑事三编分类整理，后来的学者已发现，“入行政编的很多案就是诉讼案件，如果将之归入民事编或刑事编也未尝不可。甚至，戴教授对于每一个‘案’的归类，也存在着各种问题。例如，一个‘案’在诉讼之初控诉者号称被掳禁，因此被归类为刑事编的‘人身自由’，但随着诉讼的进行、案情的发展，反而让人觉得应该归入民事编的‘钱债’”[①]。庆幸的是，四川“南部档案”是为数不多按房归档整理的清代地方档案。

简言之，上述“不当”分类整理法不适用于初次整理，但在数字环境下，它可纳入后期深入整理阶段。这样既可以保持档案原貌，又可以发挥“分类”的固有价值，方便利用者。

二、是点校，还是影印？

过去的档案整理，点校者不少，如20世纪80、90年代四川省档案馆与四川大学历史系合作整理的《清代乾嘉道巴县档案选编》（2册），四川省档案馆整理出版的《清代巴县档案汇编·乾隆卷》，四川省档案馆编辑的《四川保路运动档案选编》《四川教案与义和拳档案》，四川省民族研究所和四川省档案馆整理出版的《清代冕宁县彝族档案资料选编》，戴炎辉整理的《淡新档案选录行政编初集》（4册）、台湾大学图书馆编的《淡新档案》（36册）等。此外，《四川档案史料》《档案史料与研究》《四川档案》等期刊按主题刊布的一些档案资料亦多“点校”。

---

① 吴密察：《清末台湾之“淡新档案”及其整理》，“第二届地方档案与文献研究学术研讨会”会议论文，四川南充，2014年11月28日。

四川南部县同治九年官代书戳记

客观而论，点校自有其优点，如同一页能容纳的可读文字更多；点校本比影印本价格更便宜等。但点校本也存在很多问题，最大者是，大量信息特别是图像一类的非文字信息常被人为遗弃，继而导致不少问题被研究者忽略，或者是抓住了某个问题却无法深入研究。比如，在清代诉讼中，要求两造使用状格纸。事实上，状格在不同时期、不同地区的长、宽、状格数多有变化，而这些正是研究清代诉讼文书、诉讼要求的重要资料。又如，档案中的图记（如幕友闲章、官代书戳记）含有研究清代地方行政的重要信息，但这些资料和信息很难通过点校的形式展示出来。此外，误识、误点现象更是普遍存在，比如，在一点校本中，点校者将“仍即补刊抱告，遵式另呈备案”中的“抱”点成了“报”字①；又如在一篇利用清代“冕宁档案”讨论“特定身份人告呈资格”的论文，将最核心的材料“生监、**老**幼、妇女、残废之告状，无抱告不准”识读成了“生监**者**幼妇女残废之告状无抱告**者**，不准”，其中“老”字

① 楚雄彝族文化研究所编：《清代武定彝族那氏土司档案史料校编》，北京：中央民族学院出版社，1993 年，第 176 页。

被识成了“者”字，后又多一“者”字，一字之误，谬以千里。诸如此类，档案的价值大打折扣。

当然，档案的大部分内容于利用者而言，影印件和点校本不会有太大差异。真正对利用者构成阅读困难的那极少一部分也恰恰是点校中最容易出错的部分。针对这种情况，采取原件影印并对这些极少数难以辨识的文字、图像、难解词句、制度附加考证说明不失为一种可行的做法。如此，既不会误导利用者，又可以为历史档案整理奠定深厚基础，充分体现档案整理的学术价值。

三、是黑白制作，还是原色翻印?

缩微技术从20世纪70年代开始广泛应用于档案管理，目前至少有台湾“淡新档案”、河北“宝坻档案”、四川“巴县档案”“会理州档案”“南部档案”“冕宁档案”等一批档案拍摄了缩微胶片。随着信息技术的发展，原来单一载体的胶片缩微模拟技术，已发展到胶片、光盘、网络等多种载体的数字混合技术。数字化做法是理想的档案存贮介质，对保护和抢救珍贵档案、开发和利用档案信息资源的价值都有极为重要的意义。

不过，出于技术与成本的考虑，过去的档案缩微胶片多以黑白形式呈现。这种制作方式不仅没有达到保存档案多色彩原貌的目的，而且阅读者根本无法对档案中大量的不同色彩重叠的印章戳记信息进行有效识读。诸如红契、红禀一类的档案缩微成黑白片后，几乎全是黑色的，内容极难识辨。不仅如此，工作人员在制作过程中，由于对档案保存的完整性意识不够、工作态度不认真、技术缺陷等因素，还不同程度地存在着档案复制单件不完整、掉页、脱页的现象。

很显然，原色翻印更符合相关研究的需要，也可以确信，随着技术的更新，它必然是未来发展的趋势。

黑白胶片存在的无法识读问题

四、是选编，还是全部出版？

现在已能看到大量的档案选编。“选”，有两种情况。其一，选“件”而非完整的“卷”。清代，文书处理完毕，均要立卷、归档，汇齐后粘连各件成卷，一案一卷，卷皮通常也要写明衙门名称、案由、立卷房名、立卷时间，内容完整而连贯，但现有的关于“巴县档案”的出版资料，皆从“卷”中剥离出来，以“件”为选取单位。2008 年国家清史编纂委员会出版的《巴蜀撷影——四川省档案馆藏清史图片集》，择取了“巴县档案”“南部档案”“冕宁档案”“会理档案”等档案馆的 500 幅原件，并彩色印制，但其选取的资料异常零散。这样的整理，其结果是阅读者很难看到一个完整的故事——这对研究而言是非常不利的，难以复原一个完整的历史场景，当然也就难以得出符合历史实际的、可以确而信之的结论。

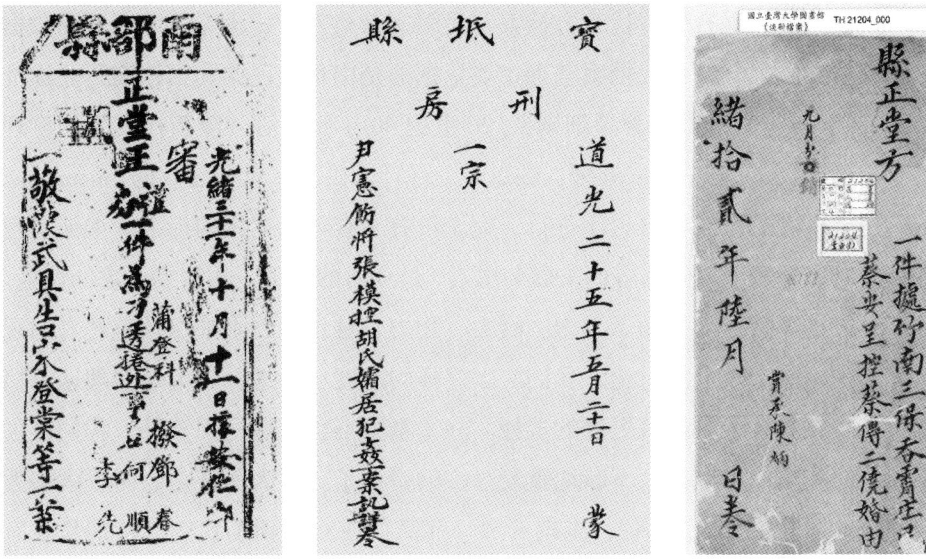

清代四川南部县、直隶宝坻县、台湾新竹县三地的档案卷面

其二，选部分“卷”而非档案全部辑录，早先整理出版的《巴县档案》即是如此，最近出版的浙江《龙泉司法档案选编》虽然将一个卷宗选完，但其出版的并不是龙泉档案的全部。对于研究者而言，研究一时一地的法律与历史，仅仅依靠其中的“司法”档案是远远不够的。

对于体量很大的档案，出版、销售都会确有困难，可以考虑纸本出版与数字出版相结合，印制少量纸本，供图书馆收藏，同时单独销售数据库。

五、如何提供研究者所需的数据？

基于飞速更新的现代信息技术，提供系统、丰富、完整的数据库，建立能够资源共享的大数据、云平台是以后档案整理的重点和趋势。数据库的开发，至少有两个工作要做：一是发掘文献本身的特性 / 属性，并在此基础上建立起多维检索系统；二是确立“数字人文”的观念，这需要研究者、档案界、科技界（包括数据库运营商）互助合作，将数字档案运用到分析系统中，为人文研究提供服务。但是，迄今为止，能够提供州县档案目录检索的单位为数甚少，全文检索更是奢望，遑论“数字人文”的实现。

不仅如此，现有的清代官方档案与民间文献整理方式也无法实现不同数据的跨库检索。大陆的清代档案整理主要依据的是中华人民共和国档案行业标准DA/T 8–1994《明清档案著录细则》，20 世纪 90 年代前后“淡新档案”的整理主要借助《十二字段表》来处理。数以千万件计的民间文献在元数据（metadata）的确定上仁者见仁，各自封闭进行，完全没有一套可以通用的标准。如何实现数据库网络环境下档案内容的关联与融合，是今后的整理工作需要考虑的课题。

地方档案整理，受制于人力、财力、物力、科技发展水平以及整理者的观念和意识。基于以上的讨论，我们应以怎样的态度科学地、规范地整理地方档案，至少在方案上可以有更好的选择。除了本身不可克服的因素外，我们再也不应该一如既往地试错、不断地重复过去的错误了。更大而言之，时下大多数档案仍“藏在深闺人未识”，未得开放。症结何在？是到了我们，特别是政府决策与管理部门认真反思、改进和解决问题的时候了。

（原载《光明日报》2016 年 4 月 9 日 11 版）

郑振满谈民间历史文献研究

郑振满　方勇骏*

厦门大学民间历史文献研究中心主任郑振满教授曾师从傅衣凌先生，长期致力于民间历史文献研究，主持教育部重大课题攻关项目“民间历史文献与文化传承研究”，倡导创建民间历史文献学。他认为，民间历史文献是中国传统文化的基本载体，发展中国人文社会科学必须立足于民间历史文献的收集与研究。应澎湃新闻（www.thepaper.cn）私家历史编辑之约，我们近期采访了郑老师，现将部分访谈内容整理发布，以飨读者。

方勇骏：您长期从事民间历史文献的收集与研究，请谈谈什么是民间历史文献？为什么要研究民间历史文献？

郑振满：所谓民间历史文献，是指在民间日常生活中形成的历史文献资料，包括族谱、碑刻、契约文书、诉讼文书、宗教科仪书、唱本、剧本、账本、书信、日记，等等。这些民间历史文献反映了民间的实际生活形态和思想观念，可以说是人文社会科学研究必不可少的第一手资料。

中国人文社会科学的概念体系，大多数是外来的，所以很多都是脱离实际的，无法解释中国的历史和现实。因此，要从根本上改造中国的人文社会科学，就必须重新研究中国的历史文献资料，从中国本土的经验事实中提取切合实际的基本概念。

民间历史文献为什么特别重要？因为这些文献是在民间的日常生活中形成的，记载了世代相承的社会文化传统。为什么这几年中国传统文化的复兴那么

---

* 郑振满，厦门大学历史系教授；方勇骏，杭州师范大学马克思主义学院讲师。

快？就是因为这些文献还在。我们要理解中国的社会和文化，必须回过头来去读民间历史文献。这不仅是历史学的问题，这是整个中国人文社会科学的问题。

例如，要研究普通老百姓是怎么理解法律的，他们在司法实践中会采取什么样的策略，那就需要去读民间的诉讼文书和乡规民约；要了解老百姓是怎么做生意的，那就要去看契约文书，看他们的书信、账本；如此等等，解读民间文献应该成为必修课。

在中国近代学术史上，曾经有两次民间历史文献的大发现，后来都形成了国际性的学术研究领域。第一次是二十世纪初敦煌藏经洞的发现，推动了中国中古时代社会史、经济史、宗教史、艺术史的研究，形成了"敦煌学"。第二次是二十世纪中期徽州契约文书的大量出现，推动了宋元以来制度史、区域史、家族史、社会文化史的研究，形成了"徽州学"。

实际上，中国各地都有大量的民间历史文献，有的已经收藏在图书馆、博物馆、档案馆等公藏机构，有的已经流入各地的文物市场，但更多的还是保存在民间。如果可以系统地收集、整理这些民间历史文献，不仅可以为人文社会科学研究提供宝贵的资料，还可以推动民间文化遗产的保护和利用。

就我个人经验而言，收集和研究民间历史文献，是从做社会经济史开始的。我在读研究生的时候，我的老师傅衣凌教授主持明清福建社会经济史研究项目，他告诉我们，社会经济史研究不能在图书馆做，你们要出去调查，要广泛收集族谱、碑刻、契约文书、账本等民间历史文献。那几年，我们几位同学和年轻老师跑遍了福建各地，收集了大量的民间历史文献，这就是厦门大学研究社会经济史的学科优势和学术传统。我发表的第一篇论文是闽北分家文书的研究，后来我的硕士论文、博士论文主要是依据族谱、碑刻和契约文书，这些都是从各地收集的民间历史文献资料。

方勇骏：您的研究并不限于社会经济史，您还利用民间文献研究宗教史和制度史，您主持的教育部重大课题攻关项目是"民间历史文献与文化传承研究"。那么，如何从民间历史文献研究文化传承？

郑振满：我们一直认为，民间历史文献是中国传统文化的基本载体，可以从民间历史文献研究中国文化的传承机制。我们现在的做法，首先是考察各种民间历史文献的源流，然后探讨民间历史文献与日常生活的关系，最后揭示民间历史文献反映的社会文化变迁。简单地说，我们的民间历史文献研究，实际上就是社会文化史研究。

每一种民间文献都有它自己的历史，我们必须搞清楚各种民间文献的来龙去脉。在中国历史上，最早的族谱是什么？经历了怎样的发展变化过程？有哪些相关的文献形式？有哪些基本的历史文化内涵？这是我们首先要梳理清楚的。同样的道理，碑刻、契约、唱本、剧本、宗教科仪书，等等，都有自己的文本传统和发展变化的过程，我们必须找出它们的历史脉络和时代特征。

每一种民间文献都和特定的社会生活密切相关，我们必须搞清楚民间如何使用各种文献形式。在哪些情况下需要编族谱？在哪些情况下需要立碑刻？在哪些情况下需要写契约？在哪些情况下需要有宗教科仪书？在哪些情况下需要有唱本、剧本？这些都需要作实证研究，不可以想当然，一概而论。

去年我在台湾，有个学者问我，以前识字的人很少，到底有多少人会看得懂文献？有多少人会使用文献？我的回答是，可能只有很少人可以看得懂文献，但是大多数人都会使用文献，这就是现在可以看到许多民间历史文献的原因。当然，民间究竟如何使用各种文献，还需要进一步深入研究。

从社会文化史的角度看，民间文献的形成就是“文字下乡”的过程，这是我们认识中国历史的重要途径。每一种文献类型的形成，最初可能都是为精英或王朝服务的，但最后都会与民间的日常生活相联系，这就反映了最深刻的社会文化变迁。

以碑刻为例，树碑立传从来都是不得了的大事，最早的碑刻和老百姓是没有关系的。那么，老百姓是什么时候开始树碑立传的？民间的哪些事情会写上碑刻？碑刻承载了哪些社会文化传统？顺着这个脉络，我们就可以从碑刻研究社会文化史。

族谱也是这样。中国最早的族谱是官谱，唐代以后才有民间的私谱。民间为什么要修谱？族谱满足了哪些人群、哪些社会文化生活的需要？这都是社会文化史的研究课题。同样，对于契约文书、宗教科仪书、唱本、剧本，乃至于书信、日记、通书、堪舆书等等民间历史文献的研究，都可以提出类似的问题，采用同样的研究视角。

方勇骏：如果民间文献的历史就是“文字下乡”的过程，那是否会把社会文化史理解为“自上而下”的过程?

郑振满:我的意思是说,从文本的传统看,民间文献的历史是一个“文字下乡”的过程。但是,文本只是一种形式,它可以有不同的历史文化内涵。民间为什么需要各种不同的文本?它们是用来满足现实生活的不同需要的,文本的变化必然反映社会生活的变化。因此,我们必须从民间的实际需要出发,研究民间历史文献的发展变化,研究社会文化的变迁过程。

其实,在“文字下乡”之后,文献的性质已经发生变化,开始形成新的文本传统。以宗教科仪书为例,我们现在看到的各种经文、符咒、科仪本、家礼本等等,可能最初都是从儒、释、道三教学来的,但实际内容不同于原来的儒、释、道三教,而是成为民间信仰或地方教派的仪式文本。民间原来的仪式传统,可能是各种地方性的巫术,根本就没有这些仪式文本,他们不需要疏文,也不会扶乩,不会在仪式中使用各种文件。

那么,从什么时候开始,他们需要用文本和超自然世界沟通呢?这当然都是士大夫、和尚、道士教的,这就是正统宗教世俗化的过程。但是,民间创造和使用这些文本,是为自己的信仰和仪式服务的,因此就会形成新的文本传统。

我们研究民间历史文献,最大的挑战在于从旧的形式中看到新的内容。很多民间文献都是“旧瓶装新酒”,套用旧的文本形式,表达新的文化内涵,我们必须学会在旧的文本形式中看出新的历史文化内涵。

许多民间文献都会宣称自己有某种官方的或是正统的依据,其实根本不是这样,但他们却一定要宣称自己是有来历的、有传统的。这是典型的“拉大旗,做虎皮”。那么,民间为什么要用官方的、正统的话语和文本?这种做法对中国历史和文化的发展究竟有哪些影响?这就是科大卫、刘志伟最近一直强调的“正统化”的问题,这也是社会文化史研究必须回答的重要问题。

方勇骏:您最近提出创建民间历史文献学,探讨民间历史文献的认识论和方法论,请问这与传统的历史文献学有何不同?

郑振满:中国有历史文献学的学科体系和学术传统,但主要局限于对经典古籍的整理和诠释,还无法涉及五花八门的民间历史文献。我们需要运用传统历史文献学的理论、方法和知识积累,对民间历史文献的系统、源流和研究方法作出完整的解释,这就是我心目中的民间历史文献学。

民间历史文献学与传统历史文献学的不同之处，我想关键在于研究视角的不同。传统历史文献学的研究对象是官方的或精英的历史文献，因此主要是从政治制度史和思想文化史的脉络解读历史文献；民间历史文献的研究对象是民间社会或普罗大众的历史文献，因此主要是从社会经济史和社会文化史的脉络解读历史文献。

当然，这里主要是强调文献性质的差异，需要有不同的研究套路，而不是说这是两种完全不同的学问。相反，我实际上是把民间历史文献学想象为历史文献学的分支学科，传统历史文献学的许多理论和方法都可以用于民间历史文献研究。例如，中国自古以来就有的版本、目录、考据、辨伪之学，自然都可以用于民间历史文献研究。还有，中国自古以来的金石学、谱牒学等学术领域的研究成果，自然也是民间历史文献研究所需要的知识背景。

民间历史文献学的建构，我认为关键是要掌握三个要点：首先是要建立文献的系统。民间文献是极为庞杂的系统，有各种不同的文献类型，每一类中还有许多不同的文本形式。我们必须找到各种文本的基本特征，作出科学的分类，还必须找到各种文本之间的内在联系，建立相对完整的文献系统。其次是要考察文献的源流。每一种民间文献都有形成和演变的过程，也有流传和使用的过程。我们必须回到文献的历史脉络，才有可能发现它的历史意义和时代特征。最后是要找到文献的主人。每一种民间文献都是在特定的历史环境中形成的，为特定的人群服务的。究竟是谁创造了这些文献？谁使用了这些文献？谁收藏了这些文献？如果这些不搞清楚，就很容易张冠李戴，误读资料。

我探讨民间历史文献的认识论和方法论，主要是因为目前学术界对民间文献的认识还很模糊，往往不加区别地把民间文献当作一般史料。最典型的例子，就是把族谱中关于祖先的传说，直接当作移民史、家族史的资料。还有，看到一套仪式文本，就判定当地民间信仰是道教、佛教或儒教的。实际上，这种资料大多是表达一种文化认同，而不是真实的历史记忆或历史事实。

因此，我们必须从当时当地的历史语境出发，理解民间文献对于当事人的意义，然后才可以明白民间文献的史料价值。我们每年都举办“民间历史文献论坛”，陆续编辑出版《民间历史文献论丛》，就是希望通过大量的实证性研究，探讨民间历史文献研究的认识论和方法论。

方勇骏：您始终强调民间文献研究要与田野调查相结合，最主要的学理性依据是什么？

郑振满：民间历史文献无论多么丰富，都不可能完整记录社会生活的全貌。这就是说，历史资料永远是不完整的，这就是历史学者最大的苦恼。但是，我们可以通过田野调查，最大程度地弥补这个缺陷。

我们可以回到民间文献流传和使用的地方，找到相关的当事人，通过实地考察、访谈，了解当地的生态环境和生活方式，尽可能重建历史现场，把文献放回社会生活的整体中去解读。这时候，不仅是历史文献资料，就连现存的实物、民俗、人际关系、口头传说、仪式表演等等，都可以成为我们的研究资料。

田野调查的最大好处，是可以让我们设身处地地去体会当事人的想法和做法。我们在文献上看到的很多难以理解、甚至是很荒谬的东西，有时到了当地就会恍然大悟、豁然开朗。比如福州有一个家族，从明代到清代修了六次族谱，每一次都重新找祖先，而且每一次都做了很认真的考证。当然我们一看就知道是假的，但他们为什么要慎重其事地作假呢？到当地调查后就知道，他们原来是疍民，没有户籍，祖先来历不明。上岸定居以后，必须有合法的身份，他们就开始到处认祖归宗，依附当地的世家大族。因此，他们编造祖先的故事，是为了适应当地的社会环境，调整生存和发展的策略。我们既不能相信他们的祖先传说是真的，也不能满足于揭穿他们的祖先传说是假的，而是必须设身处地地理解他们认祖归宗的理由，从中发现社会文化变迁的逻辑。

我们经常被质疑，历史学家研究的是很久远的事情，怎么可能通过田野调查重建历史现场？我的回答是，我们不仅要做田野调查，还要解读历史文献，所以我们的田野调查必然是有历史深度的。我们的任务是把田野调查和文献解读有机结合，这也许就是我们和人类学、社会学等其他社会科学的不同之处。我们应该相信，在历史上发生过的真正重要的事情，对现实生活必然会有深刻影响，在现实生活中必然还会留下痕迹。

因此，我们可以通过现在反思历史，在田野调查中发现重要的历史线索。我在莆田研究神庙系统的时候，一直苦于文献资料不足，后来我发现每一个重要的神庙中都有社神，我就明白了神庙系统的发展与明代的里社制度有关。因此，我就开始研究里社制度的演变，提出了地方行政体系仪式化的问题。

在这里，我还想提出一个问题：我们研究历史的目的究竟是什么？难道不是为了更好地理解和解释现实生活吗？如果答案是肯定的，就不应该把自己关在书斋中，而是应该把田野调查当作必修课，在田野调查中深化对历史和现实的理解。

方勇骏：近几年，厦门大学民间历史文献研究中心与哈佛大学费正清研究中心合作，共同建设“中国民间文献与地方史数据库”，大家努力的目标是什么？

郑振满：我们的合作是从2009年开始的，最初的计划是建立“中国地方史数据库”，最近才扩充为“中国地方史与民间文献数据库”。我们的规划方案是，利用现有的GIS系统和数据人文技术，建立可以汇集民间历史文献和田野调查资料的公共平台。这个平台应该同时提供GIS系统、资料编录系统、资料分析系统和资料检索系统，可以满足不同地区、不同专题研究的基本要求。

我们目前开发的主要是基本数据库和通用平台，希望尽快把厦门大学民间历史文献研究中心多年来收集的历史文献和田野调查资料录入、上网，可以为使用者提供最基本的资料分析、检索功能。在此基础上，我们还要继续开发族谱、碑刻、契约文书、宗教科仪书、唱本、剧本等专题数据库，尝试运用数位人文工具开展专题研究。我们的长远目标，是试图通过通用平台、基本数据库和专题数据库的相互连接，打通不同时代、不同地区、不同文献类型、不同资料来源，建立与GIS相结合的中国历史人文地理信息系统。

建设民间文献与地方史数据库的根本目的，是为了更新我们的学术理念，改进我们的工作方式。传统史学最被诟病之处，就是“剪刀加浆糊”，不管时间、地点和条件，只要是同类资料就可以拼凑在一起。要克服这个毛病，就必须把文献资料放到历史现场，通过具体的时间、地点、人物、事项，找到各种历史资料的内在联系。

我们希望通过这个数据库，把所有相关的历史资料，不管是文本的、图像的还是访谈的资料，都放到特定的时间和空间点上，形成具有历史深度的地理信息系统。这里还涉及一个“大数据”或“无限数据”的概念。在新的技术条件下，我们可以获取的历史资料越来越多，从长远看可能是无限多的。

如何处理和解读庞大的史料群，对新时代的史学工作者是很大的挑战。现在国外学术界盛行利用数据人文技术研究历史的方法，就是借助于计算机软件，对大批量的历史资料进行综合分析，从中找出以往不容易察觉的历史现象。这种数据人文技术的开发和运用，自然必须依托于相对成熟的专题数据库，我们的目标就是建立这种数据库。

（原载 2014 年 9 月 4 日澎湃新闻网之私家历史 http：//www.thepaper.cn/newsDetail forward 1264617，题作《郑振满：我们为什么要进村找庙、进庙找碑？》，收入本辑时作者更改了标题并有增补）

中国古文书学的历史与现状

黄正建*

“中国古文书学”是近年由中国社会科学院历史研究所提倡建立的一个学科。它在中国是一个比较新的学科，但从世界范围看，则并非如此。比如日本，很早就有这个学科，而且还有梳理该学科发展历史的文章。最近的文章是小岛浩之的《关于中国古文书学的札记》(上)[①]。以下参考小岛文章，结合其他资料以及笔者的理解和判断，回顾一下日本“中国古文书学”的发展状况，以及中国“中国古文书学”的建立与这几年的发展。

日本的“中国古文书学”在20世纪50年代初还没有建立，因此1952年藤枝晃在《世界历史大事典》(平凡社)中为“古文书”和“古文书学”撰写条目时，对日本和西方的古文书学有详尽解说，但对中国，只叙述了为何没有建立古文书学的原因。这个原因就是中国存世的古文书很少。而造成古文书存世很少的原因有三：一是由于王朝更替时的战争等，造成古文书的毁坏和消失；二是文书，特别是政府的公文书存放一定时间后就被废弃；三是存在一个很长的版本（刻本）时代。

古文书学没有建立，并不意味着没有古文书的研究。事实上，从敦煌文书、明清档案的发现起，学者就开始对这些文书进行研究。内藤湖南在京都大学就曾以“中国古文书学”为题开设讲座，但所讲恐怕主要是“公牍”，即清代的官文书。

---

* 黄正建，中国社会科学院历史研究所研究员。

① [日]小岛浩之：《中国古文書学に関する覚書》上，《东京大学经济学部资料室年报》2，2012年3月。以下凡不注出处的论著，均见该文。

此后对古文书本身进行研究，从而客观上推动了古文书学发展的是那波利贞与仁井田升。

关于那波利贞的古文书学研究（主要代表作是《唐代社会文化史研究》），竺沙雅章认为有三个特点。1. 指出了以前不曾关注的私文书和杂文书作为史料的价值所在；2. 将所阅读的伯希和文书做了正确录文后提供给学界；3. 将古文书纳入大学的授课和讨论，以施行实际的古文书教育。但竺沙雅章也指出那波利贞的古文书学有个缺点，即虽然忠实记录了文书的形状，但没有调查和记录文书的尺寸、纸质、笔迹等，而这应该是研究古文书时要首先做到的。换言之，那波利贞的古文书研究缺少了对文书形态（物质形态）的关注。原因当然是当时“中国古文书学”还没有建立。

仁井田升的研究主要反映在《唐令拾遗》和《唐宋法律文书研究》中。前者复原了唐代的《公式令》，加上后来的《唐令拾遗补》，共复原了 16 种唐代官文书样式，是中国古文书学“样式研究”中的一大成果，或者说奠定了中国古文书学中“样式研究”的基础。在《唐宋法律文书研究》中，仁井田升特别将“私法史相关文书”分为 15 类，其中包括可作为公证手段的“户籍”。池田温认为仁井田升的研究建立了契约类文书的基本框架，至今仍是中国古文书学的重要书籍。但是小岛浩之认为仁井田升的研究主要是广泛搜集资料并将其整理，然后体系化，还说不上是“样式研究”，只能说是样式研究的基础。

到 20 世纪 50 年代末，藤枝晃在《亚洲历史事典》（平凡社 1959 年版）为“古文书学”所写条目中，将“古文书学”定义为：研究古文书外形（书式、书体、纸质等）、内容、相关人物、完成过程、作用和效力等所有方面的学问，是史学的重要辅助学科。在此条目中，藤枝晃提到了中国古文书学。

到 20 世纪 70 年代，日本学者已经开始对日本的“中国古文书学”现状予以总结了。这就是竺沙雅章在《书的日本史》第 9 卷中所写的“中国古文书学的现阶段”[①]。

在这篇文章中，竺沙雅章也指出中国没有古文书学的原因在于存世文书的

① ［日］坂本太郎等监修：《书的日本史》第 9 卷《中国古文书学的现阶段》，东京：平凡社，1976 年，第 124—137 页。

稀少，而存世文书稀少的原因，除王朝更替销毁了前朝文书外，还有就是古代知识分子不关注文书。他们只重视书籍以及自己作品的流传（近年坂上康俊还认为，其原因盖在于中国有远高于日本的公权力。这种公权力能够保证领属关系，因此不必长期保存具有“权利认定”意义的文书[①]。不过，对于此观点，小岛浩之的文章已经提出了疑问）。文章接着以敦煌文献与宋元纸背文书为例介绍了中国古文书研究的现状。其中敦煌文献方面，介绍了藤枝晃将敦煌写本划分为初期、中期、后期三阶段的观点，并以户籍研究作为文书研究的一例予以说明。宋元纸背文书方面，指出这些文书仅当时所知就有两万多页，内容主要是“户口钱粮册”，也有地方官府处理的案卷。文章最后说，随着出土文书的增加，古写本学或古文书学的必要性日益增大，虽然需要付出时间和努力，但期盼着能完成一部中国古文书本身的通史或概论。

竺沙雅章的这篇文章将古写本与古文书一并论述；与文书相关，主要举出的例子是户籍文书或户口钱粮册。这些都与一般理解的“古文书学”中的“文书”概念有一定距离。

20 世纪 70 年代以后，日本研究中国古文书的名家辈出，就研究敦煌吐鲁番文书“书式”方面的成果而言，主要有大庭修、池田温、冈野诚、中村裕一、荒川正晴等，最近做出了较大贡献的是赤木崇敏[②]。

21 世纪以来对中国古文书学予以总结的，就是我们文章开头提到的小岛浩之的《关于中国古文书学的札记（上）》。

日本的“中国古文书学”包括哪些内容呢？小岛浩之参照“日本古文书学”中对近代以来古文书“群”的发现、整理和研究，提出了以下研究模式。第一步是发现和调查；第二步是整理和公布。这两步可称为“基础古文书学”。第三步是大量搜集这些文书并予以分类、编年等工作；第四步是各论研究。“各论研

① ［日］坂上康俊：《日本古代中世文書の伝来経緯について：韓国・中国・西欧との比較のための考察》，载《九州大学 21 世紀 COE プロダラム〈東アジアと日本：変流と変容〉統括ワーケショップ報告書》，2007 年。

② ［日］赤木崇敏最近的一篇文章是《唐代官文書体系とその変遷——牒・帖・状を中心に——》，载［日］平田茂树、远藤隆俊编：《外交史料から十—十四世紀を探る》，东京：汲古书院，2013 年，第 31—75 页。

究”又分为样式研究（文书书体、文体、授受人和机构、开头语、本文、结束语、署名等）、形态研究（文书的物质形态，包括纸张、用墨、用笔等）、机能研究（包括文书的完成、传达、受理、管理的过程，以及机能、效力等问题）、传承研究（文书传承的过程和保存的意义等）。第四步可称为“应用古文书学”。而第三步既可以归入基础古文书学，又可归入应用古文书学。

以上就是参考小岛浩之文章，并归纳竺沙雅章文章内容后简化出来的日本的“中国古文书学”的大致情况。从中可知，早在20世纪初，日本学者就开始使用“中国古文书学”一词，这应该是受“日本古文书学”发达的影响。但在当时，这一词汇意味着什么，并没有明确定义。此后日本的中国古文书研究，虽然有许多成果，但文书研究的作者似乎并未自觉将其纳入“古文书学”范畴，像那波利贞、仁井田升所谓在“中国古文书学”中的贡献，应该只是后人追述的结果。

因此，日本的“中国古文书学”有几个明显特点。第一，日本的中国古文书学没有一个相对比较明确的成立时间点。虽然这一词语出现较早，也不断有人总结“中国古文书学”的起源和发展过程，但似乎并未有人或有某些人在某一时间段倡议或宣告建立“中国古文书学”。这一学科的发生、发展是后人追溯归纳总结出来的。这一“中国古文书学”究竟成立于何时？未见有比较清晰的界定。换言之，日本的中国古文书学的成立，缺乏一个标志性事件或著作，它的成立和发展过程是相对比较模糊的。第二，日本的中国古文书学没有一个相对严谨的定义，比如所谓“中国古文书”何指？官文书之外，私文书、杂文书何指？又如，所谓“中国古文书学”何指？它所涉及的范围（广度）、时代（长度）何在？如此等等，都没有相对统一而严谨的说明。前述竺沙雅章的文章就是混同写本——含佛典写本——与文书，以及混同典籍与文书而一并论述的；即使在论述“文书”时又是首举“户籍”和“户口钱粮册”类文书。这些都与日本古文书学所谓严格意义上的“文书”定义不相同。第三，这一状况的造成，可能是由于日本的中国古文书学主要建立在敦煌文书与吐鲁番文书（大谷书）研究的基础之上。所谓日本的中国古文书学，包括其成果，主要是指敦煌吐鲁番文书及其研究成果，其所表述的定义和说明，主要建立在对敦煌吐鲁番文书研究的基础之上，而于简帛文书、黑城文书、徽州文书等很少涉及[①]。

此外，即如小岛浩之拟定的中国古文书学研究的四步模式（或两种分类，即“基础研究”与“应用研究”），虽然看起来很完备，其实也有可商榷处。第一，模式中的第一步“发现与调查”确实应该是古文书研究的前提，我们也应该鼓励学者去发现和调查古文书，但在目前的中国，特别是地下文物（窖藏文物）的发现调查，主要是考古工作者完成的。对于历史工作者而言，这一步不易做到。第二，模式中的应用研究包括四类：样式、形态、机能、传承。这四类研究不用说，是古文书研究非常重要的部分，是反映古文书学特点（不同于其他学科）的最重要的研究项目。但是对于历史研究者而言，文书内容的研究也是不可或缺的。通过研究文书内容，乃至利用文书内容来研究各时代的制度、历史，是古文书研究的重要一环。换句话说，上述样式、形态、机能、传承四类研究，涉及的基本都是文书的形式、文书的制度、文书的管理技术方面等，而没有包括文书的内容。比如一件文书，我们研究它是一件牒文，具有“上行”或“下行”牒文的书式，这属于样式研究；研究牒文的纸张、用笔等，这属于形态研究；研究牒文的发出者、接受者、受理日期、粘连保管等，属于机能研究；研究该牒文如何残留或被保存下来的，属于传承研究。但是这里缺少对牒文内容的研究。例如该牒文是为交纳租税事，或统计马匹事，或处理逃兵事，等等，也应该是文书研究的重要内容，特别是对历史研究者而言。缺少了对文书内容的研究，不能不说是小岛模式的一个缺陷。

以上介绍了“日本的中国古文书学”的情况，并简单作了一些也许不很妥当的点评。下面想介绍一下“中国的中国古文书学”。

虽然日本在20世纪50年代就有“中国古文书学”的词语出现，并似乎也有了这一学科，但中国历史学界却一直没有受到影响，一直没有提出或建立“中国古文书学”。直到2010年中国社会科学院历史研究所“中国古文书研究班”开班。

2010年，在几位年轻学者的倡议下，中国社会科学院历史研究所一些志同

---

① 当然，其中宋元纸背文书也有一些成果，但对古文书学的学科建设作用有限。不过近年以来，随着出土简帛文献的增多，始有“简牍文书学”之类的提法出现。

道合的学者，感慨于历史所拥有各断代文书的研究者，但都是各自为战，缺乏相互交流的现状，联合先秦甲骨文金文、秦汉简帛、隋唐敦煌吐鲁番文书、宋元黑城文书、明清徽州文书的研究者，开设了一个跨断代、跨研究室的文书研究班。这个研究班的设立，以建立“中国的中国古文书学”为目的。研究班每月活动一次，除开始几次由各断代学者介绍本断代文书研究概况外，主要是研读各断代文书，也邀请所内外文书研究专家来做讲座，至今已活动了 39 次。

到 2012 年 6 月，以研究班成员为主，我们召开了第一届中国古文书学研讨会，正式提出建立中国古文书学。会后，在《中国社会科学报》上发表了题为《中国古文书学：跨越断代文书研究》的署名文章[①]。文章解释了文书、古文书、古文书学的定义，以及中国为何没有建立古文书学的原因，并参考日本古文书学，提出了中国古文书学研究的范围、对象、内容、方法等问题，以便抛砖引玉。

我们提出的“中国古文书学”有以下特点。其一，它是建立在出土和传世文书大量涌现的基础之上的，它的定义应该符合出土文书或传世文书大量存在的特点。其二，它与材质基本不相关，只要符合我们的文书定义，无论金石、简牍、纸质文书，都在我们的研究范围内。其三，它不局限于某个断代，从先秦直至明清，只要符合我们定义的文书，均在研究范围内。其四，它对“文书”的定义大致有：1. 它基本是原始的、手写的、没有经过后人编辑的；2. 它基本不包括典籍（含宗教典籍），但极个别典籍或可从宽；3. 它既包括官文书也包括私文书，既包括档案文书也包括非档案文书；4. 它以发出者与接收者的文书为主，但也包括籍账、契约、衣物疏等文书。越是古代，其标准越是放得较宽。这些特点，特别是关于文书的定义，只是我们的一孔之见，还有待学界的检验与批评。

之后，研究班成员受《文汇报》编辑约稿，在《文汇报》上发表了《“中国古文书学”的创立——中国社会科学院历史所学者笔谈》的文章，分断代介绍了各断代文书的存世和研究状况，并在“中国古文书学”的名目下予以

---

① 黄正建：《“中国古文书学”：超越断代文书研究》，《中国社会科学报》2012 年 7 月 25 日 A—05 版。

总结[①]。

建立中国古文书学的倡议提出后，在学界引起了一定反响。包括一些档案学、明清文书研究的学者都在文章中提到此事，并予以支持。他们都反映，有了这样一个学科，可以统筹各断代、各地区零散的文书研究，使文书研究有了一个可靠的视角或比较新的立场，有助于对“古文书”这一具有特殊性质史料的发掘和利用。

2013 年 11 月，中国社会科学院历史研究所召开了第二届“中国古文书学研讨会”，会议提交的论文较第一届研讨会有所深入。比如，会议讨论了古文书学与档案学、文书学、文献学的异同；讨论了诏令是否算作文书的问题；讨论了告身文书的研究状况和今后的发展前景；等等。我们在这次会议上公布了我们研究计划的一部分，即打算编纂一部《中国古文书学读本》，内容包括五类古文书。每类文书均按断代编排，每一断代各选文书图片若干件，加以录文、注释、解说，并附有研究概况，以向史学工作者提供一个中国历代古文书的选本，希望有助于他们在研究过程中自觉关注和使用古文书，并站在古文书学的角度重新看待史料，研究历史。

这次研讨会以后，中国古文书学的提法引起更大范围的关注，例如河北邯郸学院面对所藏数万件“太行山文书”群，就有意借鉴古文书学的视角来整理和研究这批文书。

2014 年 10 月，历史研究所借助中国社会科学院“国学研究论坛”平台，召开了第三届“中国古文书学国际研讨会”，除国内各大学的历史学者外，日本、韩国学者也参加了会议。从提交的论文看，既有讨论古文书学的历史现状，古文书的概念，如何在古文书的视角下看待文书群，如何处理不具有上行、平行、下行性质的古文书，如何制定整理出土文书的规范等理论探讨，也有对具体文书的研究，而且学者在作具体研究时，已经开始自觉站在古文书学的立场上去分析和处理文书了。

在“中国古文书学”提出之前，各断代的文书（广义“文书”）研究已经

---

① 《“中国古文书学”的创立——中国社会科学院历史所学者笔谈》，《文汇报》2012 年 10 月 29 日“文汇学人”版。

取得了非常多的成果和非常辉煌的成就，形成了诸如简帛学、敦煌学、徽学等专门学科，积累了大量关于文书拼接、缀合、认字、定名、释读、辨伪的经验，以及对各类文书样式、形态、内容的研究。这些成果都是"中国古文书学"的组成部分，是中国古文书学建立和发展的基础。我们倡议建立中国古文书学，只是想把各断代文书研究中共同的东西提炼出来，在重视各断代书差异的基础上，找出"古文书"作为史料所具有的共性，以助于更深入地研究历史。

目前国际上对原始史料日益重视，关于"手稿""写本"的研究日益增多。2014 年 9 月在北京大学就召开了一个名为"欧洲和中国中古写本史"的国际研讨会；张涌泉最近也刚刚出版了《敦煌写本文献学》[①]。目前的一个研究趋势是：当一个文献存在众多稿本或抄本时，研究者不再仅仅致力于追求哪个抄本更接近文献原貌或更真实，而是要研究这些不同抄本是如何出现的，它们的差异何在，以及导致这些差异出现的原因及其意义。这些研究都对"中国古文书学"的建立具有很好的借鉴作用。古文书学与写本文献学、手稿学等虽然角度不同，但宗旨有类似处，即都是重视和研究刻本之前的文献。但是，其中将这种手写原始文献区分为典籍和非典籍，并对其物质形态、书写样式以及由于样式不同造成的不同的行政、法律后果予以特别重视，则是古文书学的主要特征。

"中国古文书学"刚刚建立，关于它的研究对象、范围、定义、方法、理论等都还很不完备，还很粗疏，需要在各领域、各断代学者的共同努力下逐渐完善起来。将来，如果中国的"古文书学"能像日本的"古文书学"一样，在大学历史教育里占有一席之地，真正成为研究中国历史不可或缺的一门辅助学科，古文书的价值能得到最充分的利用，建立"中国古文书学"的目的就达到了。

如上所述，20 世纪 70 年代中期，日本学者竺沙雅章先生就期盼着能有一部中国古文书的通史或概论。他说，这会需要相当大的努力和相当长的时间。近 40 年过去了，希望这样一部关于中国古文书学的通史或概论，能在我们中国学者的手中完成。

（原载《史学理论研究》2015 年第 3 期）

---

① 张涌泉：《敦煌写本文献学》，兰州：甘肃教育出版社，2013 年。

多重脉络——数位档案之问题与挑战

项　洁　翁稷安*

一、前言：在传统与创新之间

随着信息科技的进一步发展，数位化已成为影响各领域的时代趋势，人文研究亦无法置身其外，数位与人文两个研究领域的结合隐隐然成为蓄势待发的学术范畴。数位人文所涉及的范围十分广阔，非三言两语所能尽述[①]。在人文研究和数位技术结合的过程中，档案数位化的典藏保存可视为最基本的第一步；以此为基础，数位和人文两者才能拥有共同对话的基准点。事实上，单从档案保存的角度，将档案进行数位化整理，其必要已十分明显，此外，透过网际网路的连接，也促进了档案取得和使用上的便利。也因此，近年来，无论是国家政府机关或学术研究单位，档案资料的数位化工程都成为备受重视的首要之务。

然而，在这股热潮中，也开始出现质疑的声音，其中以数位化的形式保存档案，在收藏上虽然有种种优势，但是否会割裂切断档案既有的脉络？换句话说，从研究的角度，档案的数位化在带来方便的同时，是否反而对史料的原始脉络造成更深层的伤害？质疑者认为数位后的档案资料，在性质上必定和纸本保存方式不同，重新数位化便等于彻底的重新编辑，当书本里一页页的资料变

---

* 项洁，台湾大学资讯工程学系特聘教授，台湾大学数位人文研究中心主任；翁稷安，台湾大学数位人文研究中心硕士研究员。

① 相关讨论可参见项洁、涂丰恩：《什么是数位人文》，载项洁编：《从保存到创造：数位人文研究的发端》，台北：台湾大学出版中心，2011 年，第 9—28 页。

成一个个的图档或文字档，原本贯穿书本的编辑逻辑势必将瓦解，失去了原本纸本编排的逻辑后，史料原本的意义脉络也将面临崩坏的危机。

这些质问是档案数位化所无法规避的问题，它们反映了两个面向：一是反映了档案学长期发展后所形成的研究传统，一种对保障档案真实原貌的坚持和使命；任何有可能对档案原始状态造成伤害的方法，都应该谨慎。在这样的思路中，数位化很可能是包裹着糖衣的毒药，保存或搜索的便利很容易让研究者走入见树不见林的陷阱里。另一方面，这些怀疑也反映对数位化最根本的不安全感，数位化不同于纸本，并不是使用者能亲手触摸的实际存在，一旦纸本被编成的史料被没有实物的资讯技术取代，过去的阅读习惯必将有所改变，这会不会只是造成数位化的“断烂朝报”？尤有甚者，以纸本方式存在的断烂朝报人们还有手动整理的可能，而数位化似乎只能依靠资讯技术人员一途了。

在本文接下来的讨论中，将试图证明这样的恐惧是出于对数位化技术的表面认知，以及面对纸本阅读习惯改变时的多虑。档案的数位化并不会违背档案学长久以来形成的学术规范，正好相反，通过数位化的重新整理，反而可以纠正纸本编辑所造成的“编辑者的盲点”，还原史料原本的脉络，贴近使用者的研究习惯和需要。此外，档案数位化不但不会造成断烂朝报的现象，透过资讯技术和工具的研发，反而可以透过建立数位资料的观察系统，让研究者可以更自在地去观察史料，更自由地进行分析与论述；换句话说，数位化并建立一套可供使用者有效观察的系统，可使档案的潜在价值得到完全的解放。数位技术和人文研究应是相辅相成而非相互抵触的概念，这也才是档案数位化工作真正的意义。

创新的技术必然会面临传统的质疑，但并不表示创新和传统之间为不可跨越的对立，事实上，所有的创新都一定要去回应传统，试着和其对话，不断寻找共识的建立，如此才能让创新的技术有更加深化的可能，而这将是本文的主要目的。本文将分成两部分，首先对传统的档案文献保存方式进行概括式的描述，指出其保存的逻辑和重点所在；然后进一步讨论传统档案之间的关系。第二部分，则由数位时代的保存方式出发，指出它和过往的不同之处，以及这样的特殊性对档案研究所能带来的新冲击与贡献，尤其在打造一个适合于研究的系统后，将会替数位时代的档案保存勾勒出新脉络的可能。

二、传统档案保存的脉络和研究方式

（一）传统档案保存的方式及其原则

让我们试着借由下面两位学者的讨论为例，来呈现华人世界对档案保存的看法。首先是大陆前辈学者秦国经，他于20世纪80年代起任职中国第一历史档案馆，长期钻研明清档案学，撰写过许多相关文章，并于2005年出版了厚达近900页的巨著《明清档案学》，其内容仔细介绍了明清所留下的相关档案，对档案的来源、分类、收藏、管理和史料价值等等都有着详尽的介绍。在该书关于档案整理的篇章中，他指出明清档案应按照下面步骤进行整理：首先是区分全宗，即按行政机构归属进行约略的区隔。其次则是就全宗内的档案加以分类，可以依照文件名称（例如将内阁档案分诏书、题本、奏启等类）、机构（如将宗人府档案分为经历司、左司、右司、黄档房、银库、玉牒馆）、所涉及问题（如将外务部档案按所涉国家区分）和年代（如会议政务处档案从光绪二十七年依时序分至宣统三年）等四种方式加以细分。最后，则是加以组卷和编目的工作。行文中作者不断强调"文件之间具有紧密的联系，不能任意加以分割"，所以要努力保持机关档案的联系和完整；即如按类划分细目时，亦特别强调"类目的设置应以保持文件的历史联系和便于利用为原则"，其理想是希望"类目要如实反映出档案的内容"①。凡此，皆可见得其对"如实保存"，尤其是按历史原貌的"如实保存"的坚持。

这样的坚持也成为中国第一历史档案馆等相关机构处理档案文件时的基本流程。事实上，秦国经所服务的中国一档馆作为一个积极的保存者，除了依文件出处和时间的整理外，更一直在进行依事件分类编辑、出版档案的工作，诸如《明清宫藏中西商贸档案》《明清宫藏台湾档案汇编》《中琉历史关系档案》等，都是近年该单位出版的重要史料集成。

另一位学者则是台湾政治大学图书资讯与档案学研究所的薛理桂。薛教授从事相关教研工作多年，对档案管理的发展，以及国内各机关的档案收藏了解极为深入；并出版了《档案学理论》《档案学导论》等书，可说是台湾

① 秦国经：《明清档案学》，北京：学苑出版社，2005年，第761—769页。

档案学领域中影响最大的参考书籍。他指出，档案管理人员较喜欢用“描述”（description）与“编排”（arrangement），取代图书馆界惯用的“分类”（classification），此乃因为档案的数量和内容，都无法和一般书籍等量 / 等质齐观，通常以“文件系列”（series）为建档的基本单位，即指在全宗之下的构成单位，由同一业务所产生的一组文件。这组文件具有类似的形式、排列顺序或主题性质。文件系列可依其性质再细分为若干个“副系列”（subseries）。换句话说，是根据全宗原则的整理。他将对档案的处理归纳为三点原则：一是尊重档案的来源原则，按档案产生的出处，维持其完整，其预设为“档案产生系随着机构与个人的业务、生长与活动，呈有机的成长”，不应当轻易加以割裂，这样的处置将会使史学研究者更加了解档案的来源与目的。第二个原则是尊重档案的全宗原则，即将来自于同一个行政单位、公司或家庭视为一个全宗，应当组合在一起。第三个原则是尊重档案的原始顺序，此原则强调经由档案的原始顺序，可反映原有产生与使用情况，意即当档案为现行文书时，有其出于业务需要而生成的特质，如果强迫使用人为的方式，会对档案的历史证据价值带来伤害，所以原始顺序对档案的处理至关重要，不应当任意予以改变[①]。

薛理桂的著作充分阐释了 19 世纪至 20 世纪以来档案学发展的风貌，更可说替档案学作为一专业学门划下了明确的学科界线；而他综合西方各家研究所归纳出的三原则，具体而微地反映了档案学对文献保存的理念与态度。秦国经则从长期实践中，顺应着传统既存的档案结构，归纳出档案保存应有的准则，依名称、机构、年代和所涉问题的分类，概括档案整理多数的需要。两者可谓殊途同归。综合两位学者的论述，我们可以将档案学的档案脉络大致整理成下列三点：一是以档案出处为中心的保存脉络，这可说是一种最安全而妥当的保存方式，作为一份文书资料在仍是现行文书时，本身便有其产生的需要与逻辑，显示了该机构运作的各个面向，因此档案的生成机构可说构成了该档案的天然疆界，以此为范畴，完好保留其运作的规律，提供了日后研究者在观察和切入时的重要参考坐标。第二种整理脉络则是以时间的顺序作为档案典藏的脉络，这是最直接的区隔方式。档案作为一种史料，蕴藏着进入或理解历史的锁钥，而人类理解历史最直

① 薛理桂编著:《档案学导论》(初版)，台北：汉美出版社，1998 年，第 181—184 页。

接的方式便是顺着时序去解读，这也是多数历史研究者所习惯的方式。以时间先后保存，理论上将能体现事件发生的先后顺序，可说是档案资料的天然肌理。第三种脉络则是前述两者的进阶，即依据事件的相关度进行整理，以某个议题或历史事件为核心，将相关档案史料打破各种原先的限制，重新加以编排。其优势在于用事件的角度切入，能将散见于各处的资料集中化，赋予零碎的档案一个初步的整理，给予一个粗略的“故事轴”，以利日后研究者在观察时的需要。

总而言之，上述这三种方式符合了研究者最直观的考虑，亦反映着构成历史的基本要素，机构脉络代表着和档案相关人、物的保存，时间脉络则代表着变化，事件脉络则代表着将档案串连的故事，这些都是当我们在谈论过去，或从事人文研究时所不能或缺的因子。我们或许可以说，档案学的三种档案脉络，其实便是为日后人文研究进行基本清理、编排的预先准备。

（二）传统档案脉络和研究之间的关系

上述的讨论其实已提示了档案学的保存逻辑，是和历史研究的发展相契合的，并出于进一步历史研究的需要所建立起的保存形式。事实上档案学于19世纪末开始萌芽发展之际，正是和近代史学的生成——兰克典范（the Rankean paradigm）相辅相成的。19世纪德国史家利奥波德·冯·兰克（Leopold von Ranke，1795—1886年），反对当时流行的浪漫主义（Romanticism）或历史主义（Historicism），强调历史学应该是可以客观、科学的学门，不受制于当代政治与任何哲学系统，亦不为预知未来，而是要探求真实发生的过去。这样的信念带来了深远的影响，成为近代历史学的主要骨干。要建立科学的史学，在兰克看来最重要的关键便是对原始史料的直接引用与批判，尤其是对一手档案的使用，这成为后来兰克典范的核心之一。[①] 事实上，将文献学的方法引用至近代历史学研究之中，可被视为兰克最大的贡献。鉴定史料的真伪，仰赖“最纯正、最直

① 此段关于兰克本人史学著述和思想的大致内容，整理自汪荣祖：《回顾近代史学之父兰克的史学》，收于氏著：《史学九章》，台北：麦田出版社，2002年，第49—70页。这并非说兰克史学只是一味地主张实证、客观而已，关于这部分在下文将会提及。这中间涉及许多复杂讨论，已为史学史或史学方法领域的重要课题，非本文所能详述。

接的文献”，全面地对相关史料进行检索，直探档案，成为近代史学的基本程序；即便在今日，这项重要的突破，仍可被视为历史学研究和教学的根基[①]。

曾赴德国求学的傅斯年，也受到兰克史学思想的洗礼，在其于 1928 年发表的《历史语言研究所工作之旨趣》一文中便直接提出了“近代的历史学只是史料学”的说法；史家的工作在于使用自然科学的方法，将一切所能触及的史料进行整理。这种以科学治史的态度，和尽量保存档案完整脉络，使其不受后人编排所污染的态度，可说遥相呼应。当然这样的价值观，似乎隐隐暗示着在作为史料的档案中有着“不证自明”的过去藏于其中，史家的工作只是让档案史料自己说话。上述兰克或傅斯年的观点，有其发展的时代背景，在成为史学研究典范的同时，也必然面对了许多质疑的声浪，使得近代史学对其典范产生了深刻的反省，对兰克的论述本身也有了重新认识的机会。事实上，长于档案使用的兰克从未认为“史学即史料学”，而是主张“历史要写得像过去已发生的事一样真实”，前者是后者层层错译之后的结果。他所谓的客观、科学的史学，绝不只是档案的堆砌排比，史料仍需要靠史家主观的选择，在不违背对个别史实的客观研究中，从整体的潮流加以掌握[②]。

总而言之，无论兰克或傅斯年的主张都有其时代的针对性，不能仅从字面以僵化的教条方式看待，但无论如何，他们对史料求真的尊重是任何历史研究者都该遵守的基本守则。这样的原则一样适用于所谓“后现代情境”下的史学研究，理查・伊凡斯（Richard J. Evans）在他著名的《为史学辩护》一书中，便指出后现代史学也许可以从理论面对史学传统带来一些思考的刺激，但终究只是理论，史学的方法是不会改变的，也就是“由兰克所设下，并在他之后被人们以多种方式发扬光大的那些鉴定史料的法则”。无论是哪一派别的史学研究者，他们大部分的心力都投注在“确定那些个别事实，重建那些个别事实，根据史料去研究，越稳固越好”，这是连后现代史学最热情的拥戴者都必须遵守的金科玉律[③]。

① ［英］理查・伊凡斯（Richard J. Evans）著，潘振泰译：《为史学辩护》，台北：巨流图书公司，2002 年，第 22—28 页。

② 汪荣祖：《回顾近代史学之父兰克的史学》，《史学九章》，台北：麦田出版社，2002 年，第 62 页。

③ ［英］理查・伊凡斯（Richard J. Evans）著，潘振泰译：《为史学辩护》，台北：巨流图书公司，2002 年，第 144—146 页。

历史研究本身便是在一个个不同的档案和史料之间，找寻新脉络，借此进行结构性分析或诉说被时光淹埋的故事。档案本身并不会说话，而是如同一个个散落的接点，需要靠史家的目光和关怀加以串连编排，并揭示其意义。档案自身的脉络是史家的参考坐标，是研究的起点而非结束；史学研究所从事的，便是从档案的既有脉络中，在不违反历史事实的原则下，以新的视角建立新的脉络，挖掘出过去尚未被世人所知悉的面向。

近代史学对史料的重视，和档案学对档案完整的重视是无法分开的；理论上，史家的工作便是在档案学家所清理好的战场上努力奋战。但这并不表示尊重档案真实的原则，就该被既有结构所僵化和限制，所谓的研究本身即是在寻找、建造出新脉络的过程，一个好的研究者应该尊重档案的既有架构，又不应当受其限制，如是才能开创出具有新意的研究。此外，纸本的档案存放原则本身并非没有矛盾，我们将在下节中进行讨论，并进一步指出，数字化正是化解这种矛盾的解答，且数字化的档案处理将会更贴近研究者的思考方式和需求，不只是清空战场，更宛如提供了无坚不摧的神兵利器。

三、传统档案保存的盲点与问题

（一）何谓档案

在上节中，我们大致将传统档案的保存归纳成依形成单位、依时间、依事件的三个脉络，并指出在尊重传统档案真实的原则下，以研究者的问题意识，重新勾勒出档案彼此间新的脉络是所有历史研究的必经程序。接下来我们必须进一步回答，以数字的方式保存档案，在这样的既有关系中，能够带来什么新的可能？我们将先指出传统档案保存的不足之处，以此为基础突显出档案数字化的优势，并进一步说明以数字化的方式整理、留存档案所具有的新潜力。

在开始进行讨论之前，我们或许须先思考档案究竟是什么？薛理桂在1998年版的《档案学导论》里，在综合各家对档案的定义后给予“何谓档案？”的问题一个狭义的答案，即：

> 政府单位在处理公务的过程中所产生的文书，在历经一段时间后，这些文书已不再使用，经鉴定其具有长期保存价值后，予以保存，以供使用。

他指出在狭义的定义中，包含着产生单位（政府）、时效（非现行文书）、价值（具长期保存的价值）等三个要素；广义的定义，则是不限政府单位，私人机构、家庭或个人所产生的文书，都可以视为档案之一种[①]。他更详细归纳了档案的文种特性，分别是：唯一性、多元性、公平性、可靠性、自然性和关联性[②]。我们可以再将这六种特质，粗分成三方面：一是对档案真实性的信任，特别它是机关在运作过程中自然生成的产物，除少数作假的特例情形，档案都应该是最真实、可靠的稀有史料。其次则是档案种类的多元性，尤其在今日，从纸本式的手稿、公文书，到录音带、录像带、照片、地图、工程图、微缩片、计算机磁盘、光盘等，档案的种类可说无所不包。最后则是档案来源的多源性，因为政府机关内的业务常会有跨部门的情况，有时除了和同机构内不同的单位关联，甚至还可能会与机构外其他单位结合，形成一份档案文书多种不同来源的情形。

这样的定义其实是取其最安全的方式，即以机关为主轴的方式界定档案，再按时间的方式进行排列，此种做法可以说是最没有争议的做法，但仍有其问题存在。首先就如同上段所说的，等于是种“无作为的作为”，一旦数量庞大超过一个限度，人们将无法有信心能够详阅其中全部的资料，造成研究者将大部分时间耗费在史料搜集、考证，使得所当关注的研究焦点无法显现。这也就是前面在讨论秦国经的档案脉络时，作为积极的档案保存者，会试图用“事件”去对档案进行区分的原因。档案必须出版才能为研究者广泛的使用，然而一旦经历出版或编辑的程序，特别再加入“事件”为参考坐标后，便很可能（甚或必然）改变了所谓档案的原有脉络，无论来源、全宗或原始顺序都面临重新地编排与调整，这便形成了理论和实践间的矛盾。其次则是档案多元化和多源化

---

① 薛理桂编著：《档案学导论》（初版），台北：汉美出版社，1998 年，第 3—4 页。

② 同上书，第 6—7 页。

的冲击，各种类型和各种来源的档案，互相杂混，特别在以“事件”为核心的档案整理过程中，这样的问题更加激化。凡此，皆形成了传统纸本档案保存方式的盲点所在。

（二）纸本的档案保存方式的盲点

人们常常不自觉地预设纸本保存方式，尤其是以印刷出版方式的客观性。这有其历史脉络，印刷术的出现对人类的历史带来巨大的影响，而对书本的尊重更是自古已然，无论中外。这种对书本的尊重和习惯，会使我们忽略了将档案以书本的方式编辑出版，本身便是一个重新整理的过程，它对档案既有脉络所带来的杀伤力，并不会小于数字化过程，甚至是更为巨大的。纸本对档案的整理、出版，不出依机构、时间和事件三种方式，并以依事件分类者为大宗，因为依单位和时间整理，虽保存档案的原貌，却无法带来研究上的便利；一页页地翻阅，或能使研究者心安，却不见得能转换成研究效率和质量的提升，也因此依事件整理成为最受档案整理者重视的分类形态。

依事件积极对档案进行整理的方式，并非今日才出现的思维，在档案形成之初便有类似的认知。以清代的档案管理为例，清代所谓的“专案档”，是有深远的历史传统的。专案档指的是清代军机处为了便于查考旧案，依例会将定时经办的事务按照内容另行抄录，加以储存。精研“故宫”档案多年的庄吉发，将军机处的专案档定义为“是以事为纲，逐日抄缮成册，其每一种档册，仅关一类之事，并不杂载”。他将目前台湾“故宫博物院”现藏的清代专案档约略分为三类：“一类是清廷用兵邻国整理边界的档册，如缅档、安南档、廓尔喀档等；一类是剿办秘密宗教及发捻等内地民变的档册，如东案档、东案口供档、林案供词档、剿捕档等；一类是平定少数民族之乱的档册，如金川档、苗匪档、剿灭逆番档、剿捕逆回档等。”[①] 换句话说，即便在档案最原初的生成阶段，将档案从机关等原生脉络中抽出，改以事件为主轴的脉络，已是档案汇整的常态现象。这反映了档案必然的现实，如果不对原生状态进行加工、“后制”，要对其进行纵向（档案自身的前后顺序性）或横向（跨机关单位的相关性）串连，

---

① 庄吉发：《故宫档案述要》，台北："故宫博物院"，1983年，第237页。

都是件十分困难的事，反而无法呈现档案内所记录之事件的全貌。

这样的整理传统至今日已演变成一种专门的学问，即所谓“档案文献编纂学”。徐绍敏于2001年所再版的《档案文献编纂学》一书中详尽列出了档案编纂工作的六个步骤，分别是：（1）确定编纂题目；（2）编写选材大纲；（3）查找和挑选档案；（4）正文的加工和编排；（5）编写汇编内参考材料；（6）汇编的校审和出版[①]。事实上该书便将每个细节加以说明，从如何选题、编前研究、查找和挑选档案、内容考订到编排的体例等，无不巨细靡遗地加以介绍。这样详细的说明当然显示了编排档案时的负责态度，但同样地，这么小心翼翼、如履薄冰的态度，也正反映了档案重新编排时的高度脆弱性和危险性。因为依事件关系替研究者对档案进行梳理，不得不面对档案编纂和分类的主观危险。所谓的史料编辑本身，便是一种主观的选择，最严重的情况，还是刻意为特定目的或动机服务的选择。《档案文献编纂学》一书便反复强调进行汇编的政治性动机和意义。这种为特殊目的的编纂方式所带来的影响，还比较容易避免，只要具有相当警觉心的研究者都应能回避，更麻烦的则是无心地主观流入，其动机出于真正对学术需要的整理，但却在无意中，将编纂者自己理解过程的预设不自觉地带入档案，以自己的架构替代了档案的原始架构。一旦整理完毕编印成册后，档案史料的解释空间很可能便被凝滞于某一点上，窄化了解释的可能，甚至形成一种误导。以下即以戴炎辉先生整理的《淡新档案》为例，说明纸本编辑者分类整理后对档案所造成的影响。

“淡新档案”是指清朝乾隆四十一年（1776）至光绪二十一年（1895）间淡水厅、台北府及新竹县的行政与司法档案，该批档案于日治时代由新竹地方法院承接，转送覆审法院（即高等法院），最后再转赠台北帝国大学文政学部，供学术研究之用。日治时期因为该批数据主要是清朝治台之相关档案，故命名为“台湾文书”。战后移交台湾大学法学院，由法律系戴炎辉教授主持整理工作，以该批资料所涵盖之地域改命名为“淡新档案”。戴炎辉对该档案的整理功不可没，在面对如此庞大、无章法的数据，他进行了一系列基于近代法律学架构的整理，将之分成行政、民事、刑事三编，其下再细分成16类，类以下再区

① 徐绍敏主编：《档案文献编纂学》（第二版），杭州：浙江大学出版社，2001年，第8—9页。

隔成 102 款[①]。这一巨大的工程，对台湾史的研究带来深远的影响。

戴炎辉的分类方式，确实提供了理解“淡新档案”时切入的便利性，但却无法除去以“后见之明”的方式解读史料的必然问题，他引用西方现代法学观念诠释清朝台湾的衙门运作，其局限十分明显。诸如分类中所见的“杂事款”（分别出现在行政编总务类、行政编财政类）、“其他款”（出现在刑事编总务类）的分类细目，不明确的题名，正显示出现代法学观念无法完全包涵“淡新档案”的内容。原本依照吏、户、礼、兵、刑、工的传统六房分类的“淡新档案”，其原初脉络在戴炎辉的分类中丧失，如学者林文凯所指出的“戴炎辉这一新的分类与命名整理，无法完整呈现出一个行政与诉讼事务在地方官府的整体统治中原有的体系性”。尤有甚者，这样的分类方式也易造成研究者在使用“淡新档案”时的盲点，诸如滋贺秀三、黄宗智与艾马克等学者，在进行有关淡新档案的土地法律文化研究时，就都仅以民事门的土地控案为分析，不自觉的接受戴氏分类法中三权分立的体制，忽视了当时土地政策、土地行政与土地诉讼间的真正关联，难以清楚诠释出清代土地的法律文化[②]。

当然，需要特别强调，对“淡新档案”进行重新分类，很可能是戴炎辉不得不然的选择，因为当戴炎辉挖掘出这批史料之时，保存状态极差，原有的分类应早无留存[③]。选择以西洋法的分类进行处理，是在别无他法下的选择。“淡新档案”的例子，说明了纸本的档案保存绝非万无一失，编辑者的主观选择，会直接影响到档案的整理与出版，更会间接地影响到以后的研究取径。这形成

① 关于“淡新档案”的详细资料与介绍，可参见台湾大学图书馆为该档案所建设的相关网页，内容十分详尽：http：//www.lib.ntu.edu.tw/cg/events/TH/tanhsin page 01.html。上列关于“淡新档案”的简介即为整理网页资料而得。

② 林文凯：《清代晚期台湾的土地法律文化——淡新档案内淡新地域汉垦庄在十九世纪四十年代以来土地抗租案件为主的分析》，发表于台湾社会学会等主办“2004 台湾社会学会年会暨‘走过台湾——世代、历史与社会’研讨会”，2004 年 12 月。

③ 据戴炎辉孙子戴桓青的回忆：“光复之后台大法学院图书馆的阴暗角落里有一批残破的清代档案，原是台北帝大的收藏，因虫蛀水浸无人问津几乎变成废纸，祖父看到了却如获至宝。在还没有复印机与计算机的时代，祖父倾 10 年之力修补整理许多虫蚀水浸阙漏之处，是祖父参酌考证之后再加以褙裱补写才维持完整。”可以想见当年在处理这批档案时的艰巨。见戴桓青：《四代百年台大情》，《台大校友双月刊》2008 年第 60 期。

了一个积极档案保存者的两难，一是选择最安全的方式，以所出机关或时间的方式进行整理，但这样却失去了使用者在运用该档案的便利性；另一则是积极地以事件或较现代的观点，用使用者比较好理解和操作的方式进行编排，但却又不得不冒着污染档案的风险。

然而，这样的矛盾正突显了档案史料数字化的优势，也说明了数字化的必要。在下文中将进一步说明，纸本档案本身所存有的脉络困境，在进入数字化的时代，在看似加剧的同时，却正提供了解答的良方；此外数字化后的档案在与一强大的系统搭配后，将为档案的脉络带来新的观察与研究可能。

四、数字时代档案研究的新可能

在说明纸本档案亦有盲点之后，在本节中将指出档案数字化后，将会带来新的档案编排和保存的形态，这种新的形态不仅可以充分回应对数字化档案脉络的质疑，并能从更宽广也更关键的角度，体现数字化的方式对档案进行处理在研究上的优势。种种质疑之声，有些是承继纸本的缺陷而来，有些则是因数字保存的特性而产生的，在档案数字化后，前者得到显著的改善，后者在经过强有力地系统处理后，则变成了研究者在数字时代的优势；在下文中将指出，数字化的档案可以更进一步解决纸本的缺陷，并完成纸本档案所无法完成的功能，为人文研究带来全新的视野。

档案数字化的优势不仅只是储存方式的不同，更重要的是，数字化档案优异之处在于它是和“系统”相结合的，一套功能强大而完备的数据库系统，除了能弥补过往档案处理的不足，并能为人文研究带来新的观察面向与研究功能。

（一）数字时代档案的收集与整理的新样貌——再论“何谓档案”

数字化档案给予研究者最大的不信任感，如前已提及的，一是集中在是否会破坏档案的原始脉络上，在前文中我们试着说明所谓“档案的原始脉络”本身便是一项迷思，即使是在纸本的年代，为了增加档案研究的便利，让使用者不会迷失在史料的浩瀚无垠之中，将档案从原生的机关、时间脉络中抽离，一直是档案使用的常态。之所以为常态，正因为这是符合使用者需要的最佳方式，然而问题便在于要进行这样的整理工程，需要花费大量的时间、人力和物力，而且经常会有挂一漏万的风险。二则是档案从纸本经过数字处理之后本身性质的改变，其新的特性，会让习于纸本的使用者感到不安，因为一旦数字化，档案变成了看不见的位元，不再令使用者能亲身接触。以下我们试着以档案的多元/源化和档案的原子化两者为例[①]，加以论证，希期去除掉这类直觉式的恐慌。这些数字化后新的特性，经过精细的系统的处理后，不但不会造成盲点，反而会成为新的研究利器，创造出一种全新的档案使用逻辑和视野。

首先是档案的多元/源化，如前述这是在纸本时代即有的难题，过往在思考档案时往往由印刷的角度去思考，非文字的资料如影音等视听资料，除非经文字化处理，否则必难以同时保存，进入数字化时代后，这样的问题便不再存在[②]。多源化则是指档案来源的不同，这可说是传统档案形式所有的形式之延伸，不单只是指跨机关的档案整理，更涉及了许多原本就不具连贯性的资料文件，如“台湾历史数位图书馆（THDL）”[③]所藏的古契书就是最明显的例子，该数据库收集了从清代到日治时期台湾地区的土地契约文件，其内容多半为古地契，记载着某块土地地权的转移或交易情况，其总量截至目前[④]共有39255件，每月仍不断增加中，其来源共有100多个，除了已出

---

① 这并不表示说档案的数字化所面临的新问题，仅多元/源化和档案的原子化这两点而已，除了这两点之外，档案内容的“质”的问题，亦即其数字内容和后设资料的正确度，仍是史学研究者在使用上所感到担心的。庄树华在一次研讨会中就指出，这种“质”的残缺，往往比档案“量”的不齐，带来更大的风险。庄树华：《数位档案运用的契机与风险——以近代中国外交档案为例》，发表于政治大学图书资讯与档案学研究所主办，“数位档案加值与教学应用研讨会”，2010年5月27日。此外，还有档案Silo化的问题，当数字化如星火燎原般四处扩散时，如何不会各自为政，乃至重复，也成为档案数字化后的新难题。但这些问题都比较偏向于技术性和整合性，和本文从研究的角度提出的质问略有不同，故无法于此处进一步加以细论。

② 以目前“国史馆”数据库中“元首文物”的档案分类而言，其类型便包含了文件、底片、照片、视听，同时存在一个数据库中，供使用者观察。

③ 台湾历史数位图书馆（THDL）网址为：http://thdl.ntu.edu.tw/。

④ 2012年10月12日。

版成册的书籍外，还有许多原件资料，其数量和延伸性皆非过去纸本时代所能想象。

档案原子化的问题，在前文已稍涉及，关键在于数字化的过程所给予人们的想象，和纸本整理的过程正好相反。过往纸本的整理过程是将一份份分散的档案，透过抄录、打字汇集成书，档案的数字化则是将散落或已编辑成册的档案，再一份份散解转换成数字的档案；中间更涉及了由实体变成虚拟的过程，加深了人们心中主观的不信任感。如何在原子化的数字档案之间，"回复""保有"档案的既有脉络就成为多数人在思考档案数字化的焦点。此外，数字档案的原子化所涉及的另一个层面，对大部分人来说，数字档案数据库的使用，多半仅是针对全文或档案描述进行关键词检索，很容易形成"见林不见树"的情况[①]。总之，各种类型和复数来源的组合，造成数字化档案不同于过往的集合形态；由实体转变成虚拟的过程，也使得档案数字化的保存给人更形神分离的感觉，这种疏离感使人们恐惧无法掌握资料的全貌。这两种思考的结合，造成了对数字化档案的不信任。

然而，问题便在于这些对数字数据的担心，其实是基于既有研究习惯后刻板印象式的恐慌，反而忽略这些忧虑所代表的，乃是一手档案史料的本质，之前之所以无此困扰，并不是因为这些问题不存在，而是因为纸本印刷的编辑形式，掩盖甚至割裂了档案资料的原有特质与风貌，一旦档案在应用上的可能性被压缩，自然就不会存有风险，而档案一旦经由数字化之后，从纸本的限制中获得解放，无限的可能被释放，重新恢复其本色，是以那些对于数字化档案的担忧往往正是其长处所在。譬如多元/源化的问题，这本来就是一手史料的特性，多元化在史学研究多角度发展的今日，

① 庄树华和庞桂芬便为文指出："档案的描述虽有助于使用者在大量的资料群中快速撷取资料，但过度依赖关键字词所取得的信息，往往会切断了档案彼此之间的关联性，以致隐藏于关键字词背后的概念形成，及思考过程之间比较模糊的地带，恐怕都被湮灭。数位化的便利，对史学研究者是节省了资料收集的时间，可以投入更多的分析与思考，还是让研究者迷失于资料取得的便捷与丰富，而忽略了历史研究的深层思考，是值得深思的问题。"具体说明了关键字检索对研究所可能造成的盲点。庄树华、庞桂芬：《数位化时代下的档案馆营运——以"中研院"近史所档案馆为例》，《档案季刊》2006 年第 5 卷第 4 期。

诸如影视史学、图像历史早已成为新的研究重点，研究者原本就不应该自囿于文字的资料，反过来说如何结合文字和影像进行观察才是困扰研究者的症结所在，其起因便在于在纸本世界中，文字的逻辑和媒介都难以将影像纳入，这样的困难在数字世界中根本无法立足，因为文字和多媒体的互动，原本就是数字的常态。史料的多源化与其说是研究者的恶梦，或说对档案脉络的伤害，正好相反，史料的多源化反而应该使研究者的美梦成真，傅斯年对史学研究者查找资料理应“上穷碧落下黄泉”的经典名言，其所描绘的理想便是要从各种方面收集史料，让支持研究的资料能“多源化”。再引前述 THDL 内的古契书资料为例，在过去要能同时看到那么多的契书，是件十分困难的事，即便有一“理想的”图书馆能收集所有编印出版的契书史料，全部摊开于研究者眼前，对研究者来说反而是种乱无头绪的巨大负担与挫败。而今日只要透过网络的链接，用户便能在自家计算机上立刻接触所有的古契书，不用再舟车劳顿去寻觅那“理想的”图书馆。尤有甚者，数字化不单解除了一本本古契书史料集的纸本限制，同时更开启了有效重构并观察史料脉络的可能。不只是多源，而且是挖掘出潜藏条理枝繁叶茂的多源景象，令使用者可以依据其研究的尺度，对档案资料进行阅读，使多源不再是难能可贵的理想，更不是使用者的负担，而是使用者能轻易使用的利器。

档案史料原子化的问题，则可分成两个层面，一是在研究流程上，“见树不见林”的问题，并非是数位时代所独有，而是纸本时代即有的现象，研究者仅翻阅可能和研究有关的部分，只选取关键词“拿了就跑”的割裂式引用，一直是被批评、教导学生避免的陷阱。反过来说，之所以如此，便在于人有限的精力和时间在面对庞大的史料量时，无法负荷，这正是信息技术所能辅助之处。是以，割裂式的引用是从纸本时的延续，而有效的信息技术正是可能的解答之一。在另一个层面上，档案资料在相当程度上，其本质便理应被原子化的对待和处理，纸本的编辑形式硬生生改变、重组档案脉络出版成书，反而对档案史料带来难以估计的伤害。前述“淡新档案”即为一例，重新以后人的眼光编排虽是一种不得不然的安排，但却也必然对档案的理解带来局限的可能，如果能维持其个别档案原子化的形态加以保存，并能维持一种可自由调整关联的串连方法，无疑才是最佳的整理方式，而这是在纸本世界所难以达成的。“淡新档案”绝非历史上的孤例，事实上纸本保存的脆弱，让很多档案资料在流散后重辑的过程中，都面临了一样的难题。如在宋代研究中十分重要的史料《宋会要辑稿》，该书即是在《宋会要》亡佚后，从《永乐大典》中辑出，最初的编纂者徐松，便以无法有效恢复《宋会要》的原貌，只能自行加以重构，而后又面临多次的转手、修正和割裂，今日的《宋会要辑稿》和《宋会要》之间有着再多的考证仍难以填补的差距[①]。然而一旦还原其原子化的风貌，辅以各种脉络观察的可能，一来或可析释后世修删者的诠释，二来能让《宋会要辑稿》的内容依据时间、空间或其他研究需要自由编排，虽然无法恢复原貌，但或许更能切合《宋会要》作为“政书”的原意。

总而言之，一旦当我们重新去深入思考档案资料的本质，档案唯有经过数字化后，才能彰显出档案的本质。纸本编排方式的稳当，仍是建立在对档案资料之脉络和可能性的压缩上。是以，当档案数字化重新呈现其风貌时，无论在研究和应用上都能开发出全新的可能。档案理应多元、多源和原子化，那些令人担忧的难题，与其说是针对档案的还原，倒不如说是在档案从纸本限制中解放后的驾驭。因此，如何驾驭数字化的档案资料，才是数字人文真正的关键之处，而要能达到这样的目的，其解答便是“系统”。

（二）数字化档案的核心方法论：系统

如前述，数字化的档案要能发挥其研究价值，最关键之处便在于“系统”。传统档案整理过程中，档案的品质和整理分类决定了档案的使用方式和难易，面对数位档案则需要非常不同的思维方式。一个非常基本但常常被忽略观察的是数字档案必须经过中介的媒体才能够被使用。换句话说，数字化档案无法单独存在，使用者一定要透过一个软件系统才能对档案进行有组织的研究与使用。这个观察虽然看起来是老生常谈，但却是数字档案和传统档案最关键的差异。也就是说，谈数字档案就不能不谈检索系统，而检索系统的设计与功能也就决定了数字档案的可用度，所以我们在探讨数字档案时就不能仅仅从档案的层面看问题，而是要把档案的系统当成和档案一样重要的一个环节。

---

① 陈智超：《解开〈宋会要〉之谜》，北京：社会科学文献出版社，1995 年。

既然数字档案和系统是密不可分的，我们需要花一些篇幅探讨一个数字档案的系统应该，或说能够提供什么。

传统的检索系统，包括搜索引擎、图书馆自动化系统，以及大部分的文件查询系统等皆以求准率（precision）和求全率（recall）作为评断系统可用度的指标。直观地来说求准率指的是检索结果与使用者的需求的相关度，求全率则是检索结果包含使用者期望得到的所有文件的比例。既然研究者最关心的是相关的文件有没有被找到，一般认为一个针对研究者需要所设计的检索系统需要有高的求全率。高的求全率当然是需要的，但它是不是研究者唯一的需求呢？

当我们进一步检视检索系统的设计时，会发现这些传统系统背后大都有一个假设，就是系统内所收集的文件之间没有相互的关联。换句话说，当使用者下了一个关键词，系统将搜寻到的文件用系统内建的排序函数（ranking function）排序后依照系统认为的相关顺序条列给使用者。但是因为系统内的排序函数和使用者对相关的认知可能有很大的差异，所以所回传的文件的顺序往往不符合用户期待，而给使用者一种支离破碎的感觉，这也是为什么数字档案的使用系统会给人一种破坏原有档案脉络的印象。

但是对一个研究者而言，档案中的文件是有关联的；当一个研究者使用一个档案系统寻找资料时，除非他很清楚自己要找的是某一个特定文件，不然的话，通常都会要研读所搜寻到的一堆文件（而不是单一的一件）。而在研读这些文件时，要找的也就是文件与文件间的脉络。换句话说，对研究者而言，文件除了本身的意义外，更有文件间经由脉络的串连所共同产生的意义，这些脉络往往才是研究者在寻找的，而文件本身即是支持这些脉络所产生的意义的证据。

所以一个以研究需求为出发的数字档案检索系统需要考虑到文件间的脉络问题，其建置的基本逻辑除了要保持所收录的档案本身原有的脉络外，还需要具有开放性，能够产生与呈现各种不同连结可能的多元脉络；一个符合使用者需求的档案检索系统应尽量发掘文件间各种关联，并提供使用者一个观察这些脉络的环境。

既然档案中的文件不是单独存在的，一个档案检索系统理论上来说应该可以产生及呈现档案中任何一个文件子集合中的重要脉络，事实上也是如此。但是为了说明的方便起见，我们可以把任一文件子集合想成一个检索成果的集合（a query return as a sub-collection），而档案检索系统的一个重要目标就是提供各种方法让使用者对检索成果的集合中的档案文件间脉络作观察与分析。

以上我们指出一个档案的检索系统不能仅被视为档案数字过程中的“附加物品”，而应当成是数字档案中重要的一环；任何一个系统的建置，都应依据档案的特性，量身设计出所需要的系统。而这也才是建构数字档案最核心的方法论，也才能让数字化档案的研究潜能真正发挥。

（三）数字化档案系统所能提供的档案脉络

既然一个档案检索系统的任务不仅是让使用者可以检索到需要的文件，而且更要提供文件间的脉络，我们就需要进一步分析一个档案系统应该提供给使用者怎样的史料脉络。我们可大致将这些脉络归结成六类：（一）档案原始的脉络；（二）重组原始脉络产生的多重脉络；（三）鸟瞰型的脉络；（四）子文件集的纵观脉络；（五）文件间统计型的脉络；（六）文件间隐藏的新脉络。以下将用台湾大学数位人文研究中心目前所发展的档案检索系统作例子[①]，说明这六种脉络的意义及如何达到。

1. 原始脉络的保存——保持原本脉络的浏览功能

无论数字化档案的系统功能多么强大，其基础仍还是构筑在史料保存的真实和完整上，诚如论者已指出的“档案的使用者绝多为史学研究者。史学研究者对资料的掌握，既要求完整又求正确”，再加上许多单位在档案数字化后，基于保护史料的原则更不希望使用者阅读原件，所以数据库要提供档案的浏览功能，应让使用者可以留有传统的阅读习惯[②]。如果从研究的角度来看，即是要保留档案的原始脉络，让研究者在开展自己论述的同时，可以随时回归到史料最原初的状态，掌握档案的时间、机构、全宗、相关事件等等资料。以“台湾省议会史料总库”为例[③]，使用者可以在不输入任何关键词的情况下，直接点入

① 台湾大学数位人文研究中心的首页为：http：//www.digital.ntu.edu.tw/，除本文所提到的相关资料库外，该中心网页还提供了丰富的讯息和数据库，欢迎读者前往使用。

② 庄树华、庞桂芬：《数位化时代下的档案馆营运——以“中研院”近史所档案馆为例》，《档案季刊》2006 年第 5 卷第 4 期。

③ 台湾省议会史料总库网址为：http：//ndap.tpa.gov.tw/drtpa now/。更多关于该资料的介绍可参阅项洁、董家儿、萧屹灵：《台湾省议会档案数位典藏系统之研发与建置》，《台湾省咨议会会讯》2008 年第 16 期。

“会期浏览”，按会期一页页地阅读。此外如图 1 所示，“类别浏览”功能则可以让使用者一目了然档案的归属。当使用者在阅读“三七五地租”的相关档案时，可以立刻知道其原本是属于民政事务>地政>地权；当在阅读“烟酒公卖”的资料，可以马上知道是在“质询”的类目下。

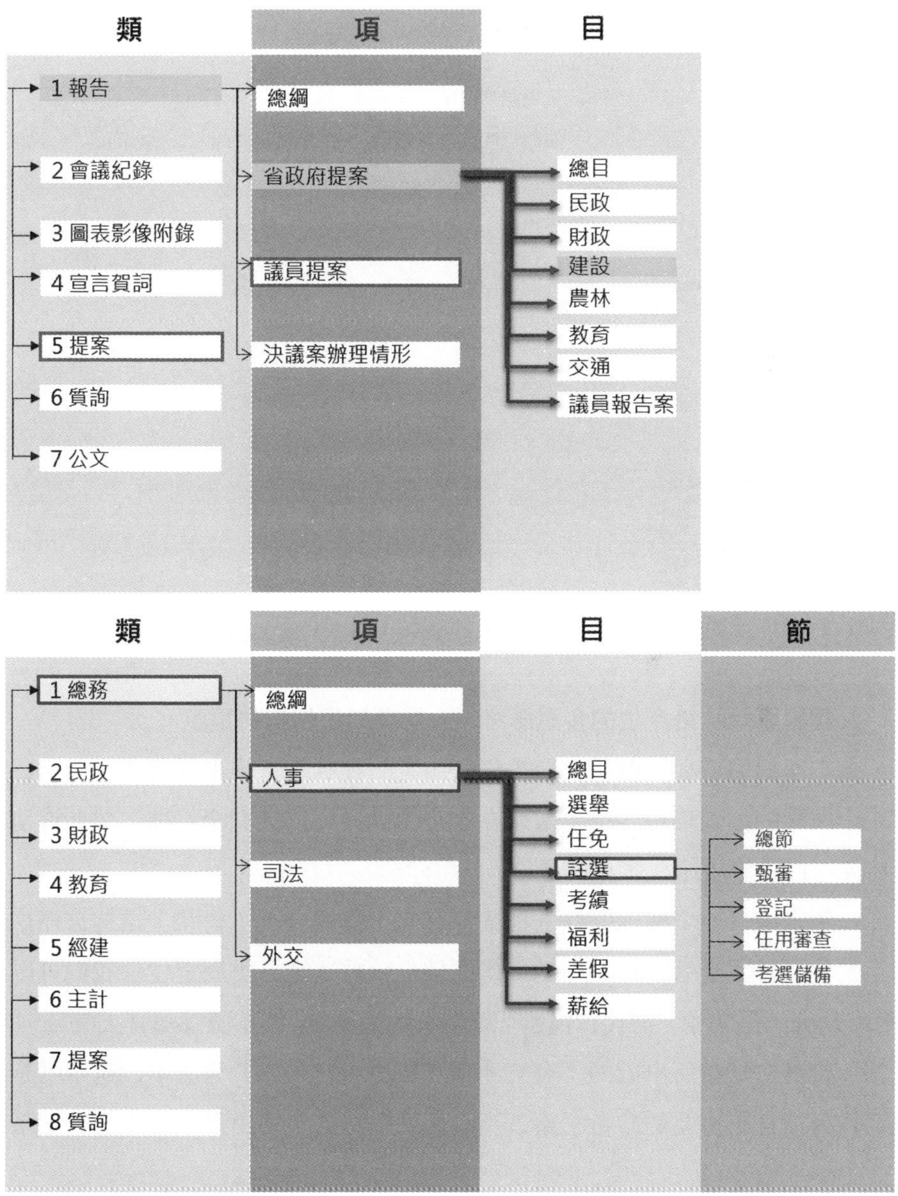

图 1–1 “台湾省议会史料总库”的原始结构

图 1–2 “台湾省议会史料总库”的原始脉络保存

2. 重组原始脉络产生的多重脉络——既有知识结构的重组

纸本印刷的最大限制是只能提供使用者一种脉络，这个限制使得档案只能以一个线性的方式发展。这个限制在数字的世界可以被完全打破，而允许使用者将原有的脉络重组成多重的脉络。

一般来说，一个整理完好的档案都有它本身的分类（树状）结构，而这个知识结构一旦固定后，档案中的每份文件也就被这个分类固定住。我们可以举 THDL 研究工具集中“清代台湾官职表”系统为例[①]，该系统以郑喜夫编纂、“国史馆”台湾文献馆所出版的《台湾地理及历史・官师志》为蓝本，这本书是研究清代台湾官制重要的参考书籍，当我们试图将这本书由纸本转换为数字系统

① 该系统网址为：http：//140.112.30.230/Career tb/。

时，不只是把资料放上网络，也不仅提供检索。更重要的，这些数据变成了立体的，有结构的，彼此连结的。从原书的目录即可知，该书是以官职作为分类，按年代先后，依序记录曾任该职位的人名、就任时间与原委、离职时间与原因。这样的安排堪称详密，但却无法方便地对一个人仕宦生涯进行观察，即以人作为出发点，而只能被限定以职位作为唯一的视角，而且还是没有上下隶属关系的孤立记载，官职背后所具有的变动或其他观察可能都被排除了。

但转化为数字档案后，即能打破纸本的凝滞，以研究者的需求灵活排列，进行资料组合与调整，并以树状结构还原官职原本应有的历史结构（见图 2）。以譬喻形容的话，前者档案就像拼图，后者则像积木，一片片拼图虽然看似可以分开，但一定还是要合在一起才有意义，而其拼凑的方法也只有一种，就是原来设计者所画出的图像。积木则大不相同，它可以依照各种不同的想法和需要，而拼造出各式各样组合。

3. 鸟瞰型的脉络——文件集整体意义的显现

当我们在面临大量的档案资料时，好的档案系统可以提供使用者立即的鸟瞰脉络，对档案的构成有实时而大致的理解，如图 3，透过 THDL 的整理，可以将庞大而多源的明清档案内所收的文件，立刻于时间轴划出年代的分布。假设某个年份的文件数量越多，则表示当年某些事件对台湾政治社会的震撼越大；是以对台湾影响最大的前六件事件依序为：（1）1787 年林爽文事件；（2）1884 年中法战争相关事务；（3）1895 年中日甲午战争相关事务；（4）1874 年牡丹社事件；（5）1806 年蔡牵之乱；（6）1833 年张丙事件。然而倘若和图 4 明清档案中由《清实录台湾史资料专辑》中的文件分布进行比较，可以明显发现林爽文事件压倒性地胜过其他事件，两相比较，或者可以假设清廷官方对于林爽文事件的重视程度，远超过中法或甲午等战役。此外，影响台湾西部开垦甚为重大，并造成族群剧烈迁移的郭百年事件①，却未在明清台湾行政档案之中留下任何的记录，再度显示了中央和地方在视野上的差异，而这种差异性是单凭人力一件件阅读所无法勾勒的。前述的解释当然还有待研究者进一步的析理，但要强调的，这种鸟瞰性脉络的观察方式，是纸本或传统检索系统所难以想象的。

① 相关论述与分析可参见陈嵩明：《清代台湾界外武力拓垦：噶玛兰、水沙连、与竹堑东南山区之比较研究》，台北大学社会学系硕士学位论文，2010 年。

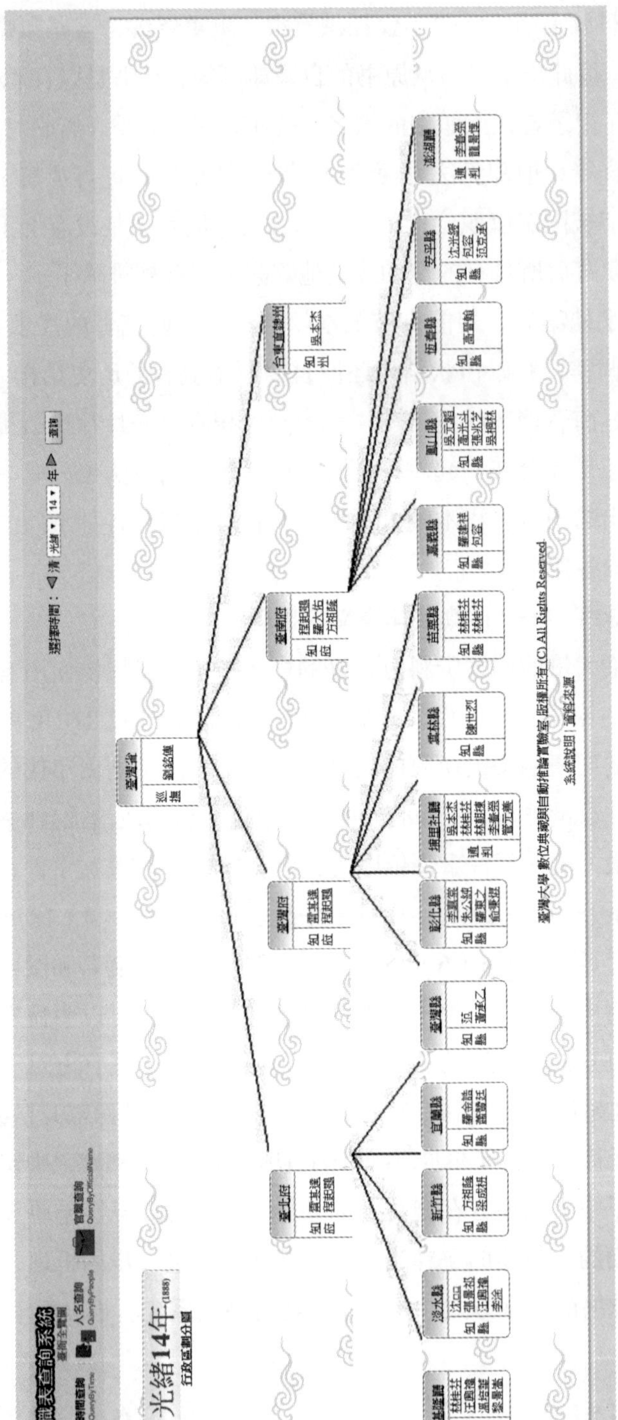

图 2 “清代台湾官职表”的树状结构呈现

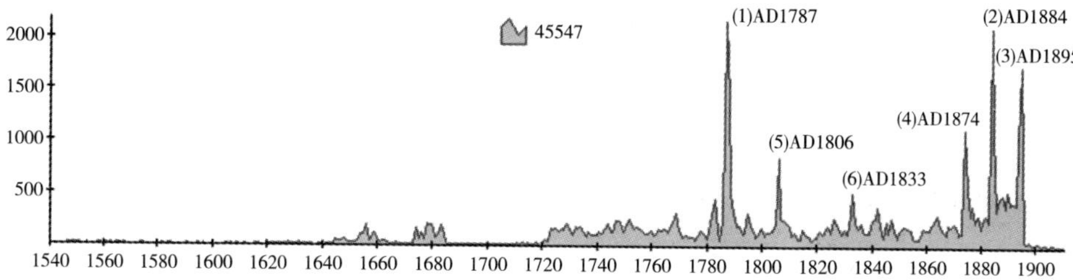

图 3　明清档案文件在年代上的分布图

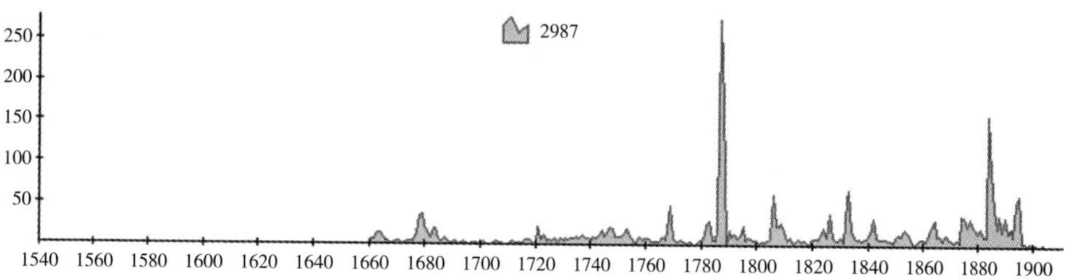

图 4　明清档案中《清实录台湾史资料专辑》文件在年代上的分布图

4. 子文件集的纵观脉络——档案原有知识结构的多重脉络呈现

纵观脉络是一个档案检索系统应该提供的最核心的脉络，也是我们方法论中最基础的观念。大体来说，每个检索系统都允许使用者用查询的方式寻找文件，而查询的结果可能来自档案知识结构的各个支系。这个查询结果可以被看成原有文件集的一个子集合，而所谓纵观脉络就是指这个子集合在原来知识结构之多重脉络里所呈现的各种关系。这些关系中最明显的是原本元数据（metadata）的字段中本就蕴含的。举个例子来说，如果年代是诠释资料中的一个字段，则年代可以用来作为子集合中文件分类的一个关系。我们称这种呈现关系的方法为“后分类呈现”的技术。

如在THDL中，使用者可以将检索得到的子集合依年代、出处、作者、类型、地域等字段作后分类，然后进行更进一步的脉络观察。

图 5 是 THDL 中一个检索成果的后分类呈现。其中左上角是检索成果的地理分布；（针对古契书我们也作了地理信息的分析[①]，这些坐标资料也是后分类

① 蔡炯民、欧仲翔、翁稷安、项洁：《时空数据的地方再现：GIS 与数位典藏的交会》，《国土信息系统通讯》2011 年第 78 期；欧仲翔：《使用者取向之历史地理资讯系统：古契书与统计资料呈现》，台湾大学资讯工程学研究所硕士学位论文，2011 年。

的一个方法）中间是时间分布；左下是详细的五种后分类，分别是年代、出处、作者、性质分类及地域。图 6 显示这五种后分类的内容。

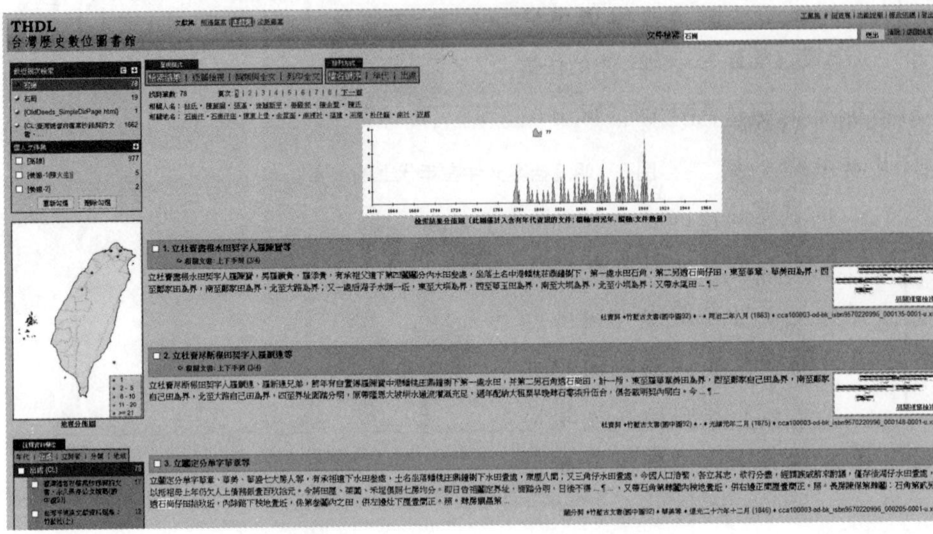

图 5　THDL 中以“石冈”为检索词的检索结果

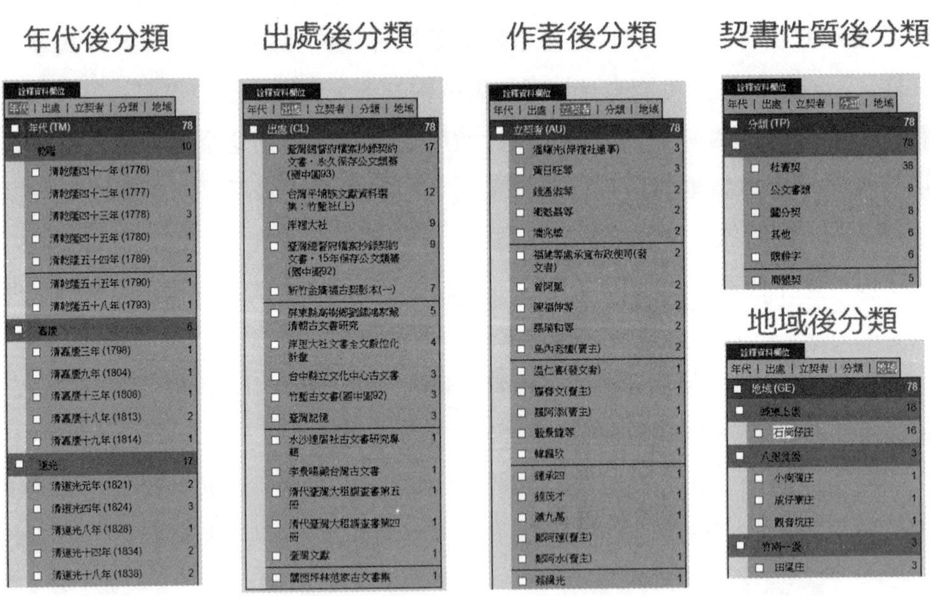

图 6　“石冈”检索成果的年代、出处、作者、契书性质及地域的后分类

但我们要指出元数据的字段并不是唯一的后分类方法。其他信息（如子集

合中出现的人名、地名）也可以用来作后分类。后分类的目的是让使用者对检索成果得到的子集合中的文件用各种不同的角度观察时可以看出的分布情形。这些分布往往是重要脉络发现的开始。

我们再以“日治法院档案数据库”为例，说明后分类的效果。“日治法院档案数据库”的主要内容为台北、新竹、台中、嘉义等四个地方法院所典藏的日治时期各类司法文书，包括民刑事判决原本、民刑事案件登记簿、非讼事件以及强制执行事件等卷宗、公证书原本、有关法人等的各种登记簿、行政卷宗等，一共 5645 册[①]，档案内容分为“条”“项”“款”，在元数据字段另外以“册”及以“案”为单位分别建置的情况下，共有 307139 案的元数据，200 万余张影像。这批资料除了数量庞大与保存现况甚差外，内容本身在当初形成的时候也因来自各个法院而有差异，如果要对这批资料作综合性的研究会十分困难。

“日治法院档案数据库”和我们建置的其他数据库一样，都用检索成果后分类作为辅助使用者观察纵观脉络的机制[②]。我们以关键词“离婚”为例，可以检索到 2740 笔资料，从法院所属后分类可看出新竹、台中、台北、嘉义地方法院均有（分别为 204、875、1108、553 笔，其中民事判决原文分别为 204、874、1103、553 案，其余六件为公正证书），年代分布从明治三十八年（1905）的两案到昭和二十年（1945）的五案，每年都有，其中在大正九年（1920）起进入每年超过百案的高峰期。虽然在昭和八年（1933）后案件数量恢复两位数字，但一直到太平洋战争开始（1941）才降到每年五十案以下。这种透过检索得到的子集合中的文件可能散布在档案的各处，这些文件中的纵观脉络透过后分类可以轻易被观察到，但是不用后分类的机制则不易被察觉。针对这 2740 笔资料作进一步的观察可以发现，其中 85% 的离婚案件的原告是（台湾）女性。这个现象透过后分类可以立刻被观察到。如果没有后分类的观念则极为困难。

---

① 项洁、萧屹灵、董家儿：《日治法院档案数位典藏系统之研发与建置》，载王泰升主编：《跨界的日治法院档案研究》，台北：台湾大学人文社会高等研究院，2009 年，第 83—148 页。

② “日治法院档案数据库”的网址为：http：//tccra.lib.ntu.edu.tw/tccra develop/。相关研究范例，可参见项洁、萧屹灵、董家儿：《日治法院档案数位典藏系统之研发与建置》，载王泰升主编：《跨界的日治法院档案研究》，台北：台湾大学人文社会高等研究院，2009 年，第 83—148 页。

后分类的观念和 Faceted search① 类似，但基本的出发点有很大的差异。Faceted search 后分类的目的是让使用者在使用不够精准的关键词检索的情况下可以比较容易地从大量的检索结果中找到想要的文件，所以它的设计还是以找到某个特定文件（也就是作为加强求准率的效能）为主。我们的后分类的目的则是提供使用者所检索到的子集合中的文件之间的关系。因为不知道使用者所想的脉络是什么，所以要尽量提供各种不同的后分类及各种呈现的方法，以让使用者可以对他所需的作观察。

又或者如“总督府抄录契书 GIS 工具”，如前述在面对大量的古契书资料，使用者往往不知如何进入，一旦辅以 GIS 系统便可以立即掌握契书所在的位置，同时还可以再依文件种类和时间的过滤，对土地开发有概略的理解。以姜秀銮对新竹一带的开发为例，图 7“姜秀銮对新竹开发示意图”是以道光十四年（1834）12 月，淡水厅同知李嗣业任命的金广福垦隘的粤籍头人姜秀銮为关键字，分别检索 1835—1836 年、1835—1838 年、1835—1850 年、与 1835—1895 年这四个时间区段，观察与姜秀銮有关之契约文书在“总督府抄录契书地理信息”雏形系

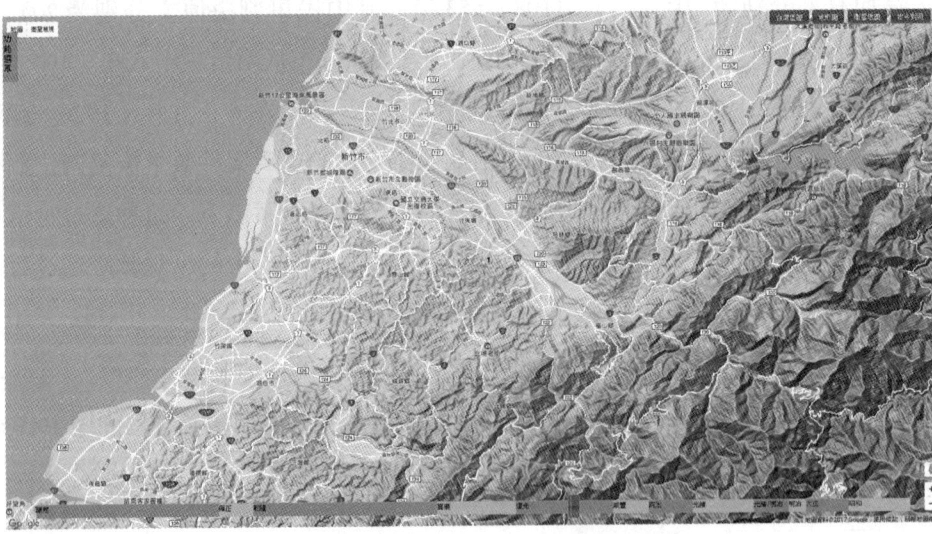

图 7-1　1835—1836 年，金广福开垦初期

① Vanda Broughton, *The Need for a Faceted Classification as the Basis of All Methods of InformationRetrieval*, *Aslib Proceedings*, Vol. 58 Issue1/2, 2006. pp. 49-72.

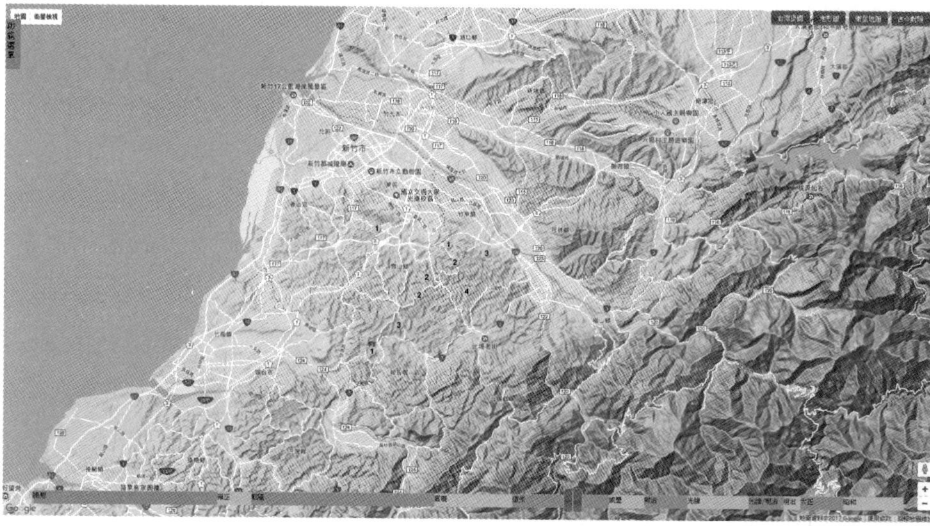

图 7-2　1835—1838 年，开始拓展至峨眉乡

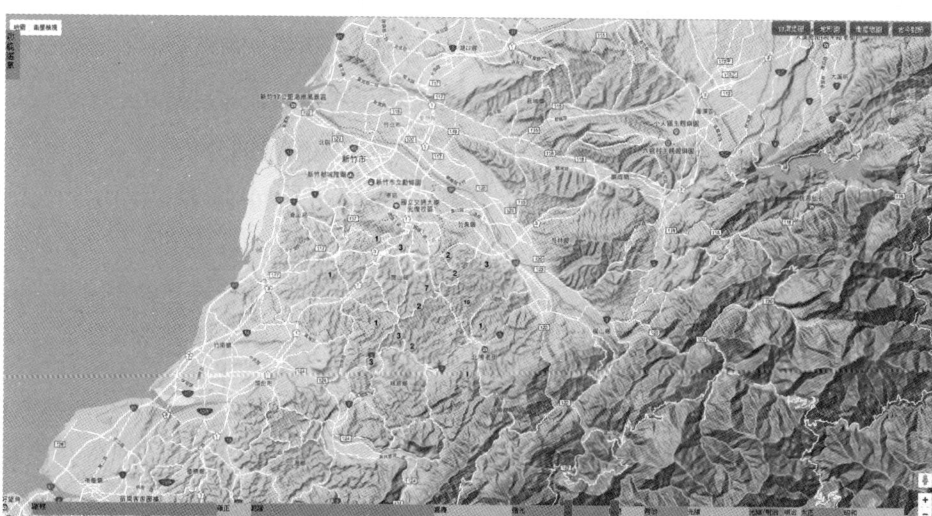

图 7-3　1835—1850 年，以峨眉乡为基地，持续开发峨眉溪流域

统上的坐落分布，从图中可以看出这些契约文书的坐落分布，最早由今日的新竹县的竹东市开始，逐渐向北埔、宝山及峨眉三个乡拓展。除了让我们可以依时间序列与地理分布两者关系，约略对照出当年金广福整合新竹东南山区的官民隘，向新竹东南山区推进的拓殖开发之情形，更可进一步探索其拓展情形是否受其他地理环境或政经社会条件所影响。若依文书种类进行检索后分类，也可以看出不

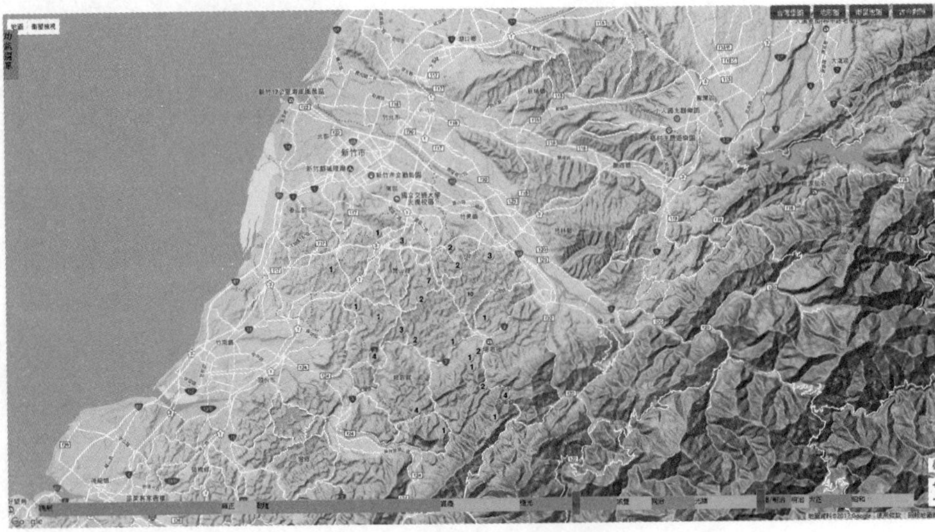

图 7-4　1835—1895 年，可看出金广福开发范围

同文书种类在时间序列上所显示的差异，尤其光绪十二年（1886）以后，福建台湾巡抚刘铭传推行清赋，裁废垦隘，金广福正式走入历史，虽然还有与姜秀銮相关的契约文书出现，但大概为与分割或转手相关的种类，而非首垦契书了[①]。

5. 文件间统计型的脉络——文件子集合中文字及数量的分析

系统如何帮助研究者，在文件中清理、建立出统计型的脉络，THDL 中的词频分析，以及“台湾历史数字图书馆工具集”中的前后缀词分析工具是最好的例子。词频工具是指词汇在检索结果中出现的频率，利用词夹子程序[②]，清理、撷取出 THDL 档案中的人名、地名和其他专有名词，再统计出现的频率，亦会使研究者在检索之后，能从事更有效与简单的再观察。如朱一贵在不同年代的高峰，若再加入词频进行分析，便会发现和朱一贵最常出现的人名竟不是和事件直接关联的蓝廷珍、施世骠等人，反而是林爽文、常青等，在另一乱事中的人物，在经

① 蔡炯民、欧仲翔、翁稷安、项洁：《时空资料的地方再现：GIS 与数位典藏的交会》，《国土资讯系统通讯》2011 年第 78 期。

② 关于词夹子程序的设计与应用，可参见谢育平：《同位词夹子：主题式分类词库萃取演算法》，载项洁编：《数位人文研究的新视野：基础与想象》，台北：台湾大学出版中心，2010 年，第 133—162 页；谢育平、杨龙廉、赵建宏、黄铭立、古冯文、林郁智：《使用词夹子建立中文典籍分析加值服务》，发表于“铭传大学 2009 资讯科技与实务研讨会”，2009 年；张尚斌《词夹子演算法在专有名词辨识上的应用——以历史文件为例》，台北：台湾大学资讯工程学研究所硕士学位论文，2006 年。

由对史料内文的解读后，我们可以初步推论当乾隆在面对林爽文之乱时，其祖父康熙在平定朱一贵之乱的种种战略与思考，成为他重要的参照点。可能正是因为林爽文事件的存在，使得朱一贵之乱重新被提出、诠释，构成新的历史记忆。这样交叉、跨研究对象的比对和讨论，是单从纸本阅读经验中所难以察觉的[①]。

前后缀词和词频工具相同，亦是应用词夹子程序，制作出一个简易的工具界面，让使用者可以对 THDL 所藏的档案文件，进行关键字的前缀词的分析[②]。可以查询所输入的关键字，其左方（即关键字之前）或其右方（即关键字之后），所出现的字串，并统计其出现的篇数和次数。在检索的过程除了可以指定字串的长度外，还可以指定全文需含有的词汇。比如说我们可以输入“银”为欲分析的关键词，观察其前方三个字数的缀词，借以观察明清档案中和台湾有关的银圆种类，其结果为：佛银（含佛面银、佛银、佛头银、番佛银、佛番银、清水银）9127 件、番银 866 件、龙银 842 件、剑银 210 件、花边银（含花银、灼银）76 件、纹银 301 件、六八银 157 件。可知主要皆为外国银，分布如图 8。

6. 文件间隐藏的新脉络——藏于语意（semantics）中的脉络

发掘研究者所未察觉的新脉络，可以说是系统最终极、最理想的功能，意即系统不单只是被动的观察工具，而是能够更主动地替使用者发现具深刻意义的研究议题。这样新的脉络往往藏于语意之中，单凭搜寻、检索难以发现。同样收录在“台湾历史数字图书馆工具集”的土地移转图和引用关系图两样工具就是最好的例证。土地移转图重新将古地契间的脉络进行重建[③]，利用信息科技

---

① 涂丰恩、杜协昌、陈诗沛、何浩洋、项洁：《当资讯科技碰到史料：台湾历史数位图书馆中的未解问题》，载项洁编：《数位人文研究的新视野：基础与想象》，台北：台湾大学出版中心，2010 年，第 21—44 页。

② 该工具网址为：http：//thdl.ntu.edu.tw/SimpleTools/TermPat/TermPatSimpleUI.php。

③ 土地移转图查询系统网址为：http：//140.112.30.230/GRAPH/INDEX/newindex.php。其数字化的方法和过程可参见黄于鸣：《台湾古地契关系自动重建之研究》，台北：台湾大学资讯工程学研究所硕士学位论文，2009 年。对于古契书的数字整理可参见项洁、陈诗沛、杜协昌：《台湾古契约文书全文资料库的建置》，载逢甲大学历史与文物管理研究所、台湾古文书学会编校：《第三届台湾古文书与历史研究学术研讨会论文集》，台中：逢甲大学出版社，2009 年；卢家庆：《台湾古契书自动分类与依分类定义契书角色》，台北：台湾大学资讯工程学研究所硕士学位论文，2008 年。

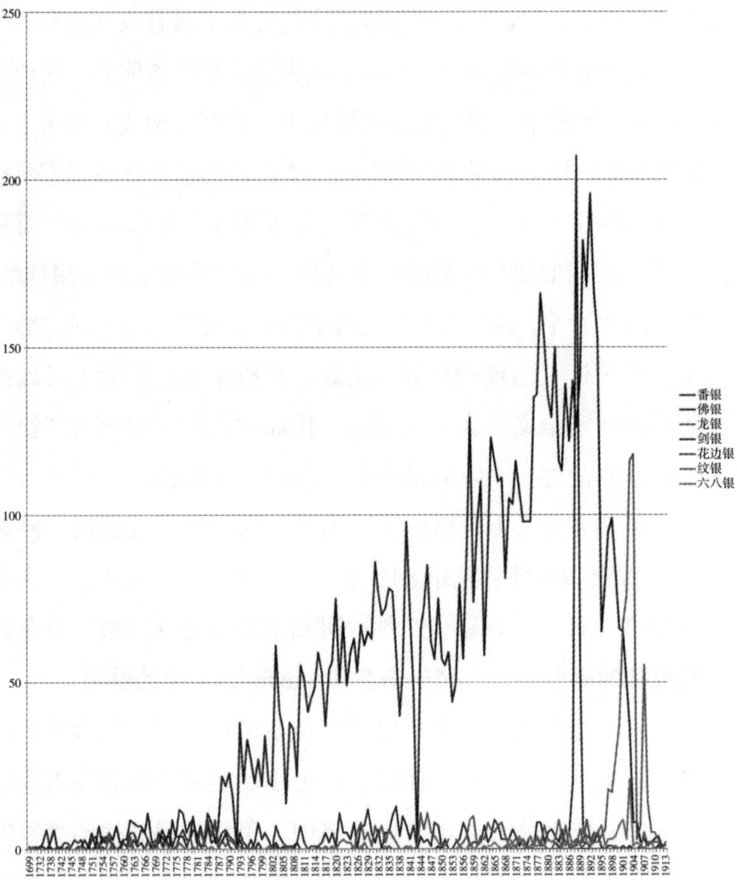

图 8 古契书中主要银圆类别的年代分布

完成这项用人力几乎不可能完成的任务，清理出 THDL 中来自 100 种不同出处超过 30000 件的地契文书，析理出土地的身世。它重建了土地的上下手契关系，利用信息技术自动撷取契书的标题、人名、四至、土地面积、卖价、地号、时间等特征，在两两比对后找出契书间的关联。接着再把上述一对或一组的上下手契与阄分契串连起来，就成为某一块土地在不同地主手中的转移图。在三万多件契约中，出现了 2376 个土地移转图（最大的有 103 份契约），每一个图都反映着一块土地的身世。如图 9 这是一块苗栗永和山地区的土地交易情形，图中主角为率先开垦此地的廖姓家族。这个图在社会史、经济史和家族史所呈现的意义，有待研究。

THDL《明清台湾行政档案》引用关系图利用明清行政档案当中臣子的奏事

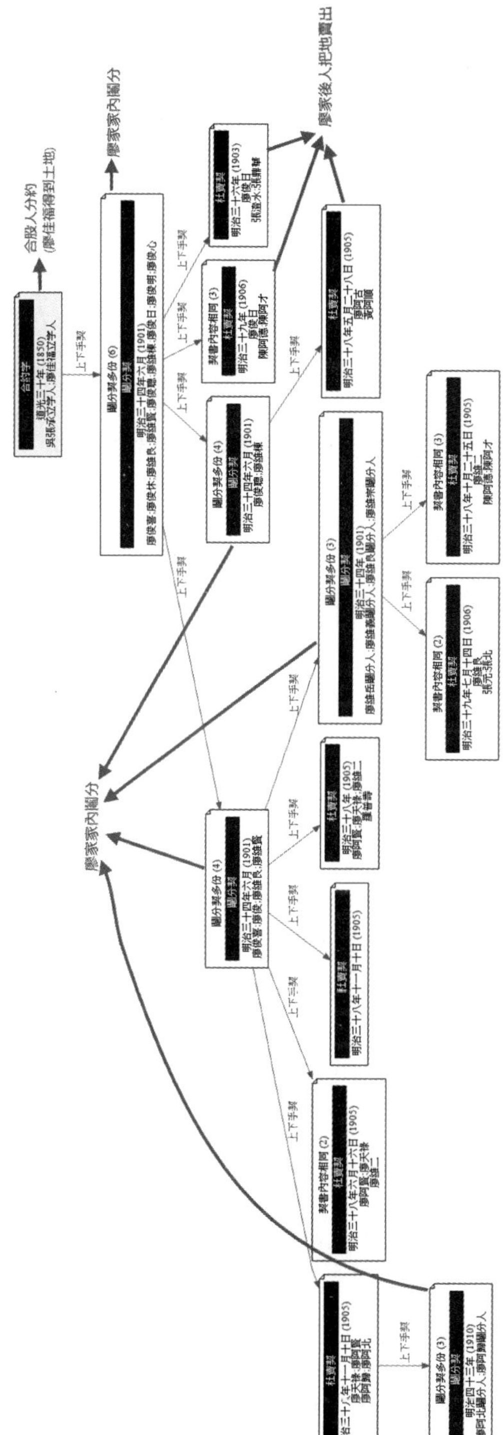

图 9 苗栗永和山地区土地交易关系图

文书与皇帝谕旨文书之间相互的引用关系，将数量庞大却零散的行政档案，连结成反映详细政治决策过程的“引用关系图”①。它打破了原有的档案脉络，即按档案所属部门的分类，如它是来自宫中档，还是来自内阁大库；或者，它是直通皇帝的奏折，还是要经过六部的题本；改以奏折与上谕间彼此间的引用和回应，去重建事件处理过程中官方的往返与运作。其反映了清帝国内讯息的传递和流通，以及政策形成的决策过程，更重要的，它也显现了面对同一事件，不同地区、不同层级的官员，出于自身立场或利益考虑的迥异看法，这些新的脉络都有待研究者去进一步的考察。表 1 为引用关系所涉档案最多之前二十件及其大致内容。

表 1 引用关系所涉档案最多之前二十件

引用关系图（档案数）	主要年代	内 容
153，126，109	乾隆五十二年（1787）	林爽文事件产生的奏谕
107	乾隆五十三年（1788）	林爽文事件的奏谕
95	乾隆五十二年—同治六年（1787—1867）	林爽文事件引发清治台湾的政策讨论：乾隆下令“嗣后凡遇有台湾道员缺，俱自加按察使衔俾得自行奏事”，日后台湾道一职补授必定引用此谕旨
85	嘉庆十一年（1806）	蔡牵事件产生的奏谕
83	同治十三年（1874）	牡丹社事件产生的奏谕
62	光绪十一十一年（1884—1885）	中法战争期间法军攻打台湾的基隆与沪尾产生奏谕
47	同治九年—光绪元年（1870—1875）	牡丹社事件后日本兵船盘踞龟山一带
45	乾隆五十一—五十二年（1786—1787）	林爽文事件刚发生时的奏谕
45	道光二十一—二十二年（1841—1842）	中英鸦片战争期间，两艘英国船只出现在淡水与大安，被台湾道姚莹与台湾镇总兵达洪阿逮捕。

① THDL《明清台湾行政档案》引用关系图网址为：http：//140.112.30.230/citation/list mq graph 8.php。

续表

引用关系图（档案数）	主要年代	内　容
43	光绪十一—十六年（1885—1890）	刘铭传上任台湾巡抚后开山抚番及其事后请功的内容
42	光绪十一—十四年（1885—1888）	清廷检讨海防事宜，台湾身为“南洋门户”因此也是重点地区之一，包括台湾建省
37	同治十三年—光绪元年（1874—1875）	牡丹社事件后，光绪皇帝点名多位官员提供海防筹备计划
35	道光十二—十三年（1832—1833）	张丙事件
30	道光六年（1826）	彰化、大甲、中港、后垄械斗事件
29	同治四年—光绪十九年（1865—1893）	台湾人事升迁的商议文件
29	同治七—八年（1868—1869）	同治年间的中外冲突
28	康熙六十年—道光十二年（1721—1832）	巡台御史存废的讨论
28	乾隆五十二—五十六年（1787—1791）	林爽文事件过后恢复事宜的报告

五、结语

传统的档案保存方式有其自身的逻辑，是一个经过长期运作，于实务之中不断改善后所得的学问，是值得重视并尊重的学术典范。然而，当保存方式由纸本演变成数字，印刷文字被二进制位所取代后，保存的逻辑必然要与时俱进，并非要完全否定传统档案保存重要性，而是要在尊重传统核心的前提下，保留其核心价值，并赋予其数字的全新风貌，冲撞、生成全新的可能，呈现出数字化时代档案保存的全新价值与脉络。

档案本身自然不会说话，必须要透过史家的诠释才有可能彰显其意义，纸本的档案处理并不是完全没有问题的，尤其是单一脉络的编辑方式，很容易造成误导和盲点。理论上，通过学者的勤劳与用心，在档案间细细爬梳，仍然可以躲过编辑者的分类大刀，重新组合出自己的需求，但终究只是理论上而已，面对汗牛充栋的史料处理，对运气的需要很可能胜过努力，更遑论过程中的费时费力。

数字化后档案的新脉络不但不是要否定档案和史家之间的既有关联，更是要加以拉近两者的距离。档案经过数字化处理后，不但能保存原有的收藏逻辑，更能赋予其不受篇幅和印刷限制的灵活和弹性；史家仍是史料最终的阐释和解读者，但通过信息的处理，除了创造出一个令研究者更能够观察的环境，并析理出埋没在史料中的新线索，使史家可以将心力投注在对史料的解读上。或许，当史料获得和整理的问题被信息技术解决之后，不再是困扰研究者的重担，如何发展出鞭辟入里的新论述，可能才是数字化时代的档案脉络所给予研究者的真正挑战。总之，经由档案的数字化，传统档案单一脉络的限制被打破，档案整理与档案研究之间的矛盾亦随之减轻，关键便在于建立一套以研究为主要思考取向的档案检索系统，透过档案检索系统的设计，档案的丰富且多重的脉络可以被发现、被呈现、被观察。

西方重要史家劳伦斯·史东（Lawrence Stone），曾有一段对于史家使用档案的鲜明描述，他说：

> 当你在档案堆里工作，你就远离了舒适的家，你会很不耐烦，你焦躁不已，你会像发了疯似的涂涂写写。你总会犯错，我不相信西方世界有任何一个学者做注可以做得十全十美。档案研究是一项烦人的生计。①

我们衷心希望，在数字化的档案时代，史东所感受到的焦躁可以一扫而空，使用档案可以变成一个令人感到愉快和刺激的过程，并大大地提升对档案引用的正确率。就如同爱德华·卡尔那句经典名言：“历史是历史学家跟他的事实之

① 转引自［英］理查·伊凡斯（Richard J. Evans）著，潘振泰译：《为史学辩护》，台北：巨流图书公司，2002 年，第 140 页。

间，不断交互作用的过程，是现在跟过去之间，永无止境的对话！”[①] 我们相信数字化工程，将会在史家和史实的交互作用中扮演起重要的对话，它将使史家能更为贴近、理解他所面对的史料，进而开展出一场深刻而愉快的对话。

（原载项洁编：《数位人文要义》，台北：台湾大学出版中心，2012 年，第 25—59 页。）

① ［英］爱德华·卡尔（Edward H. Carr）著，江政宽译：《何谓历史？》，台北：博雅书屋有限公司，2009 年，第 126 页。

附　录

明清档案著录细则

中华人民共和国行业标准 DA/T 8-1994

1 主题内容与适用范围

1.1 档案著录标准化是实现档案工作现代化的基础条件之一。为建立明清档案目录中心，统一明清档案的检索体系，早日使用现代化的检索手段，更好地开展档案信息的报道与交流，充分发挥明清档案在我国社会主义建设事业中的作用，特制定本细则。

1.2 本细则依据《档案著录规则》GB3792.5 的原则和基本概念，结合明清档案的特点和明清档案工作的实际情况制定。

1.3 本细则适用于所有保藏明清档案的部门进行明清档案的著录。

2 著录项目

2.1 题名与责任者

2.1.1 题名

2.1.2 责任者

2.2 文种（或文本）项

2.3 时间项

2.4 附注项

2.4.1 责任者注

2.4.2 时间注

2.4.3 载体类型及形态注

2.4.3.1 载体类型注

2.4.3.2 数量及单位注

2.4.3.3 附件注

2.4.3.4 规格注

2.4.4 语种注

2.4.5 档案实体状况注

2.5 排检与编号项

2.5.1 分类号

2.5.2 档案馆（室）代号

2.5.3 档号

2.5.4 缩微号

2.5.5 主题词

2.6 提要项

3 著录详简级次

3.1 著录项目分必要项目和选择项目。

3.1.1 必要项目：题名、责任者、时间、分类号、档号、缩微号、主题词。

3.1.2 选择项目：文种（或文本）、附注、档案馆（室）代号、提要。

3.2 著录详简级次分为简要级次和详细级次。

3.2.1 凡条目仅著录必要项目的称简要级次。

3.2.2 凡条目除著录必要项目外还著录部分或全部选择项目的称详细级次。

4 标识符号

4.1 著录项目标识符

4.1.1 著录项目之前冠以一定的标识符

.—文种（或文本）项、时间项、附注项的标识符

/ 责任者项的标识符

4.1.2 著录项目标识符说明

4.1.2.1 ".—"符占两格，回行时不应拆开。"/"符占一格。

4.1.2.2 有标识符各项在回行时均不省略标识符。

4.2 著录内容识别符

（ ）表示公元纪年、责任者所属机构名称、责任者真实姓名、责任者时代、外国责任者国别职务名原文。

[ ] 表示考证得出的著录内容。

□表示残缺内容。未考证出的责任者、时间及难以计数的残缺文字用三个“□”。

· 外文缩写。

~ 起止连接。

, 间隔符。相同著录项目之间、附注项下各小项之间以及主题词之间以“,”号间隔。

5 著录格式

5.1 卡片式著录条目格式

分类号　档案馆（室）代号 档　号　缩微号 题名 / 责任者 .—文种（或文本） .—时间 .—附注 主题词 提要

5.1.1 卡片式著录条目格式将著录项目划分为四个段落。第一段落中分类号、档号分别著录于卡片左上角的第一、二行；档案馆（室）代号、缩微号分别著录于卡片右上角第一、二行。第二段落从第三行与档号齐头处依次著录题名与责任者项、文种（或文本）项、时间项和附注项，各项目回行时齐头著录。第三段落为主题词，另起一行齐头著录。第四段落为提要，另起一行空两格著录，回行时齐头著录。

5.1.2 卡片尺寸为 12.5cm × 7.5cm。著录时卡片四周均应留有 1cm 空隙。如卡片正面著录不完，可接背面连续著录。

5.2 书本式著录条目格式在条目分类号上方加顺序号，其余与卡片式条目相同。

6 著录用文字

6.1 汉文档案著录时，应使用规范的简化汉字，如遇有档案中的一些人名、地点在由繁化简过程中产生歧义的情况，可照录原文字。

6.2 少数民族文字档案著录时，依照少数民族文字书写规则，亦可根据实际需要翻译成汉文著录（外文档案著录亦同）。

6.3 无论著录何种文字的档案，其时间项、排检项、编号项、附注项中的数字，均使用阿拉伯数字。

7 著录项目细则

7.1 题名与责任者项

a. 题名指单份档案文首和案卷封面上表达档案内容特征、中心主题的题目名称。

b. 责任者指对档案内容进行创造、负有责任的团体或个人。

7.1.1 题名原则照录原文。如遇原题名过于冗长的情况，可根据档案内容进行删改。如遇原题名过简不反映档案内容或档案没有题名的情况，可根据档案内容重新拟定题名。

7.1.2 题名所用文字应尽量体现档案的时代特征。题名的字数包括标识符号最多不超过 60 个字节，即 30 个汉字。

7.1.3 机关团体责任者

7.1.3.1 团体责任者必须著录全称或通用简称。如“总理各国事务衙门”简称“总理衙门”;“京师内外地方审判厅”简称“京师审判厅”。

7.1.3.2 政权机关团体责任者，著录时其前应冠以朝代或政权名称，并加“(　)”号。如（明）内阁,（清）军机处。

7.1.4 个人责任者

7.1.4.1 一般应著录职务，以备查考。著录时将职务著于姓名之后，并加“(　)”号。

著录职务时将虚衔省略，只著录实衔。实衔有两个以上者，应选择与档案内容直接有关的实衔适当规范后著录。如“总督四川陕西等处地方兼理粮饷兵部右侍郎兼都察院御史加六级纪录三次年羹尧”应著录为“年羹尧（川陕总督）”。又如“新调河南巡抚贵州巡抚 × ×”奏报黔省地丁数目的档案，即应只著录为“× ×（贵州巡抚）”。若责任者在三个以上，并且姓名或职务过长，可将职务省略。若两责任者职务相同，将职务著于前一个责任者之后，另一个责任者的职务省略。

7.1.4.2 档案所署个人责任者为别名、笔名、曾用名、字号时均照原文著录，但应将其正式姓名著于后面，并加“(　)”号。如：伯涵（曾国藩）。

7.1.4.3 个人责任者时代特征的著录与 7.1.3.2 同。

7.1.4.4 外国责任者应著录各历史时期易于识别的国别简称和职务（有职

务者可单著录国籍），统一的中文姓氏译名、姓氏原文。国别职务和姓氏原文均加“（ ）”号。姓氏原文著于中文姓名之前，国别职务著于中文姓名之后。例如（JohnNewwu.J）朱迩典（英国驻华公使），（HoratioNelson.L）李泰国（英籍中国海关总税务司）。

7.1.5 档案有多个责任者时，除著录位于档案首位的责任者外，其他责任者最多著录两个，各责任者间以“，”间隔，后加“等”字。与档案内容直接有关的责任者必须著录。如著录多方条约一类的档案时，各责任者均与档案内容有直接关系，亦应按照顺序著录三个责任者，同时在附注项中补著其他责任者。

7.1.6 未署责任者的档案

应著录根据档案内容、形式特征考证出的责任者，并加“[ ]”号。考证无结果时以三个“□”代之，著录为“□□□”。

7.1.7 责任者有姓有职务而无名字时，经考证得知全名者，不需加“[ ]”号，如不能考证出全名，则著录责任者的姓，在姓后加两个□号。

7.1.8 档案的责任者有误

仍照原文著录，但应考证出确实的责任者附后，并加“[ ]”号，如系前人整理时考证有误不在此例，应只著录确实的责任者。（考证均应慎重，“宁缺勿错”以免给利用者造成错觉，其时间的考证亦同）。

7.1.9 责任者项的著录字数加标识符号不得超过80个字节，即40个汉字。

7.2 文种（或文本）

文种即文书种类。如制、诏、诰、敕、题、奏、表、笺、咨、札、移会等等。文本即文书稿本的名称，如正本、副本、草稿、定稿、手稿等等。

各部门可根据实际需要著录文种或文本。

7.2.1 文种（或文本）应加以规范后著录。

7.2.2 文种（或文本）项的著录字数不超过10个字节，即5个汉字。

7.3 时间项

时间项视不同著录对象分为档案形成时间和卷内档案起止时间。

7.3.1 档案的形成时间

以一份档案为对象著录一个条目时，一般公私文书、信札著录发文时间，诏令文书著录发布时间，条约、合同著录签署时间，表册著录编制时间，工程图纸著录设计时间。

7.3.2 案卷内档案的起止时间

以一卷档案为对象著录一个条目时，著录案卷内档案的最早和最迟的形成时间，用“~”连接。

7.3.3 著录清代档案纪年用“清代纪年表示法”。

“清代纪年表示法”共有九个数位，第1至2位为朝的代码（清代共有天命、天聪、崇德、顺治、康熙、雍正、乾隆、嘉庆、道光、咸丰、同治、光绪、宣统等十三朝，依次以代码01—13替代），第3至第4位为年数，第5至第7位为月数，第8至第9位为日数。首先著录原纪年，然后将换算好的公元纪年附后，并加“(　)”号。公元纪年按GB2808-81《全数字式日期表示法》。例如：乾隆十年九月二十六日著录为：071009026（17451021）。

遇有原纪年有朝无年，有年无月，有月无日等情况的档案，以99……补上空位。如雍正五年著录为——060599999（17280000）。

遇有闰月在第七位著字母“R”。如宣统三年闰六月著录为——130306R99（19110800），

遇有干支纪年及以韵代日时，均先换算成原纪年后再著录。

7.3.4 没有形成时间或形成时间不清的档案，应根据其内容、形式、载体特征等考证出形成时间著录，并加“[　]”；或著录档案上的其他时间（收文时间、审核时间、印发时间等，但需在附注项中说明）。考证无结果又无其他时间的档案，以三个“□□□”代之。

7.3.5 时间记载有误的档案，仍照原文著录，再将考证的时间附后，并加“[　]”。如系前人整理时考证有误，不在此例，应只著录正确的时间。

7.3.6 条约等只有公元纪年的档案，除照录公元纪年外，需换算原朝年。著于公元纪年之前。

7.4 附注项

附注项著录各个项目中需要解释和补充的事项，依各项目的顺序著录，项目以外，根据档案具体情况需要在附注项中说明的事项，列在其后。

7.4.1 责任者注见7.1.5

7.4.2　时间项注见 7.3.4

7.4.3　载体类型及形态注

7.4.3.1　载体类型注

指金石、简牍、照片等。凡纸为载体者不著录。

7.4.3.2　载体数量及单位注

著录数量用阿拉伯数字，单位用档案的物质形态的统计单位，如：件、卷、册、盒等。

7.4.3.3　附件注

当正件题名不能反映附件内容时，需著录附件题名，附件题名加引号。如附件在两个以上，可对其内容作概括性说明。

7.4.3.4　规格注

规格指档案本身的尺寸及型号等。

7.4.4　语种注

指档案的书写文字，如满文、藏文、满汉合璧、英文、俄文等。汉文不著录。若遇不能识别的外国文字，可著“外文”。

7.4.5　档案实体状况注

指残缺、破损等情况。

7.4.6　著录附注项时，各小项间要以“,”间隔。其著录文字加符号不得超过 50 个字节，即 25 个汉字。

7.5　排检与编号项

7.5.1　分类号

依据《清代档案分类表》及《档案分类标引规则》标引，著于条目左上角第一行。

7.5.2　档案馆代号

依据有关规定著录。置于条目右上角第一行。

7.5.3　档号

在档案整理过程中对档案的编号。档号包括全宗号、案卷目录号、案卷号、件号或页号。

7.5.3.1　档号各号间用“-”相隔，占半格。

7.5.3.2 档号著录于条目左上角第二行。

7.5.4 缩微号

缩微号是档案缩微品的编号。著录于条目右上角第二行。

7.5.5 主题词

依据《清代档案主题词表》及主题标引规则标引，著于条目第二段下，词间以“,”间隔。

7.6 提要项

提要项是对档案内容的简介，应用简洁的文字全面反映其主题内容。提要项一般不超过 400 个字节，即 200 个汉字。

附加说明：

本标准由全国档案工作标准化技术委员会提出。

本标准起草单位：由中国第一历史档案馆《明清档案著录细则》编纂小组。

本标准主要起草人：秦国经　赵雄　王光越

《地方档案与文献研究》已出版目录

吴佩林、蔡东洲主编:《地方档案与文献研究》(第一辑),北京:社会科学文献出版社,2014年。

目　录

吴佩林、蔡东洲主编：《地方档案与文献研究》（第二辑），北京：社会科学文献出版社，2016年。

目 录